Erwin Deutsch | Thore Iversen

Versicherungsvertragsrecht

Prof. Dr. Dr. h. c. mult. Erwin Deutsch | Thore Iversen

Versicherungsvertragsrecht

7. Auflage

vvw.de

Bibliografische Information der Deutschen Nationalbibliothek

Die Deutsche Nationalbibliothek verzeichnet diese Publikation in der Deutschen Nationalbibliografie; detaillierte bibliografische Daten sind im Internet über http://dnb.d-nb.de abrufbar.

Beachten Sie bitte stets unseren Aktualisierungsservice auf unserer Homepage unter **vvw.de→Service→Ergänzungen/Aktualisierungen**
Dort halten wir für Sie wichtige und relevante Änderungen und Ergänzungen zum Download bereit.

Gleichstellungshinweis
Zur besseren Lesbarkeit wird auf geschlechtsspezifische Doppelnennungen verzichtet.

ISBN 978-3-89952-454-3

Vorwort

Die siebte Auflage führt den neuen Weg des Versicherungsvertragsgesetzes weiter. Dieses hat in der Praxis die ersten Prüfungen überstanden. Dabei hat sich gezeigt, dass das Gesetz von 2008 gut anwendbar ist. Die inzwischen 14 Änderungen des Gesetzes zeigen aber auch, dass das VVG im Mahlstrom des modernen Gesetzgebungsstaates geraten ist. Man kann nur hoffen, dass der ursprüngliche Text weiterhin so lesbar und griffig bleibt.

Die neue Auflage berücksichtigt die Änderungen des Gesetzes und tiefe Eingriffe durch die höchstrichterliche Rechtsprechung, etwa das Gleichbehandlungsurteil von Mann und Frau durch die Große Kammer des Europäischen Gerichtshofs. Die Literatur wurde völlig ausgewechselt und befindet sich nunmehr auf dem neuesten Stand. Aus praktischen Gründen ist auch der aktuelle Gesetzestext mit abgedruckt.

Als Mitautor habe ich meinen Mitarbeiter Thore Iversen eingeführt, unter dessen Stabführung die Neuauflage gut entstanden ist.

Auch diese Auflage ist erneut dem Andenken an den großen Versicherungsrechtler Prof. Dr. Ernst Klingmüller, Ordinarius an der Universität zu Köln, gewidmet. Diesem Kenner der arabischen Rechte, lagen das Versicherungsvertragsgesetz von 1908 und seine Auslegung besonders am Herzen.

Göttingen, im Dezember 2014, Erwin Deutsch

Inhaltsverzeichnis

Abkürzungsverzeichnis

a. A.	anderer Ansicht
Abs.	Absatz
AcP	Archiv für die civilistische Praxis
ADB	Allgemeine Deutsche Binnentransportversicherungsbedingungen
ADHGB	Allgemeines Deutsches Handelsgesetzbuch von 1861
AEB	Allgemeine Einbruchdiebstahlversicherungsbedingungen
AERB	Allgemeine Bedingungen für die Einbruchdiebstahl- und Raubversicherung
a. F.	alte Fassung
AFB	Allgemeine Feuerversicherungsbedingungen
AG	Amtsgericht
AGBG	Gesetz zur Regelung des Rechts der Allgemeinen Geschäftsbedingungen
AGIB	Allgemeine Versicherungsbedingungen für die Glasversicherung
AHB	Allgemeine Versicherungsbedingungen für die Haftpflichtversicherung
AKB	Allgemeine Bedingungen für die Kraftfahrtversicherung
AktG	Aktiengesetz
ALB	Allgemeine Bedingungen für die Risikoversicherung
AMB	Allgemeine Maschinenversicherungs-Bedingungen
AMG	Gesetz über den Verkehr mit Arzneimitteln
AOK	Allgemeine Ortskrankenkasse
ARB	Allgemeine Bedingungen für die Rechtsschutzversicherung
Art.	Artikel
AtomG	Gesetz über die friedliche Verwendung der Kernenergie und den Schutz gegen ihre Gefahren (Atomgesetz)
AUB	Allgemeine Unfallversicherungsbedingungen
AVB	Allgemeine Versicherungsbedingungen
AVBK	Allgemeine Bedingungen für die kapitalbildende Lebensversicherung
AVB ProbVers.	Allgemeine Versicherungsbedingungen für die Probandenversicherung

AVB Tier	Allgemeine Versicherungsbedingungen für die Tierlebensversicherung
AVP	Allgemeine Versicherungsbedingungen für die Versicherung von Pferden und anderen Einhufern
BAFin	Bundesanstalt für Finanzdienstleistungs-Aufsicht
BAG	Bundesaufsichtsgesetz
BB	Der Betriebsberater
BerufsO	Berufsordnung
BfA	Bundesversicherungsanstalt für Angestellte
BGB	Bürgerliches Gesetzbuch
BGH	Bundesgerichtshof
BGHZ	Amtliche Sammlung der Entscheidungen des Bundesgerichtshofes in Zivilsachen
BSG	Bundessozialgericht
BVerfG	Bundesverfassungsgericht
BVerfGE	Amtliche Entscheidungssammlung des Bundesverfassungsgerichts
BVerwG	Bundesverwaltungsgericht
DVO	Durchführungsverordnung
EGBGB	Einführungsgesetz zum BGB
EGVVG	Einführungsgesetz zum VVG
EU	Europäische Union
EuGH	Europäischer Gerichtshof
e. V.	eingetragener Verein
EWG	Europäische Wirtschaftsgemeinschaft
EWR	Europäischer Wirtschaftsraum
GG	Grundgesetz für die Bundesrepublik Deutschland
GWB	Gesetz gegen Wettbewerbsbeschränkungen
HGB	Handelsgesetzbuch
h. L.	herrschende Lehre
h. M.	herrschende Meinung
HRR	Höchstrichterliche Rechtsprechung (Jahr u. Nr.)

InsO	Insolvenzordnung
IPR	Internationales Privatrecht
JR	Juristische Rundschau
JRPV	Juristische Rundschau für die Privatversicherung
JW	Juristische Wochenschrift
JZ	Juristenzeitung
KfzPflVV	KfzPflichtversicherungsVO
KG	Kammergericht
KLV	Lebensversicherung (kapitalbildend)
LG	Landgericht
LM	Das Nachschlagewerk des Bundesgerichtshofes in Zivilsachen, herausgegeben von Lindenmaier und Möhring
LuftVG	Luftverkehrsgesetz
LZ	Leipziger Zeitschrift für Deutsches Recht (Jahr u. Spalte)
MBKK	Allgemeine Versicherungsbedingungen für die Krankheitskosten- und Krankentagegeldversicherung, Musterbedingungen des Verbandes der privaten Krankenversicherung
MBKT	Allgemeine Versicherungsbedingungen für die Kranken- und tagegeldversicherung
MDR	Monatszeitschrift für Deutsches Recht
NJW	Neue Juristische Wochenschrift
Österr. OGH	Österreichischer Oberster Gerichtshof
OHG	Offene Handelsgesellschaft
OLG	Oberlandesgericht
PflVG	Gesetz über die Pflichtversicherung für Kraftfahrzeughalter (Pflichtversicherungsgesetz)
RG	Reichsgericht
RGZ	Amtliche Sammlung der Entscheidungen des Reichsgerichts in Zivilsachen

SGB	Sozialgesetzbuch
StVG	Straßenverkehrsgesetz
SZ	Entscheidungen des Österreichischen Obersten Gerichtshofes in Zivil- und Justizverwaltungssachen
VA	Veröffentlichungen des Reichsaufsichtsamtes für Privatversicherung bzw. des Bundesaufsichtsamtes für das Versicherungs- und Bausparwesen
VAG	Gesetz über die Beaufsichtigung der privaten Versicherungsunternehmungen
VerschG	Verschollenheitsgesetz
VersR	Zeitschrift für Versicherungsrecht, Haftungs- und Schadensrecht
VHB	Allgemeine Versicherungsbedingungen für die Neuwertversicherung des Hausrates gegen Feuer-, Einbruchdiebstahl-, Beraubungs-, Leitungswasser-, Sturm- und Glasbruchschäden
VN	Versicherungsnehmer
VO	Verordnung
VVaG	Versicherungsverein auf Gegenseitigkeit
VVG	Gesetz über den Versicherungsvertrag
VwGO	Verwaltungsgerichtsordnung
WHG	Gesetz zur Ordnung des Wasserhaushalts (Wasserhaushaltsgesetz)
WHO	World Health Organization
WirtschaftsprüferO	Wirtschaftsprüferordnung
Ziff.	Ziffer
ZPO	Zivilprozessordnung
ZVersWiss	Zeitschrift für die gesamte Versicherungswissenschaft

Vorbemerkung

Der nachfolgende Text geht vom Versicherungsvertragsgesetz von 2008 aus, das an die Stelle des Gesetzes über den Versicherungsvertrag vom 30. Mai 1908 getreten ist. Das neue Gesetz stellt keine Reform an Haupt und Gliedern dar. Das war auch nicht notwendig, denn das Gesetz von 1908 hat flankiert von den AVB und manchen Ergänzungen die Zeit gut überstanden. Allerdings hat es zwei Besonderheiten hinnehmen müssen. Es sind neue Formen der Privatversicherung entstanden, von denen hier nur die Krankenversicherung, die Rechtsschutzversicherung und die Berufshaftpflichtversicherung genannt sein sollen. Im Jahre 1994 haben Regelungen der Europäischen Union das Versicherungswesen nicht unerheblich umgestaltet. Zugrunde gelegt wurde dabei die Freiheit der Versicherer, in ganz Europa tätig zu werden. Monopolversicherungen wie etwa staatliche Feuerversicherungsanstalten wurden ihres Monopolcharakters entkleidet. Es gab keine Vorwegprüfung der AVB durch ein Versicherungsaufsichtsamt mehr. Zulassung erfolgte in einem Land der EU; die Disziplinierung wegen Verstößen gegen europäisches oder Landesrecht erfolgte durch die Behörde der Niederlassung. In der Freiheit, in ganz Europa Geschäfte zu betreiben, wurde die Krankenversicherung im VVG geregelt. Im Einführungsgesetz zum VVG wurden neue Anknüpfungsregeln aufgestellt. Sie führten im Wesentlichen dazu, dass abgesehen von der Freiheit der Rechtswahl bei Großrisiken an das Recht anzuknüpfen war, in welchem das Risiko belegen war, vorausgesetzt der VN hatte bei Schließung des Vertrags seinen gewöhnlichen Aufenthalt oder seine Hauptverwaltung in diesem Staat der EU. Dabei galt der Registrierungsort eines Kraftfahrzeugs als Ort der Belegenheit des Risikos. Diese Vorschriften über die Rechtswahl sind übrigens im VVG 2008 erhalten geblieben.

Das VVG von 2008 hat es sich zur Aufgabe gestellt, den Schutz des VN zu verstärken: Dem VN müssen erhebliche Informationen zukommen. Er hat bei Vertragsabschluss ein erweitertes Widerrufsrecht, auf das er hingewiesen werden muss, soll nicht das Recht auf den Widerruf erhalten bleiben. Im Schutze vor zu langen Verträgen hat er ein regelmäßig wiederkehrendes Kündigungsrecht. Der absolute Verlust des Versicherungsschutzes bei grober Fahrlässigkeit ist entfallen: Nur im Falle der groben Fahrlässigkeit ist der Versicherer berechtigt, seine Leistungen in einem der Schwere des Verschuldens des VN entsprechenden Verhältnis zu kürzen; die Beweislast für das Nichtvorliegen einer groben Fahrlässigkeit trägt der VN.

Gleichzeitig hat der Gesetzgeber die Rechtsprechung des BVerfG und des BGH eingearbeitet, die ihm vom BVerfG bis zum 31. Dezember 2007 zu erledigen aufgegeben ist. Diese Entscheidungen betrafen Lebensversicherungsverträge. Zum einen wurde von Verfassungs wegen festgestellt, dass bei der Übertragung des Bestands von Lebensversicherungsverträgen beim Versicherer geschaffene Vermögenswerte für die Erwirtschaftung von Überschüssen erhalten bleiben und den Versicherten in gleichem Umfang zugute kommen wie ohne Austausch des

Schuldners. Die Umwandlung in eine beitragsfreie Versicherungssumme und der Rückkaufswert bei Kündigung dürfen einen Mindestbetrag nicht unterschreiten. Vielmehr habe der VN einen Anspruch auf Teilhabe an den durch die Prämienzahlung geschaffenen Vermögenswerten, weshalb schon aus verfassungsrechtlichen Gründen gesichert werden muss, dass Inhalt und Art der Verrechnung der Abschlusskosten in angemessener Weise die Interessen der verschiedenen Gruppen von Versicherten berücksichtigen. Insbesondere dürfen die Abschlusskosten in überproportionaler Weise den VN nicht auferlegt werden, deren Vertrag vorzeitig beendet wurde. Außerdem müssen bei der Anpassungsversicherung, bei der die laufenden Gewinnanteile dafür verwendet werden, den vereinbarten Ablaufzeitpunkt vorzuverlegen, auch die stillen Reserven berücksichtigt werden.

Schließlich ist zu erwähnen, dass durch die neue durchgehende Zählweise die bisher unübersichtlich gewordenen Paragraphen jetzt ausgeschrieben, gestreckt werden: Es gibt keine kleinen Buchstaben an den Nummern wie bisher bei §§ 178 a bis o VVG a. F. Unbedeutend gewordene Versicherungsformen, wie etwa die Hagelversicherung und die Tierversicherung, sind nicht verboten, werden aber auch nicht mehr besonders geregelt. Vielmehr fallen sie unter den allgemeinen Begriff der Sachversicherung. Dort findet man auch alte Bekannte, etwa die in der Feuerversicherung üblichen Wiederherstellungsklauseln. Die Gebäudefeuerversicherung wird später noch einmal aufgegriffen, allerdings nur soweit es sich um Grundpfandrechte handelt.

Es ist aber auch zu betonen, dass einige neue Formen der Versicherung im VVG 2008 erscheinen. Es sind dies die Betriebshaftpflichtversicherung, die im Rahmen des Haftpflichtversicherungsrechts geregelt ist, und die Berufsunfähigkeitsversicherung, der ein eigenes Kapitel gewidmet ist.

Betrachtet man das neue Gesetz umfassend, so scheint es im Wesentlichen gelungen zu sein. Manche Regelungen, etwa die Abhängigkeit der Leistungsfreiheit vom Verschuldensgrad bei der groben Fahrlässigkeit und die Überschussbeteiligung sowie die Anrechnung der stillen Reserven werden zu vermehrten Rechtsstreitigkeiten führen. Das ist jedoch wohl nicht zu vermeiden gewesen.

1. Kapitel: Grundlagen der Privatversicherung

Literatur:

Jürgen Basedow, Der Versicherungsbinnenmarkt und ein optionales europäisches Vertragsgesetz, FS Egon Lorenz, Karlsruhe 2004, S. 9 3;

Paul Braeß, Elemente einer dynamischen Versicherungskonzeption aus wirtschaftswissenschaftlicher Sicht, ZVersWiss 59 (1970), 1 ff.;

Franz Büchner, Zum Begriff und zum Beginn der Versicherung, FS Karl Sieg, Karlsruhe 1976, S. 1 11–125;

Helmut Heiss, Das Kollisionsrecht der Versicherungsverträge nach Rom I und II, VersR 2006, 185;

Edgar Jannott, Der Grundsatz der Gleichbehandlung in der Versicherungswirtschaft, FS Egon Lorenz, Karlsruhe 1994, S. 341;

Peter Koch, Entwicklung der versicherungsvertraglichen Rechtsquellen in Deutschland, FS Egon Lorenz, Karlsruhe 2004, S. 411;

Walter Leisner, Sozialversicherung und Privatversicherung, Berlin 1974;

Dirk Looschelders, Bewältigung des Zufalls durch Versicherung, VersR 1996, 529;

Joachim Schmitt-Salzer, „Versicherung" als Technik bestimmter finanzieller Dienstleistungen, FS Egon Lorenz, Karlsruhe 1994, S. 587;

Wolfgang Schünemann, Rechtsnatur und Pflichtenstruktur des Versicherungsvertrags, JZ 1995, 430;

Hans-Peter Schwintowski, Die Rechtsnatur des Versicherungsvertrags, JZ 1996, 702;

Johannes Wälder, Das Wesen der Versicherung, Berlin 1971

§ 1 Begriff und Funktion der Privatversicherung

I. Versicherungsbegriff

1 Der Begriff der „Versicherung" ist für die Anwendung des Versicherungsvertragsrechts und des Versicherungsaufsichtsrechts wesentlich. Nur private Versicherungsverträge und Unternehmen, die solche Privatversicherungsverträge geschäftsmäßig abschließen, werden vom Versicherungsvertragsgesetz (VVG) und vom Versicherungsaufsichtsgesetz (VAG) erfasst. Dennoch haben beide Gesetze davon Abstand genommen, die „Versicherung" zu definieren.

§1 VVG spricht die Verpflichtungen der Vertragspartner des Versicherungsvertrags aus: Der Versicherer verpflichtet sich, mit dem Versicherungsvertrag ein bestimmtes Risiko des VN oder eines Dritten durch eine Leistung abzusichern, die er bei Eintritt des vereinbarten Versicherungsfalls zu erbringen hat. Im gleichen Zusammenhang wird dem VN auferlegt, die vereinbarte Prämie zu zahlen.

§ 1 VAG sieht vor, dass Privatunternehmungen, die den Betrieb von Versicherungsgeschäften zum Gegenstand haben, der staatlichen Aufsicht unterliegen. Im Versicherungsaufsichtsrecht wird das „Versicherungsgeschäft" ebenso wenig definiert wie die „Versicherung" im VVG. Damit hat es der Gesetzgeber der Wissenschaft und der Rechtspraxis überlassen, die Begriffe des Versicherungsvertrags und der Versicherung überhaupt zu bestimmen. Nur ein Rechtsgeschäft, das als Privatversicherung zu qualifizieren ist, unterliegt dem VVG. Ebenso ergreift die Versicherungsaufsicht nur solche Unternehmungen, die private Versicherungsverträge abschließen. Die Versicherung als besondere Form der Garantie ist deutlich von vergleichbaren Geschäften, etwa Bürgschaft, Wette oder Schuldgarantie, zu unterscheiden.

> Die Versicherung eines Warenkredits eines deutschen Exporteurs an einen ausländischen Kunden ist ein der Versicherungsaufsicht unterliegendes Versicherungsgeschäft. Die Bürgschaft einer Bank für diese Forderung ist eine nicht versicherungsmäßige Interzession des Privatrechts.

2 Eine Versicherung ist gegeben, wenn durch privaten Vertrag die dem VN drohenden Risiken in eine rechtliche Gefahrengemeinschaft gleichartig Gefährdeter so einbezogen werden, dass dem VN bei Realisierung des Risikos ein zivilrechtlicher Anspruch gegen den Versicherer auf Deckung seines Schadens, Bedarfs oder Plandefizits zusteht. Der Versicherungsbegriff beruht also auf folgenden Momenten: Vertrag, Risiko, Gleichartigkeit des Risikos, Gefahrengemeinschaft, Anspruch gegen den Versicherer. Das BVerwG hat das Versicherungsunternehmen als gegeben angesehen, „wenn es gegen Entgelt für den Fall eines ungewissen Ereignisses bestimmte Leistungen übernimmt (Garantieversprechen), wobei das übernommene Risiko auf eine Vielzahl durch die gleiche Gefahr bedrohter Perso-

nen verteilt wird und der Risikoübernahme eine auf dem Gesetz der großen Zahl beruhende Kalkulation zugrundeliegt" (VersR 1987, 701). Aus diesem Grunde ist der entgeltliche Vertrieb einer Wartungsgarantie für Videoapparate als Versicherung gewertet worden, nicht aber die Übernahme einer 18-monatigen Langzeitgarantie bei einem langlebigen technischen Gerät – Waschautomat – (BVerwG VersR 1992, 1381). Ebenso wenig ist eine Versicherung die Zusage des Vereins Flugwacht e. V., fördernden Mitgliedern einen Anspruch auf Rückholung im Krankheitsfall einzuräumen, die Gewährung von Sterbegeld ohne Anspruch an die Mitglieder eines nicht rechtsfähigen Vereins (BVerwG VersR 1987, 273, 297) oder die Prozessfinanzierung durch die FORIS AG (BAV NJW 1999, 3540).

II. Wirtschaftliche Basis der Versicherung

Der wirtschaftliche Hintergrund des Versicherungsgeschäfts besteht in der finan- **3**
ziellen Vorsorge für den Einzelnen durch Umlegung des Schadens und vorher schon in der Überwälzung des Risikos auf eine Gemeinschaft. Dabei wird die Gemeinschaft durch den Versicherer verkörpert, der indes eine juristisch selbstständige Person darstellt. Die Gefahren der menschlichen Existenz generell, etwa das Risiko, krank zu werden oder früh zu sterben, ebenso wie spezielle Gefahren, etwa aus dem Betrieb eines Kraftfahrzeugs oder einer Atomenergiegewinnungsanlage, veranlassen dazu, die Risiken breit zu streuen. Grundsätzlich besteht Versicherungsfreiheit, ausnahmsweise Versicherungspflicht. Regelmäßig wird die Versicherung freiwillig aus Sorge vor dem drohenden Nachteil genommen, wie bei der Lebens- oder Krankenversicherung, mag der Abschluss auch durch steuerliche Vorteile erleichtert werden. Kraft besonderer gesetzlicher Anordnung gibt es auch Pflichtversicherungen, etwa die des Kraftfahrzeughalters für das Haftpflichtrisiko aus dem Betrieb des Automobils. Die Versicherungspflicht soll den Halter vor dem Risiko der Haftung für einen möglicherweise hohen Schaden bewahren, noch mehr aber den Verletzten durch eine zwangshaftpflichtversicherte Gefährdungshaftung sicherstellen.

Ein französischer Versicherungsverein auf Gegenseitigkeit, der Lehrer versichert, hatte den höchsten von einem Auto verursachten Sachschaden des Jahres 1976: ein Citroen blieb auf einem Eisenbahnübergang wegen eines defekten Reifens liegen, ein Güterzug fuhr auf, entgleiste, riss die Gleise auf, stürzte eine Eisenbahnbrücke in den Kanal und folgte, E-Lok und Wagen mit Bier und Fertigsuppe, in das Wasser. Der Schaden betrug DM 16 Mio., von der E-Lok angefangen bis zum Verlust eines Angelvereins für ausgesetzte Fische. Glücklicherweise trug der Rückversicherer 80 % des Schadens (The Economist vom 13. Juli 1976, S. 53).

4 Der Grundgedanke der Versicherung beruht darauf, dass sich erfahrungsgemäß die Risiken einer großen Zahl von Versicherungsverträgen nur bei einem geringen Prozentsatz verwirklichen. Das gilt nicht stets für jedes einzelne Jahr, wohl aber auf einen größeren Zeitraum gesehen, bei dem der Eintritt der Versicherungsfälle auf die einzelnen Jahre verteilt relativ niedrig angesetzt werden kann. Der voraussichtliche Bedarf an Versicherungsleistungen ermöglicht es, den Versicherungsschutz gegen Leistung einer Prämie anzubieten, die den zu erwartenden Leistungsbedarf auf der einen Seite sowie die Kosten des Unternehmens und einen angemessenen Gewinn auf der anderen Seite beinhalten. Das Risikomoment des einzelnen Versicherungsvertrags wird also durch die Vielzahl gleichartiger Versicherungsverträge so verdünnt, dass der Wagnischarakter oder das spekulative Element auf Seiten des Versicherungsunternehmens verblasst. Durch Rückversicherungen wälzen die Versicherer das Risiko überwiegend oder teilweise weiter ab.

Das Gesetz der großen Zahl verlangt freilich, dass eine entsprechende Menge von Versicherungsverträgen abgeschlossen wird. Das ist bei Massenrisiken, etwa im Bereich der Lebensversicherung oder der Kraftfahrzeughaftpflichtversicherung, regelmäßig bei den Versicherern gegeben. Es gibt jedoch Risiken, bei denen nur eine relativ geringe Zahl von VN oder nur besonders Gefährdete als VN zur Verfügung stehen. Die Versicherung der besonders Gefährdeten wird nur zu hohen Prämien oder gar nicht möglich sein. Die Versicherung der kleinen Zahl, etwa die Berufshaftpflichtversicherung für Anwälte, Architekten oder Arzneimittelhersteller, wird nur von wenigen überregional tätigen Versicherern angeboten und oft im Wege der Mitversicherung, des Versicherungspools oder der Rückversicherung breit gestreut. Die Versicherungsunternehmen sind dann nicht selten gezwungen, durch Zusammenfassung der Risiken auf diese Weise deren Durchschlagskraft zu verringern.

III. Rechtliche Einordnung des Versicherungsvertrags

5 Die rechtliche Einordnung des Versicherungsvertrags in die typischen Verträge des besonderen Schuldrechts bereitet Schwierigkeiten. Das Versicherungsgeschäft hat einen eigenständigen Vertragstyp hervorgebracht. Will man den Versicherungsvertrag in Parallele zu den abstrakten Einordnungstypen des BGB setzen, so handelt es sich um ein Risikoübernahmegeschäft nach Art des Garantievertrags. Die Versicherung ist ein gegenseitiger Vertrag. Auf der einen Seite steht die Leistung der Garantiegewährung, auf der anderen Seite die Prämienzahlung. Die Garantie bezieht sich auf den Eintritt eines Risikos und enthält eine insoweit bedingt versprochene Leistung des Versicherers. In der Theorie der Bedingung des Allgemeinen Teils des BGB unterscheidet man die Unsicherheit des Eintritts einer Bedingung überhaupt (*incertum an*), etwa die Haftpflicht oder der Unfall, von der zeitlichen Unsicherheit der gewiss eintretenden Bedingung (*incertum quando*), z. B. den Todesfall. Wie schon die Beispiele zeigen, finden für

die Versicherung beide Bedingungsformen Anwendung. Für den Versicherungsvertrag gelten die allgemeinen Regeln des BGB über den gegenseitigen Vertrag. Es findet jedoch kein besonderer Vertragstyp des Schuldrechts Anwendung. Der Garantievertrag, unter dessen Allgemeintyp der Versicherungsvertrag fällt, ist bekanntlich im BGB nicht geregelt. Es gelten also neben den Vorschriften des Allgemeinen Teils und des Allgemeinen Schuldrechts des BGB hauptsächlich die Bestimmungen des VVG und der allgemeinen Versicherungsbedingungen. Der Versicherungsschutz erscheint als Hauptleistung eines entgeltlichen Vertrags. Dementgegen sind Garantieleistungen, die im Bereich von Kauf und Dienstleistungsverträgen versprochen werden, keine Versicherung.

IV. Einzelmerkmale des Versicherungsvertrags

1. Vertrag

Die Versicherung besteht in der vertraglichen Übernahme eines Risikos des VN **6**
durch den Versicherer. Einseitige Gefahrenübernahmen fallen nicht unter den Begriff Versicherung. Auch Verlustübernahmen im Bereich eines anderen Vertrags sind keine Versicherung.

2. Risiko

Gegenstand des Versicherungsvertrags ist ein Risiko. Das Risiko beinhaltet ei- **7**
nen möglichen wirtschaftlichen Nachteil für den VN, mag er in einem Verlust wie bei einem Schaden oder in einem Freistellungsinteresse wie bei der Haftpflicht oder in einem sonstigen negativen Ereignis wie Tod oder Krankheit begründet sein. Das sog. versicherte Interesse unterscheidet den Versicherungsvertrag von anderen Chancenverträgen, etwa dem Spiel oder der Wette.

Das versicherte Interesse wird vom Eintritt eines ungewissen Ereignisses tangiert. Die Ungewissheit kann entweder eine totale oder eine nur zeitliche sein. Zeitlich ungewiss ist das irgendwann eintretende Ereignis, etwa das Ableben bei der Todesfallversicherung. Vollständig ungewiss sind die meisten Risiken, etwa Feuer, Einbruch, Haftpflicht.

Muss die Ungewissheit eine objektive sein oder genügt auch eine subjektive Ungewissheit? § 2 VVG entscheidet sich für die subjektive Ungewissheit, da er die Rückwärtsversicherung zulässt. Darunter versteht man, dass die Versicherung in einem vor der Schließung des Vertrags liegenden Zeitpunkt beginnt. Allerdings steht in diesem Fall dem VN kein Anspruch auf Leistung zu, wenn er bei der Schließung des Vertrags weiß, dass der Versicherungsfall schon eingetreten ist. Wenn umgekehrt der Versicherer bei der Schließung des Vertrags wusste, dass die Möglichkeit des Eintritts des Versicherungsfalls ausgeschlossen war, so hat er keinen Anspruch auf die Prämie. Wenn allerdings der Versicherer dann schon weiß, dass der Versicherungsfall bereits eingetreten ist, ist der Vertrag gültig. Es genügt die Ungewissheit auf Seiten des VN. Der Versicherer hat durch freiwillige Übernahme in Kenntnis des Versicherungsfalls seine Leistungsbereitschaft angezeigt.

In den Fällen der Rückwärtsversicherung ist die Kenntnis entscheidend. Kennenmüssen, also fahrlässiges Nichtkennen (§ 122 Abs. 2 BGB), genügt nicht. Die Kenntnis bezieht sich auf den Versicherungsfall selbst. Der VN muss nicht nur wissen, dass ein bestimmtes Ereignis eingetreten ist, sondern auch, dass es sich um den Versicherungsfall bei der Rückwärtsversicherung handelt.

Wenn der Vertrag durch einen Vertreter abgeschlossen wird, so kommt es auf die Kenntnis des Vertretenen und des Vertreters an, § 2 Abs. 3 VVG. Bei einer Fremdversicherung, etwa bei einer Lebens- oder Unfallfremdversicherung, ist ebenso die Kenntnis des Versicherten entscheidend, § 47 VVG.

3. Gleichartigkeit des Risikos

8 Der Zweck der Versicherung besteht darin, gleichartige Risiken möglichst breit zu streuen. Diese Streuung wird durch eine Prognose nach den Regeln der Wahrscheinlichkeitsrechnung über die Schadenshäufigkeit, die Schadensquote und den Schadensdurchschnitt ermöglicht. Unter Schadenshäufigkeit versteht man den Prozentsatz versicherter Gefahren, die sich im Laufe eines Jahres verwirklichen. Als Schadensquote gilt der Prozentsatz der Prämieneinnahme, der für die Schadenszahlung aufgewendet werden muss. Als Schadensdurchschnitt wird der mittelmäßige Aufwand pro Versicherungsfall angesehen. Alle drei Faktoren werden auf die Zukunft projiziert und erlauben dann, eine kostendeckende Prämie zu ermitteln.

Die Versicherung wird in verschiedene Arten unterteilt. Man unterscheidet Branchen und Sparten. Dabei bildet die Branche den umfassenderen Begriff; eine Branche kann mehrere Versicherungssparten enthalten. Als Beispiel mag hier die Haftpflichtversicherung stehen. Sie bildet eine Branche der Versicherung, ist untergliedert in Sparten, nämlich Haftpflichtversicherung allgemein, Berufshaftpflicht, sei es für Personen-, sei es für Vermögensschäden (z. B. der Ärzte oder der Anwälte) oder Haftpflicht für Arzneimittelschäden. Branchen und Sparten sind nicht stets getrennt, vielmehr können sie auch in einem einzelnen Versicherungsvertrag gemeinsam berührt sein. Man spricht dann von Kombinationen. So kann die Haftpflicht für Körperschaden und Vermögensschaden kombiniert werden, etwa für Biostatistiker, die ein medizinisches Forschungsprojekt zu begutachten haben, wobei es entweder zu Körperschäden der Probanden oder zu Vermögensschäden des Forschungsunternehmens kommen kann. Auch die kombinierte Hausratversicherung gehört hierher, die verschiedene Risiken wie Feuer, Einbruch usw. abdeckt.

Die von einer Versicherung gebildete Risikogemeinschaft ist nur dann gegeben, wenn eine Vielzahl von versicherten Risiken zusammengefasst wird. Die Gefahrengemeinschaft besteht dabei nicht auf Seiten der VN, sondern in der Vielzahl der Verträge, die der Versicherer mit VN abschließt.

4. Anspruch gegen den Versicherer

Die Versicherung gewährt dem VN einen Anspruch gegen den Versicherer auf 9
Deckung seines Risikos. Ist der Versicherungsfall eingetreten, hat der VN einen Leistungsanspruch. Der Rechtsanspruch kennzeichnet die Versicherung: Freiwillige oder nur konventionell erwartete Leistungen sind außerhalb der Versicherung angesiedelt. Personenvereinigungen, die ihren Mitgliedern Unterstützungen gewähren, ohne dass darauf ein Rechtsanspruch besteht, unterliegen nicht der Versicherungsaufsicht, § 1 Abs. 3 Ziff. 1 VAG. Hier sind die „Feuerwehr"fonds der einzelnen Gewerbeverbände zu nennen, etwa der Vereinigung der Banken. Auch Vereinigungen von Berufsständen, die in Not geratenen Mitgliedern oder ihren Angehörigen Unterstützung zukommen lassen, etwa Ärzte- oder Anwaltskammern, betreiben keine Versicherung. Anders steht es aber mit der Altersrente bei der Ärzteversorgung, deren Zahlung gerichtlich erzwingbar ist.

V. Funktion der Privatversicherung

Die wesentliche Funktion der Versicherung besteht in der Sicherung, d. h. in einer 10
Garantiezusage hinsichtlich des Eintritts eines künftigen, möglicherweise unsicheren Ereignisses. Fraglich ist jedoch, worin die Sicherung besteht, genauer gegenüber welchen Ausgangsdaten die Sicherung erfolgen soll.

1. Schadensersatztheorie und Bedarfstheorie

Dem Hauptzweck des Haftungsrechts am nächsten steht die Schadensersatz- 11
theorie, wonach die Versicherung den durch ein ungewisses Ereignis verursachten Schaden ausgleichen soll. Diese Lehre, welche den Umfang der Versicherungsleistung von dem eingetretenen Schaden abhängig macht, ist zu sehr auf die Unfallversicherung, Haftpflichtversicherung und ähnliche Schadensversicherungen ausgerichtet. Eine Weiterentwicklung der Schadensersatztheorie stellt die Bedarfstheorie dar. Danach ist die Funktion der Versicherung, den durch das zukünftige oder ungewisse Ereignis geschaffenen Bedarf zu decken. Auch diese Theorie ist wesentlich an der Schadensversicherung orientiert. Bei einer Summenversicherung, etwa der Lebensversicherung, ist die vertraglich vereinbarte Summe ohne Feststellung eines Bedarfs oder eines Schadens zu zahlen. Die Schadensersatztheorie und die Bedarfstheorie müssen bezüglich der Summenversicherung einen abstrakten Schaden oder einen abstrakten Bedarf unterstellen. Mit dieser Konstruktion wird dann freilich der Ausgangspunkt, nämlich die Deckung eines konkreten Schadens oder eines konkreten Bedarfs, weitgehend verlassen.

2. Plansicherungstheorie

12 In neuerer Zeit wird die Funktion der Versicherung eher darin gesehen, Störungen in den Vermögensgestaltungszielen oder in den Wirtschaftsplänen des VN auszugleichen, wenn planwidrig Einnahmen entgehen oder außerplanmäßige Ausgaben entstehen. Diese Plansicherungstheorie, die von *Braeß und Schmidt-Rimpier* aufgestellt worden ist, ermöglicht gleichermaßen die Erfassung von Schadens- und Summenversicherungen. Sie hat einen abstrakten Ausgangspunkt, der aber für den einzelnen Versicherungstyp konkretisiert werden kann. Um ein Beispiel zu geben: In der lebenslänglichen Todesfallversicherung geht es um die Sicherung eines auf Versorgung des Bezugsberechtigten gesicherten Sparzieles, das durch den frühen Tod des Versicherten gestört werden kann. Auch sonst schwer einzuordnende Schadensversicherungsarten, etwa die Neuwertversicherung oder die Probandenversicherung, können unter die Plansicherungstheorie gebracht werden.

Auch die Plansicherungstheorie geht vom Bedarf aus, indem sie die Diskrepanz zwischen Plandaten und Realdaten in den Vordergrund stellt. Sie unternimmt aber den Schritt weg von der Funktionsparallele zum Schadensersatzrecht des Bürgerlichen Gesetzbuchs zu dem in die Zukunft blickenden eigentlichen Versicherungsrecht. Die Versicherung ist nicht mehr allein dazu da, einen eingetretenen Schaden am statisch verstandenen Vermögen auszugleichen, sondern um Planungen, die in die Zukunft gehen, weiterhin verwirklichen zu können. Das schließt nicht aus, dass die Planung das Vermögen als statisch ansieht und deshalb nur das Vermögen vor Schaden bewahrt wissen will.

3. Wirkung und Funktion

13 Die Funktion der Deckung eines Plandefizits erlaubt es, den Versicherungsvertrag von Spiel, Wette, Lotterie und anderen Chancenverträgen abzugrenzen. Funktionell besteht dagegen kaum ein Unterschied zwischen der so verstandenen Versicherung einerseits und dem Garantievertrag und dem Leibrentenvertrag andererseits. Insofern muss ein weiteres Merkmal zur Funktion hinzugenommen werden, nämlich die Vorstellung einer vielfach verbreiteten Gefahrengemeinschaft. Sie ist regelmäßig bei Leibrenten und allgemeinen Garantieverträgen nicht gegeben, wohl aber Wesenselement aller Versicherungen.

VI. Treu und Glauben im Versicherungsrecht

Das Versicherungsverhältnis wird in außerordentlicher Weise von Treu und Glauben gestaltet. Der Einfluss von Treu und Glauben sowie der Verkehrssitte reicht vom Abschluss des Versicherungsvertrags über den Versicherungsfall bis hin zu den Pflichten und Obliegenheiten der Parteien. **14**

1. Tatsächliche Voraussetzungen von Treu und Glauben

Zwar findet man auch bei anderen Vertragsverhältnissen die Ausgangssituation, dass beide Vertragspartner auf die Unterstützung des anderen in besonderer Weise angewiesen sind, jedoch ist diese Ausgangslage im Versicherungswesen akzentuiert und umfassend. Das zeigt sich schon darin, dass jeder Vertragspartner in gewisser Beziehung dem anderen überlegen ist. Der VN ist dem Versicherer darin überlegen, dass er oft sein besonderes Risiko besser und genauer übersehen kann. Man denke etwa an mögliche Krankheitsanlagen bei der Krankenversicherung. Auch im Bereich der Schadensregulierung ist der VN der Gebende: Oft besitzt nur er Unterlagen über seinen Verlust oder über seinen Umsatz. Umgekehrt ist der Versicherer gegenüber dem VN insoweit im Vorteil, dass er die Versicherungstechnik beherrscht, dass er Geschäftskunde hat, dass er umfangreiche Erfahrungen auf dem speziellen Gebiet der Versicherung gesammelt hat und dass er Sachverständige vor und nach dem Schadensfall befragen kann usw. Diese Ausgangssituation schafft insoweit Pflichten nach Treu und Glauben, als der andere Teil darauf vertrauen kann, dass die Überlegenheit nicht zum Nachteil des Vertragspartners ausgenutzt wird. **15**

2. Auswirkungen des Grundsatzes von Treu und Glauben

16 Der Grundsatz von Treu und Glauben äußert sich im Versicherungswesen vor allem in dreifacher Hinsicht:

a) Der Inhalt der Leistung wird weitgehend von Treu und Glauben bestimmt. So müssen die Parteien ihre Erklärung über den Inhalt des Vertrags mit Klarheit und Bestimmtheit abgeben. Auch der Versicherer hat dabei die Belange des VN ins Auge zu fassen und danach seine Erklärungen einzurichten. So muss etwa das versicherte Risiko so umschrieben werden, dass der VN bei einfachem Durchlesen die Umrisse deutlich erkennen kann. Mitteilungen sind in einer dem eingesetzten Kommunikationsmittel entsprechenden Weise klar und verständlich zu übermitteln, § 7 Abs. 1 VVG.

b) Ergänzende Leistungspflichten werden gleichfalls aufgrund des § 242 BGB geschaffen. So hat der Versicherer auf Verlangen Auskunft über Beginn, Ende und Inhalt des Versicherungsvertrags zu geben. Wird z. B. der Vertrag auf Verlangen des VN telefonisch oder unter Verwendung eines anderen Kommunikationsmittels geschlossen, das die Information des VN in Textform vor der Vertragserklärung nicht gestattet, muss die Information unverzüglich nach Vertragsschluss nachgeholt werden; dies gilt auch, wenn der VN durch eine gesonderte schriftliche Erklärung auf eine Information vor Abgabe seiner Vertragserklärung ausdrücklich verzichtet, § 7 Abs. 1 VVG. Allerdings braucht der Versicherer nicht ausführliche Rechtsausführungen zu machen. Auch wird promptes und deutliches Verhalten des Versicherers von der Treuepflicht gefordert. Will der Versicherer einen vordatierten Scheck nicht als Zahlung annehmen, so hat er ihn sofort abzulehnen und zurückzugeben (BGHZ 44, 178 = VersR 1965, 1141). Beabsichtigt der Haftpflichtversicherer nach Eintritt des Schadens eine Ausschlussbestimmung anzuwenden, so hat er alsbald auf sie hinzuweisen (BGH VersR 1963, 1117). Bei schuldhaft unrichtigen Auskünften haftet der Versicherer aus positiver Vertragsverletzung. Das gilt auch für den VN. Er hat objektiv unwahre Angaben zu berichtigen, sobald er ihre Unrichtigkeit erkannt hat (BGH VersR 1956, 365).

c) Treu und Glauben können entgegen dem äußeren Anschein das Versicherungsverhältnis wesentlich gestalten. Insbesondere unter dem Aspekt des Arglisteinwands kann es zur Leistungsverweigerung des Versicherers oder zur Leistungspflicht des Versicherers trotz Vorliegens eines an sich leistungsbefreienden Sachverhalts oder zur Umkehr der Beweislast kommen. So können unwahre Angaben des VN bei anderen Vorgängen die Wahrscheinlichkeit unredlichen Verhaltens begründen, wenn ihm die Unwahrheit bekannt war oder sie billigend in Kauf genommen wurde (BGH LM VVG § 1 Nr. 5 = VersR 1977, 610).

3. Treu und Glauben und Gleichbehandlung

§ 242 BGB ist eine Norm des Billigkeitsrechts. Er bezieht sich also auf die Umstände des Einzelfalls. Umgekehrt hat der Versicherungsunternehmer viele Verträge gleichermaßen gestaltet, so dass die Auslegung nach den Umständen der Billigkeit des Einzelfalls gegen den Gleichbehandlungsgrundsatz verstoßen könnte. Gefahrengemeinschaft und Versicherungstechnik einerseits sowie Treu und Glauben andererseits erscheinen in gewisser Weise als Gegensätze. Die erstgenannten Prinzipien führen zu einer Entindividualisierung des einzelnen Vertrags, wogegen Treu und Glauben auf die Umstände des Einzelfalls abheben. Dieser Konflikt wird üblicherweise so gelöst, dass dem Massenprinzip und der Versicherungstechnik der Vorrang eingeräumt werden. Auf die Besonderheiten des Einzelfalls darf erst in zweiter Linie abgestellt werden. Im Allgemeinen wird deshalb gefordert, dass eine Durchbrechung des Vertragswortlauts durch Generalklauseln wie Treu und Glauben nur dann möglich sein soll, wenn besondere Umstände dies rechtfertigen. Allerdings hat die Rechtsprechung immer wieder Härtefälle als solche besonderen Umstände angesehen. **17**

BGHZ 47, 101 = VersR 1967, 411: Ein VN hat mit 1,46 ‰ Alkohol im Blut einen Unfall verursacht. In der Schadensmeldung stand, er habe nur wenig getrunken. Da der Versicherungsagent die Schadensanzeige aufgenommen und den VN nicht über die Folgen falscher Angaben belehrt hatte, bleibt die Versicherung zur Leistung verpflichtet.

BGH LM VVG § 1 Nr. 5 = VersR 1977, 610: Ein Vollkasko versicherter Pkw wurde als gestohlen gemeldet, ein Täter war jedoch nicht zu ermitteln. Es geht darum, ob der Versicherungsfall vorgetäuscht ist. Dazu reicht aus, dass der VN bedingt vorsätzlich falsche Angaben bei der Schadensmeldung und bei einem früheren Anspruch aus einer Reisegepäckversicherung gemacht hat.

BGHZ 107, 368 = VersR 1989, 842: Es bestand erheblicher Verdacht, dass der VN mit dem Brand auf seinem Betriebsgelände etwas zu tun hatte. Im Strafverfahren wurde er freigesprochen, weil er zur Tatzeit ein Alibi hatte und ihm eine Anstiftung nicht mit erforderlicher Sicherheit nachgewiesen werden konnte. Der VN überredete gegen Zusage einer Belohnung einen Zeugen, eine bestimmte genannte Person als Brandstifter zu bezichtigen. Auf diese Obliegenheitsverletzung kann sich jedoch der Versicherer nicht berufen, wenn er selbst einer Zeugin ein Zahlungsangebot gemacht hatte, damit sie eine entlastende Aussage vor der Polizei widerrufe.

§ 2 Privatversicherung und Sozialversicherung. Private und öffentliche Versicherungsträger

I. Privatversicherung und Sozialversicherung

1. Unterscheidung nach materiellen Kriterien

18 Man hat vergeblich versucht, die Privatversicherung und die Sozialversicherung nach materiellen Kriterien zu unterscheiden. Als solche kommen Abschlussfreiheit bzw. Versicherungszwang, Zuschüsse zu den Beiträgen, soziale Beitragsgestaltung und Schadensverhütung in Betracht. Zwar beruht die große Masse der Sozialversicherungen auf Pflichtverhältnissen, wogegen die Mehrzahl der privaten Versicherungsverhältnisse freiwillig eingegangen ist. Es gibt aber auch freiwillige Sozialversicherungsverhältnisse, etwa die Weiterversicherung einer Angestellten, welche die Höchstgrenze der Versicherungspflicht überschritten hat oder als verheiratete Frau aus dem Arbeitsleben ausgeschieden ist. Auf der anderen Seite sind nicht ganz selten Verpflichtungen zum Abschluss einer privaten Versicherung gesetzlich angeordnet worden. So ist etwa der Kraftfahrzeughalter zum Abschluss einer Haftpflichtversicherung mit einer Mindestdeckung verpflichtet, § 1 PflVG. Der Arzneimittelhersteller und der Betreiber einer Atomanlage haben vor allem durch Abschluss von Haftpflichtversicherungen Deckungsvorsorge zu leisten, § 94 AMG, § 13 AtomG. Ebenso wenig sind für die Sozialversicherung der Arbeitgeberanteil und der Staatszuschuss zwingend kennzeichnend. Eine soziale Beitragsgestaltung gibt es nicht nur in der Sozialversicherung, sondern auch bei der Privatversicherung, etwa bei der privaten Krankenversicherung oder infolge des Einheitstarifs bei der Kraftfahrtversicherung. Schließlich wird die Schadensverhütung nicht nur von den Berufsgenossenschaften, sondern auch von den Privatversicherungen gefördert, man denke etwa an Brandschutzmaßnahmen oder Verkehrserziehung.

2. Unterscheidung nach formellen Kriterien

19 Entscheidend für die Abgrenzung der Sozialversicherung von der Privatversicherung ist die öffentlich-rechtliche Gestaltung des Versicherungsverhältnisses. Die Merkmale der öffentlich-rechtlichen Gestaltung sind das regelmäßige Über- und Unterordnungsverhältnis zwischen Sozialversicherungsträger und Versicherten sowie regelmäßig die Pflicht zur Teilnahme an der Sozialversicherung, kein Gegenseitigkeitsverhältnis, sofern nicht durch das Gesetz besonders bestimmt, und die öffentlich-rechtliche Gerichtsbarkeit, besonders durch Sozialgerichte. Wesentlich für den Unterschied zwischen privater und sozialer Versicherung ist also die juristische Konstruktion. Privatversicherungen sind privatrechtlich organisiert, öffentlich-rechtliche Versicherungen unterliegen den Bestimmungen des öffentlichen Rechts.

3. Abgrenzungen und Übergänge

Aufgrund der Organisationsform ist für gewöhnlich der Unterschied zwischen Privat- und Sozialversicherung ziemlich deutlich zu treffen. Allerdings gibt es einige Versorgungseinrichtungen bei öffentlichen Rechtsträgern, bei denen man genauer zusehen muss. So zählen zu den Privatversicherungen die Versicherungsvereine auf Gegenseitigkeit, mit denen die Städte und Gemeinden ihre Haftpflichtangelegenheiten durch Einbringung in einen Pool absichern. Öffentlich-rechtlich hingegen sind die Ärzte- und Anwaltsversorgungseinrichtungen organisiert, die bei den Kammern kraft Landesrechts gebildet worden sind. Ihr öffentlich-rechtlicher Charakter zeigt sich darin, dass Pflichtmitgliedschaft besteht und der Rechtsweg zu den Verwaltungsgerichten eröffnet ist. 20

Schwierig einzuordnen ist die Freistellung von der öffentlich-rechtlichen Versicherung durch Teilnahme an einer privatrechtlichen Versicherung eines dafür gebildeten besonderen Versicherungsunternehmens. Bei dieser Übergangserscheinung kommt es auf die besondere Funktion an, ob man sie der sozialen oder der privaten Versicherung zuordnet. Für die Aufwertung nach der Währungsreform hat sie der BGH für eine Sozialversicherung gehalten (BGHZ 4, 197). In anderer Beziehung steht sie der Privatversicherung nahe, etwa was den Vertragsschluss angeht.

II. Privatrechtliche und öffentlich-rechtliche Konstituierungen von Versicherungsgesellschaften

Die Privatversicherung kann sowohl durch privatrechtlich gebildete Gesellschaften, nämlich Aktiengesellschaften oder Versicherungsvereine auf Gegenseitigkeit oder durch Körperschaften und Anstalten des öffentlichen Rechts geleistet werden. Nicht die Organisationsform des Versicherers, sondern die Gewährung des Versicherungsschutzes entscheidet über den Charakter als Privatversicherung. 21

1. Privatrechtliche Versicherungsunternehmen

Gemäß § 7 VAG sind private Versicherungsunternehmen entweder als Aktiengesellschaften oder als Versicherungsvereine auf Gegenseitigkeit zu führen. Einzelkaufleute und offene Handelsgesellschaften werden in Deutschland nicht zur beaufsichtigten Versicherung zugelassen. Die kommunalen Haftpflichtschadensausgleichsverbände sind besonders organisiert, nämlich als nicht rechtsfähige Vereine. Es handelt sich um Privatversicherungsverhältnisse. Der Ausgleichsverband unterfällt jedoch nicht voll der Aufsicht, da die Kommunen des Schutzes durch den Staat nicht bedürfen (vgl. BGH VersR 1968, 138). 22

2. Öffentlich-rechtliche Versicherungsunternehmen

23 Es gibt auch öffentlich-rechtlich organisierte Versicherer, die private Versicherungsverträge abschließen. Der Vorbehalt für öffentlich-rechtliche Versicherungsanstalten der Länder in § 292 VVG a. F. ist weggefallen. Auch gibt es keine kraft Gesetzes entstehende Versicherungsverhältnisse mehr, wie sie von den Landesbrandversicherungsanstalten oder den Feuersozietäten wahrgenommen wurden. Allerdings dürfen diese Anstalten weiter privatrechtliche Versicherungsverträge abschließen. Daneben gibt es Versicherungseinrichtungen öffentlich-rechtlicher Art, die auf Bundesebene arbeiten. Hierzu zählt die Versorgungsanstalt des Bundes und der Länder (BGHZ 48, 35 = VersR 1967, 780), die Bundesbahnversicherungsanstalt (BGH VersR 1963, 765), die Versorgungsanstalt der Deutschen Bundespost, die Versorgungsanstalt deutscher Bezirksschornsteinfegermeister (BGH VersR 1964, 837) und die Zusatzversorgungsanstalt der Gemeinden und Gemeindeverbände. Die öffentlich-rechtlichen Versicherungseinrichtungen können juristisch selbstständig oder unselbstständig sein. So sind die Haftpflichtversicherungen der Berufsgenossenschaften unselbstständige Abteilungen. Selbstständige öffentlich-rechtliche Versicherungseinrichtungen können Körperschaften oder Anstalten des öffentlichen Rechts sein, dabei sind die Körperschaften mitgliedschaftlich organisiert, die Anstalten vom Vermögen her konzipiert. Die mit ihnen abgeschlossenen Versicherungsverhältnisse sind privatrechtlicher Natur (RGZ 116, 28; BGHZ 48, 35 = VersR 1967, 780), früher bestand ein Kontrahierungszwang für die Anstalt. Die von den öffentlich-rechtlichen Versicherungsunternehmen angebotenen Feuer-, Lebens-, Unfall- und Haftpflichtversicherungen unterstehen dem VVG. Aus dem Grundgesetz lässt sich kein Anspruch auf Fortbestand einer öffentlich-rechtlichen Organisation herleiten (BVerfG NJW 1995, 514 – Hamburger Feuerkasse).

§ 3 Ordnung und Arten der Versicherungsverträge

I. Gesetzliche Einteilung

24 In § 1 VVG a. F. klang das Leitmotiv der Privatversicherung an, nämlich die gesetzliche Unterscheidung zwischen der Schadensversicherung und der Personenversicherung. Die Personenversicherung wird in drei weitere Typen unterschieden, nämlich in die Lebensversicherung, die Unfallversicherung sowie nach Art einer Generalklausel in andere Arten der Personenversicherung. Das VVG hat diese Einteilung im weiteren Verlauf durchgehalten. Nach einem allgemeinen Teil wird zuerst die Schadensversicherung, danach die Lebensversicherung, dann die Berufsunfähigkeitsversicherung, die Unfallversicherung und die Krankenversicherung abgehandelt.

Wortlaut und Aufbau des VVG zeigen, dass das Gesetz anderen als den genannten Arten der Schadensversicherung und Personenversicherung nicht im Wege stehen wollte. Als solche Schadensversicherungen sind etwa die nicht mehr geregelten Formen der Tierversicherung und der Hagelversicherung anzusehen. Eine nicht im VVG geregelte Form der Personenversicherung ist etwa die Probandenversicherung nach § 40 Abs. 3 AMG. Die Pflicht des Versicherers ist dabei abhängig vom Bestehen oder der Höhe eines Vermögensschadens.

II. Unterscheidung in der Praxis

25 Im Jahre 1908 stand die Unterscheidung der Versicherungen gemäß § 1 VVG in Schadensversicherung und Personenversicherung in Übereinstimmung mit der Versicherungswirklichkeit. Damals wurden Personenversicherungen regelmäßig in der Form einer Summenversicherung abgeschlossen. Mittlerweile hat sich herausgestellt, dass ohne Widerspruch zum VVG eine Personenversicherung auch als Schadensversicherung ausgestattet werden kann. Dieser Satz lässt sich jedoch nicht voll umkehren. Nicht jede Art der Nichtpersonenversicherung ist als Summenversicherung abschließbar. Sofern ein konkretes Verlustinteresse versichert ist, darf aus der Versicherungsleistung dem VN kein Gewinn erwachsen. Das ergibt sich aus dem sog. Bereicherungsverbot, welches in den §§ 74 (Überversicherung), 88 (Versicherungswert), 78 (Doppelversicherung), 86 (Übergang von Ersatzansprüchen) VVG ausgesprochen worden ist.

Das Fortschreiten der Versicherungspraxis hat dazu geführt, dass Personenversicherungen auch als Schadensversicherungen ausgestaltet werden. Deshalb unterscheidet man heute nicht mehr zwischen Personenversicherung und Schadensversicherung. Vielmehr werden als Gegensatzpaar die Summenversicherung auf der einen Seite und die Schadensversicherung auf der anderen Seite gewählt. Die Summenversicherung ist Personenversicherung, wogegen die

Schadensversicherung sowohl Personen- als auch Nichtpersonenversicherung sein kann. Übrigens ist diese Unterscheidung keine ausschließende: In einem Versicherungsvertrag kann zum Teil eine Schadensversicherung, zum anderen Teil eine Summenversicherung enthalten sein, etwa die Krankenversicherung, die sowohl Arztkosten (Schaden) als auch ein Tagegeld (Summe) vorsieht.

III. Arten der Versicherung

1. Schadensversicherung

26 Das VVG hat die Schadensversicherung allgemein und ebenso die Sachversicherung geregelt. Man unterscheidet große und kleine Sachversicherungen sowie besondere Schadensversicherungen. Als kleinere Sachversicherungen werden die Hagel- und Tierversicherung, die Einbruchdiebstahlversicherung, die Leitungswasserversicherung, die Hausratversicherung, die Glasversicherung, die Sturmversicherung, die Kreditversicherung, die Kautionsversicherung, die Vertrauensschadenversicherung, die Garantieversicherung sowie die Maschinenversicherung und die Valorenversicherung, bei der es sich um die Versicherung von Juwelen-, Schmuck- und Geldsachen im Privatbesitz handelt, angesehen. Dagegen gelten als große Sachversicherungen die Kaskoversicherung für Kraftfahrzeuge, die allgemeine Haftpflichtversicherung, die Kraftfahrzeughaftpflichtversicherung, die Rechtsschutzversicherung, die Transportversicherung und die Gebäudefeuerungsversicherung. Hinzu kommen noch folgende Sonderformen der Schadensversicherung, nämlich die Feuerversicherung und die Transportversicherung.

2. Summenversicherung

27 Die Summenversicherung erscheint kraft Gesetzes als Lebensversicherung, als Unfallversicherung, als Berufsunfähigkeitsversicherung sowie seit 1994 als Krankenversicherung. Die Summenversicherung kann entweder als Kapitalversicherung oder als Rentenversicherung ausgestaltet sein, je nach dem, ob beim Eintritt des Versicherungsfalles eine bestimmte Summe oder eine Rente zu bezahlen ist. Die weitaus wichtigste Form ist die Lebensversicherung. In der Lebensversicherung kann der Versicherungsfall durchaus unterschiedlich ausgestaltet sein. Er kann nämlich entweder als Eintritt des Todes (Todesfallversicherung) oder als Erreichen eines bestimmten Lebensalters (Erlebensfallversicherung) definiert sein. In der ersten Alternative stellt er eine reine Risikoversicherung dar, nämlich in Form der temporären Lebensversicherung, die nur den Todesfall während der Laufzeit des Versicherungsvertrags deckt. Anders steht es mit den Lebensversicherungsverträgen mit unbedingter Leistungspflicht des Versicherers. Hier ist die Versicherung eines Risikos mit einer Ansparung verbunden: Ein Teil der Prämie deckt das Risiko ab, dass der VN oder der sonst Benannte vorzeitig stirbt; der andere Teil, die sog. Prämienreserve, dient der Ansammlung eines Kapitals, das nach Vertragsablauf ausgezahlt wird. Der Lebensversicherungsvertrag stellt oft eine gemischte Versicherung dar, nämlich wenn der Erlebens- und der Todesfall alternativ als Versicherungsfall erscheinen. Als Lebensversicherungsverträge kommen auch Gruppenlebensversicherungen in Betracht. Sie werden etwa für einen Verein oder für die Belegschaft eines Betriebes abgeschlossen. Ihr Vorteil liegt darin, dass die Verwaltungskosten gering und die Prämien deshalb niedrig sind.

In Bezug auf Tagegeld, Invalidität und Todesfall erscheint die Unfallversicherung als Summenversicherung. Sie betrifft das Geschehen, dass der Versicherte durch ein plötzlich von außen auf seine Person wirkendes Ereignis gegen seinen Willen eine Beeinträchtigung der Gesundheit erleidet. „Von außen" heißt nicht notwendig „durch Dritte", so ist der Tod durch Ertrinken oder Ersticken an einem Stück Wurst ein Unfall, nicht aber der durch Überarbeitung. Plötzlich bedeutet etwas Unerwartetes bzw. Unentrinnbares. Folglich ist der Schuss des Polizisten auf den flüchtenden Häftling oder der Tod durch Schläge im Boxwettkampf nicht plötzlich. „Gegen seinen Willen" heißt unfreiwillig, wobei der Wille auf den Schaden gerichtet sein muss. Freiwillig bedeutet also nicht etwa freiwillig eine Gefahr auf sich nehmen, die zum Unfall führen kann, wie etwa das Autofahren, sondern den Schaden selbst bewusst herbeiführen. **28**

Die Unfreiwilligkeit wird gemäß § 178 Abs. 2 S. 2 VVG bis zum Beweis des Gegenteils vermutet. Wer also eine Gesundheitsbeschädigung dadurch erleidet, dass sein Kraftfahrzeug mit einem Pfeiler kollidiert, hat einen Anspruch aus der abgeschlossenen Unfallversicherung, solange nicht die Versicherung nachweist, dass er diesen Unfall vorsätzlich herbeigeführt hat.

Die Unfallversicherung kann auch als Drittversicherung abgeschlossen werden, was z. B. bei der Kraftfahrzeuginsassenunfallversicherung geschieht. Nach BGHZ 64, 260 (= VersR 1975, 703) ist dann ein gesetzliches Treuhandverhältnis anzunehmen, aus dem sich die Befugnis des VN ergibt, die Ansprüche des Versicherten geltend zu machen und über sie zu verfügen. Damit kann der VN dem Versicherten sogar die Zahlung aus der Insassen-Unfallversicherung vorenthalten, allerdings wird er das nur tun, wenn er ein eigenes Interesse hat, etwa weil er die Erhöhung der Prämie befürchtet. Jedenfalls wenn der Versicherte einen Anspruch wegen des Unfalls gegen einen solventen Dritten hat, braucht der VN nicht die Versicherung in Anspruch zu nehmen. Hierin liegt ein Stück „Bereicherungsverbot" bei der Summenversicherung.

Berufsunfähigkeitsversicherung war bislang schon in der Rechtsprechung anerkannt (BGH VersR 1988, 1233; 1991, 289). Sie erschien in Form der Berufsunfähigkeitszusatzversicherung, die zusammen mit einer Lebensversicherung abgeschlossen wurde und ohne diese nicht fortgesetzt werden konnte. Aber auch in Form der selbstständigen Berufsunfähigkeitsversicherung kam sie vor und wurde von der Praxis der Lebensversicherung zugerechnet. Davon sind die §§ 172ff. VVG abgewichen. Die Berufsunfähigkeitsversicherung wird jetzt als selbstständiger Versicherungszweig angesehen. Berufsunfähig ist, wer seinen zuletzt ausgeübten Beruf, so wie er ohne gesundheitliche Beeinträchtigung ausgestaltet war, infolge Krankheit, Körperverletzung oder mehr als altersentsprechendem Kräfteverfall ganz oder teilweise voraussichtlich auf Dauer nicht mehr ausüben kann, § 172 Abs. 2 VVG. Um Missbräuchen entgegenzutreten kann vereinbart werden, dass die versicherte Person auch keine andere Tätigkeit ausübt oder ausüben kann, die zu übernehmen sie aufgrund ihrer Ausbildung und Fähigkeiten in der Lage ist und die ihrer entsprechenden Lebensstellung entspricht.

29 Schließlich gilt als Summenversicherung auch die Krankenversicherung, soweit ein abstrakter Bedarf durch einen Pauschalbetrag, z. B. Krankentagegeld, gedeckt wird. Trotz ihrer großen Bedeutung ist die Krankenversicherung im VVG erst seit 1994 geregelt. Das liegt daran, dass sie sich erst in den zwanziger Jahren entwickelt hat. Rechtsgrundlage für die Krankenversicherung sind in zweiter Linie die AVB, nämlich die MB/KK, die Allgemeinen Versicherungsbedingungen für die Krankheitskostenversicherung, und die MB/KT, die Allgemeinen Versicherungsbedingungen für die Krankentagegeldversicherung, sowie die MB/PV, die Musterbedingungen für die Pflegekrankenversicherung. Vorrangig gelten die allgemeinen Regeln des VVG. Wichtig bei dieser Versicherung ist die regelmäßige Verabredung von Wartezeiten, im Allgemeinen mehrere Monate ab Vertragsschluss. Alte Leiden, das sind Krankheiten, die vor Beendigung der Wartezeit bestanden haben, sind für einen ersten Zeitraum nicht versichert. Ähnlich der Kaskoversicherung enthält die Krankenversicherung bisweilen einen Selbstbehalt. Regelmäßig bestehen aber Vollversicherungen.

2. Kapitel: Entwicklung und Rechtsquellen des Privatversicherungsrechts

Literatur:

Helmut André, Die geschäftsplanmäßige Erklärung, Karlsruhe 1969;

August Angerer, Hans Christian Richter, Clemens Wetz, Der Geschäftsplan der Versicherungsunternehmen nach altem und neuem Recht – 25 Jahre Karlsruher Forum, S. 75ff.;

Jürgen Basedow, Wolfgang Drasch, Das neue Internationale Versicherungsvertragsrecht, NJW 1991, 785;

Jürgen Basedow, Der Versicherungsbinnenmarkt und ein optionales europäisches Vertragsgesetz, FS Egon Lorenz, Karlsruhe 2004, S. 93;

Erwin Deutsch, Das Internationale Privatrecht und das Internationale Versicherungsrecht der klinischen Forschung, VersR 2006, 577;

Meinrad Dreher, Die Versicherung als Rechtsprodukt, Tübingen 1991;

Ulrich Fahr, Die Umsetzung der Versicherungsrichtlinien der 3. Generation in deutsches Recht, VersR 1992, 1033;

Martin Fricke, Das IPR der Versicherungsverträge außerhalb des Anwendungsbereichs des EGVVG, VersR 1994, 77;

Volker Hahn, Die „europäischen" Kollisionsnormen für Versicherungsverträge, Karlsruhe 1992; Stefan Imbusch, Das IPR der Versicherungsverträge über innerhalb der EG belegenen Risiken, VersR 1993, 1059;

Peter Koch, Zur Geschichte der versicherungsvertraglichen Kodifikationen in Deutschland und Österreich, FS Reimer Schmidt, Karlsruhe 1976, S. 299–323;

Egon Lorenz, in Materialien zum ausländischen und internationalen Privatrecht, Bd. 34 (1991);

Anton Martin, Inhaltskontrolle von Allgemeinen Versicherungsbedingungen nach dem AGBG, VersR 1984, 1107;

Jürgen Prölss, Die Unklarheitenregel unter besonderer Berücksichtigung ihrer Anwendung auf AVB, FS Egon Lorenz, Karlsruhe 2004, S. 533;

Peter Reiff, Die Auswirkungen des Gemeinschaftsrechts auf das deutsche Versicherungsvertragsrecht, VersR 1997, 267;

Reinhard Renger, Stand, Inhalt und Probleme des neuen Versicherungsrechts, VersR 1994, 753; Wulf-Henning Roth, Das Allgemeininteresse im europäischen Internationalen Versicherungsvertragsrecht, VersR 1993, 129;

Wulf-Henning Roth, Internationales Versicherungsrecht, Tübingen 1985;

Martin Schricke, Die Neuregelung des IPR der Versicherungsverträge im EGVVG durch das Gesetz zur Durchführung versicherungsrechtlicher Richtlinien des Rats der Europäischen Gemeinschaften, IPRax 1990, 361;

Jochen Taupitz, Macht und Ohnmacht der Verbraucher auf dem dekontrollierten europäischen Versicherungsmarkt, VersR 1995, 1125;

Manfred Werber, Betrachtungen zur Überleitung öffentlich-rechtlicher Versicherungsverhältnisse in das Privatrecht, FS Egon Lorenz, Karlsruhe 1994, S. 705

Literatur zum VVG 2008:

Theo Langheid, Auf dem Weg zu einem neuen Versicherungsvertragsrecht, NJW 2006, 3317;

Alexander Mack u. Thomas Terrahe, Der Abschlussbericht der VVG-Reformkommission: Auswirkungen auf die Haftpflichtversicherung, PHI 2005, 28 (I) und PHI 2005, 60 (II);

Oliver Sieg u. Tanja Schramm, BMJ: Eckpunkte der Reform des VVG vorgestellt, PHI 2006, 66;

Hans-Peter Schwintowski, Neuerungen im Versicherungsvertragsrecht, ZRP 2006, 139

§ 4 Geschichte und Entwicklung

I. Geschichte

1. Entstehung des VVG

Die erste zusammenfassende Regelung des Versicherungsvertrags und der Privatversicherung auf deutschem Boden erfolgte im Gesetz über den Versicherungsvertrag (VVG) vom 30. Mai 1908. Bei Schaffung des ADHGB (1861), des HGB (1897) und des BGB (1896) wurde das Privatversicherungsrecht als noch nicht kodifikationsreif ausgeklammert; die landesgesetzlichen Vorschriften blieben erhalten. Der Vorreiter der reichsrechtlichen Regelung ist im Gesetz über die Versicherungsaufsicht vom 12. Mai 1901 zu sehen. Nach der Schaffung der Versicherungsaufsicht war es an der Zeit, das Versicherungsvertragsrecht gesetzlich zu ordnen. Im Jahre 1903 wurde der Entwurf des Gesetzes über den Versicherungsvertrag vorgelegt, der von den Interessenten und im Schrifttum lebhaft erörtert wurde. Im Jahre 1906 wurde eine Reichstagsvorlage nebst einer Begründung geschaffen. Das Gesetz wurde schließlich im Jahre 1908 verabschiedet. **30**

2. Neuregelung des Versicherungsrechts durch das VVG 2008

Der Gesetzgeber hatte erhebliche Eingriffe in das VVG 1908 vorgenommen. Vor allem wurden die Krankenversicherung und die Rechtsschutzversicherung neu geregelt, das Europarecht schaffte überdies die Vorausbeurteilung der AVB ab und regelte das internationale Versicherungsrecht neu. Daraufhin wurde der Plan gefasst, das VVG völlig zu überarbeiten und neu zu fassen. Aufgrund von Vorarbeiten in einer Kommission wurde am 13. März 2006 der Referentenentwurf des Bundesministeriums der Justiz veröffentlicht, der ein Gesetz zur Reform des Versicherungsvertragsrechts vorsah. Im Jahre 2006 wurde dann der Regierungsentwurf für das neue VVG vorgelegt. In diesem liegt schon eine Stellungnahme des Bundesrats vom 24. März 2006 vor (Bundesrat-Drucksache 707/6). Nach weiteren Anhörungen hat der Bundestag das Gesetz 2007 verabschiedet. Im Januar 2008 trat das neue VVG in Kraft. Damit wird gleichzeitig die vom BVerfG gesetzte Frist zur Umsetzung seiner Urteile vom 26. Juli 2005 eingehalten (BVerfG VersR 2005, 1109 = NJW 2005, 2363; VersR 2005, 1127 = NJW 2005, 2376). Durch diese Urteile wurde dem Gesetzgeber auferlegt, die Überschussermittlung bei kapitalbildenden Lebensversicherungsverträgen und die Übertragung des Bestandes von Lebensversicherungsverträgen so auszugestalten, dass alle angesammelten Vermögenswerte angemessen berücksichtigt werden. Die Regelungen sind in § 153 Abs. 2 und 3 VVG sowie in § 169 VVG enthalten.

3. Anwendungsbereich des VVG

31 Das VVG stellt die vereinheitlichte Rechtsquelle des Versicherungsvertragsrechts in Deutschland dar. Sachlich findet es Anwendung auf alle Versicherungsverhältnisse Privater, auch soweit sie im VVG nicht ausdrücklich erwähnt sind. Es gelten jedoch zwei wichtige Ausnahmen. Auf die Seeversicherung und die Seerückversicherung findet das HGB Anwendung, §§ 209 VVG, 779 Abs. 1 HGB. Im Übrigen besteht hinsichtlich der Rückversicherung ein weitgehend regelungsfreier Raum, der durch analoge Anwendung der Bestimmungen des VVG ausgefüllt wird. Auch haben sich im Bereich der Rückversicherung gewohnheitsrechtliche Regelungen gebildet, die freilich selten vor die Gerichte kommen. Deshalb findet das VVG nicht auf die Rückversicherung Anwendung, § 209 VVG.

II. Entwicklung der Privatversicherung unter dem Einfluss der Gesetzgebung

1. Allgemeine Entwicklung

32 Das Versicherungswesen hat sich nicht frei entwickelt, sondern hat erhebliche Anstöße von gesetzgeberischen Maßnahmen bekommen. Hier soll nur ein Beispiel genannt werden: Mit Beginn der Industrialisierung sahen sich die Unternehmer immer häufiger Schadensersatzklagen ihrer Arbeitnehmer wegen fahrlässiger Verletzung des Körpers und der Gesundheit während der Arbeit ausgesetzt. Auch griff die Gefährdungshaftung des Haftpflichtgesetzes von 1871 ein. Um dieses Risiko umzulegen, wurden in den siebziger und achtziger Jahren des vorvergangenen Jahrhunderts Gesellschaften gegründet, welche sich auf die Versicherung dieser Haftpflicht spezialisierten. Mit den von Bismarck zu Beginn der achtziger Jahre durchgesetzten Sozialversicherungsgesetzen entfiel die wirtschaftliche Notwendigkeit solcher Haftpflichtversicherungen. Der Arbeitsunfall wurde durch die von den Arbeitgebern finanzierten Berufsgenossenschaften versichert. Eine private Haftpflicht fand praktisch nicht mehr statt. Der Regress des Sozialversicherungsträgers gegen den Arbeitgeber war außerordentlich selten, ja damals noch an die strafgerichtliche Verurteilung geknüpft und bedurfte deshalb keiner Versicherung. Die Gesellschaften oder Vereinigungen, die sich das Geschäft der Versicherung der Arbeitgeberhaftpflicht zum Ziel gesetzt hatten, mussten sich nunmehr nach anderen Betätigungsfeldern umsehen. Sie wandten sich der Haftung allgemein zu und es entstand die allgemeine Haftpflichtversicherung, der bald spezialisierte Haftpflichtversicherungen für die Berufshaftpflicht, die Kraftfahrzeughaftpflicht usw. folgten. Man sieht an diesem Beispiel, dass eine ins Leere stoßende Versicherung sich einen neuen Anwendungsbereich sucht und jedenfalls in diesem Beispielsfalle auch voll auszufüllen vermag. Haftungsrechtlich kann man noch hinzufügen, dass mit dem Bestehen der Haftpflichtversicherungen auch die Zahl der Haftungen nach dem Recht der unerlaubten Handlungen zugenommen hat. Mit der Haftpflichtversicherung ist zeitlich die Verletzung der

Verkehrssicherungspflicht entstanden (RG vom 23. Februar 1903 RGZ 54, 58), die der Sache nach eine Generalklausel für Fahrlässigkeit darstellt. Sie ist sicherlich von dem Bestehen von Haftpflichtversicherungen, kommunalen Haftpflichtvereinen und Selbstversicherungen der öffentlichen Hand wesentlich beeinflusst worden.

2. Weiterentwicklung unter dem VVG 1908

Unter Herrschaft des VVG 1908 sind eine ganze Reihe neuer Versicherungen **33**
entwickelt worden, auch Kombinationen von Versicherungsbranchen haben sich verbreitet. Als Beispiele seien hier nur die Krankenversicherung und die Rechtsschutzversicherung genannt, die beide jetzt im VVG geregelt sind und schon vor der Aufnahme in das VVG ihre eigentliche Bedeutung erlangt haben. Sie werden immer noch im Wesentlichen durch allgemeine Versicherungsbedingungen oder durch typische Verträge bzw. Einzelverträge geregelt. Als Kombination seien die Kfz-Versicherung (Haftpflicht und Kasko) und die Hausratversicherung (Feuer, Einbruch usw.) erwähnt.

Der Gesetzgeber hat das VAG im Jahre 1931 neu gefasst und bei dieser Gelegenheit Maßnahmen eingeführt, aufgrund deren die Vermögensanlagepolitik der Versicherungsgesellschaften stärker überwacht werden konnte. Anlass war der Zusammenbruch einer Versicherungsgesellschaft im Jahre 1929 gewesen, der freilich die VN nicht geschädigt hatte, da eine andere Versicherung den Versicherungsbestand übernommen hatte. Im Jahre 1937 wurde eine Bedürfnisprüfung bei Neuzulassungen von Versicherungsunternehmen eingeführt. Sie gilt seit Inkrafttreten des Grundgesetzes nicht mehr.

Die jüngsten Veränderungen des Versicherungsrechts wurden auch zum Teil durch die Europäische Union veranlasst. Leider ist der Vorschlag für eine Richtlinie zur Koordinierung der Rechts- und Verwaltungsvorschriften für Versicherungsverträge nicht in Kraft getreten, der die außerordentlich divergierenden Versicherungsregelungen in den einzelnen Ländern auf einen Nenner bringen sollte. Insbesondere ist die Entwicklung der verbraucherfreundlichen Obliegenheiten in Deutschland nicht überall andernorts geschehen. Anstelle der schuldabhängigen Obliegenheitsverletzungen arbeitet man dort mit objektiv gefassten Versicherungsbedingungen. Stattdessen ist durch die EU eine Deregulierung des Versicherungsmarktes und eine Regelung des anwendbaren Rechts auf grenzüberschreitende Verträge erfolgt.

Die Pflichtversicherung des Kraftfahrzeughalters ist im Jahre 1939 eingeführt und im Jahre 1965 neu gefasst worden. Jeweils damit war eine Änderung des VVG verbunden. Man hatte stets das rechtspolitische Anliegen, die Rechtsstellung des Unfallopfers zu verbessern. Deshalb bleibt der Haftpflichtversicherer zur Leistung in Ansehung des Dritten verpflichtet, auch wenn er gegenüber dem VN frei geworden ist, § 158 c VVG a. F. Als Folge europäischen Einheitsrechts ist ein Direktanspruch des Geschädigten gegen den Haftpflichtversicherer des Schädigers beim Kraftfahrzeugunfall gesetzlich geschaffen worden, § 3 PflVG

a. F. Das Anliegen, den Schutz der Verkehrsunfallopfer möglichst lückenlos zu gestalten, hat schließlich auch zur gesetzlich angeordneten Bildung eines Entschädigungsfonds für Schäden aus Kraftfahrzeugunfällen geführt, § 12 PflVG. Der Fonds tritt insbesondere ein, wenn das Fahrzeug, durch dessen Gebrauch der Schaden verursacht worden ist, nicht ermittelt werden kann, also etwa im Fall der gelungenen Verkehrsunfallflucht, oder wenn die nach diesem Gesetz erforderliche Haftpflichtversicherung zugunsten des Halters, Eigentümers und des Fahrers des Fahrzeugs nicht besteht, also etwa im Fall der überhaupt nicht abgeschlossenen Haftpflichtversicherung. Der Entschädigungsfonds haftet nur subsidiär, insbesondere nur hinter dem Halter, Eigentümer oder Fahrer sowie einem öffentlichen Amtsträger. Die letzte Haftung ist deshalb besonders wichtig, weil die Zulassung eines Kfz ohne Nachweis der Haftpflichtdeckung regelmäßig als Amtspflichtverletzung zur Staatshaftung führt, Art. 34 GG, § 839 BGB (BGH BB 1953, 694).

3. Verbraucherschutz auf Grundlage des EU-Rechts

34 Seit 1994 hat der Versicherer dem VN vor Abschluss des Vertrags die AVB und Verbraucherinformationen zu übergeben. Erhielt der VN die Bedingungen oder Informationen erst bei Abschluss des Vertrags, so konnte er dem Vertragsschluss binnen 14 Tagen widersprechen. Für langfristige Versicherungsverträge mit einer Laufzeit von mehr als fünf Jahren wurde ein unbedingtes Kündigungsrecht zum Ende des 5. und jedes darauf folgenden Jahres gewährt. Bei jeder Prämienerhöhung konnte der VN kündigen. Heute sind die Informationspflichten und das Widerrufsrecht des VN in den §§ 4ff., 7f. VVG geregelt. Nach § 11 Abs. 4 VVG ist sogar ein Versicherungsvertrag, der für die Dauer von mehr als drei Jahren geschlossen worden ist, vom VN zum Schluss des dritten oder jedes darauffolgenden Jahres unter Einhaltung einer Frist von drei Monaten zu kündigen.

Die neu ins VVG aufgenommene Regelung der privaten Krankenversicherung gewährt einen Aufnahmeanspruch für minderjährige Adoptivkinder, einen Auskunftsanspruch über Gesundheitsgutachten und einen Fortsetzungsanspruch des Mitversicherten (etwa im Fall der Ehescheidung). Dem Versicherer ist dafür die Befugnis eingeräumt, bei unvorgesehenen Entwicklungen die Prämien zu erhöhen und den Vertrag anzupassen. Ein unabhängiger Treuhänder hat die Wahrung der Belange der Versicherten durch vorherige Prüfung wahrzunehmen.

Im Bereich der Lebensversicherung sind Umwandlung und Rückkaufswerte umgestaltet worden. Auch hier darf eine Vertragsanpassung nach Prüfung durch einen Treuhänder geschehen. In der Kfz-Haftpflichtversicherung ist ein Annahmezwang eingeführt worden. Bei der Insolvenz des Schadensversicherers haben die übrigen Kraftfahrtversicherer gemeinschaftlich einzustehen. Die Ausländereigenschaft darf bei der Kfz-Haftpflicht und der Kaskoversicherung ferner nicht nachteilig berücksichtigt werden.

4. Entwicklung auf Grundlage des VVG 2008

Die seit 1994 begonnene Verstärkung der Position des VN ist im VVG 2008 weitergeführt worden. Dabei ist der Einfluss des Europarechts und des Verfassungsrechts unverkennbar. Der VN hat nach § 6 VVG einen Anspruch auf Beratung. Diese Beratung ist unter Berücksichtigung der Komplexität des angebotenen Versicherungsvertrags zu dokumentieren. Der Versicherer hat außerdem den erteilten Rat und die Gründe hierfür klar und verständlich vor dem Abschluss des Vertrags in Textform zu übermitteln. Die Auskunftsverpflichtung geschieht auch nach Vertragsschluss und während der Dauer des Versicherungsverhältnisses, soweit bei dem Versicherer ein Anlass für eine Nachfrage und Beratung des VN erkennbar ist. Außerdem hat der Versicherer den VN rechtzeitig vor Abgabe von dessen Vertragserklärung seine Vertragsbestimmung einschließlich der AVB in Textform mitzuteilen. Sie sind klar und verständlich zu übermitteln. Der VN hat ein innerhalb von zwei Wochen zu erklärendes Widerrufsrecht. Die zwei Wochen beginnen allerdings erst zu laufen, wenn er den Versicherungsschein und die Vertragsbestimmungen einschließlich der AGB erhalten hat sowie deutlich über das Widerrufsrecht, seine Rechtsfolgen belehrt und ihm die Anschrift desjenigen, gegenüber dem der Widerruf zu erklären ist, mitgeteilt wurde, § 8 VVG. Bei verlängerbaren Versicherungsverhältnissen darf sich die Verlängerung jeweils nur auf ein Jahr erstrecken. Ein für die Dauer von mehr als drei Jahren geschlossener Versicherungsvertrag kann vom VN zum Schluss des dritten und jedes darauffolgenden Jahres gekündigt werden, § 11 VVG. **35**

Aufgrund von Auflagen des BVerfG war es nötig, bei der Lebensversicherung den Rückkaufswert und die Umwandlung so auszugestalten, dass der VN an dem wirtschaftlichen Erfolg der von ihm bezahlten Prämie beteiligt war. Ebenso stand es bei der Übertragung des Bestandes einer Lebensversicherung auf einen anderen Versicherer. Abreden, welche der dreijährigen Höchstdauer und dem Kündigungsrecht bei einem Versicherungsverhältnis auf unbestimmte Zeit widersprechen, sind dem VN gegenüber unwirksam, § 18 VVG.

§ 5 Rechtsquellen des Privatversicherungsrechts

I. Binnenversicherung

36 Im Versicherungsvertragsrecht unterscheidet man die Binnenversicherung von der Seeversicherung. Die Seeversicherung ist ein im HGB geregelter Teil des Versicherungsvertragsrechts, der im Seerecht mitbehandelt wird. Im Folgenden soll nur von den normalen Versicherungen zu Lande und im Inland gehandelt werden.

1. Versicherungsvertragsgesetz

37 Das VVG von 2008 gilt für alle Binnenversicherungen mit Ausnahme der Rückversicherung, § 209 VVG. Auch soweit Versicherungsverhältnisse nicht ausdrücklich im VVG genannt sind, bei sog. Innominatverträgen, findet das VVG in seinen Grundzügen und oft auch in den Einzelregelungen unmittelbar oder übertragen Anwendung.

Ob die einzelnen Vorschriften des VVG abdingbar sind, hängt von ihrem Charakter ab. Man unterscheidet zwingende, halbzwingende und abdingbare Bestimmungen. Zwingend sind die Vorschriften, welche weder zugunsten noch zuungunsten des VN geändert werden können. Die abweichende Klausel ist nichtig, z. B. gemäß § 171 VVG die Regelung über die Selbsttötung. Im Laufe der ersten drei Jahre ist der Versicherer bei Selbsttötung leistungsfrei, die Frist wird oft auf zwei Jahre herabgesetzt. Kraft der Ausnahmevorschrift des § 161 Abs. 2 VVG kann die Frist durch Einzelvereinbarung erhöht werden.

Der zwingende Charakter der Vorschrift wird vom Gesetz entweder ausdrücklich angeordnet oder folgt aus der Natur der Bestimmung. Halbzwingende Normen dürfen nicht zum Nachteil des VN oder Versicherten geändert werden. Der Nachteil kann ein formeller ebenso wie ein materieller sein. Der VN kann sich auf eine vom Gesetz abweichende Klausel berufen; zu seinen Gunsten wird dann Vertragsrecht anstatt Gesetzesrecht angewandt. Eine weitere Vergünstigung des VN darf nicht durch abweichende Vereinbarung geändert werden, nämlich dass zur Wahrung der Frist für den Widerruf die rechtzeitige Absendung genügt, §§ 8 Abs. 1, 18 VVG.

2. Pflichtversicherungsgesetz

38 Im Jahre 1939 wurde die Pflichtversicherung für Kraftfahrzeughalter eingeführt und im Jahre 1965 den veränderten Bedingungen angepasst. Das PflVG enthält eine Reihe von Bestimmungen, die als *leges speciales* gegenüber dem VVG anzusehen sind. Im PflVG stehen auch zivilrechtliche Vorschriften, etwa über die Ausgleichung unter mehreren Deliktsschuldnern, soweit der Entschädigungsfonds betroffen ist. Das PflVG gewährt vor allem den von einem Kfz Geschä-

digten einen Direktanspruch gegen den Versicherer. Der Anspruch gegen den Schädiger bleibt bestehen. Die Rechtskraft eines für Versicherer oder VN günstigen Urteils wird auf den anderen erstreckt, so dass es nicht zu einem zweiten Prozess kommt (BGH VersR 2002, 474). Das VVG 2008 hat diese Regelung weitgehend aufrechterhalten.

3. Sonstige Bundesgesetze

Auf das Versicherungsverhältnis finden die Vorschriften des Bürgerlichen Ge- **39**
setzbuchs, besonders die beiden ersten Bücher (Allgemeiner Teil und Schuldrecht), Anwendung. Der Versicherungsvertrag stellt für den Versicherer ein Handelsgeschäft dar. Ist er es auch für den Versicherten, so gelten die Vorschriften des HGB über beiderseitige Handelsgeschäfte. BGB und HGB gelten aber nur subsidiär, d. h., nur soweit das VVG oder andere Bestimmungen keine ausdrückliche Regelung treffen.

4. Höherrangiges Recht

Die EU hat durch manche Richtlinien das Versicherungsrecht geformt. Das ist **40**
schon daran zu erkennen, dass § 7 VVG über die Information des VN in einer VO vorsieht, welche vorgeschriebenen Angaben nach Richtlinien des Rates und des Europäischen Parlaments über Direktversicherung und über den Fernabsatz von Finanzdienstleistungen sowie über Lebensversicherungen zu beachten sind. Auch das Grundgesetz ist vor allem mit seinen Grundrechten über die freie Entfaltung der Persönlichkeit und den Schutz des Eigentums rechtsbildend für das Versicherungsvertragsrecht. Das hat das BVerfG in einer Reihe von Entscheidungen über die Überschussermittlung der kapitalbildenden Lebensversicherung, die Übertragung des Bestands von Lebensversicherungsverträgen sowie das angemessene Verhältnis zu den gezahlten Versicherungsprämien und dem Rückkaufswert deutlich gemacht (BVerfG VersR 2005, 1109 = NJW 2005, 2363; VersR 2005, 1127 = NJW 2005, 2376; VersR 2006, 489). Diese Normen gehen dem VVG vor. Das BVerfG kann auch insoweit dem Gesetzgeber eine Frist zur Anpassung schaffen, wie es in den vorhergehenden Fällen bis zum 31. Juli 2007 gekommen ist

II. Allgemeine Versicherungsbedingungen

1. Phänomenologie

Das Versicherungsverhältnis als Garantievertrag mit Chancencharakter richtet **41**
sich auf ein unsicheres zukünftiges Ereignis und bedarf der exakten Umschreibung. Deshalb sind auf der einen Seite das versicherte Risiko, auf der anderen Seite der Eintritt des Versicherungsfalles möglichst genau festzulegen. Da bei Abschluss des Versicherungsvertrags keine greifbare Hauptleistung vom Versicherer erbracht wird, außerdem der Versicherungsnehmer regelmäßig damit

rechnet, dass der Versicherungsfall nicht oder jedenfalls nicht alsbald eintreten wird, ist eine Umschreibung und Abgrenzung dringend geboten. Bei dieser Gelegenheit geschieht auch eine genauere Festlegung der Pflichten und Obliegenheiten beider Teile und eine Festschreibung von Rechtsfolgen im Falle ihrer Verletzung. Diese Aufgabe kann der Gesetzgeber nur zum geringen Teil wahrnehmen. Sie wird vielmehr in typischen Vertragsbedingungen erbracht. Solche Vertragsbedingungen nennen wir Versicherungsbedingungen. Sie werden durch Aufnahme in den Antrag oder durch andere Informationen durch den Versicherer Teil des Vertrags. Mitteilungen sind in einer dem eingesetzten Kommunikationsmittel entsprechenden Weise klar und verständlich zu übermitteln, § 7 Abs. 1 VVG. Ist der VN des Lesens nicht mächtig, gelten dennoch die Versicherungsbedingungen. Der VN hat sie zu erwarten und sich vorlesen zu lassen (OLG Karlsruhe VersR 1983, 169).

2. Allgemeine und besondere Versicherungsbedingungen

42 Allgemeine Versicherungsbedingungen (AVB) sind die Abreden, welche vorformuliert in einer Vielzahl von Versicherungsverträgen Anwendung finden. Dagegen sprechen wir von besonderen Versicherungsbedingungen dann, wenn sie zwischen den Parteien des Versicherungsvertrags individuell festgelegt worden sind. Allgemeine Versicherungsbedingungen sind die grundsätzlich allen Versicherungsgeschäften zugrundeliegenden AVB, nämlich die Versicherungsbedingungen der besonderen Sparten, also etwa die allgemeinen Feuerversicherungsbedingungen, allgemeine Krankenversicherungsbedingungen, allgemeine Unfallversicherungsbedingungen. Die AVB können Risiken des täglichen Lebens betreffen, wie etwa die Allgemeinen Versicherungsbedingungen für die Haftpflichtversicherung (AHB), oder eine spezielle Gefahr berühren, wie etwa die AVB für klinische Prüfung von Arzneimitteln (Probandenversicherung).

Besondere Bedingungen werden meist in Zusätzen zu den AVB formuliert. Das geschieht nicht ganz selten durch eine besondere Umschreibung des Risikos. Dabei kann auch der Weg der Fiktion gewählt werden. So kann z. B. ein Haftpflichtversicherer für einen Gutachter im medizinisch-juristischen Bereich das Risiko von Körper- und Gesundheitsschäden einerseits und von Vermögensschäden andererseits auf die Weise einheitlich versichern, dass Vermögensschäden des Sponsors einer Arzneimittelprüfung, etwa durch die Notwendigkeit, einen Versuch abbrechen zu müssen, als Körper- oder Gesundheitsschaden fingiert werden. Diese Fiktion stellt eine Sonderbedingung dar. Weitere Risiken werden gleichfalls durch Sonderbedingungen eingeschlossen, etwa durch die Folgeschadenklausel bei der Einbruchversicherung, welche auch die Gefahr von Entwendungen durch Dritte unter Ausnutzung der aufgebrochenen Tür deckt (OLG Hamm VersR 1984, 174).

3. Versicherungsbedingungen und allgemeine Geschäftsbedingungen

Allgemeine Versicherungsbedingungen sind vorformulierte Vertragsbedingungen, die für eine Vielzahl von Verträgen bestimmt sind. Der Versicherer ist Verwender der Versicherungsbedingungen, die er selbst oder sein Verband aufgestellt haben. Die Versicherungsbedingungen werden einseitig dem VN auferlegt. Da die AVB durch die Aufsichtsbehörden nicht mehr genehmigt werden müssen, unterfallen sie den Regeln über die Wirksamkeit der Allgemeinen Geschäftsbedingungen, §§ 305ff. BGB. Sie werden nur dann Bestandteil des Vertrags, wenn sie in den Vertrag gemäß § 305f. BGB einbezogen werden oder die andere Vertragspartei mit ihrer Geltung einverstanden ist. Weitere Voraussetzungen bleiben selbstverständlich die vom VVG vorgesehene Information des VN und die Übermittlung des Versicherungsscheins in Textform, §§ 7, 3 VVG. Unwirksam sind überraschende Klauseln sowie solche, die den Vertragspartner entgegen Treu und Glauben unangemessen benachteiligen, §§ 305 c, 307 BGB. Das Gesetz enthält weiter in den §§ 308 und 309 Klauselverbote mit Wertungsmöglichkeit und ohne Wertungsmöglichkeit, welche Rücktritt, Änderung, Abwicklung, Rechtswahl, Leistungsverweigerungsrechte, Vertragsstrafen, Verzug, Unmöglichkeit, Haftungsbeschränkungen, Laufzeit, Beweislast und anderes behandeln. Soweit das VVG engere, zwingende oder halbzwingende Bestimmungen aufstellt, gehen diese vor. Nach Wegfall der Genehmigungspflicht der AVB durch die Aufsichtsbehörde ist die Prüfung ihrer Wirksamkeit weitgehend auf die ordentlichen Gerichte übergegangen. 43

BGHZ 83, 169 = VersR 1982, 482: Bei einem Einbruch waren 5 Orientteppiche gestohlen worden. Der Versicherer verlangte die Durchführung des sog. Sachverständigenverfahrens, wobei beide Parteien einen Experten benennen mussten. Gemäß § 15 Abs. 2 e VHB a. F. trägt jede Partei die Kosten ihres Sachverständigen. Der BGH hält diese Regelung für eine gegen Treu und Glauben verstoßende unangemessene Benachteiligung des VN, § 9 AGBG. Die Abweichung von der Kostentragungspflicht nach § 66 Abs. 2 VVG a. F. sei unzulässig, da die Schadensermittlungskosten den VN mit einem weiteren Risiko belasteten, einen „verhüllten Selbstbehalt“ in unbestimmter Höhe einführten, was schließlich sogar die Höhe der Versicherungsleistung übersteigen könnte. Außerdem prüften die Experten nicht nur die Schadenshöhe, sondern stellten im Interesse des Versicherers fest, ob eine Unterversicherung vorliegt.

BGHZ 111, 39: Der VN hatte bei einer öffentlich-rechtlichen Versicherungsanstalt ein Wohngebäude gegen Brand usw. versichert. Nach den AVB sollte im Veräußerungsfall die Versicherung auf den Erwerber übergehen. Weder der Versicherer noch der Erwerber sollten berechtigt sein, aus Anlass der Veräußerung die Versicherung zu kündigen. Der Erwerber ist durch den Ausschluss des Kündigungsrechts unangemessen benachteiligt, da die AVB ohne triftigen Grund von der Regelung der §§ 69f. VVG a. F. abgewichen ist. Danach geht bei Veräußerung der versicherten Sache das Versicherungsverhältnis auf den

Erwerber über. Versicherer und Erwerber sind aber berechtigt, das Versicherungsverhältnis zu kündigen.

BGH VersR 1985, 165: Eine Klausel in einem Vordruck, den ein Haftpflichtversicherer für Abfindungserklärungen verwendet, wonach sich der Verzicht des Geschädigten auf weitergehende Ansprüche nicht nur des VN und des Versicherten, sondern uneingeschränkt jedes Dritten erstreckt, ist überraschend und beeinträchtigt den Geschädigten entgegen den Geboten von Treu und Glauben unangemessen. Nach §§ 3, 9 AGBG ist diese Klausel unwirksam.

BGH VersR 1999, 565: Die einem Lebensversicherungsvertrag zugrundeliegende Klausel „Mitteilungen, die das Versicherungsverhältnis betreffen, müssen stets schriftlich erfolgen. Für uns bestimmte Mitteilungen werden wirksam, sobald sie uns zugegangen sind. Versicherungsvertreter sind zu ihrer Entgegennahme nicht bevollmächtigt" hält einer Kontrolle nach den §§ 9, 11 Nr. 16 AGBG stand.

4. Entstehung der AVB

44 Versicherungsbedingungen sind dazu bestimmt, in eine unbeschränkte Zahl gleichliegender Versicherungsverträge als Bestandteil aufgenommen zu werden. Sie sind nicht auf einen speziellen Fall zugeschnitten, sondern tragen generelle, gesetzesähnliche Züge und sorgen damit für eine Typisierung der Vertragsinhalte.

Die allgemeinen Geschäftsbedingungen sind entstanden, um das Risiko zu umschreiben, Pflichten und Obliegenheiten zu bestimmen, Massenverträge zu rationalisieren und die Rechtsposition des Versicherers zu stärken. Mittelbares Ergebnis ist die Gleichbehandlung: Durch einheitliche AVB werden die Mitglieder der Gefahrengemeinschaft und die Versicherer bei einheitlichen AVB gleichmäßig behandelt. Die AVB werden meist von einem Verband oder einer Gruppe von Versicherern aufgestellt.

Mit dem Antrag auf Erlaubniserteilung hat das Versicherungsunternehmen einen Geschäftsplan einzureichen, § 5 Abs. 2 VAG. Zu diesem gehören jedoch regelmäßig nicht mehr die AVB. Die frühere Genehmigungspflicht der AVB ist der europarechtlichen Deregulierung zum Opfer gefallen. Die Vereinbarung von AVBs im Bereich der Versicherungswirtschaft wird durch eine VO der EU erlaubt. Insbesondere ist zulässig zu regeln:

a. die Festsetzung gemeinsamer Risikoprämientarife, die auf gegenseitig abgestimmten Statistiken oder dem Schadensverlauf beruhen;

b. die Erstellung von Mustern für allgemeine Versicherungsbedingungen;

c. die gemeinsame Deckung bestimmter Arten von Risiken;

d. die Abwicklung von Schadensfällen;

e. die Prüfung und Anerkennung von Sicherheitsvorkehrungen;

f. die Erstellung von Verzeichnissen erhöhter Risiken usw. (VO [EWG] Nr. 1534/91).

Bei der Erlaubniserteilung kann die Behörde immer noch berücksichtigen, ob die Belange der VN ausreichend gewahrt erscheinen. Das ist nicht der Fall bei einer Krankenversicherung, welche nur das Karzinomrisiko deckt. Da manchen Patienten zu ihren Gunsten die exakte Diagnose „Krebs" nicht mitgeteilt wird, schweben sie in Gefahr, den Versicherungsschutz nicht in Anspruch nehmen zu können (BVerwG VersR 1985, 953). Auch wenn die BaFin die Belange der VN nicht ausreichend wahrt, steht dem einzelnen VN kein Amtshaftungsanspruch zu. Schon im Jahre 1972 hat der BGH festgestellt, dass das BAV keine Amtspflichten gegenüber einzelnen Versicherten zu erfüllen habe (BGHZ 58, 96 = VersR 1972, 361). § 81 Abs. 1 S. 3 VAG stellt nunmehr klar, dass die Versicherungsaufsicht nur im öffentlichen Interesse erfolgt. Damit scheidet ein Amtshaftungsanspruch aus.

Die AVB der substitutiven Krankenversicherung, also der Versicherung, welche anstelle der gesetzlichen Krankenversicherung tritt, und Pflichtversicherungen unterliegen nach wie vor der Genehmigung der Bundesoberbehörde, § 5 Abs. 5 VAG. Wegen der sozialen Komponente und der Deckungsverpflichtung ist hier eine Vorauskontrolle durch eine Behörde angemessen.

5. Verhältnis zum VVG

Die AVB sind Vertragsbestandteil und gehen deshalb als vertragliche Vereinbarung dem nachgiebigen Gesetzesrecht des VVG vor. Soweit allerdings das VVG Regeln zwingender Natur oder wenigstens halbzwingenden Charakters, d. h. zuungunsten des VN nicht abänderbaren Charakters, aufgestellt hat, gilt das VVG ausschließlich zugunsten des VN. **45**

6. Auslegung von AVB

Gemäß § 305 b BGB gehen besondere Abreden zwischen VN und Versicherer dem AVB vor. Eine umfangreiche Beschreibung des Risikos oder besondere Ausschlüsse haben also Vorrang. Weicht der maschinengeschriebene Text von dem handgeschriebenen ab, so wird den handschriftlichen Vermerken der Vortritt gegeben. Wenn verschiedene AVB miteinander konkurrieren, so gehen die spezielleren vor. **46**

Im Übrigen werden die AVB für die Auslegung wie Rechtsnormen behandelt. Die Rechtsprechung erlaubt analog § 549 Abs. 1 ZPO die Nachprüfung der Auslegung von AVB in der Revisionsinstanz, wenn ihr Geltungsbereich über den Bezirk eines OLG hinausgeht (BGHZ 65, 142 = VersR 1975, 1093). Auf diese Weise kommt der BGH dazu, einzelne AVB zu interpretieren, etwa wann bei Unfallflucht eine besonders schwerwiegende Verletzung der Aufklärungsobliegenheit vorliegt, § 7 Abs. 5 AKB.

47 Für die Auslegung von AVB gilt als erstes § 305 c Abs. 2 BGB, wonach Zweifel bei der Auslegung zu Lasten des Verwenders gehen. Das RG hatte früher unklare AVB so ausgelegt, wie der VN sie verstanden hatte und nach Treu und Glauben hatte verstehen dürfen, da es dem Versicherer als dem Verfasser der AVB oblegen hätte, sich deutlicher auszudrücken. Diese Rechtsprechung war deswegen angezweifelt worden, weil es sich bei der Versicherung um einen Massenvertrag und nicht um Einzelgeschäfte handelt. Heute gilt kraft Gesetzes die allgemeine Unklarheitenregel. Auszugehen ist vom typischen Empfängerhorizont. Danach sind AVB nach dem Sprachgebrauch des täglichen Lebens und nicht nach einer fachwissenschaftlichen Terminologie auszulegen. Wenn allerdings die Rechtssprache feste Begriffe gebildet hat, werden sie in dieser Prägung von den AVB übernommen. Leihe ist also die unentgeltliche, Miete die entgeltliche Benutzung (§ 4 Abs. 1 Nr. 6 a AHB).

Wenn in einem nach deutschem Recht zu beurteilenden Versicherungsvertrag typisch englische Klauseln vereinbart sind, denen im ausländischen Rechtsverkehr eine bestimmte Bedeutung beigelegt wird, so ist diese für die Auslegung maßgeblich (BGH VersR 1968, 62). AVB sind im Übrigen aus ihrem Zusammenhang heraus auszulegen, also etwa unter Zuhilfenahme des Antrags oder eines Prospekts. Soweit die Versicherungsbedingungen nicht eindeutig sind, hat der Versicherer die Auslegung, die der Agent dem VN gegeben hat, gegen sich gelten zu lassen. Schließlich sind Klauseln in AVB, welche die übernommene Gefahr beschränken oder Gefahren ausschließen, nur soweit auszudehnen, als ihr Zweck es erfordert (BGH VersR 1962, 341). Wenn der Wortlaut des Ausschlusses darüber hinaus geht, ist die Klausel teleologisch einzuschränken. Eine Analogie zu Lasten des VN scheitert nicht etwa an der angeblichen Analogieunfähigkeit von Ausnahmevorschriften, sondern am Vertrauensschutz, der dem VN eingeräumt wird. Allerdings sind Ausschlussklauseln nicht allein deshalb unanwendbar, weil ihr versicherungswirtschaftlicher Zweck auf den konkreten Einzelfall nicht zutrifft (BGH VersR 1971, 949).

III. Geschäftsplanmäßige Erklärung

48 Bei der Erlaubnis des Geschäftsbetriebs und der Genehmigung von AVB konnte der Versicherer selbstständig oder aufgrund einer Anregung oder Auflage durch die BaFin die verbindliche Erklärung darüber abgeben, wie er sich in einer bestimmten Situation gegenüber dem VN verhalten werde. Diese Erklärung wurde Bestandteil des genehmigten Geschäftsplans und davon leitet sich der Name ab: Die geschäftsplanmäßige Erklärung. Soweit in ihr Gegenstände betroffen sind, die auch in AVB geregelt sein können, spricht man auch von „verhüllten AVB". Ein Teil der geschäftsplanmäßigen Erklärung für die Kraftfahrtversicherung lautete: „In Fällen der Leistungsfreiheit wegen Verletzung einer vor Eintritt des Versicherungsfalls zu erfüllenden Obliegenheit verzichten wir auf Geltendmachung unserer gesetzlichen Rückgriffsansprüche gegenüber dem VN und den mitversi-

cherten Personen auf den DM 5.000,– übersteigenden Betrag“ (BGH MDR 1992, 452). Beging also der VN Fahrerflucht oder überließ er jemandem das Steuer, der keine Fahrerlaubnis hatte, so beschränkte sich der Regress auf diese Summe. Die Folgen der Verletzung einer Obliegenheit nach dem Versicherungsfall sind nunmehr auf € 2.500,– bzw. bei Vorsatz auf € 5.000,– nach den §§ 5 ff. KfzPflVV beschränkt.

Geschäftsplanmäßige Erklärungen im eigentlichen Sinne sind seit 1994 nicht mehr vorgesehen. Für früher entstandene Versicherungsverhältnisse gelten sie allerdings fort. Dabei wird man annehmen müssen, dass die geschäftsplanmäßige Erklärung den Versicherer nicht nur gegenüber der BaFin, sondern auch gegenüber dem VN bindet. Man wird insoweit einen Vertrag zugunsten eines Dritten (§ 328 BGB) oder eine Erklärung an alle Kunden annehmen können, die das Versicherungsunternehmen unwiderruflich abgibt. So wird auch zivilrechtlich die geschäftsplanmäßige Erklärung als „unechte AVB“ Teil des Vertrags und bindet den Versicherer.

IV. Europäisches Versicherungsvertragsrecht

Eine Vereinheitlichung oder Harmonisierung des materiellen Versicherungsver- **49**
tragsrechts im Rahmen der EU wäre aufgrund der Art. 49, 56 AEUV möglich. Jedoch haben intensive Erörterungen nicht einmal zu einem Entwurf der Kommission geführt. Allerdings sind die 3. Richtlinie Schaden, die 3. Richtlinie Leben und die Rechtsschutzrichtlinie umgesetzt worden. Das hat zu Annäherungen geführt. Vereinheitlicht worden ist hingegen das internationale Versicherungsvertragsrecht.

V. Seeversicherung

Das ADHGB von 1861 hatte in den Art. 792 ff. die Seeversicherung einheitlich **50**
geregelt. Die §§ 778 ff. HGB von 1897 haben diese Bestimmungen fast unverändert übernommen. Sie wurden bei Erlass des VVG an dieses angepasst. Das HGB galt ausschließlich für die Verträge der Seeversicherer einschließlich der Seerückversicherer, § 799 Abs. 1 HGB.

Art. 4 des Gesetzes zur Änderung des Versicherungsvertragsrechts hat jetzt diese Regelungen aufgehoben. Zur Begründung wird angegeben, dass kein Bedürfnis für die Beibehaltung der umfangreichen AGB-Sonderregelung der Seeversicherung und der Seerückversicherung bestehe. An ihre Stelle seien die Allgemeinen Bedingungswerke, die sich vor allem an den internationalen Regelungen und Usancen orientieren, getreten. Diese Regeln haben sich nach übereinstimmenden Aussagen der betroffenen Wirtschaftskreise bewährt, deshalb könnten die §§ 778 ff. HGB aufgehoben werden.

VI. Internationales Privatversicherungsrecht

51 Das VVG enthält nur eine Bestimmung kollisionsrechtlichen Charakters, nämlich § 78 Abs. 2 S. 2 VVG, der einen ausgesprochenen Sonderfall betrifft: er regelt die Anteile im Falle der Doppelversicherung, wenn auf eines der Versicherungsverhältnisse ausländisches Recht Anwendung findet.

Das europäische internationale Versicherungsvertragsrecht ist in den Art. 7ff. EGVVG neu gefasst worden. Die Neufassung beruht auf einer ganzen Reihe von EU-Richtlinien. Ungeregelt geblieben ist dabei die Rückversicherung.

Als Grundsatz gilt, dass das Recht des Mitgliedsstaates anzuwenden ist, in dem das Risiko belegen ist, wenn es zu gleicher Zeit der gewöhnliche Aufenthalt oder die Hauptverwaltung des VN ist, Art. 8 EGVVG. Es gibt auch wählbare Rechtsordnungen. Hat der VN nicht seinen gewöhnlichen Aufenthalt oder seine Hauptverwaltung in dem Mitgliedsstaat, in dem das Risiko belegen ist, so können die Parteien das eine oder das andere Recht wählen, Art. 9 EGVVG. Handelt es sich gar um ein Versicherungsunternehmen, das in der EU weder selbst noch durch Mittelspersonen das Versicherungsgeschäft betreibt, so kann jedes beliebige Recht gewählt werden.

Wesentlich ist also der Ort der Belegenheit des Risikos. Sofern es sich um Sachen oder Anlagen handelt, ist der Ort der Belegenheit der Sache entscheidend, bei Risiken mit Bezug auf Fahrzeuge das Registrierungsland und bei Versicherungen von Reise- und Ferienrisiken der Abschlussort. Im Übrigen ist das Risiko am gewöhnlichen Aufenthaltsort einer natürlichen Person bzw. am Belegenheitsort des Unternehmens oder der Betriebsstätte belegen, Art. 7 EGVVG.

Ist nicht die gesetzliche Anknüpfung bei Identität von Belegenheitsort des Risikos und gewöhnlichem Aufenthalt gegeben, wird mangels Rechtswahl das Recht angewandt, mit dem der Vertrag die engsten Verbindungen hat. Dabei wird vermutet, dass diese in dem Mitgliedsstaat gegeben sind, in dem das Risiko belegen ist, Art. 11 EGVVG.

Sonderregeln gibt es über die Versicherungsverträge von Großrisiken; die Parteien können entweder das Recht des gewöhnlichen Aufenthaltsstaats oder der Hauptverwaltung des VN bzw. des belegenen Risikos wählen, Art. 10 EGVVG.

3. Kapitel: Versicherungsvertrag

Literatur:

Roland Beckmann, Auswirkungen des § 31 VVG auf die Zulässigkeitsvoraussetzungen von Prämienanpassungsklauseln in Versicherungsverträgen, VersR 1996, 540;

Heinrich Dörner u. Stefan Hoffmann, Der Abschluß von Versicherungsverträgen nach § 5 a VVG, NJW 1996, 153;

Meinrad Dreher, Die Versicherung als Rechtsprodukt, Tübingen 1991;

Attila Fenyves, Vorwegzahlung der Prämie und konkludenter Versicherungsvertrag, FS Frotz 1993, S. 537;

Jörg Funck, Ausgewählte Fragen aus dem Allgemeinen Teil zum neuen VVG aus der Sicht einer Rechtsabteilung, VersR 2008, 163;

Ulrich Hübner, Allgemeine Versicherungsbedingungen und AGB-Gesetz, 4. Auflage 1993;

Dominik Klimke, Analoge Anwendung des § 5 VVG bei Vertragsschlüssen nach dem „Invitatio Modell", VersR 2011, 1244;

Ulrich Knappmann, Bedingungsgemäßer Ausschluss bereits bei Antragstellung bestehender gefahrerheblicher Umstände, FS Egon Lorenz, Karlsruhe 2004, S. 399;

Julia Kruse, Die vorvertragliche Anzeigepflicht in der Reform des VVG, Hamburg 2008;

Kent Leverenz, Vertragsabschluss nach der VVG – Reform, 2008, Rn. 4/18f, 72ff;

Egon Lorenz, Zum Abschluß eines Versicherungsvertrags nach § 5 a VVG, VersR 1995, 616;

Peter Präve, Versicherungsbedingungen und AGB-Gesetz, 1998;

Sven Marlow/Udo Spuhl, Die Neuregelungen der privaten Krankenversicherung durch das VVG – Einige versicherungs- und verfassungsrechtliche Betrachtungen, VersR 2009, 593;

Volker Marko, Private Krankenversicherung nach GKV-WSG und VVG-Reform, 2. Auflage 2009;

Oliver Meixner/René Steinbeck Allgemeines Versicherungsvertragsrecht, 2. Aufl. 2011, S. 3 4ff;

Fritz Reichert-Facilides, Lang- oder Kurzfristigkeit von Versicherungsverträgen: Rechtsvergleichende Anmerkungen, FS Egon Lorenz, Karlsruhe 1994, S. 423;

Wolfgang Römer, Schranken der Inhaltskontrolle von Versicherungsbedingungen in der Rechtsprechung nach § 8 AGBG, FS Egon Lorenz, Karlsruhe 1994, S. 449;

Wolfgang Römer, Zu den Informationspflichten nach dem neuen VVG, VersR 2007, 618;

Werner Schreiber, Zur Anwendung der „Billigungsklausel" des § 5 VVG, VersR 1994, 760;

Hans-Peter Schwintowski, Neuerungen im Versicherungsvertragsrecht, ZRP 2006, 139;

Karl Sieg, Übergang der Versicherungsverhältnisse bei der Bestandsübertragung – Privat-, verwaltungs- und europarechtliche Überlegungen, ZVersWiss 69 (1980), 1ff.;

Hermann Stockmeier, Das Vertragsabschlussverfahren nach neuem VVG, VersR 2008, 717;

Manfred Wandt, Die Rechtsfolgen des Widerrufs eines Versicherungsvertrags gem. § 9 VVG, VersR 2008, 425;

Manfred Werber, Information und Beratung des VN vor und nach Abschluss des Versicherungsvertrags, VersR 2007, 1153;

Walter Werner, Versicherungsbeginn und Zeitpunkt des Vertragsschlusses im privaten Versicherungsrecht, VersR 1985, 522

§ 6 Abschluss und Wirksamkeit

I. Üblicher Abschluss

Ein Versicherungsvertrag kann auf jede Weise, also ausdrücklich oder stillschweigend, förmlich oder formlos geschlossen werden. In der Praxis entwickelt sich fast stets ein Schema: Der Versicherungsvertreter hat dem VN ein Formular des Versicherers vorgelegt, das als schriftlicher Antrag vorformuliert ist. Bei der Direktversicherung übersendet der Versicherer dem künftigen VN ein solches Formular. Mit der Ausfüllung und Unterschrift gibt der VN einen förmlichen Antrag ab, den der Versicherer entweder durch schriftliche Annahmeerklärung oder konkludent durch Übersendung des Versicherungsscheines annimmt. Man sieht an der Gestaltung, dass das schlüssige Verhalten, hier die Annahme durch Übersendung des Versicherungsscheins im Versicherungsvertragsrecht, eine erhebliche Rolle spielt. Auch die mündliche Zusage der Versicherungsdeckung von einem bestimmten Zeitpunkt ab, ist wirksam, denn der Versicherungsvertrag ist nicht formbedürftig. 52

II. Abschlussfreiheit und Abschlusspflicht

Nach dem Grundsatz der Vertragsfreiheit steht es dem Versicherer und dem VN frei, ob sie eine Versicherung abschließen und welchen Inhalt die Versicherung hat. Es gelten also die Grundsätze der Abschlussfreiheit und der inhaltlichen Gestaltungsfreiheit. Beide sind Ausdrucksformen des Prinzips der Privatautonomie. Die Privatautonomie, die im ganzen Schuldrecht hochgehalten wird, erleidet jedoch gelegentlich Ausnahmen. Diese Ausnahmen sind besonders ausgeprägt im Bereich des Versicherungsrechts. 53

1. Versicherungspflicht und Erwartung einer Versicherung

Ist der VN verpflichtet, eine Versicherung zu nehmen oder für die Deckung des Risikos kraft Gesetzes zu sorgen, so spricht man von Versicherungspflicht bzw. Deckungsvorsorge. Eine Versicherungspflicht ist in vielen Gesetzen angeordnet, hier nur drei Beispiele: Der Nießbraucher hat die Nießbrauchsache gegen Brandschaden und sonstige Unfälle zu versichern, wenn die Versicherung einer ordnungsgemäßen Wirtschaft entspricht, §§ 1045 f. BGB. Der Kraftfahrzeughalter hat vor Zulassung des Kraftfahrzeugs die Deckungszusage einer Haftpflichtversicherung beizubringen. Die Haftpflichtversicherung deckt seine Haftung als Kraftfahrzeughalter sowie die Haftung des Eigentümers und des Fahrers des Kfz, § 1 PflVG. Gemäß § 94 AMG ist der Arzneimittelhersteller verpflichtet, für die Arzneimittelhaftung Deckungsvorsorge, etwa durch eine Betriebshaftpflichtversicherung zu nehmen. 54

Die Pflicht, eine Haftpflichtversicherung abzuschließen, kann auch in Berufsgesetzen oder im Standesrecht aufgestellt sein. So wird durch § 54 der Wirtschaftsprüferordnung und § 21 der Musterberufsordnung für Ärzte den Wirtschaftsprüfern und Ärzten eine Haftpflichtversicherung zur Pflicht gemacht.

55 Außerordentlich bedeutsam ist auch die Erwartung des Bestehens einer Versicherung. Wenn der Rechtsverkehr Anlass hat, für eine typische Gegebenheit eine Versicherungsdeckung anzunehmen, so wird die betreffende Person so behandelt, als sei sie versichert. So hat das BAG entschieden, dass von einer Strumpffabrik wegen des feuergefährlichen Betriebs eine Betriebsunterbrechungsversicherung erwartet wird. Aus diesem Grunde trage der Arbeitgeber das Risiko, dass eine Betriebsstockung eintritt, d. h., er muss den Arbeitnehmern weiterhin den Lohn zahlen (NJW 1973, 342). Der Vorstand eines Reitervereins hat der Erwartung zu genügen, eine Haftpflichtversicherung abzuschließen. Wird der Vorstand selbst durch ein Tier verletzt, so kann er keinen Anspruch geltend machen, wenn keine Haftpflichtversicherung genommen wurde (BGH VersR 1986, 345). Andererseits ist ein Juwelier, der Schmuckstücke zur Reparatur hereingenommen hat, nicht verpflichtet, diese gegen Raub zu versichern. Er hat aber den Kunden darauf hinzuweisen, dass das Verlustrisiko durch Diebstahl oder Raub nicht oder nicht in voller Höhe durch eine Versicherung abgedeckt ist. Andernfalls haftet er wegen Verschuldens bei Vertragsschluss (OLG Frankfurt VersR 1986, 603).

Die Funktion der Pflichtversicherung bzw. Deckungsvorsorge geht deutlich über die der freiwillig genommenen Versicherung hinaus. Soweit die Versicherung eine Sachversicherung ist, soll offensichtlich das anvertraute Sachgut gegenüber bestimmten Risiken geschützt und auf die Dauer erhalten werden, wie etwa im Fall der Feuerversicherung der Sache, an der ein Nießbrauch besteht. Sofern jedoch eine Haftpflichtversicherung abzuschließen gesetzlich angeordnet ist, soll regelmäßig ein übermäßiges Risiko für den Geschädigten aus sozialem Grunde überwälzt werden. Der Kraftfahrzeughalter soll die Gefährdung der sonstigen Verkehrsteilnehmer durch sein Kraftfahrzeug nur dann durchführen können, wenn er alle Verwirklichungen der Gefahr vom Opfer abnimmt. Vollständig ist dieser Gedanke leider nicht durchgeführt worden, denn die Pflichtversicherung betrifft nur den Schaden innerhalb bestimmter Höchstgrenzen. Der Arzneimittelhersteller soll Arzneimittel nur dann in den Verkehr bringen dürfen, wenn Nebenwirkungen, die ärztlich unvertretbar erscheinen, abgedeckt sind. Zu diesem Zweck ist durch § 84 AMG eine Gefährdungshaftung angeordnet worden, die durch die Versicherungspflicht ergänzt wird. Die Versicherungspflicht der Gefährdungshaftung bewirkt in etwa das gleiche Ergebnis wie die soziale Versicherung, gewährt aber auch ein Schmerzensgeld.

2. Annahmezwang

Soweit den Versicherer eine Abschlusspflicht trifft, wird regelmäßig von Annahmezwang oder Annahmepflicht gesprochen. Ein solcher Kontrahierungszwang besteht nur, wenn er vom Gesetz angeordnet ist. Das ist für den Kraftfahrzeughaftpflichtversicherer in § 5 PflVG geschehen. Für öffentlich-rechtliche Monopolanstalten ergab sich der Kontrahierungszwang ohne weiteres aus dem privilegierenden Gesetz. Schließlich unterliegt auch derjenige einem Kontrahierungszwang, dessen Ablehnung, einen Vertrag zu schließen, als vorsätzliche sittenwidrige Schädigung anzusehen ist. Das ist für die Diskriminierung und bei tatsächlicher Monopolstellung anzunehmen. Der Kontrahierungszwang für Kraftfahrtrisikenversicherungen reicht so weit, dass ein Antrag innerhalb einer Frist von zwei Wochen vom Eingang des Antrags an als angenommen gilt, wenn er nicht schriftlich abgelehnt wird. Der Versicherer hat nur wenige im Gesetz aufgeführte Ablehnungsgründe, § 5 Abs. 4 PflVG. 56

3. Diktierter Vertrag

Von einem diktierten Vertrag sprechen wir im Zivilrecht, wenn nicht nur eine Abschlusspflicht besteht, sondern auch der Inhalt des Vertrags nach dem Diktat des Gesetzgebers festgelegt ist. Das ist weitgehend der Fall beim Inhalt des Versicherungsvertrags in der Kraftfahrzeughaftpflichtversicherung. Hier ist die Mindestdeckungssumme sowie der Inhalt von Gesetzes wegen vorgeschrieben. Nach § 4 PflVG muss der Umfang der Versicherungspflicht, d. h. die Versicherungssumme, eine bestimmte Mindesthöhe erreichen. Diese wird durch Verordnung festgelegt. Ähnliches gilt für die Haftpflichtversicherung des Halters eines Luftfahrzeugs gemäß § 43 LuftVG. 57

III. Vertragsschluss

1. Antrag

Der Versicherungsvertrag kommt wie jeder andere Vertrag durch Annahme eines Antrags zustande, § 151 BGB. Der wesentliche Teil ist der Antrag, denn die Annahme des Antrags bringt nur das Einverständnis mit dem Inhalt zum Ausdruck, das zum Konsensualvertrag erforderlich ist. Besonderes Gewicht kommt also dem Versicherungsantrag zu. Aus diesem Grunde vorformulieren die meisten Versicherer den Versicherungsantrag, lassen ihn aber vom VN stellen. Antragsteller ist also regelmäßig der VN, der sich dabei helfen lassen kann. Die Klausel im Antragsformular „Für die Richtigkeit der Angaben bin ich allein verantwortlich, auch wenn ich den Antrag nicht selbst ausgefüllt habe“, ist unwirksam (BGHZ 116, 387 = VersR 1992, 217). Allerdings ist es nicht notwendig, dass der VN den Antrag stellt. Bei jedem Versicherungsverhältnis könnte auch der Versicherer den Antrag stellen und der VN annehmen. Doch wird das seltene Ausnahme sein. 58

Der Antragsteller ist für eine im Formular angegebene oder eine angemessene Frist (Postlauf und Bearbeitung) an den Antrag gebunden, § 145 BGB. Bei der Lebensversicherung kann eine solche Frist 6 Wochen betragen.

Nach dem VVG 2008 hat der Antragsteller eine besondere Beratung zu erfahren. Er ist nach seinen Wünschen und Bedürfnissen zu befragen sowie ihm der Rat zu erteilen, eine bestimmte Versicherung zu nehmen oder dies nicht zu tun. Der Rat und die Gründe dafür sind klar und verständlich vor dem Abschluss des Vertrags in Textform zu übermitteln, § 6 Abs. 2 VVG. Außerdem hat der Versicherer dem VN rechtzeitig vor Abgabe von dessen Vertragserklärung seine Vertragsbestimmungen einschließlich der AVB sowie die in einer Rechtsverordnung bestimmten Informationen in Textform mitzuteilen. Die Mitteilungen sind klar und verständlich zu übermitteln. Wird der Vertrag telefonisch oder auf andere Weise unmittelbar geschlossen, muss die Information unverzüglich nach Vertragsschluss nachgeholt werden, sogar wenn der VN darauf ausdrücklich verzichtet, § 7 Abs. 1 VVG.

59 Als Antragsteller kommt nur eine geschäftsfähige natürliche Person oder eine juristische Person des privaten oder öffentlichen Rechts in Betracht. Es ist auch möglich, dass mehrere Personen den Antrag zusammen stellen; es ist dann zu fragen, ob ein Vertrag oder mehrere Versicherungsverträge geschlossen werden sollen. Die Vertretung des Antragstellers ist zulässig, insbesondere wird die Vollmacht anerkannt. Wenn der Geschäftsplan des Versicherers bestimmte persönliche Voraussetzungen stellt, etwa hinsichtlich des Alters, Wohnsitzes, Berufs oder Gesundheitszustandes, dann sind nur die dort genannten Personen versicherungsfähig bzw. beim Versicherungsverein auf Gegenseitigkeit aufnahmefähig. Ist der VN geschäftsunfähig, so ist sein Antrag nichtig; ist der VN beschränkt geschäftsfähig, so bedarf es der Zustimmung des gesetzlichen Vertreters für den Vertretenen, §§ 105, 108 BGB. Allerdings kann auch der gesetzliche Vertreter selbst den Versicherungsvertrag für den Vertretenen abschließen.

Inwieweit ein Ehegatte im Rahmen der Schlüsselgewalt (§ 1357 BGB) den anderen Ehegatten mit verpflichten kann, ist beim Versicherungsverhältnis zweifelhaft. Nur ausnahmsweise gehört der Abschluss eines Versicherungsvertrags zur angemessenen Deckung des Lebensbedarfs der Familie. Die Hausratversicherung ist zwar ein solches Geschäft, jedoch stellen VHB und die Antragsformulare nur auf einen VN ab, so dass die Schlüsselgewalt praktisch ausscheidet.

2. Annahme des Antrags; Widerspruch

60 Der Versicherungsvertrag kommt durch Annahme des Antrags zustande, § 151 BGB. Regelmäßig ist der Versicherer der Annehmende. Der Antrag muss innerhalb angemessener Zeit angenommen werden. Es handelt sich um die gleiche Frist, während der der Antragsteller an den Antrag gebunden ist. Der Antrag kann auch schlüssig durch Übersendung des Versicherungsscheins angenommen werden, jedoch kommt das Versicherungsverhältnis erst zustande, wenn die Police dem VN innerhalb der Frist zugeht.

Ist diese Frist verstrichen, so liegt in der verspäteten Annahme des Angebots, etwa durch Übersendung des Versicherungsscheins oder durch Abbuchung im Einzugsermächtigungsverfahren nach § 150 Abs. 1 BGB ein neuer Antrag des Versicherers, den nunmehr der VN seinerseits annehmen kann. Die Annahme ist gleichfalls konkludent, etwa durch das Duldenlassen der Abbuchung, möglich (BGH VersR 1991, 910).

Besondere Probleme schafft die Abweichung der Annahme vom Antrag. Generell 61
gilt auch hier § 150 Abs. 2 BGB, wonach die Abweichung in der Annahme als Ablehnung des Antrags verbunden mit einem neuen Antrag anzusehen ist. Für den Versicherungsvertrag trifft § 5 VVG eine Sonderregelung. Man spricht von der „Billigungsklausel", die der Sache nach nichts anderes als eine Ausformung des Grundsatzes des Schweigens im Geschäftsverkehr enthält. Wenn zwei Parteien miteinander im Hinblick auf einen Geschäftsabschluss in einen sozialen Kontakt gekommen sind, so muss eine Abweichung, die von der einen Seite der anderen Seite zugemutet werden kann und deutlich genug bezeichnet wird, von der anderen Seite abgelehnt werden. Lehnt der Vertragspartner nicht ab, sondern schweigt über einen längeren Zeitraum, so gilt die Abweichung nach Treu und Glauben als genehmigt. Genauso verfährt § 5 VVG: Weicht der Versicherungsschein vom Antrag des VN ab oder ist der Vertrag schon geschlossen und weicht nunmehr der Versicherungsschein vom Versicherungsvertrag ab, so ist zu unterscheiden: Es kann einmal sein, dass die Abweichungen, die im Versicherungsschein erscheinen, dem VN günstig sind. Dann ist der Vertrag als mit den Abweichungen zustande gekommen anzusehen, falls nicht der VN innerhalb eines Monats nach Empfang des Versicherungsscheins schriftlich widerspricht, § 5 Abs. 1 VVG. Bei begünstigender Abweichung des Versicherungsscheins greifen die Schutzvorschriften zugunsten des VN nicht ein. So ist es unerheblich, ob der Versicherer den VN gemäß § 5 Abs. 2 VVG über die Wirkung des Schweigens belehrt hat. Auch die Fiktionsvorschrift des § 5 Abs. 3 VVG gilt nicht, wonach im Falle der Nichtbelehrung die Abweichung für den VN unverbindlich und der Inhalt des Versicherungsantrags als vereinbart anzusehen ist.

Besteht jedoch eine Abweichung zuungunsten des VN, so ist das Versicherungsverhältnis mit dem Inhalt des Versicherungsscheins nur dann zustande gekommen, wenn der Versicherer den VN nach § 5 Abs. 2 VVG auf die Abweichung hingewiesen und der VN nicht innerhalb eines Monats widersprochen hat. Der Hinweis hat durch besondere schriftliche Mitteilung oder durch einen auffälligen Vermerk in dem Versicherungsschein zu geschehen. Auf die einzelnen Abweichungen ist besonders aufmerksam zu machen. Das ist eine frühe Vorschrift des Verbraucherschutzes. Erklärt der VN den Widerspruch, so gilt folgendes: War der Vertrag durch Annahme des Antrags bereits abgeschlossen, so kann der VN die Ausstellung eines vertragsgerechten Versicherungsscheins verlangen. War es jedoch noch nicht zur Annahme des Antrags gekommen, gilt das allgemeine Bürgerliche Recht. Gemäß § 150 Abs. 2 BGB haben wir es mit einer Ablehnung des Antrags, verbunden mit einem neuen Antrag nach dem Inhalt des Versicherungsscheins durch den VN zu tun. Das Versicherungsverhältnis kommt nur zustande, wenn der Versicherer den neuen Antrag annimmt. Hat jedoch der Versicherer die Verpflichtung auf den Hinweis auf den Widerspruch nicht erfüllt, gilt der Vertrag als mit dem Inhalt des Antrags des VN geschlossen, § 5 Abs. 3 VVG.

Auch wenn der VN den rechtzeitigen Widerspruch versäumt hat, kann er immer noch gemäß § 119 BGB wegen Inhaltsirrtums anfechten. § 5 Abs. 4 VVG hält dem VN diese Möglichkeit grundsätzlich offen: ein Verzicht auf das Anfechtungsrecht ist unwirksam.

62 Dem VN wird ein Widerspruchsrecht eingeräumt, wenn der Versicherer ihm bei der Antragstellung die Versicherungsbedingungen nicht übergeben oder eine Verbraucherinformation unterlassen hat. Das Widerspruchsrecht kann innerhalb eines Monats ausgeübt werden, § 5 Abs. 1 VVG. Der Lauf der Frist beginnt, wenn dem VN der Versicherungsschein und die Unterlagen vollständig vorliegen und der VN bei Aushändigung des Versicherungsscheins schriftlich in drucktechnisch deutlicher Form über das Widerspruchsrecht, den Fristbeginn und seine Dauer belehrt worden ist. Zur Wahrung der Frist genügt die rechtzeitige Absendung des Widerspruchs. Allerdings erlischt das Recht zum Widerspruch ein Jahr nach Zahlung der Prämie (OLG Düsseldorf VersR 2001, 837).

3. Form

63 Weder der Antrag noch die Annahme bedarf einer gesetzlich bestimmten Form. Der Versicherungsvertrag kann also auch mündlich, etwa über das Telefon abgeschlossen werden. Ebenso ist die Ausstellung oder Aushändigung des Versicherungsscheins nicht Wirksamkeitsvoraussetzung des Versicherungsverhältnisses. Eine ergänzende mündliche Willenserklärung auf Erweiterung des Versicherungsschutzes ist möglich; die Beweislast dafür liegt aber beim VN (BGH VersR 2002, 1089). Allerdings ist es möglich, dass die Annahmeerklärung im vorformulierten Antrag an eine bestimmte Form gebunden ist, etwa schriftlich abgegeben werden muss. Allerdings muss bei telefonischem Abschluss die Information unverzüglich nachgeholt werden, d. h., dem VN haben die Vertragsbestimmungen einschließlich der AGB in Textform mitgeteilt zu werden, § 7 Abs. 1 AMG.

4. Frist

64 Der Antrag, der an den anwesenden Versicherer mündlich gerichtet oder fernmündlich gestellt wird, muss sofort angenommen werden, § 147 Abs. 1 BGB. Der unter Abwesenden gemachte oder sonst schriftlich niedergelegte und übergebene Antrag kann solange angenommen werden, als der Eingang der Antwort des Antragsgegners unter regelmäßigen Umständen erwartet werden darf. Je nach der Eigenart der Versicherung wird dieser Zeitraum variieren: für die Lebensversicherung ist eine Frist von 6 Wochen, gerechnet vom Zeitpunkt der ärztlichen Untersuchung an, noch angemessen.

Um Unklarheiten zu vermeiden, wird in den AVB häufig ausdrücklich eine Annahmefrist bestimmt. Sie gilt, sofern sie auch im vorformulierten Antrag aufgeführt ist. Übrigens sind Bindungsfristen, die nach den AVB den Antragsteller an seinen Antrag festhalten, zu gleicher Zeit Annahmefristen für den Versicherer gemäß § 148 BGB. Er kann nur bis zum Ablauf der Frist den Antrag annehmen (OLG Frankfurt VersR 1983, 528). Ist der Antrag verspätet angenommen worden, so gilt er nach § 150 BGB als Ablehnung verbunden mit einem neuen Antrag, diesmal einem Antrag des Versicherers, etwa nach Fristablauf.

IV. Unwirksamkeit des Versicherungsvertrags

1. Dissens

Von einem Dissens sprechen wir dann, wenn Antrag und Annahme sich nicht decken. Ein offener Einigungsmangel ist nach § 154 BGB gegeben, wenn sich die Parteien nicht über alle Punkte eines Vertrags geeinigt haben, über die nach Erklärung auch nur einer Partei eine Vereinbarung getroffen werden soll. Das Fehlen des Konsens ist nach dem Sinn der Erklärungen, nicht nach ihrem Wortlaut zu bestimmen. Beispiele für Abweichungen aus der Rechtsprechung sind: wenn die Termine für die Prämienzahlung geändert werden, wenn im Versicherungsschein eine höhere als die Normalprämie eingesetzt wird, wenn die Höchstbeträge der Haftung für einzelne Transportmittel geändert werden, wenn die Annahme bedingt, statt wie beantragt, unbedingt erfolgt, etwa die Versicherung eines Kraftwagens von bestimmten Veränderungen, etwa der Reparatur der Steuerung abhängig gemacht wird, oder wenn das Inkrafttreten des Feuerversicherungsvertrags von der Errichtung einer Sprinkleranlage abhängig gemacht wird. **65**

Ein versteckter Einigungsmangel (§ 155 BGB) liegt vor, wenn VN und Versicherung mit ihrer jeweiligen Erklärung einen anderen Sinn verbinden oder wenn die eine Partei die andere Partei missverstanden hat. Sinngebung und Missverständnis dürfen jedoch nicht rein subjektiv sein. Jede Partei hat Willenserklärungen so gegen sich gelten zu lassen, wie sie von der Allgemeinheit verstanden werden und nach Treu und Glauben aufzufassen sind. Diese Regel führt in Verbindung mit der Unklarheitenregelung, der Pflicht, die Mitteilungen klar und verständlich zu übermitteln, und dem Widerrufsrecht des VN (§§ 7f. VVG) dazu, dass der versteckte Dissens eher selten geworden ist. Ein Beispiel für den verborgenen Einigungsmangel findet sich in RGZ 116, 274: Ein neu hergestelltes Flugzeug war gegen Schäden aller Art mit Wirksamkeit nach dem Typenflug versichert worden. Es verunglückte beim dritten Flug. Es ist streitig, ob dies der Typenflug war. VN und Versicherer hatten etwas anderes unter dem „Typenflug“ verstanden, der VN einen kurzen Längsflug, der Versicherer einen Rundflug mit 2 Kurven von mindestens 5 Minuten. Es liegt Dissens vor, da noch keine feste Verkehrsauffassung bestand, was unter Typenflug zu verstehen sei.

2. Anfechtung durch den Versicherungsnehmer wegen Irrtums oder Arglist

66 Es gelten die Regeln der §§ 119f., 123 BGB. Der VN kann also wegen Irrtums, falscher Übermittlung, Täuschung oder Drohung anfechten. Als Anfechtungsfälle sind in der Rechtsprechung anerkannt worden: der Irrtum über die Zahlungsfähigkeit des Versicherers, die Verwechslung von zwei Binnenschiffen, der Irrtum über die Möglichkeit der Rückgängigmachung einer Lebensversicherung, der Irrtum über die Prämienhöhe, Täuschung und Irrtum über Nachschüsse beim Versicherungsverein auf Gegenseitigkeit und die Täuschung über die Verschaffung eines Hypothekendarlehens.

Hat ein Versicherungsvertreter den VN arglistig getäuscht, so handelt es sich nicht um einen Dritten i. S. v. § 123 Abs. 2 S. 1 BGB. Vielmehr wird die Täuschung dem Versicherer zugerechnet, § 70 VVG.

Die Rechtsfolgen der Anfechtung durch den VN sind Unwirksamkeit des Vertrags und Abwicklung nach den Regeln über die ungerechtfertigte Bereicherung, §§ 142, 812ff. BGB. Bei der Irrtumsanfechtung gilt die Saldotheorie, d. h., der VN kann nur den Überschuss seiner Leistung über die Gegenleistung verlangen. Insbesondere ist zu berücksichtigen, dass der Versicherer die Gefahr bis zur Anfechtung getragen hat, denn wäre ein Schaden eingetreten, hätte der VN aller Wahrscheinlichkeit nach die Anfechtung nicht erklärt. Der VN hat also gemäß § 818 Abs. 2 BGB den Wert der Gefahrtragung zu ersetzen, er kann also die Prämie nicht zurückverlangen. Der VN kann auch nicht anführen, die Bereicherung sei fortgefallen (§ 818 Abs. 3 BGB), denn er hat die Kosten einer anderweitigen Versicherung erspart. Regelmäßig führt das dazu, dass bei der Anfechtung wegen Irrtums nur die nach Zugang der Anfechtung fällige Prämie zurückverlangt werden kann. Bei der Anfechtung wegen Täuschung und Drohung kann der Versicherer sich nicht darauf berufen, er habe die Gefahr getragen, da er Kenntnis von der Anfechtbarkeit des Vertrags gehabt hat, § 819 Abs. 1 BGB.

3. Anfechtung durch den Versicherer nur wegen Arglist

67 Der Versicherer kann seine Versicherungserklärung wegen arglistiger Täuschung anfechten, § 123 BGB. Die arglistige Täuschung kann durch falsche Angaben oder Verschweigen zu offenbarender Tatsachen begangen werden. Dazu gehört die Falschangabe im Rahmen der vorvertraglichen Anzeigepflicht. Bei Abschluss der Einbruchversicherung verschweigt der VN eine frühere Versicherung und Schadensfall (KG HRR 33 Nr. 499; VersR 1983, 381). Gibt jedoch der VN mehr Sachen als gestohlen an, als ihm abhanden gekommen sind, so kommt nicht eine Anfechtung in Betracht, sondern eine Verwirkung wegen Arglist (OLG Karlsruhe VersR 1983, 169). Die Anfechtung führt zur Nichtigkeit, früher geleistete Zahlungen kann der Versicherer als ungerechtfertigte Bereicherung herausverlangen.

Eine Grenzsituation betraf BGH VersR 1983, 237: Im Antrag auf Abschluss einer Unfallversicherung hatte der VN das Kästchen nicht angekreuzt, in dem nach dem Bestehen einer anderen Unfallversicherung gefragt wurde. Der Versicherer zahlte DM 100.000,– wegen eines Unfalls und verlangt sie nun als ungerechtfertigte Bereicherung zurück, nachdem er den Vertrag wegen arglistiger Täuschung angefochten hat. Nach dem BGH liegt keine arglistige Täuschung vor, wenn der VN den Antrag blanko unterschrieben und die Ausfüllung des Formulars dem Versicherungsvertreter überlassen hatte. Hinzu kam, dass der VN darauf vertraute, dass bestimmte Tatsachen, die dem Agenten bekannt waren, nicht im Vertragsantrag angegeben zu werden brauchen.

Nach § 22 VVG bleibt das Recht des Versicherers, wegen arglistiger Täuschung anzufechten, unberührt. Im Wege des Gegenschlusses ist anzunehmen, dass die Irrtumsanfechtung des Versicherers ausgeschlossen ist. Soweit der Versicherer den Vertrag wegen Irrtums über Gefahrumstände anfechten möchte, ist die Anfechtung durch die Kündigungsmöglichkeit des § 24 VVG ersetzt. Die Verdrängung der Irrtumsanfechtung ergibt sich zwingend daraus, dass die Kündigung ein Verschulden des VN voraussetzt (§ 24 Abs. 1 VVG), wogegen eine Anfechtung wegen Irrtums auch bei Schuldlosigkeit des VN in Betracht käme. Um die Kündigung wegen Gefahrerhöhung nicht zu verdrängen, ist die Irrtumsanfechtung des Versicherers ausgeschlossen.

4. Widerruf des VN

In ersten vorsichtigen Ansätzen in § 48 c VVG a. F. und § 5 a VVG a. F. wird jetzt **68**
ein allgemeines Widerrufsrecht des VN eingeführt. In der Begründung wird mit Recht ausgeführt, dass eine Beschränkung dieses Rechts auf den Anwendungsbereich der Fernabsatzrichtlinie dadurch nicht gerechtfertigt sei. Daher räumt § 8 Abs. 1 VVG allen VN das Recht ein, ihre auf den Vertragsschluss gerichtete Willenserklärung innerhalb von 2 Wochen zu widerrufen. Die Widerrufsfrist beträgt 2 Wochen. Sie beginnt zu dem Zeitpunkt, in welchem die wichtigsten Unterlagen dem VN zugegangen sind, nämlich der Versicherungsschein und die Vertragsbestimmungen einschließlich AGB, die deutlich gestaltete Belehrung über das Widerrufsrecht und seine Rechtsfolgen. Die Beweislast für den Zugang dieser Unterlagen trägt der Versicherer.

Es gibt auch Ausnahmen vom Widerrufsrecht, nämlich bei Versicherungsverträgen mit einer Laufzeit von weniger als einem Monat, bei Versicherungsverträgen über vorläufige Deckung, bei Versicherungsverträgen mit Pensionskassen, die auf arbeitsvertraglicher Regelung beruhen, und bei Versicherungsverträgen über ein Großrisiko. Das Widerrufsrecht ist ausgeschlossen, wenn die beiden Vertragsparteien auf Wunsch des VN ihre Leistungen bereits vollständig erbracht haben, § 8 Abs. 3 VVG.

Im elektronischen Geschäftsverkehr beginnt die Widerrufsfrist erst nach Erfüllung aller Voraussetzungen des § 312 e Abs. 1 S. 1 BGB, also insbesondere der Bestätigung des Zugangs.

Der Widerruf hat in Textform gegenüber dem Versicherer erklärt zu werden. Er braucht keine Begründung zu enthalten. Zur Fristwahrung genügt eine rechtzeitige Absendung, § 8 Abs. 1 VVG. Die rechtzeitige Absendung hat übrigens der VN zu beweisen.

Die Rechtsfolgen des Widerrufs sind einigermaßen kompliziert. Man sollte annehmen, dass dadurch der Vertrag aufgelöst wird und die bisherigen Leistungen zurückerstattet werden. Hier kommt noch eine Besonderheit dazu: Wenn der VN bei der Information über das Widerrufsrecht und seine Rechtsfolgen darauf hingewiesen worden ist und zugestimmt hat, dass der Versicherungsschutz vor Ende der Widerrufsfrist beginnt, dann hat der Versicherer nur den auf die Zeit nach Zugang des Widerrufs entfallenden Teil der Prämie zu erstatten. Ist der Hinweis unterblieben, hat der Versicherer das ganze Prämienaufkommen zurückzuerstatten, sofern der VN nicht Leistungen aus dem Versicherungsvertrag in Anspruch genommen hat, § 9 VVG.

Bei der Lebensversicherung gilt anderes. Die Widerrufsfrist beträgt 30 Tage, § 152 Abs. 1 VVG. Der Versicherer hat auch den Rückkaufswert einschließlich der Überschussanteile zu zahlen, allerdings hat er stattdessen die für das erste Jahr gezahlten Prämien zu erstatten, wenn dies dem VN günstiger ist, § 152 Abs. 2 VVG.

V. Verschulden bei Vertragsschluss – *culpa in contrahendo*

69 Der Versicherer haftet grundsätzlich für eigenes und Verschulden seiner Erfüllungsgehilfen vor und bei Vertragsschluss. Vorausgesetzt ist dabei, dass eine Pflicht verletzt worden ist. Eine solche Pflicht geht dahin, einen Antrag zügig zu bearbeiten. Bei pflichtwidrig verzögerter Bearbeitung eines Antrags schuldet der Versicherer Schadensersatz (RGZ 147, 103). Soweit eine Annahmefrist besteht, darf der Versicherer die Annahmefrist voll ausnutzen (BGH VersR 1966, 457). Es können aber besondere Gründe dafür sprechen, dass der Versicherer auch bei einer Annahmefrist den Antrag zügig bearbeiten muss. Das ist insbesondere dann der Fall, wenn schon vertragliche oder vertragsähnliche Beziehungen bestehen, etwa ein Antrag im Rahmen eines Gruppenversicherungsvertrags gestellt wird, wenn ein bestehender Vertrag geändert werden soll, etwa infolge Umzugs oder in Form einer Nachversicherung, oder wenn die Gefahr mangelnder Deckung besteht und der Versicherer darauf hingewiesen ist, etwa eine andere Versicherung den Vertrag gekündigt oder nicht verlängert hat. Dann hat der Versicherer den Antrag mit gewisser Beschleunigung zu prüfen und haftet für den Verzögerungsschaden. In der Regel wird der VN so gestellt, als sei es nicht zur Verzögerung gekommen (RGZ 104, 20). Allerdings sind die Fristen auch hier nicht ganz kurz. So sind Bearbeitungszeiten von 14 Tagen bis zu 3 Wochen nicht als Verzögerung angesehen worden, wobei die 3-Wochen-Frist vor Abschluss einer Lebensversicherung wegen der noch ausstehenden ärztlichen Stellungnahme zugestanden wurde. Wenn freilich der Versicherer ein Rücktrittsrecht oder die Möglichkeit der

Anfechtung wegen arglistiger Täuschung gehabt hätte, dann haftet er auch nicht aus *culpa in contrahendo*, wenn er die Bearbeitung des Antrags verzögert. Ein Hauptbeispiel der eintretenden Haftung aus Verschulden bei Vertragsschluss ist die vorläufige Deckungszusage, die gefolgt von einem Antrag auf Abschluss der Versicherung zur Bearbeitung bis zum Erlöschen der vorläufigen Deckungszusage verpflichtet. Die Verzögerung über den Ablauf der vorläufigen Deckung hinaus stellt ein Verschulden bei Vertragsschluss dar. Der private Rentenversicherer haftet dem VN aus *culpa in contrahendo* auf Rückzahlung der Prämien und Ersatz entgangener Anlagerendite, sofern er bei Abschluss des Versicherungsvertrags mit Gewinnanteilen geworben hat, die wegen veränderter Lebenserwartung der Bevölkerung erkennbar unrealistisch waren (OLG Düsseldorf VersR 2001, 705).

§ 7 Dauer des Versicherungsverhältnisses

I. Terminologie

Es werden drei Arten der Versicherungsdauer unterschieden: Die formelle Versicherungsdauer bezieht sich auf den Vertragsbeginn und das Vertragsende im Sinne des Zivilrechts. Die materielle Versicherungsdauer bezeichnet den Zeitraum, währenddessen der Versicherer zur Tragung des Risikos und bei Verwirklichung des Risikos zur Leistung verpflichtet ist. Schließlich gibt es noch eine technische Versicherungsdauer, welche den Zeitraum umschreibt, für den der VN die Prämie aufzubringen hat. **70**

II. Formelle Vertragsdauer

Der Versicherungsvertrag kommt mit dem wirksamen Abschluss, d. h. mit der Annahme des Antrags, zustande. § 151 BGB. Der Versicherungsvertrag endet mit dem Wirksamwerden des Rücktritts oder der Kündigung oder durch Zeitablauf bzw. Eintritt eines Beendigungsereignisses. Wenn etwa eine Krankentagegeldversicherung mit Beendigung des Arbeitsverhältnisses erlöschen soll, verliert ein beratender Ingenieur den Versicherungsschutz, wenn er sich selbstständig macht (OLG Köln VersR 1983, 527). Anfang und Ende des Vertragsverhältnisses prägen zeitlich die Hauptleistungen der Versicherung und des VN, nämlich die Übernahme des Risikos und die Leistung der Prämie. **71**

III. Materielle Versicherungsdauer

1. Vorläufige Deckung

72 Der formelle und der materielle Beginn des Versicherungsverhältnisses fallen grundsätzlich auf den gleichen Zeitpunkt. Eine Ausnahme bildet die alsbald zu besprechende Rückwärtsversicherung gemäß § 2 VVG. Nach § 38 Abs. 2 VVG tritt jedoch die Garantiehaftung des Versicherers erst mit der Zahlung der ersten Prämie ein. Ist die einmalige oder die erste Prämie bei Eintritt des Versicherungsfalles noch nicht gezahlt, ist der Versicherer nicht zur Leistung verpflichtet, es sei denn, der VN hat die Nichtzahlung nicht zu vertreten, § 37 Abs. 2 VVG. Der Versicherer ist nur leistungsfrei, wenn er den VN durch gesonderte Mitteilung in Textform oder durch einen auffälligen Hinweis im Versicherungsschein auf die Rechtsfolgen der Nichtzahlung der Prämie aufmerksam gemacht hat. Außerdem ist im Falle der nicht rechtzeitigen Zahlung der Versicherer, solange die Zahlung nicht bewirkt ist, zum Rücktritt vom Vertrag berechtigt, es sei denn, der VN habe die Nichtzahlung nicht zu vertreten, § 37 Abs. 1 VVG.

Damit sind die alten Regeln über die sog. Einlösungsklauseln verändert in das Gesetz übernommen worden. Es handelt sich jetzt nicht mehr um Bedingungen, sondern um Obliegenheiten des VN. Bei Verletzung der Obliegenheit kann er den Folgen der nicht rechtzeitigen Zahlung dadurch entgehen, dass er nachweist, dass er die Nichtzahlung nicht zu vertreten hat. Übrigens hat ihn der Versicherer deutlich auf die Rechtsfolgen der nicht rechtzeitigen Zahlung der ersten oder Einmalprämie hinzuweisen. Der Hinweis hat durch eine gesonderte Mitteilung in Textform oder durch einen auffälligen Hinweis im Versicherungsschein zu erscheinen, § 37 Abs. 2 VVG.

73 Soweit allerdings der VN alsbald Versicherungsschutz benötigt und der Versicherer sich zu dessen Gewährung nicht ohne weitere Maßnahmen, etwa eine genaue Prüfung entscheiden will, kommt die sog. vorläufige Deckungszusage in Betracht. Die „vorläufige Deckungszusage“ ist ein eigenständiger Versicherungsvertrag, der allerdings auf kurze Zeitdauer angelegt ist. Es handelt sich um keinen Vorvertrag, denn die Parteien sind nicht zum Abschluss eines Hauptvertrags verpflichtet. In der Häufigkeit der vorläufigen Deckung, insbesondere bei Kfz-Versicherungen, haben die §§ 49 ff. VVG eine ausdrückliche Regelung getroffen. Die vorläufige Deckung ist ein besonderer Akt, von dem in manchen Voraussetzungen im allgemeinen Versicherungsvertrag abgewichen wird. Außerdem können vorgesehene Informationen und Mitteilungen der Vertragsbestimmungen und der AGB abbedungen werden. Es führt zu Schwierigkeiten, wenn die AVB dem VN nicht bei Vertragsschluss übermittelt worden sind. Dennoch werden die üblicherweise verwendeten Bedingungen Vertragsbestandteil. Bei vielen solcher Bedingungen, die im Hauptvertrag vom Versicherer verwendet werden, werden Bedingungen auch ohne ausdrücklichen Hinweis hierauf Vertragsbestandteil. Im Zweifel, welche Bedingungen für den Vertrag gelten sollen, werden die zum Zeitpunkt des Vertragsschlusses vom Versicherer verwendeten Bedingungen, die

für den VN am günstigsten sind, Vertragsbestandteil Die vorläufige Deckung ist meist von vornherein zeitlich befristet oder enthält eine kurzfristige Kündigungsmöglichkeit. Sie endet außerdem mit dem Zustandekommen des endgültigen Versicherungsvertrags oder mit der Ablehnung der endgültigen Versicherung. Sie ist eigenständige Versicherung: verwirklicht sich das versicherte Risiko während der Laufzeit der vorläufigen Deckung, so ist der Versicherer leistungspflichtig (OLG Frankfurt VersR 1993, 1347). Die vorläufige Deckungszusage ist auch gegenüber einem bisherigen leidenden Versicherungsverhältnis unabhängig: sie ist bei Kfz-Wechsel wirksam für das neue Fahrzeug erteilt, auch wenn der Versicherungsschutz für das alte Fahrzeug wegen Nichtzahlung der Erstprämie entfallen ist (OLG Schleswig VersR 1983, 650). Die vorläufige Deckung endet, wenn der Fahrzeughalter sein Fahrzeug bei einem anderen Versicherer versichert (BGH VersR 1995, 409). Die vorläufige Deckung betrifft nur das Haftpflichtrisiko, allerdings ist der Antragsteller darauf hinzuweisen, dass entgegen seinem Wunsch der Kaskoversicherungsschutz vorläufig nicht gewährt wird (BGH VersR 1999, 1274 = NJW 1999, 3560).

Kommt der Hauptvertrag nicht zustande, ist der VN verpflichtet, eine Prämie für die vorläufige Deckung zu zahlen; sie geht auf einen der Laufzeit entsprechenden Teil der Prämie, § 50 VVG. Der Beginn des Versicherungsschutzes erfolgt im Allgemeinen mit der Ausstellung einer Bescheinigung, etwa zur Vorlage bei der Kfz-Zulassungsstelle, die hier jedenfalls mit der Ausstellung der Deckungskarte in der Kfz-Versicherung stattfindet.

Der Vertrag über die vorläufige Deckung endet spätestens mit dem Zeitpunkt, in dem ein später geschlossener Hauptvertrag oder ein anderer vorläufiger Deckungsvertrag mit gleichartigem Versicherungsschutz beginnt. Ist der vorläufige Versicherungsschutz von der Zahlung einer Prämie abhängig, so endet der Vertrag bei Nichtzahlung oder verspäteter Zahlung der Prämie, weil dadurch der VN in Verzug ist. Allerdings hat der VN durch eine gesonderte Mitteilung oder einen auffälligen Hinweis auf diese Rechtsfolge aufmerksam gemacht zu werden. Das Versicherungsverhältnis, übrigens auf eine unbestimmte Zeit eingegangen, kann jede der Vertragsparteien ohne Einhaltung einer Frist kündigen. Die Kündigung des Versicherers wird jedoch erst nach Ablauf von zwei Wochen nach Zugang wirksam. Diese Bestimmung hat halbzwingenden Charakter, ist also zu Ungunsten des VN nicht abänderbar.

2. Einlösungsklausel

§ 37 Abs. 1 VVG statuiert die sog. Einlösungsklausel, d. h., die Garantiewirkung **74**
der Versicherung tritt erst mit der Zahlung der Prämie oder der ersten Prämie ein, gleichgültig welcher Termin für den Beginn der materiellen Wirkung vorgesehen ist. Auch wenn später gezahlt wird, tritt nicht etwa die Haftung der Versicherung rückwirkend in Kraft, sie beginnt vielmehr erst mit dem Tag der Zahlung (RGZ 155, 103). Es kann allerdings abweichend vereinbart werden, dass mit der Einlösung die Haftung rückwirkend auf den Zeitpunkt des Vertragsschlusses oder

den als Beginn der Versicherung festgesetzten Zeitpunkt erbracht wird (RGZ 80, 138). Man spricht dann von der „Erweiterten Einlösungsklausel". Vorausgesetzt ist aber stets, dass der VN die angeforderte Prämie ohne Verschulden nicht bezahlt hat. Eine Mahnung ist nicht vorausgesetzt (BGH VersR 1963, 376; LG Breslau JR 37, 347). Zahlung ist die Leistungshandlung des VN, nicht der Eingang der Erstprämie beim Versicherer (OLG Köln VersR 1998, 317).

Zahlt der VN nicht rechtzeitig, kann der Versicherer vom Vertrag zurücktreten. Die früher im Gesetz vorgeschriebene Fiktion, dass der Versicherer vom Vertrag zurückgetreten sei, wenn er nicht innerhalb von drei Monaten vom Fälligkeitstage an gerechnet die Forderung gerichtlich geltend gemacht hat, ist fortgefallen. Deshalb hat das VVG 2008 auf einer Rücktrittserklärung bestanden. Es kann aber auch vorkommen, dass VN und Versicherer in Verhandlungen miteinander stehen und Vereinbarungen über die spätere Zahlung der Prämie getroffen haben. Dann ist der Versicherer nicht mehr zum Rücktritt berechtigt.

75 Ein besonderes Problem bildet die unzureichende Zahlung bei mehreren Versicherungen, etwa der Kfz-Haftpflicht- und Kaskoversicherung. Gemäß § 366 BGB kann der VN bestimmen, welche Schuld zuerst erfüllt wird. Tut er es nicht, gilt § 366 Abs. 2 BGB, wonach die Fälligkeit, die geringere Sicherheit für den Gläubiger, die Lästigkeit und das Alter in dieser Reihenfolge entscheiden. Schuldet etwa der VN € 2.000,– für Haftpflicht und Kasko und zahlt nur € 1.300,– und wird das Kfz gestohlen, so ist der Versicherer frei. Als lästigere Schuld wird zuerst die Haftpflichtversicherung getilgt (OLG Koblenz VersR 1983, 383).

3. Rückwärtsversicherung

76 Der Versicherungsschutz wird grundsätzlich für die Zukunft gewährt. Die Leistungspflicht des Versicherers wird durch Ereignisse ausgelöst, die nach dem formellen Beginn der Versicherung eintreten: Prinzip der Vorwärtsversicherung. Das entspricht dem Versicherungsbegriff und insbesondere der Voraussetzung der Ungewissheit. Eine Ausnahme bildet die Rückwärtsversicherung. Sie erlaubt, dass die Garantie in der Weise ausgesprochen wird, dass die Versicherungsdeckung bereits in einem vor Schließung des formellen Vertrags liegenden Zeitpunkt beginnt, § 2 VVG. Damit wird die materielle Versicherung zeitlich über den Beginn der formellen Versicherung hinaus vorverlegt. Die Rückwärtsversicherung muss als solche vereinbart sein. Allerdings muss nach wie vor eine subjektive Ungewissheit bestehen. Nach dem Gesetz hat der Versicherer bei subjektiver Kenntnis, dass der Versicherungsfall ausgeschlossen ist, keinen Anspruch auf die Prämie. Der VN seinerseits hat keinen Anspruch auf Deckung, wenn er bei Abgabe seiner Vertragserklärung weiß, dass der Versicherungsfall schon eingetreten ist, § 2 Abs. 2 VVG. Beide Parteien können das Erfordernis der subjektiven Ungewissheit abbedingen, etwa in dem Falle, dass beide bei Abschluss der Rückwärtsversicherung schon wissen, dass der Versicherungsfall bereits eingetreten ist (OLG Düsseldorf VersR 1995, 460), jedenfalls wenn die Möglichkeit besteht, dass der Versicherer aus vorläufiger Deckungszusage oder wegen verzögerlicher Bearbeitung auf Schadensersatz haftet (BGHZ 84, 268 = VersR 1982, 841). Die Kenntnis des VN vom Versicherungsfall schadet nur, wenn er sie bereits bei Antragstellung hatte. Es kommt also nicht auf die Annahme des Antrags durch die Versicherung an, obwohl regelmäßig bei der Rückwärtsversicherung die Leistungsfreiheit des Versicherers konkludent abbedungen wird, wenn der VN erst nach Antragstellung Kenntnis erlangt (BGHZ 111, 29 = VersR 1990, 618).

4. Rückdatierung

Die Rückdatierung geschieht in der Lebensversicherung, um eine niedrigere Prä- **77**
mie des jüngeren Lebensalters zugrunde zu legen oder auch um die Aufnahme vor Erreichen der Altersgrenze überhaupt zu ermöglichen. Gleiches gilt auch für die Krankenversicherung. Die Rückdatierung bezieht sich ausschließlich auf die technische Versicherungsdauer. Für den durch die Rückdatierung markierten Zeitraum hat der VN die Prämie zu bezahlen. Er erlangt jedoch insofern nicht den ersten Versicherungsschutz. Die Rückdatierung hat also nur für die Berechnung der Prämie eine Bedeutung. Da die Umgehung der Versicherungsbedingungen zu einem Preis geschieht, ist sie zulässig.

5. Beginn und Ende der materiellen Versicherung

Wenn die Dauer der Versicherung nach Tagen, Wochen, Monaten oder nach **78**
einem mehrere Monate umfassenden Zeitraum bestimmt ist, beginnt die Versicherung am Beginn des Tages, an welchem der Vertrag geschlossen ist. Die alte Regel des § 7 Abs. 1 VVG a. F., wonach der Mittag des Abschlusstages entscheidend sei („High Noon") ist aufgegeben worden. Die Gründe dafür sind vielfältig, allerdings sind auch Gegengründe vorhanden, weshalb die Norm nachgiebigen Rechts ist und kraft AVB mittags nach wie vor der Beginn der Versicherung sein kann. Allerdings wird die Einlösungsklausel des § 38 Abs. 2 VVG davon nicht berührt. Die Garantiedeckung des Versicherers tritt also abgesehen von der Zahlung der Prämie um 0.00 Uhr nachts an dem Tag ein, an dem das volle Versicherungsvertragsverhältnis beginnt.

Ein Beispiel soll dies erläutern: Ist der vorgesehene Beginn des Versicherungsverhältnisses der 3. 12., wird aber die Prämie erst am 6. 12. bezahlt, so tritt der Versicherungsschutz nicht schon am 3. 12., sondern erst am 6. 12. 0.00 Uhr ein. Eine Ausnahme besteht nur, wenn der VN die Nichtzahlung nicht zu vertreten hat, § 37 Abs. 2 VVG.

Das Versicherungsvertragsverhältnis endet in dem vorgesehenen Endzeitpunkt, als Wirkung einer Kündigung oder aus anderen besonderen Gründen.

In der Vergangenheit haben insbesondere längere Verträge und fortlaufend sich **79**
erneuernde Verträge für längere Zeit eine unglückliche Rolle in der Rechtsprechung gespielt. Diese Situation ist jetzt kraft Gesetzes bereinigt worden. Wird ein Versicherungsverhältnis länger für den Fall vereinbart, dass es nicht gekündigt

wird, ist die Verlängerung unwirksam, soweit sie sich auf mehr als ein Jahr erstreckt. Ist das Versicherungsverhältnis auf unbestimmte Zeit eingegangen, kann nicht Vertragsparteien vor dem Schluss der laufenden Versicherungsperiode gekündigt werden. Doch können beide einvernehmlich auf das Kündigungsrecht bis zur Dauer von zwei Jahren verzichten. Die Kündigungsfrist muss für beide Vertragsparteien gleich sein; sie darf nicht weniger als einen Monat und nicht mehr als drei Monate betragen. Wenn der Vertrag für mehr als drei Jahre geschlossen worden ist, kann er vom VN zum Schluss des dritten oder jedes darauffolgenden Jahres unter Einhaltung einer Frist von drei Monaten gekündigt werden, § 11 VVG. Diese moderne Regelung dient dem Verbraucherschutz, insbesondere sind langfristige unkündbare, etwa Unfallverträge, nicht mehr zugelassen. Die längste Dauer bei einem Versicherungsvertrag, gesehen vom VN, ist drei Jahre. Aus allen anderen Versicherungsverhältnissen kann der VN durch Kündigung entkommen.

IV. Technische Prämienzahlungsdauer

80 Grundsätzlich ist der technische Versicherungszeitraum der gleiche wie der formelle Versicherungszeitraum. Freilich gibt es Ausnahmen, etwa die Vordatierung.

Auch das Ende der Deckungszeit und des Vertrags fallen grundsätzlich zusammen. Der Versicherungszeitraum beginnt also, sofern nichts anderes vereinbart ist, um 0.00 Uhr des ersten Versicherungstages und endet, gleichfalls unter dem Vorbehalt anderweitiger Abrede, um 24.00 Uhr des letzten Versicherungstages.

Nicht selten wird vereinbart, dass die Versicherung stillschweigend als verlängert gilt, wenn sie nicht vor dem Ablauf der Vertragszeit gekündigt wird. Gemäß § 11 Abs. 1 VVG ist diese Verlängerung jeweils nur auf höchstens ein Jahr möglich. Handelt es sich hingegen um ein Versicherungsverhältnis, das auf unbestimmte Zeit eingegangen ist, das Gesetz nannte es früher die „dauernde Versicherung“, so kann es von beiden Teilen nur für den Schluss der laufenden Versicherungsperiode gekündigt werden. Die Kündigungsfrist muss für beide Teile gleich sein und darf nicht weniger als einen Monat und nicht mehr als 3 Monate betragen. Auf das Kündigungsrecht können die Parteien nur bis zur Dauer von 2 Jahren verzichten, § 11 Abs. 2 VVG. Mit dieser Bestimmung soll der übermäßigen Bindung durch langfristige Verträge vorgebeugt werden. Für die Lebensversicherung hat § 168 VVG den VN noch stärker geschützt, denn der VN kann das Versicherungsverhältnis jeweils für den Schluss der laufenden Versicherungsperiode kündigen. Er erlangt dann das aufgehäufte Deckungskapital zurück.

Gelegentlich, etwa bei Aufhebung des Versicherungsverhältnisses wegen Obliegenheitsverletzung (§ 26 Abs. 1 VVG), wird die Prämie über das Vertragsende hinaus bis zum Schluss der Versicherungsperiode geschuldet. Die Dauer des technischen Versicherungsverhältnisses ist dann länger als die des formellen Versicherungsverhältnisses. Insoweit wird vom Grundsatz der Unteilbarkeit der

Prämie gesprochen. Das bedeutet, dass dem Versicherer die Prämie bis zum Ende der begonnenen Versicherungsperiode zusteht, sofern man dem VN die Beendigung des Versicherungsverhältnisses anlasten kann.

§ 8 Versicherungsschein

I. Entstehung und Bedeutung

Der Versicherungsschein, im Allgemeinen Police genannt, ist eine vom Versi- **81**
cherer unterzeichnete Urkunde über den Versicherungsvertrag, § 3 VVG. Sie beurkundet entweder den endgültigen Abschluss des Vertrags oder stellt die Annahme des Antrags dar. Bei Vertragsverlängerungen tritt ein Verlängerungsschein zum ursprünglichen Versicherungsschein hinzu. Im Übrigen gibt es einen Nachtrag zum Versicherungsschein. Bei Gegenseitigkeitsvereinen kann an die Stelle des Versicherungsscheins eine Eintragung in das Mitgliedsbuch treten.

Der Versicherer hat den Versicherungsschein in Textform (§ 126 BGB), auf dessen Verlangen als Urkunde zu übermitteln.

Der Versicherer ist zur Aushändigung des Versicherungsscheins verpflichtet, § 3 Abs. 1 VVG. Oft enthält die Übersendung des Versicherungsscheins die Annahme eines Angebots durch den VN. Die vorläufige Deckungszusage wird regelmäßig nicht durch einen Versicherungsschein belegt, sondern es genügt im Allgemeinen eine kurze schriftliche Zusage des Versicherers. Wegen des nicht endgültigen und kurzfristigen Charakters der vorläufigen Deckungszusage ist diese Ausnahme von § 3 VVG anzuerkennen.

II. Rechtsnatur des Versicherungsscheins

Der Versicherungsschein dient dem Beweis des Bestehens eines Versicherungs- **82**
verhältnisses. Die Police ist wenigstens ein „Schuldschein“ im Sinne der §§ 371, 952 BGB. Der Versicherungsschein kann auch als Ausweispapier (§ 4 Abs. 1 VVG) oder als Wertpapier ausgestaltet werden. Als Wertpapier erscheint der Versicherungsschein in der Binnenversicherung als Orderpapier und in der Seeversicherung als Inhaberpapier.

Das Eigentum am Versicherungsschein steht dem Forderungsinhaber, also regelmäßig dem VN zu, soweit es sich dabei um einen Schuldschein oder um ein Ausweispapier handelt. Es findet nämlich § 952 BGB Anwendung, der die Regel aufstellt: Das Recht am Papier folgt dem Recht aus dem Papier. Umgekehrt steht es aber bei den eher seltenen Versicherungspolicen, die im Handelsverkehr als Orderpapier oder im Seeverkehr als Inhaberpapier ausgestattet sind. Hier gilt § 929 BGB: Das Recht aus dem Papier folgt dem Recht am Papier.

Der Versicherungsschein ist Beweisurkunde, wenn die Unterschrift, mag sie wirklich oder faksimiliert sein, vom Versicherer herrührt. Die Police begründet den vollen Beweis dafür, dass der Versicherer die in dem Versicherungsschein enthaltenen Erklärungen abgegeben hat, § 416 ZPO. Aus einer echten Vertragsurkunde lassen sich zwei widerlegbare tatsächliche Vermutungen ableiten, welche die Richtigkeit und Vollständigkeit der abgegebenen Erklärungen betreffen. Es wird also einmal vermutet, dass der Versicherungsvertrag zustande gekommen ist. Wer das Gegenteil behauptet, hat den Gegenbeweis zu führen. Sodann wird vermutet, dass der Versicherungsschein vollständig die abgegebenen Erklärungen wiedergibt. Wer weitere als die beurkundeten Abreden behauptet, hat sie zu beweisen, etwa dass im Versicherungsschein nicht erwähnte AVB im Wege der mündlichen oder stillschweigenden Vereinbarung für maßgeblich erklärt worden sind.

Der Versicherungsschein ist als Schuldschein anzusehen. Der Versicherer kann deshalb bei Leistungsbegehren Vorlage und nach Ende des Versicherungsverhältnisses auch Rückgabe des Versicherungsscheins verlangen, § 371 BGB. Im Falle des qualifizierten Schuldscheins kann der Versicherer sogar nach § 4 VVG auf der Rückgabe des Versicherungsscheins bestehen.

83 Auch wenn der Versicherungsschein die Inhaberklausel enthält, treten in der Binnenversicherung nur die Wirkungen eines Legitimationspapiers des § 808 BGB ein, § 4 Abs. 1 VVG. Der auf den Inhaber ausgestellte Versicherungsschein wird damit zum Ausweispapier oder qualifizierten Legitimationspapier. Wichtigste Folge ist, dass der Versicherer durch die Leistung an den Inhaber des Versicherungsscheins befreit wird. Das ist wesentlicher Ausdruck der Legitimationswirkung des § 808 BGB.

Im Bereich der Transportversicherung kommt es vor, dass der Versicherungsschein als ein echtes Wertpapier, nämlich als ein Order- oder ein Inhaberpapier ausgestattet ist. Der Transportversicherer, nicht nur in der See-, sondern auch in der Binnentransportversicherung kann den Versicherungsschein an Order stellen, § 363 Abs. 2 HGB. Es handelt sich um ein sog. „gekorenes Orderpapier", das durch die Hinzufügung der Orderklausel entsteht. Das Papier wird durch einen formelhaften Vermerk, das Indossament, übertragen. In der Seeversicherung kann der Versicherungsschein entgegen § 4 Abs. 1 VVG als echtes Inhaberpapier ausgestaltet werden, vgl. § 784 HGB. Verbrieft ist hier ebenso wie beim Orderpapier der Anspruch auf die nach Eintritt des Garantiefalles sich aus der Gefahrtragung ergebende Geldleistung. Aber auch insoweit wird im Zweifel nur ein Legitimationspapier angenommen (BGH VersR 1962, 659 = NJW 1962, 1436).

III. Inhalt des Versicherungsscheins; Billigungsklausel

Da der Versicherungsschein eine Urkunde über den Versicherungsvertrag darstellt (§ 3 Abs. 1 S. 1 VVG a. F.), hat der Versicherungsschein den Vertragsinhalt umfassend wiederzugeben. Es sind also das versicherte Risiko sowie die Versicherungssumme und die Versicherungsdauer anzugeben. Für untergeordnete Einzelheiten kann auf andere Urkunden oder auf die AVB verwiesen werden. **84**

Es besteht eine Vermutung dahin gehend, dass die Versicherungspolice den Vertragsinhalt vollständig wiedergibt. Die Vermutung ist jedoch widerlegbar. Insbesondere können anderweitige schriftliche Abreden oder auch mündliche Nebenabreden oder stillschweigend Vereinbarungen getroffen sein.

§ 5 VVG verstärkt unter gewissen Voraussetzungen die bloße Beweisbedeutung des Versicherungsscheins zu einer konstitutiven Vertragsänderung. Weicht der Inhalt des Versicherungsscheins von dem Antrag oder den getroffenen Vereinbarungen ab, so gilt der Inhalt des Versicherungsscheins durch Schweigen als genehmigt. Hierzu bedarf es jedoch des Ablaufs eines Monats nach Empfang des Versicherungsscheins. Allerdings muss der VN durch besondere schriftliche Mitteilung oder einen auffälligen Vermerk auf die Änderung und die Wirkung des Schweigens aufmerksam gemacht werden. Werden etwa bei einer Höherversicherung neue AVB zugrunde gelegt, die den VN benachteiligen, so muss er auf diese Veränderungen ausdrücklich hingewiesen werden (BGH VersR 1973, 176 = NJW 1973, 284). Hat der Versicherer die Hinweispflichten nicht erfüllt, gilt der Vertrag mit dem Inhalt des Antrags des VN als geschlossen, § 5 Abs. 3 VVG.

IV. Berechtigter

Der VN hat Anspruch auf Aushändigung des Versicherungsscheins auch dann, wenn es sich um eine Versicherung für fremde Rechnung handelt, § 44 Abs. 1 S. 2 VVG. Die Aushändigung des Versicherungsscheins wird durch Besitzübertragung seitens des Versicherers oder seines Agenten erfüllt. Der VN kann sich bei Aushändigung der Police eines Besitzdieners bedienen, sie etwa durch einen Angestellten abholen lassen. **85**

Der Besitz des Versicherungsscheins ist außerordentlich wichtig bei der Gestaltung, dass der VN und der Versicherte verschiedene Personen sind. Gemäß § 44 Abs. 2 VVG kann der Versicherte ohne Zustimmung des VN über seine Rechte nur verfügen und diese nur gerichtlich geltend machen, wenn er im Besitz des Versicherungsscheins ist. Ebenso ist der VN behindert: Der VN ist ohne Zustimmung des Versicherten zu der Übertragung der Rechte und der Annahme der Zahlung nur befugt, wenn er im Besitz des Versicherungsscheins ist, § 45 Abs. 2 VVG. Die Innehabung des Versicherungsscheins ist zu gleicher Zeit die Legitimation für die vermutete Zustimmung des Versicherten.

§ 9 Mehrheiten von Versicherungen

I. Grundsätzliches

86 Eine Versicherung kann mehrere Risiken umfassen. Einmal können parallele Risiken verschiedener Rechtsträger versichert werden, etwa in der Kollektivlebensversicherung oder in der Familienkrankenversicherung. Sodann können mehrere Sachen, etwa mehrere Häuser, die einem VN gehören, zugleich gegen Feuer und andere Gefahren versichert werden. Schließlich kann auch der Schutz gegen durchaus unterschiedliche Gefahren, die einen VN betreffen, in einer Versicherung zusammengefasst sein, etwa in der kombinierten Hausratversicherung oder in der Kfz-Haftpflicht – verbunden mit der Vollkaskoversicherung. Die Frage ist hier, ob es sich dabei um eine einheitliche Versicherung oder verschiedene Versicherungen handelt. Diese Frage zu beantworten, ist insoweit erheblich, als bei Vertrags- und Obliegenheitsverletzungen des VN die Befugnisse des Versicherers durchaus unterschiedlich sein können, je nachdem ob es sich um eine oder mehrere Versicherungen handelt. Darf der Versicherer bei Verschweigen oder Nichtmitteilung einer Gefahrerhöhung den ganzen Vertrag kündigen?

Die tatsächliche Vermutung spricht dafür, dass jeder Versicherungsschein einen selbstständigen Vertrag verbrieft, auch wenn mehrere Versicherungsscheine zum gleichen Datum ausgestellt sind und die Versicherungen die gleiche Laufzeit haben (RGZ 150, 147). § 29 VVG geht von der Regel aus, dass Rücktritts- oder Kündigungsgründe, die nur in Ansehung eines Teils der versicherten Gegenstände oder versicherten Personen vorliegen, auch nur insoweit den Rücktritt oder die Kündigung erlauben. Anderes gilt nur dann, wenn anzunehmen ist, dass der Versicherer den Vertrag unter den gleichen Bedingungen sonst nicht geschlossen haben würde. Dieselbe Regelung gilt gemäß § 29 Abs. 2 VVG auch für die Leistungsfreiheit des Versicherers. Sofern der Versicherer nur eine Teilkündigung aussprechen kann, kann der VN das Versicherungsverhältnis auch im Übrigen kündigen, § 29 Abs. 2 VVG.

II. Gebündelte Versicherung

87 Aus Gründen der Geschäftsvereinfachung werden nicht selten mehrere Versicherungen in ein einziges Antragsformular aufgenommen und schließlich gebündelt abgeschlossen. Bisweilen wird darüber nur ein Versicherungsschein ausgestellt. Dennoch handelt es sich um getrennte Versicherungsverträge, die rechtlich gesondert zu beurteilen sind. Nach § 10 a Abs. 3 VAG ist allerdings die Übersichtlichkeit, Lesbarkeit und Verständlichkeit bei den Antragsvordrucken zu wahren. Der Antragsteller ist schriftlich und unter besonderer Hervorhebung auf die rechtliche Selbstständigkeit der beantragten Verträge einschließlich der für sie vorgesehenen Versicherungsbedingungen sowie auf die jeweils geltenden Antragsbindungsfristen und Vertragslaufzeiten hinzuweisen. Die gebündelte Ver-

sicherung stellt also die Zusammenfassung mehrerer Versicherungen dar, die nur aus Rationalisierungsgründen miteinander verbunden worden sind.

III. Kombinierte Versicherung

Bei der kombinierten Versicherung wird ein Vertrag über die Versicherung verschiedener Risiken abgeschlossen, die selbstständigen Versicherungszweigen zuzurechnen sind. Der Versicherer ist hinsichtlich der Kombinationsmöglichkeiten frei. Die frühere Genehmigung durch das BAV ist fortgefallen. Allerdings gilt auch hier § 10 a VAG, wonach die Antragsvordrucke nur so viele Anträge auf abschlussrechtlich selbstständige Versicherungsverträge enthalten dürfen, dass die Übersichtlichkeit, Lesbarkeit und Verständlichkeit nicht beeinträchtigt werden. Kombinierte Versicherungen kommen vor bei der Kraftfahrtversicherung, etwa im Bereich der Verbindung von Haftpflicht mit Kasko und Insassenunfallversicherung. Auch die verbundene Wohngebäudeversicherung ist hierher zu rechnen. In ihr ist das Risiko von Feuer, Leitungswasser und Sturmgefahr zusammengefasst. 88

Da die kombinierte Versicherung eine einheitliche Versicherung darstellt, findet § 29 VVG keine Anwendung. Liegen auf Seiten des VN Mängel oder Verletzungen vor, so betreffen sie den ganzen Vertrag und der Versicherer kann auch nur den ganzen Vertrag kündigen, von ihm zurücktreten oder von der Leistung frei sein. Soweit sich jedoch das Fehlverhalten eines VN deutlich nur auf ein Risiko bezieht, ist nach dem Grundsatz des Schutzbereichs der Norm die automatische Freistellung des Versicherers nur insoweit gegeben. Auch im Versicherungsvertragsrecht gilt nicht das Prinzip des *versari in re illicita*, also dass ein Versagen allgemein wirkt. Unterlässt z. B. der VN es, dem Versicherer von der Erhöhung der Gefahr Anzeige zu machen, und bezieht sich diese Gefahr etwa nur auf das Sachrisiko, nicht aber auf das Haftpflichtrisiko, so tritt die Leistungsfreiheit gemäß § 28 VVG nur insoweit ein.

IV. Zusammengefasste Versicherung

Wenn über dasselbe Risiko hinsichtlich mehrerer Gegenstände ein Versicherungsvertrag abgeschlossen wird, etwa die Haftpflicht mehrerer Kraftfahrzeuge versichert wird, oder wenn parallele Risiken mehrerer Personen versichert sind, etwa als Kollektivversicherung bei der Lebens- oder Unfallversicherung oder bei der Familienkrankenversicherung, so gilt wiederum § 29 VVG. Es liegt ein einheitlicher Versicherungsvertrag vor, allerdings werden die Versicherungsverhältnisse grundsätzlich aufgespaltet. Leistungsfreiheit, Rücktritt oder Kündigung gelten grundsätzlich nur für den betroffenen Teil des Versicherungsverhältnisses. Wenn jedoch der Versicherer den Vertrag nur als Ganzes abgeschlossen hätte, dann hat er diese Befugnisse auch mit Bezug auf den ganzen Vertrag. Der Wille des Versicherers ist im Einzelnen anhand des Geschäftsplans objektiv zu ermitteln. Subjektive oder nachträgliche Erwägungen sind nicht maßgebend. 89

§ 10 Persönliche und sachliche Veränderungen des laufenden Versicherungsverhältnisses

I. Vertragsfreiheit

90 Ebenso wie den Parteien des Versicherungsverhältnisses die Eingehung des Vertrags freigestellt ist, können sie den Vertrag ändern oder aufheben. Dazu bedarf es nur der Übereinstimmung beider Teile und des Ausdrucks dieses Konsenses in einem Änderungs- oder Aufhebungsvertrag. Das ist Ausprägung des Grundsatzes der Vertragsfreiheit.

II. Personenwechsel

1. Wechsel des Versicherungsnehmers

91 Die Notwendigkeit, den Versicherungsvertrag auf eine andere Person als den ersten VN zu erstrecken, ergibt sich im Fall der Einzelrechtsnachfolge, etwa der Veräußerung der versicherten Sache, und bei der Gesamtrechtsnachfolge, insbesondere beim Erbfall. Im Falle der Veräußerung der versicherten Sache kommt es zum Wechsel des VN: Das Versicherungsverhältnis geht kraft Gesetzes auf den Erwerber über, § 95 VVG. Veräußerung und Zwangsversteigerung führen also nicht zu einem Erlöschen des Versicherungsverhältnisses, sondern es kommt zur gesetzlichen Vertragsübernahme. Der Erwerber tritt in die während der Dauer seines Eigentums aus dem Versicherungsverhältnis sich ergebenden Rechte und Pflichten ein. Für die laufende Prämie haften Veräußerer und Erwerber als Gesamtschuldner.

Gegenstand der Risikoversicherung ist nicht die Sache, sondern das Interesse des VN. Der VN hat die Veräußerung oder Zwangsversteigerung der versicherten Sache dem Versicherer unverzüglich mitzuteilen, § 97 VVG. Der Inhalt der Anzeige muss nicht nur die Veräußerung angeben, sondern auch die Person des Erwerbers. Wenn die Anzeige nicht unverzüglich erstattet wird, ist der Versicherer von der Verpflichtung zur Leistung frei, wenn der Versicherungsfall später als einen Monat nach dem Zeitpunkt eintritt, in welchem die Anzeige ihm hätte zugehen müssen. Vorausgesetzt ist weiter, dass der Versicherer den mit dem Veräußerer bestehenden Vertrag mit dem Erwerber nicht geschlossen hätte, § 97 Abs. 1 VVG. Der Versicherer und der Erwerber haben jeweils ein Kündigungsrecht. Der Versicherer kann mit einer Frist von einem Monat, der Erwerber nur mit sofortiger Wirkung oder auf den Schluss der laufenden Versicherungsperiode kündigen, § 96 VVG.

Als Veräußerung ist nicht nur die Übereignung im normalen Sinne, sondern ebenso die Zwangsvollstreckung und die Sicherungsübereignung zu verstehen (RGZ 117, 270). Gleiches gilt bei der Umwandlung von Gesamthandseigentum in Bruchteilseigentum und umgekehrt, etwa bei der Erbteilung (BGH VersR 1965, 425). Die Veräußerung unter Eigentumsvorbehalt, nicht aber die Sicherungsübereignung gelten als Veräußerung für die Feuerversicherung, § 2 Abs. 1 AFB. Bei der Sicherungsübereignung wandelt sich übrigens das Rechtsverhältnis zur Fremdversicherung, so dass im Ergebnis dem Sicherungsnehmer die Entschädigung zusteht (BGHZ 10, 376 = VersR 1953, 448).

Die §§ 95ff. VVG gelten nicht für Versicherungen, die kein spezielles Schutzobjekt haben, die also das Vermögen insgesamt schützen. Sie sind deshalb nicht auf die Kfz-Insassenunfallversicherung als Personenversicherung, auch nicht auf die Rechtsschutzversicherung und vor allen Dingen nicht auf die Haftpflichtversicherung anwendbar (RGZ 156, 146). § 95 VVG gilt gleichfalls nicht bei einer Fremdversicherung, wenn also ein Dritter Eigentümer ist. Bei der Gesamtrechtsnachfolge, insbesondere beim Erbfall, treffen die §§ 95ff. VVG nicht zu. Hier gelten vielmehr die Regeln des Erbrechts. Der Erbe tritt kraft Gesetzes in das Versicherungsverhältnis ein.

2. Wechsel des Versicherers; Bestandsübertragung

Mit Zustimmung des VN kann das Versicherungsverhältnis auf einen anderen **92**
Versicherer übertragen werden. Aber auch ohne die Zustimmung des VN kann es zu einem Wechsel auf der Versichererseite kommen, wenn eine sog. Bestandsübertragung geschieht. Das ist dann der Fall, wenn der Gesamtversicherungsbestand oder jedenfalls der Versicherungsbestand einzelner Sparten eines Versicherers von dem einen auf den anderen Versicherer übertragen wird. Diese Übertragung erfordert die Genehmigung der Aufsichtsbehörde. Der übernehmende Versicherer hat seine Zahlungsfähigkeit nachzuweisen; auch muss auf die sozialen Belange der Beschäftigten der übertragenden Versicherung geachtet werden. Bei der Übertragung des Bestandes von Lebensversicherungsverträgen müssen die beim übertragenden Versicherer geschaffenen Vermögenswerte als Quellen für die Erwirtschaftung von Überschüssen bei der Endversicherung erhalten bleiben und dem Versicherer in gleichem Umfang zugute kommen wie ohne Austausch des Schuldners (BVerfG VersR 2005, 1109 = NJW 2005, 2363). Der übernehmende Versicherer tritt anstelle des ausscheidenden Versicherers mit voller Wirkung in die Verträge ein, § 14 Abs. 1 VAG. Überträgt ein inländisches Versicherungsunternehmen den Bestand auf ein Unternehmen mit Sitz in der EU, ist lediglich die Genehmigung der für das übertragende Unternehmen zuständigen Aufsichtsbehörde erforderlich. Sie wird freilich nur erteilt, wenn die Aufsichtsbehörden den Mitgliedsstaaten, in denen die Risiken des Versicherungsbestandes belegen sind, zustimmen, § 14 Abs. 1 a VAG.

III. Änderungen aufgrund einseitiger Maßnahmen

1. Gesetzlich ermächtigte Änderungsverlangen

93 Das VVG gewährt jeder Partei des Versicherungsverhältnisses bisweilen einen Anspruch auf Änderung oder Anpassung des Versicherungsvertrags. So kann der Versicherer wegen Gefahrerhöhung eine angemessene höhere Prämie, der VN bei Gefahrminderung verlangen, dass die Prämie für künftige Versicherungsperioden herabgesetzt wird, § 41 VVG. Das Kündigungsrecht des VN bei Gefahrminderung ist zwar im neuen VVG nicht mehr zu finden. Dennoch wird man nach Treu und Glauben dem VN die gleiche Berechtigung für die Gefahrverminderung zusprechen müssen, die der Versicherer bei Gefahrerhöhung hat. Es handelt sich um eine Störung der Geschäftsgrundlage, die nach §§ 313f. BGB zu Rechtsfolgen führt. Schuldverhältnisse können dann aus wichtigem Grund gekündigt werden. Danach ist entscheidend, dass sich die Umstände, die zur Grundlage des Vertrags geworden sind, nach Vertragsschluss schwerwiegend verändert haben bzw. die Parteien den Vertrag nicht oder nicht mit diesem Inhalt geschlossen hätten, wenn sie diese Veränderung vorausgesehen hätten. Allerdings ist zunächst eine Anpassung des Vertrags geschuldet, es gilt hier jedoch die Sonderregelung des § 314 BGB, wonach bei Dauerschuldverhältnissen – und das sind Versicherungsverhältnisse regelmäßig – der Vertragsteil aus wichtigem Grund ohne Einhaltung einer Kündigungsfrist kündigen kann. Ein wichtiger Grund liegt vor, wenn dem kündigenden Teil unter Berücksichtigung aller Umstände des Einzelfalls und unter Abwägung der beiderseitigen Interessen die Fortsetzung des Vertragsverhältnisses bis zur vereinbarten Beendigung oder bis zum Ablauf einer Kündigungsfrist nicht zugemutet werden kann. Wenn im nachträglichen Wegfall des versicherten Interesses ein wichtiger Grund zu sehen ist, sollte dieser nicht vereitelt werden können. Deshalb ist das fristlose Kündigungsrecht gegeben.

2. Anpassungsklauseln in den AVB

94 Ein vertraglicher Änderungsvorbehalt durch einseitige Erklärung ist nicht selten im Vertrag oder in den AVB enthalten. Erhöht der Versicherer aufgrund einer Anpassungsklausel die Prämie, ohne dass sich der Umfang des Versicherungsschutzes ändert, so kann der VN innerhalb eines Monats nach Eingang der Mitteilung mit sofortiger Wirkung, frühestens jedoch zum Zeitpunkt des Wirksamwerdens der Erhöhung das Versicherungsverhältnis kündigen, § 40 VVG. Der Versicherer hat übrigens den VN auf das Kündigungsrecht hinzuweisen. Diese Mitteilung muss dem VN spätestens einen Monat vor dem Wirksamwerden der Erhöhung zugehen. Die Anpassungsklauseln und ihre Anwendung unterliegen der Inhaltskontrolle nach § 307 BGB (BGHZ 119, 55 = VersR 1992, 1211). Das Kündigungsrecht besteht auch dann, wenn der Versicherer aufgrund einer Anpassungsklausel den Umfang des Versicherungsschutzes vermindert, ohne die Prämie herabzusetzen.

IV. Automatische Beendigung des Versicherungsverhältnisses

1. Gesamtvollstreckung in das Vermögen des Versicherers

Das VVG enthält einzelne Tatbestände, welche das Versicherungsverhältnis von sich aus beenden, ohne dass es einer Willenserklärung bedarf. So ordnet § 16 VVG an, dass die Gesamtvollstreckung über das Vermögen des Versicherers zur Beendigung des Versicherungsverhältnisses mit dem Ablauf eines Monats seit Eröffnung des Insolvenzverfahrens führt. Dahin haftet die Masse für die Pflichten des Gemeinschuldners. **95**

Die Rangunterschiede der Forderung gegen den in Konkurs gefallenen Versicherer nach § 80 VAG a. F. sind weggefallen. Im Bereich der Kfz-Haftpflichtversicherung besteht ein Anspruch gegen einen Entschädigungsfonds, wenn über das Vermögen des leistungspflichtigen Versicherers ein Insolvenzverfahren eröffnet worden ist, § 12 Abs. 1 Nr. 4 PflVG. Allerdings sind Schmerzensgeldansprüche nur bei besonderer Schwere der Verletzung zur Vermeidung einer groben Unbilligkeit gegeben. Bei Sachschäden besteht ein Selbstbehalt von € 500,–, § 12 Abs. 2 PflVG.

2. Nachträglicher Wegfall des versicherten Interesses

Fällt das versicherte Interesse nach Beginn der Versicherung weg, so gebührt dem Versicherer die Prämie, die er hätte erheben können, wenn die Versicherung nur bis zu dem Zeitpunkt beantragt worden wäre, in welchem der Versicherer von dem Wegfall des Interesses Kenntnis erlangt. Der nachträgliche Interessenwegfall setzt voraus, dass das Risiko überhaupt nicht mehr besteht. Die geringere Wahrscheinlichkeit des Eintritts des Versicherungsfalles genügt nicht. So ist etwa die Zerstörung des Hauses kein Grund, dass die Grundstückshaftpflichtversicherung entfällt (BGH VersR 1951, 76). Wohl aber ist das Interesse entfallen bei völliger Zerstörung des gegen Feuer versicherten Hauses (RGZ 171, 120) oder des versicherten Kraftfahrzeuges (BGH VersR 1960, 1107), bei Aufteilung des versicherten Hausrats nach der Ehescheidung, bei Wegfall der versicherten Verglasung anlässlich eines Umbaus, oder bei der Veräußerung eines Geschäfts, für das eine Rechtsschutzversicherung genommen war. **96**

Eine besondere Fallgruppe bildet der Wegfall des versicherten Interesses durch Kriegsereignis, behördliche Maßnahmen aus Anlass eines Krieges oder als unvermeidliche Kriegsfolge. Dann gebührt dem Versicherer der Teil der Prämie, welcher der Dauer der Gefahrtragung entspricht, § 68 Abs. 3 VVG.

Auch der Eintritt des Versicherungsfalls kann zum Fortfall des versicherten Interesses führen. § 68 Abs. 4 VVG ordnet an, dass dem Versicherer nach wie vor die Prämie für die laufende Versicherungsperiode gebührt. Ist also das Haus abgebrannt, so steht dem Versicherer weiterhin die Prämie zu, die zu Beginn der Versicherungsperiode erhoben worden ist.

§ 11 Rücktritt und Kündigung

I. Bedeutung und Wirkungen

97 Rücktritt und Kündigung sind einseitige Beendigungen eines Schuldverhältnisses, die Kündigung insbesondere die eines Dauerschuldverhältnisses. Rücktritt und Kündigung werden durch einseitige, empfangsbedürftige Willenserklärung ausgesprochen. Der Rücktritt wird entweder durch Rücktrittsvorbehalt oder kraft Gesetzes ermöglicht. Er führt dazu, dass das Schuldverhältnis aufgelöst wird. Diese Auflösung wirkt regelmäßig zurück. Die Kündigung hingegen führt zu einer Beendigung des Schuldverhältnisses von nun an. Auch die Kündigung muss entweder vorbehalten oder es muss ein besonderer ordentlicher oder außerordentlicher Kündigungsgrund kraft Gesetzes gegeben sein. Für die Kündigung gelten nicht selten Kündigungsfristen, d. h., die Kündigung wird erst nach Ablauf einer Frist wirksam. Die Kündigung muss auch gelegentlich innerhalb eines bestimmten Zeitraums, etwa 3 Monate vor Schluss der Versicherungsperiode, ausgesprochen werden, jedoch wird dieser Zeitraum nicht als Kündigungsfrist bezeichnet.

Die Faustregel lautet: der Rücktritt wirkt zurück (*ex tunc*), die Kündigung von nun an (ex nunc). Der Rücktritt bewirkt allerdings nicht, dass das Schuldverhältnis rückwirkend wegfällt, sondern dass nunmehr ein Rückgewährschuldverhältnis eintritt, kraft dessen die Parteien einander so zu stellen haben, als wäre der Vertrag niemals geschlossen worden. Häufig ist dies aus tatsächlichen Gründen nicht möglich, etwa weil eine oder beide Parteien schon geleistet haben, z. B. beim Rücktritt vom Versicherungsvertrag, nachdem schon für eine Weile die Versicherungsdeckung gegen Prämie gewährt worden ist. Dann wird man die Leistungen gegeneinander auszugleichen haben, d. h., dem Versicherer gebührt der Teil der Prämie, welcher der Zeit entspricht, in welcher er die Deckung tatsächlich gewährt hat.

II. Rücktritt durch den Versicherer

98 Der Rücktritt wird vom Gesetz nur dem Versicherer gestattet, nicht aber dem VN. Zwei Rücktrittsgründe nennt das Gesetz. Bei nicht rechtzeitiger Zahlung der ersten oder einmaligen Prämie kann der Versicherer vom Vertrage zurücktreten, solange die Prämie noch nicht bezahlt ist, § 37 Abs. 1 VVG. Eine nicht rechtzeitige Zahlung ist dann anzunehmen, wenn der VN nicht das nach § 270 BGB, § 36 VVG Erforderliche getan hat. Gezahlt hat der VN, wenn die Prämie von seinem Konto abgebucht worden ist (BGH VersR 1964, 129). Es genügt nicht, dass nur ein Teil der Prämie bezahlt worden ist. Sofern freilich nur ein geringfügiger Rest nicht geleistet worden ist, etwa weniger als ein Zehntel, wird man diese Verzugsfolge nicht eintreten lassen (BGHZ 21, 122 = VersR 1956, 482).

Ein weiterer Grund für eine Kündigung liegt darin, dass der VN die Anzeige einer erheblichen Gefahrerhöhung unterlassen hat, § 19 VVG. Allerdings hat die Kündigung innerhalb eines Monats nach Kenntnis der Gefahrerhöhung oder der Unrichtigkeit zu erfolgen. § 24 VVG gestaltet das Kündigungsrecht an dem Verschulden des VN aus. Verletzt der VN seine Verpflichtung zur Mitteilung der Gefahrerhöhung, kann der Versicherer den Vertrag ohne Einhaltung einer Frist kündigen, es sei denn, der VN hat die Verpflichtung weder vorsätzlich noch grob fahrlässig verletzt. Droht die Verletzung auf einfacher Fahrlässigkeit, kann der Versicherer unter Einhaltung einer Frist von einem Monat kündigen. Bei der Kündigung endet das Schuldverhältnis in dem Zeitpunkt, in dem die Kündigung wirksam wird. Bei beiden, Rücktritt und Kündigung, ist insbesondere auch die Prämienreserve Lebensversicherung herauszugeben. Hier gilt der Grundsatz der Relativität und der der Üblichkeit, § 27 VVG, die Kündigungsgründe nicht anzuwenden, wenn nur eine unübliche Erhöhung der Gefahr vorgelegen hat oder wenn nach den Umständen als vereinbart anzusehen ist, dass die Gefahrerhöhung mitversichert sein soll. So ordnet § 28 Abs. 3 VVG an, dass der Versicherer zur Leistung verpflichtet bleibt, soweit die Verletzung der Obliegenheit weder für den Eintritt oder die Feststellung des Versicherungsfalls noch für die Feststellung oder den Umfang der Leistungspflicht des Versicherers ursächlich ist. Nur bei Arglist gilt diese Relativität nicht.

Folge des Rücktritts ist, dass das Schuldverhältnis in ein Abwicklungsverhältnis umgestaltet wird. Dieses hat den Inhalt, dass die empfangenen Leistungen zurückzugewähren sind.

III. Kündigung

1. Kündigung durch den Versicherungsnehmer

Der VN kann eine dauernde Versicherung, d. h. eine solche, die auf unbestimmte **99**
Zeit eingegangen ist, für den Schluss der laufenden Versicherungsperiode kündigen, § 11 Abs. 2 VVG. Ebenso hat der VN bei der Lebensversicherung nach § 168 VVG ein Kündigungsrecht auf den Schluss der laufenden Versicherungsperiode.

Wenn sich ein Versicherungsfall ereignet hat, kann der VN oft das Versicherungsverhältnis kündigen. Dies ist in einzelnen Bestimmungen ausgesprochen, wird aber auf andere Versicherungen ausgedehnt, bei denen es passend erscheint, etwa auf die übrigen Sachversicherungen.

Ist der Versicherer finanziell unsicher geworden, so erlaubt die Rechtsprechung dem VN, den Vertrag aufgrund eines außerordentlichen Kündigungsrechts schon vor Eröffnung des Insolvenzverfahrens zu kündigen (BGHZ 1, 334). Voraussetzung dafür ist, dass die bei Vertragsschluss vorhandene finanzielle Lage des Versicherers sich wesentlich verschlechtert hat. Dann kann der VN, auch als

Mitglied eines VVaG, fristlos kündigen. Diese Rechtsprechung ist schon vom Reichsgericht inauguriert worden (zuerst RGZ 60, 56). Entgegen der herrschenden Meinung in der Literatur ist, wenn die Aufsichtsbehörde gemäß § 89 Abs. 2 VAG die Leistungen bei der Lebensversicherung ermäßigt, dennoch ein außerordentliches Kündigungsrecht zuzulassen. Es soll dem VN gerade für den Fall der Verschlechterung der Vermögensverhältnisse des Versicherers gegeben werden. Wenn die Bestandsübertragung auf einen solventen Versicherer nach § 14 VAG geschehen ist, geht das Kündigungsrecht unter. Wenn jedoch die Kündigung vorher ausgesprochen ist, bleibt sie wirksam.

Schließlich hat der VN ein Recht zur fristlosen Kündigung, wenn sich der Versicherer einer positiven Vertragsverletzung schuldig gemacht hat, etwa die Leistungspflicht unbegründet abgelehnt hat (BGH VersR 1972, 970) oder das Bestehen der Versicherung überhaupt bestreitet.

2. Kündigung durch den Versicherer

100 Der Versicherer hat außerordentliche Kündigungsrechte im Falle der Obliegenheitsverletzung, der Gefahrerhöhung, der Mitteilung, des Zahlungsverzugs und der Veräußerung der versicherten Sache, §§ 24, 28, 38, 96 VVG.

Ebenso kann der Versicherer den Versicherungsvertrag kündigen, wenn sich der Versicherungsfall ereignet hat. Eine einzige Ausnahme ist bei der Krankenversicherung gegeben. Könnte der Versicherer sich hier von einer für ihn verlustreich verlaufenden Versicherung lösen, wäre es durchaus möglich, dass der VN sonst keine Deckung bekäme. Deshalb ist hier die gewöhnliche Kündigung nach Eintritt eines Versicherungsfalles nicht möglich, weitere Versicherungsfälle können eintreten, § 206 VVG.

Auch eine positive Vertragsverletzung durch den VN berechtigt den Versicherer zur fristlosen Kündigung. Das ist in der Rechtsprechung ständig anerkannt worden. Beispiele dafür sind etwa die Androhung des Selbstmordes des VN in der Lebensversicherung (LG Mannheim JW 34, 3080) und die versuchte Anstiftung eines anderen zur Herbeiführung des Versicherungsfalles (RG JW 37, 218).

Die Folge der ausgesprochenen Kündigung ist, dass das Versicherungsverhältnis zum Zeitpunkt des Wirksamwerdens der Kündigung endet. Leistungen, die über diesen Zeitpunkt hinaus erbracht worden sind, sind zurückzuerstatten, soweit das Gesetz nicht ausdrücklich etwas anderes anordnet. Das Vertragsverhältnis bleibt jedoch bis zum Zeitpunkt des Wirksamwerdens der Kündigung selbst in Kraft.

4. Kapitel: Parteien und Personen des Versicherungsverhältnisses

Literatur:

Christina Bruns, Voraussetzungen und Auswirkungen der Zurechnung von Wissen und Wissenserklärungen im allgemeinen Privatrecht und im Privatversicherungsrecht, 2007;

Julia C. Scherpe, Das Prinzip der Gefahrengemeinschaft im Privatversicherungsrecht, 2011;

Frank Bauman/Hans-Ludger Sandkühler, Das neue Versicherungsvertragsrecht, 2008;

Sven Deckers, Die Abgrenzung des Versicherungsvertreters vom Versicherungsmakler, 2003;

Meinrad Dreher, Die Versicherung als Rechtsprodukt, Tübingen 1991;

Ulrich Fahr, Die Umsetzung der Versicherungsrichtlinien der 3. Generation in deutsches Recht, VersR 1992, 1033;

Klaus Gerathewohl, Rückversicherung, Grundlagen und Praxis, Karlsruhe, Band 1 1976, Band 11 1979;

Stefanie Hartwig/Tobias Möhrle, Der Versicherungsvertrag als Geschäftsbesorgungsvertrag mit Treuhandcharakter auf dienstvertraglicher Grundlage, VersR 2001, 35;

Susanne Hähnchen, Obliegenheiten und Nebenpflichten, 2010;

Knuth Hohlfeld, Die Zukunft der Versicherungsaufsicht nach Vollendung des Binnenmarktes, VersR 1993, 144;

Rolf-Peter Hoenen u. Ulrich Eberhardt, Der Versicherungsverein auf Gegenseitigkeit im Lichte des deutschen Corporate Governance-Kodex, FS Egon Lorenz, Karlsruhe 2004, S. 305 ff.;

Gerhard Hohloch, Versicherungsrechtliche Vertrauenshaftung, VersR 1980, 107 ff.;

Horst Jannott, Aspekte zum Arzneimittelhaftpflichtrisiko in der Bundesrepublik Deutschland und seiner Rückversicherung, 25 Jahre Karlsruher Forum, 1983, S. 129 ff.;

Axel Kampmann, Änderung der höchstrichterlichen Rechtsprechung zum Repräsentantenbegriff, VersR 1994, 277;

Ulrich Knappmann, Zurechnung des Verhaltens Dritter zu Lasten des VN, VersR 1997, 261; ders. Die Repräsentantenhaftung im Privatversicherungsrecht, 1996;

Fritz Meyer-Reim u. Regina Testorf, Wissenszurechnung im Versicherungsunternehmen, VersR 1994, 1137;

Hans Möller, Übersicht über Drittbeteiligte bei Versicherungsverträgen, ZVersWiss 59 (1970), 17 ff.;

Martin Nell u. Walter Karten, Das Provisionsabgabeverbot für Versicherungsvermittler, FS Egon Lorenz, Karlsruhe 1994, S. 393;

Sabine Schliper, Der Versicherungsmakler, Frankfurt 1996;

Jochen Taupitz, Die „Augen und Ohren" des Versicherers, FS Egon Lorenz, Karlsruhe 1994, S. 673;

Gerrit Winter, Die Repräsentantenhaftung in Allgemeinen Versicherungsbedingungen, FS Egon Lorenz, Karlsruhe 1994, S. 723;

Mario Zinnert, Recht und Praxis des Versicherungsmaklers, 2008

§ 12 Versicherungsnehmer, Versicherter und sonstige Drittbeteiligte

I. Versicherungsnehmer

Versicherer und VN sind die Parteien des Versicherungsvertrags. Sie treffen die Pflichten und Obliegenheiten aus dem Versicherungsvertrag. Dabei spielt es keine Rolle, ob die Versicherungsdeckung dem VN selbst oder einem Dritten zuteil wird. Der VN ist verpflichtet, die Prämie zu bezahlen. Ihn treffen ebenso die anderen Pflichten und Obliegenheiten aus dem Versicherungsvertrag, wenn nicht durch gesetzliche Bestimmung oder AVB ein Dritter ausschließlich mit ihnen belastet ist. 101

VN kann eine natürliche oder eine juristische Person sein. Zusammenfassungen von Personen, etwa Gesamthandsgemeinschaften wie die OHG oder Bruchteilsgemeinschaften wie das Miteigentum, können als VN auftreten, wenn sich die Versicherung auf einen bestimmten gemeinsam gehaltenen Gegenstand bezieht. Das kommt in der Schadensversicherung vor, so konnten etwa die Miteigentümer unterschiedlich gehaltener Gebäude gemeinsam eine Grünanlage mit Spielplatz gegen Haftpflicht versichern. In Wirklichkeit sind dann die Gemeinschafter die VN.

II. Versicherter; Versicherung für „fremde Rechnung"

Bei der Versicherung für fremde Rechnung (§§ 43ff. VVG) erscheint neben dem VN als weitere Figur der Versicherte. Der Ausdruck Versicherung für fremde Rechnung ist altertümlich und wohl nicht ganz zutreffend. In Wirklichkeit handelt es sich um einen Versicherungsvertrag zugunsten eines Dritten, § 328 BGB. Ob er im Endergebnis auf Rechnung des Dritten, also auf seine Kosten im Innenverhältnis, durchgeführt wird, ist durchaus offen. 102

Eine „Versicherung für fremde Rechnung" kann der VN im Versicherungsvertrag im eigenen Namen für einen anderen mit oder ohne Benennung der Person des Versicherten schließen. Eine „Versicherung für fremde Rechnung" ist nicht gegeben, wenn ein Erwerbsinteresse an der fremden Sache versichert ist, wenn die Versicherung in Vollmacht für einen anderen abgeschlossen wird, wenn ein eigenes Interesse versichert wird und der Anspruch dem Dritten von vornherein zugewendet wird, wenn der Realgläubiger gesetzliche Rechte an der Versicherungsforderung hat, wenn eine Bezugsberechtigung in der Personenversicherung besteht, etwa in der Lebensversicherung, und schließlich wenn in der Krankenversicherung eine Familienpolice ausgestellt worden ist. Alle diese Fallgruppen sind entweder gesondert geregelt oder stellen normale Versicherungsverhältnisse mit leichten Variationen dar. Die Versicherung für fremde Rechnung kommt im Wesentlichen in der Unfallversicherung und der Schadensversicherung vor.

Eine Versicherung zugunsten eines Dritten kann auf die Weise genommen werden, dass der andere entweder namentlich benannt wird oder die ausdrückliche Benennung einer Person unterbleibt, § 43 VVG. Das Gesetz stellt zwei Auslegungsregeln auf. Zunächst geht es davon aus, dass im Zweifel eine Versicherung als für eigene Rechnung genommen anzunehmen ist, § 43 Abs. 3 VVG. Etwas anderes gilt nur, wenn die Versicherung ausdrücklich oder nach dem Gesamteindruck der Umstände für einen anderen abgeschlossen wird. Sodann ist im Zweifel anzunehmen, dass bei einer Versicherung, die für einen anderen genommen wird, der Vertragschließende nicht als Vertreter des anderen, sondern im eigenen Namen für fremde Rechnung handelt, § 43 Abs. 2 VVG. Das entspricht den Grundsätzen der §§ 177ff. BGB und der Lehre vom Handeln unter fremden Namen: Im Zweifel soll der Handelnde selbst verpflichtet sein.

103 Die Rechtsfolgen der Versicherung für fremde Rechnung sind in den §§ 44ff. VVG niedergelegt. Danach ist der Versicherte der Inhaber der materiellen Berechtigung, jedoch bleibt der VN verfügungsbefugt, solange er den Versicherungsschein in Händen hat. Die Rechte aus dem Versicherungsvertrag stehen dem Versicherten zu. Die Aushändigung des Versicherungsscheins hingegen kann nur der VN verlangen, § 44 Abs. 1 VVG. Der Versicherte kann über seine Rechte aus dem Vertrag zugunsten eines Dritten nur verfügen und diese nur gerichtlich geltend machen, wenn er im Besitz des Versicherungsscheins ist oder die Zustimmung des VN hat, § 44 Abs. 2 VVG. Das bereitet Schwierigkeiten im Falle der Pfändung durch Gläubiger. Da der Versicherte Anspruchsinhaber ist, fallen seine Rechte in sein Vermögen und können von seinen Gläubigern, nicht von denen des VN gepfändet werden. Mit der Pfändung erlangt der Gläubiger aber nur die Stellung seines Schuldners, nämlich des Versicherten. Um an die Versicherungssumme und die Nebenansprüche heranzukommen, muss er sich die Ansprüche des Versicherten gegen den VN auf Einwilligung in die Auszahlung gleichfalls pfänden und sich überweisen lassen. Wirksam ist die Pfändung und Überweisung aber nur, wenn ein solches Recht auf Einwilligung in die Auszahlung besteht. Es wird regelmäßig nur gegeben sein, wenn der Versicherte einen materiellen Anspruch gegen den VN hat. Andernfalls stößt die Pfändung und Überweisung ins Leere. Bei Insolvenz des VN kann der Versicherte Aussonderung verlangen (BGHZ 10, 376 = VersR 1953, 448). Es ist umstritten, ob der Versicherer, der zu Unrecht gezahlt hat, einen Bereicherungsanspruch stets nur gegen den Versicherten hat, auch wenn die Leistung an den VN gegangen ist, der sie nicht weitergereicht hat. Nach der neuen Bereicherungslehre, die dem Leistungswillen folgt, sollte der Durchgriff auf den Versicherten nur auf dem gleichen Wege erfolgen, den die Leistung gegangen ist, also über den VN. Der Anspruch wegen ungerechtfertigter Bereicherung folgt also der Leistung.

Der VN kann auch nach dem Versicherungsfall über die Rechte des Versicherten im eigenen Namen verfügen. Wenn ein Versicherungsschein ausgestellt und ihm ausgehändigt ist, kann der VN ohne Zustimmung des Versicherten die Zahlung entgegennehmen oder Verfügungen über den Anspruch treffen. Allerdings ist der Versicherer zur Zahlung an den VN nur verpflichtet, wenn dieser ihm nachweist, dass der Versicherte seine Zustimmung zu der Versicherung erteilt hat, § 45 Abs. 3 VVG. Diese Bestimmung ist abdingbar und wird vertraglich oft dahin abgeändert, dass der VN die Leistung annehmen und die Forderung abtreten kann, auch wenn er nicht im Besitz des Scheins ist. Gelegentlich kommt auch der umgekehrte Fall vor, nämlich dass das ausschließliche Verfügungsrecht des Versicherten vereinbart ist, etwa in der kollektiven Jagdhaftpflichtversicherung.

§ 46 VVG nimmt auf das Innenverhältnis zwischen VN und Versichertem Bezug. Es ist meistens nach allgemeinem Zivilrecht zu beurteilen, etwa nach den Regeln über den Frachtvertrag oder die Geschäftsführung ohne Auftrag. Im Allgemeinen ergibt sich aus dem Innenverhältnis die Verpflichtung des VN, die Versicherung einzuziehen und die Summe an den Versicherten herauszugeben. Soweit er kraft Gesetzes ein Verfügungsrecht hat, ist dieses treuhänderisch beschränkt. Würde der VN die Versicherungssumme behalten dürfen, so verstieße das in der Schadensversicherung regelmäßig gegen das Bereicherungsverbot. Betroffen ist insgesamt das Recht aus der Versicherung und seine Geltendmachung. Eine Besonderheit gilt nur, wenn es sich gar um vier Personen handelt, etwa in dem Fall, dass der VN im Auftrag eines Dritten eine Versicherung für den, wen es angeht, genommen hat, § 48 VVG. Dann hat der Versicherte keinen Direktanspruch gegen den Versicherer, sondern kann nur aus dem Innenverhältnis gegen den Auftraggeber vorgehen (BGH VersR 1968, 42). Im Übrigen aber hat der VN den Versicherungsschein nur herauszugeben, wenn er wegen seiner Ansprüche befriedigt worden ist. Der Versicherungsschein erscheint als pars pro toto.

Bei der Versicherung für fremde Rechnung kommt es hinsichtlich des Kennens **104**
und Kennenmüssens wesentlicher Umstände nicht nur auf den VN, sondern auch auf den Versicherten und sein Verhalten an. Auf die Kenntnis des Versicherten wird jedoch nicht abgestellt, wenn der Vertrag ohne sein Wissen geschlossen worden ist, § 47 VVG. Im Übrigen gelten diese Bestimmungen nicht nur für den Versicherten, sondern auch für den „wahren wirtschaftlich Versicherten", d. h. denjenigen, der Inhaber oder Mitinhaber des versicherten Interesses ist. Dabei kommt es nicht darauf an, wer im Versicherungsschein als VN oder Versicherter bezeichnet ist. Obliegenheitsverletzungen sowie Vorsatz oder grobe Fahrlässigkeit dieser Personen haben die gleiche Bedeutung wie die des Versicherten. Das ist etwa angenommen worden, wenn die Ehefrau als VN und Eigentümerin nur Treuhänderin des Mannes ist (RGZ 149, 69) oder wenn der Mann den seiner Frau gehörenden Schmuck versichert (KG JRPV 36, 366), nicht aber wenn eine Ehefrau eine ihr gehörende Sache versichert und der Mann nur ein familienrechtliches Mitbenutzungsrecht hat; dann ist er nicht wahrer wirtschaftlich Versicherter (RG JW 37, 2620).

105 Für den praktisch wichtigen Sonderfall der Insassenunfallversicherung hat BGHZ 64, 260 (= VersR 1975, 703) eine besondere Konstruktion, nämlich die der gesetzlichen Treuhänderschaft des VN eingeführt. Es ging um ein Taxiunternehmen, dessen Fahrgast bei einem Unfall getötet worden war. Der Haftpflichtversicherer des Kollisionsfahrzeugs hatte die Hinterbliebenen voll entschädigt. Diese klagen gegen das Mietwagenunternehmen auf Abtretung des Anspruchs auf DM 30.000,– gegen den Versicherer. Der BGH weist die Klage ab: Der Taxiunternehmer habe die Unfallversicherung nicht als Geschäftsführer ohne Auftrag abgeschlossen. Vielmehr sei der VN gesetzlicher Treuhänder, der die Versicherung nur bei unversorgten Geschädigten in Anspruch zu nehmen brauche. Das sei der Zweck des Abschlusses der Versicherung. Anderenfalls müsse er eine Kündigung oder Prämienerhöhung befürchten.

III. Versicherung für Rechnung „wen es angeht"

106 Im Versicherungsvertrag kann offen bleiben, ob es sich um ein eigenes oder um ein fremdes Interesse handelt, das versichert ist. Es kann auch möglicherweise ein Interesse mit wechselndem Träger versichert sein. Man spricht dann von einer Versicherung für Rechnung „wen es angeht". Wenn aus dem Vertrag zu entnehmen ist, dass unbestimmt gelassen werden soll, ob eigenes oder fremdes Interesse versichert ist, gelten die §§ 43 ff. VVG über die Versicherung für fremde Rechnung, § 48 VVG, wenn sich aus den Umständen ergibt, dass fremdes Interesse versichert ist. Beispiele lassen sich insbesondere in der Sachversicherung finden, wenn die Berechtigung an der versicherten Sache unklar oder im Streit ist. Das ist etwa bei Treuhandgut gegeben, wenn mehrere Prätendenten für die Treugeberschaft vorhanden sind oder bei der Versicherung von Sachen, die unter einem bestrittenen Eigentumsvorbehalt geliefert oder zweifelhaft sicherungsübereignet sind.

IV. Bezugsberechtigter

107 Die Bezugsberechtigung ist eine Einrichtung der Lebensversicherung und der Unfallversicherung. Sie folgt den Regeln über den Vertrag zugunsten Dritter, §§ 328 ff. BGB. Nach diesen Bestimmungen ist der Vertrag zugunsten eines Dritten nur möglich, wenn die Drittberechtigung im Vertrage selbst ausgesprochen ist. Ob es sich um einen echten oder nicht berechtigenden Vertrag zugunsten eines Dritten handelt und ob die Berechtigung widerrufen werden kann oder nicht, entscheidet die Auslegung des Vertrags, d. h. der Wille beider Vertragsparteien. § 150 VVG stellt für die Lebensversicherung Sonderregeln auf. Danach kommt neben der nach bürgerlichem Recht erforderlichen Vereinbarung die einseitige Erklärung des VN in Betracht. Der VN kann sogar an Stelle des bezugsberech-

tigten Dritten einen anderen setzen, wenn die erste Benennung im Vertrag erfolgt ist. Gelegentlich führt auch der Wechsel des Status zu einer Änderung in der Person des Berechtigten: Die Zuwendung der Lebensversicherung an die Ehefrau bezieht sich auf die Ehefrau im Zeitpunkt nicht des Vertragsabschlusses, sondern des Todesfalls (BGHZ 79, 295 = VersR 1981, 326).

Die Bezugsberechtigung steht in einem Spannungsverhältnis zur Versicherung für fremde Rechnung. In der Unfallversicherung ist beides möglich. In der Lebensversicherung ist jedoch die Zuwendung an einen Dritten nur in Form der Bezugsberechtigung gestattet.

Wie nach §§ 330f. BGB erwirbt aufgrund des § 159 VVG der Dritte im Falle seiner Bezugsberechtigung den Anspruch nicht von Todes wegen, sondern bereits unter Lebenden. Das hat die konstruktive Folge, dass die Versicherungssumme nicht in den Nachlass fällt und daher vom Bezugsberechtigten nicht an den Erben oder Nachlassverwalter herausgegeben werden muss. Ebenso wenig haftet der Bezugsberechtigte für die Nachlassverbindlichkeiten. Auf diese Weise ist eine gespaltene Nachfolge nach dem Tode möglich.

Ob die Bezugsberechtigung widerruflich oder unwiderruflich ausgestaltet wird, **108**
hat nicht nur für die Möglichkeit der Änderung der benannten Person Bedeutung. Sie kann auch im Interesse des VN liegen. Für die Zulässigkeit der Zwangsvollstreckung ist die Ausgestaltung der Widerrufbarkeit von erheblicher Bedeutung. Ist die Bezugsberechtigung widerruflich, so steht der Vermögenswert noch im Vermögen des VN. Ein Gläubiger des VN kann den Versicherungsanspruch pfänden und sich überweisen lassen und danach den Widerruf vornehmen. Der gegebene Weg besteht dann darin, dass der Gläubiger den Lebensversicherungsvertrag kündigt und den Rückkaufswert der Lebensversicherung (§ 169 VVG) an sich auszahlen lässt (RGZ 127, 269). Kann der VN jedoch die Bezugsberechtigung nicht mehr widerrufen, so hat der Bezugsberechtigte den Anspruch auf die Leistung bereits endgültig erworben. Die Versicherung gehört als Wert nicht mehr zum Vermögen des VN, sondern zu dem des Bezugsberechtigten. Nur wenn er den Todesfall des VN nicht erlebt, fällt der Anspruch wieder in das Vermögen des VN zurück. Im Falle der unwiderruflichen Bezugsberechtigung steht also die Lebensversicherung nicht mehr dem VN zu und kann von seinen Gläubigern nicht mehr gepfändet werden (BGHZ 45, 162 = VersR 1966, 359).

V. Eintrittsberechtigter

§ 170 VVG statuiert für die Lebensversicherung das Eintrittsrecht bestimmter **109**
Personen, wenn in den Versicherungsanspruch eine Zwangsvollstreckung vorgenommen wird. Dann besteht die Gefahr, dass der Gläubiger auf dem genannten Wege sich den Rückkaufswert der Versicherung zuführt. Da dieser Rückkaufswert aber geringer als die Anwartschaft ist, soll dem Anwartschaftsberechtigten

oder möglicherweise Berechtigten die Gelegenheit gegeben werden, mit Zustimmung des VN den Gläubiger zu befriedigen und die Versicherungsanwartschaft zu erhalten. Der namentlich bezeichnete Bezugsberechtigte oder im Falle keiner Nennung der Ehegatte, Lebenspartner und die Kinder des VN können an seiner Stelle in den Versicherungsvertrag eintreten. Im Falle des Eintritts haben sie die Gläubigerforderungen insoweit zu befriedigen, als der Rückkaufswert besteht. Der Eintritt erfolgt durch Anzeige an den Versicherer und muss innerhalb eines Monats nach Kenntnis von der Zwangsvollstreckung erfolgen. Die Versicherung wird dann vom Eintretenden fortgesetzt. Der frühere VN wird jetzt plötzlich zur Gefahrperson, die es sonst im Bereich der Lebensversicherung nur mit schriftlicher Einwilligung gibt. Hier ist jedoch diese Einwilligung entbehrlich.

VI. Gefahrperson

110 Die Lebensversicherung und Unfallversicherung lassen es zu, dass das Risiko des Todes oder des Unfalls eines anderen versichert wird. Hier fallen die Person des VN und die „Gefahrperson" auseinander. Es ist allerdings erforderlich, dass ein Interesse des VN am Tod oder an einer Körperverletzung des anderen entweder ausgeschlossen oder zumindest durch Dokumentation zurückgedrängt wird. Das dient schlicht der körperlichen Unversehrtheit und dem Überleben der Gefahrperson. Für die Todesfallversicherung eines Dritten ist die schriftliche Einwilligung des Dritten erforderlich, wenn die vereinbarte Leistung den Betrag der gewöhnlichen Beerdigungskosten übersteigt. Der gesetzliche Vertreter der Gefahrperson kann sich selbst diese Einwilligung nicht geben, §§ 150 Abs. 2f., 179 Abs. 3 VVG.

Hinsichtlich der Konstruktion der Versicherung einer besonderen Gefahrperson ist zwischen Lebensversicherung und Unfallversicherung zu unterscheiden. Bei der Unfallversicherung wird angenommen, dass diese im Zweifel für Rechnung des anderen genommen ist, § 179 Abs. 2 VVG. Bei der Lebensversicherung kann hingegen der VN die Versicherungssumme der Gefahrperson nur auf die Weise verschaffen, dass er sie als Bezugsberechtigte benennt. Das gilt jedoch nur für die Erlebensversicherung, für die Todesfallversicherung müssten dann die Erben der Gefahrperson als Bezugsberechtigte anerkannt werden.

VII. Hypothekengläubiger

111 Die Hypothek oder Grundschuld an einem Grundstück erstreckt sich auch auf die Forderung aus der Gebäudeversicherung, §§ 1127ff., 1192 BGB. Das Grundpfandrecht ergreift die Versicherung als Pfandrecht an der Forderung. Nach Eintritt des Versicherungsfalles darf die Versicherungsleistung an den VN erst ausgezahlt werden, wenn der Hypothekengläubiger einer Anzeige auf Auszahlung nicht widersprochen hat, § 1128 Abs. 1 BGB. Wenn das Versicherungsverhältnis

wegen eines Verhaltens des VN notleidend wird, dann bleibt der Versicherer dem Hypothekengläubiger gegenüber zur Leistung verpflichtet, § 143 VVG. Das gilt etwa für die schuldhafte Herbeiführung des Versicherungsfalls (§ 81 VVG) oder ein sonstiges die Leistungspflicht des Versicherers berührendes Verhalten. Eine Ausnahme gilt nur, soweit der VN die Prämie nicht gezahlt hat. Der Hypothekengläubiger kann jedoch auch insoweit Vorsorge treffen, als er seine Hypothek dem Versicherer anmeldet. Dann ist dem Hypothekengläubiger eine Kündigung oder Bestimmung der Zahlungsfrist mitzuteilen.

Der Versicherungsvertrag enthält oft eine Wiederherstellungsklausel. Dann ist die Zahlung an den VN dem Hypothekengläubiger gegenüber nur dann wirksam, wenn die bestimmungsgemäße Verwendung der Summe gesichert ist, §§ 93f. VVG.

VIII. Geschädigter

Die Haftpflichtversicherung soll nicht nur den nach den Grundsätzen des Haf- 112
tungsrechts zur Zahlung Verpflichteten vor einem Vermögensschaden schützen, sondern dient zu gleicher Zeit dazu, die Erfüllung des Anspruchs des Verletzten sicherzustellen. Hierin zeigt sich das doppelte Gesicht der Haftpflichtversicherung. Das gilt grundsätzlich für jede, insbesondere auch die freiwillig genommene Haftpflichtversicherung. Soweit jedoch der Gesetzgeber die Haftpflichtdeckung zur Pflicht gesteigert hat, gelten im Interesse des Geschädigten Sondervorschriften. Ein gutes Beispiel dafür ist die Kraftverkehrshaftpflichtversicherung, in welcher dem Verletzten sogar ein Direktanspruch gegen den Versicherer gewährt worden ist, § 3 PflVG. Wird das Versicherungsverhältnis notleidend, etwa dadurch, dass es der Versicherer gekündigt hat, bleibt die Verpflichtung auf Schadensersatz gegenüber dem dritten Verletzten bestehen. Die Forderung des Haftpflichtversicherten gegen den Versicherer auf Freistellung von der Schuld des VN ist regelmäßig bei Freistellungsschulden höchstpersönlich und darum nicht pfändbar, § 108 VVG.

Zum Schutz des Geschädigten, der auf die Leistung aus der Haftpflichtversicherung wartet, gilt § 108 VVG, wonach freiwillige oder gerichtlich erzwungene Verfügungen über die Entschädigungsforderung aus dem Versicherungsverhältnis dem dritten Empfangsberechtigten gegenüber unwirksam sind. Indes hat der Dritte keinen unmittelbaren Anspruch gegen den Versicherer, sofern er nicht wie bei der Kfz-Haftpflicht kraft Gesetzes gewährt worden ist (RGZ 70, 261; BGHZ 7, 244 = VersR 1952, 366). Wie gelangt nun der Verletzte dazu, Leistung von der Versicherung zu bekommen? Wenn die vom VN an den Dritten zu bewirkende Leistung durch Vergleich, Anerkenntnis oder Urteil festgestellt ist, muss der Versicherer nach vorheriger Benachrichtigung des VN die Zahlung an den Dritten bewirken, § 106 VVG. Im Übrigen kann der Verletzte den Deckungsanspruch des VN pfänden und sich überweisen lassen und ist dann in der Lage, die Forderung an den Versicherer zu richten. Wenn der Dritte den Anspruch des VN gegen den Versicherer auf Befreiung von dem Haftpflichtanspruch pfänden und sich überweisen lässt, verwandelt sich dieser Anspruch in einen Zahlungsanspruch (BGHZ 7, 244 = VersR 1952, 366; 44, 166 = VersR 1965, 1167). Es ist streitig, ob der Dritte auf Feststellung der Deckungspflicht des Versicherers klagen kann, wenn er ein rechtliches Interesse an der Feststellung hat, § 256 ZPO.

§ 108 Abs. 1 VVG statuiert ein gesetzliches Veräußerungsverbot i. S. d. § 135 BGB. Folge der Verletzung des Veräußerungsverbots ist die relative Unwirksamkeit. Das heißt, gegenüber jedermann gilt die Verfügung als wirksam, nur nicht gegenüber dem Geschädigten. Gutgläubiger Erwerb, obwohl grundsätzlich zugelassen, findet bei Forderungen nicht statt.

Es kann auch sein, dass mehrere Verletzte vorhanden sind und dass ihre Forderungen die Versicherungssumme übersteigen. Wenn dann durch Vergleich, Anerkenntnis oder Urteil die Leistungspflicht festgestellt ist, so hat der Versicherer die Forderungen nach dem Verhältnis ihrer Beträge zu berichtigen. Wenn ein Dritter zu spät kommt und die Versicherungssumme erschöpft ist, dann ist der Versicherer frei, sofern er mit der Geltendmachung dieser Ansprüche in entschuldbarer Weise nicht gerechnet hat, § 109 VVG.

Einige Beispiele: Ausgegangen wird von einer Deckungssumme für einen Sachschaden von € 100.000,–. X und Y sind geschädigt. Jeder fordert € 50.000,–. Der Versicherer zahlt an X, danach erhöht Y seinen Anspruch auf € 75.000,– und gewinnt den Prozess. Die Deckungssumme reicht nunmehr nicht aus. Die Forderungen verhalten sich nunmehr wie zwei zu drei. X sollte also € 40.000,– erhalten, Y € 60.000,–. Der Versicherer hat also einen Bereicherungsanspruch auf € 10.000,– gegen X.

Anspruchsberechtigt sind X, Y und Z. Die Deckungssumme beträgt wieder € 100.000,– X und Y fordern je € 50.000,–, Z hat keine Forderung angemeldet. Wenn der Versicherer nicht mit Forderungen von Z zu rechnen braucht, erhält Z auf eine spätere Anmeldung hin nichts mehr, wenn X und Y je € 50.000,– bekommen haben. Muss der Versicherer jedoch mit einer weiteren Forderung rechnen, so ist entscheidend, in welcher Höhe die Forderung von Z besteht. Ist sie in der gleichen Höhe wie die Forderung von X und Y gegeben, dann ist eine anteilige Zurücksetzung der drei Forderungen auf je € 33.333,33 erforderlich und X und Y haben die annähernd € 17.000,–, die ihnen zuviel zugeflossen sind, als ungerechtfertigte Bereicherung an den Versicherer zurückzuzahlen, der sie dann an Z weiterleitet.

IX. Rechtsnachfolger und Erwerber

Das Versicherungsverhältnis kann von Todes wegen auf den Erben übergehen. **113**
Grundsätzlich kann auch die Forderung gegen den Versicherer im Wege des Einzelgeschäfts auf einen anderen übertragen werden. Die AVB enthalten regelmäßig die Bestimmung, dass Versicherungsansprüche vor schließlicher Feststellung nicht ohne Zustimmung des Versicherers abgetreten oder verpfändet werden dürfen. Diese Bestimmung wirkt gemäß § 399 BGB absolut. Der Zweck des Abtretungsverbots der AVB liegt darin, den Versicherer davor zu bewahren, mit ihm vielleicht unbekannten Personen sich auseinandersetzen zu müssen. Außerdem soll der VN den Anspruch nicht etwa abtreten dürfen, um selbst als Zeuge im Deckungsprozess auftreten zu können. Das Abtretungsverbot wirkt deshalb auch gegen die gewillkürte Prozessstandschaft (vgl. BGHZ 43, 42 = VersR 1965, 274).

Die Veräußerung einer gegen Schadenszufügung versicherten Sache führt dazu, dass der Erwerber VN wird. Dieser gesetzliche Vertragsübergang hat zur Folge, dass beide Beteiligten, der Versicherer und der neue VN, den Vertrag mit kurzer Frist kündigen können, §§ 95ff. VVG. Der Versicherer ist berechtigt, im Versicherungsvertrag nach der Veräußerung unter Einhaltung einer Frist von einem Monat zu kündigen. Er hat es innerhalb von einem Monat ab Kenntnis auszuüben. Der Erwerber ist berechtigt, das Versicherungsverhältnis mit sofortiger Wirkung oder für den Schluss der laufenden Versicherungsperiode zu kündigen. Dies Kündigungsrecht erlischt auch, wenn es nicht innerhalb eines Monats nach dem Erwerb, bei fehlender Kenntnis des Erwerbers vom Bestehen der Versicherung innerhalb eines Monats ab Erlangung der Kenntnis ausgeübt wird. Die Kündigung hat auch noch eine eigentümliche Folge: Der Veräußerer ist jetzt allein zur Zahlung der Prämie verpflichtet; eine Haftung des Erwerbers für die Prämie besteht nicht, § 96 Abs. 3 VVG.

§ 13 Versicherer

I. Bezeichnung

114 Schon § 1 VVG spricht von dem Versicherungsgeber als dem „Versicherer". Dagegen benutzt das VAG den Ausdruck „Versicherungsunternehmung". Im Sprachgebrauch verwendet man den Ausdruck Versicherung oder Versicherungsunternehmen. In der juristischen Literatur spricht man entweder in der Terminologie des VVG vom Versicherer oder von der Versicherung. Beide Ausdrücke sind synonym. Freilich ist der Ausdruck Versicherung nicht nur auf die Person des Versicherungsgebers bezogen, sondern bezeichnet in erster Linie den Gegenstand des Versicherungsverhältnisses und erst in zweiter Linie das Geschäft des Versicherungsgebers. Um Fehldeutungen zu vermeiden, erscheint es angemessen, mit dem VVG denjenigen, der eine Versicherungsdeckung gewährt, als Versicherer zu bezeichnen, sofern es nicht um die Versicherungsaufsicht geht.

II. Private Versicherung

1. Allgemeines

115 Versicherungsunternehmungen dürfen regelmäßig nur in der Form von Aktiengesellschaften und Versicherungsvereinen auf Gegenseitigkeit geführt werden. Anderen Versicherungsunternehmungen darf gemäß § 7 VAG die Erlaubnis zum Abschluss von Versicherungsverträgen nicht erteilt werden.

Das Ausschließlichkeitsprinzip beherrscht die Genehmigung bestimmter Versicherungssparten. Nach § 8 Abs. 1 a VAG schließt die Erlaubnis zum Betrieb der Lebensversicherung die Erlaubnis zum Betrieb anderer Versicherungssparten aus. Das gleiche gilt für die Erlaubnis zum Betrieb einer substitutiven Krankenversicherung, d. h. einer solchen, welche die gesetzliche Krankenversicherung ganz oder teilweise ersetzt. Der Grund für diese Spartentrennung liegt darin, dass gerade bei der Lebensversicherung und substitutiven Krankenversicherung die Belange der Versicherten besonders gewahrt sein müssen. Das ist nicht der Fall, wenn die gleiche Gesellschaft neben diesen Versicherungen auch noch in anderen Sparten verschiedene Versicherungen anbietet. Um dieser Bestimmung zu genügen, wird in der Praxis dann für andere Versicherungszweige der Weg der Gründung besonderer Aktiengesellschaften beschnitten.

2. Aktiengesellschaft

116 Das Versicherungsunternehmen als Aktiengesellschaft unterliegt den Bestimmungen des Aktiengesetzes. Eine Besonderheit ist hier hervorzuheben. Aktien der Versicherungsaktiengesellschaft sind bisweilen nicht voll eingezahlt. Gemäß § 10 Abs. 2 AktG können Aktien vor der vollen Leistung des Nennbetrages oder des höheren Ausgabebetrages ausgegeben werden. Es muss sich dann um Namensaktien handeln. Regelmäßig wird dabei in der Satzung der Versicherungsaktiengesellschaft vorgeschrieben, dass die Namensaktie nur mit Zustimmung eines anderen, regelmäßig des Vorstands, übertragen werden kann, § 68 Abs. 2 AktG. Es handelt sich dann um sog. vinkulierte Namensaktien. Auf diese Weise können auf dem Markt nicht durch einfache Zukäufe unkontrollierte Mehrheiten oder Sperrminoritäten zustande kommen.

3. Versicherungsverein auf Gegenseitigkeit

117 Private Versicherungsgeschäfte kann auch ein Verein betreiben, der die Versicherung seiner Mitglieder nach dem Grundsatz der Gegenseitigkeit betreibt, § 15 VAG. Die Rechtsfähigkeit des Vereins wird durch Erlaubnis des Geschäftsbetriebs durch die Behörde erlangt. Versicherte des Vereins sind seine Mitglieder; grundsätzlich können nur VN Mitglieder werden, § 20 VAG. Die VN sind am jährlichen Überschuss und auch am Verlust beteiligt, §§ 24, 38, 50 VAG. Möglichkeiten der finanziellen Mitwirkung der Mitglieder sind das Umlagesystem und das System der Vorausbeiträge, § 24 VAG. Die Vorausbeiträge werden einer Schätzung des vorausgesehenen Bedarfs zufolge erhoben. Sind sie zu gering bemessen, werden Nachschüsse verlangt. Auch ist es möglich, dass zunächst Rücklagen in Anspruch genommen werden, bevor Nachschüsse angefordert werden können. Die Nachschusspflicht der Vereinsmitglieder kann übrigens auch durch Rückversicherung abgedeckt werden. Anders geht das Umlageverfahren von der festgestellten tatsächlichen Höhe der Aufwendungen eines Geschäftsjahres aus. Jedoch ist das Umlageverfahren nicht stets anwendbar, etwa nicht bei der Lebens- und Krankenversicherung, da mit zunehmendem Alter des Mitglieds das Risiko steigt.

4. Große und kleinere Versicherungsvereine

118 Das VAG unterscheidet zwischen großen und kleineren Versicherungsvereinen auf Gegenseitigkeit, § 53 VAG. Der große Verein ist Kaufmann, der kleinere Verein nicht. Auf den großen Verein werden manche Vorschriften des Aktiengesetzes angewandt; der kleinere Verein wird hingegen prinzipiell nach dem bürgerlichrechtlichen Vereinsrecht behandelt. Die großen Vereine müssen einen Aufsichtsrat haben, der nach Aktienrecht beurteilt wird. Der kleinere Verein kann einen Aufsichtsrat haben, für den dann das Genossenschaftsgesetz gilt. Die kleineren Vereine sind solche, die bestimmungsgemäß einen sachlich-örtlich und dem Personenkreis nach eng begrenzten Wirkungskreis haben. Sie müssen zu gleicher Zeit sog. „reine Vereine“ sein, d. h., sie dürfen nicht Versicherungen gegen feste

Entgelte übernehmen, bei denen der VN nicht Mitglied ist. Der kleinere Verein ist für eine zusammengefasste Gruppe von Personen gedacht, etwa eine Gruppe von Tierzüchtern oder der nicht zustande gekommene Verein zur Abdeckung des Pharmarisikos durch Mitglieder des Pharmaverbands, § 53 VAG. Ein Versicherungsverein auf Gegenseitigkeit besteht nicht fort, wenn er seine Versicherungstätigkeit aufgibt, etwa weil alle Mitglieder austreten (BGH MDR 1996, 589).

Der große Verein kann auch ein sog. gemischter Versicherungsverein auf Gegenseitigkeit sein, bei dem die Satzung es zulassen kann, dass gegen festes Entgelt, das einer Prämie entspricht, auch Personen versichert werden können, die nicht Mitglieder des Vereins sind, § 21 Abs. 2 VAG. Bei den großen Versicherungsvereinen ist die Zahl der Mitglieder so erheblich, dass ihr Einfluss auf den Versicherer selbst gering ist. Ihre Stellung als Träger der Versicherung erscheint so verdünnt, dass sie sich kaum von der eines VN einer Aktiengesellschaft unterscheidet. Sie haben jedoch ein satzungsmäßiges Recht auf den Überschuss.

III. Öffentlich-rechtlicher Versicherer

119 Nach Landesrecht können juristische Personen des öffentlichen Rechts errichtet werden, die entweder eine Körperschaft oder eine Anstalt des öffentlichen Rechts bilden. Wenn sie Versicherungsdeckung gegen übliche Risiken gewähren, etwa Feuer und Haftpflicht, fallen sie unter den Begriff des öffentlich-rechtlichen Versicherers. Als Beispiel können hierfür die Brandversicherungsanstalten dienen, die durch Landesgesetz errichtet worden sind. Auch landesrechtlich begründete Versorgungseinrichtungen mit Zwangsmitgliedschaft, etwa Ärzte- oder Anwaltsversorgungen, sind öffentlich-rechtliche Versicherer.

Öffentlich-rechtliche Versicherer sind nicht mehr Monopolanstalten, d. h., sie dienen nicht mehr der Deckung kraft landesrechtlich angeordneter, öffentlich-rechtlicher Versicherungspflicht. Diese ist durch EU-Recht abgeschafft worden. Ein Monopol steht jetzt nur noch öffentlich-rechtlichen Versorgungswerken zu, etwa der Ärzteversorgung. Die Körperschaften und Anstalten des Öffentlichen Rechts bedürfen der Genehmigung durch die BaFin, § 7 OAG. Das VVG gilt auch für die mit den öffentlich-rechtlichen Versicherern abgeschlossenen Versicherungsverträge. Das galt auch früher schon für viele im VVG angesprochene Grundsätze, etwa für die Beweislast bei Schaden im Zusammenhang mit Kriegsereignissen (BGHZ 6, 373 = VersR 1952, 277).

IV. Ausländische Versicherungsunternehmen

Versicherungsunternehmen arbeiten auch im Ausland. Es erhebt sich deshalb die Frage, ob ein ausländischer Versicherer im Inland der Erlaubnis bedarf und wie er kontrolliert wird. Die §§ 105f. VAG sehen vor, dass ausländische Versicherer mit Sitz außerhalb der Mitgliedsstaaten der EU der Erlaubnis bedürfen sowie dass sie im Inland eine Niederlassung begründen und aufrechterhalten müssen, um hier Geschäfte abzuschließen. Ferner haben sie einen Hauptbevollmächtigten zu bestellen, der im Inland seinen Wohnsitz hat. Seine Vollmacht kann nicht eingeschränkt werden. Für Unternehmen mit Sitz im europäischen Wirtschaftsraum ist die Gleichstellung der europäischen mit den inländischen Gesellschaften vollzogen worden. 120

Nach den im Jahre 1992 erlassenen Richtlinien des Rats der EG zur Schadensversicherung und zur Lebensversicherung gelten für Versicherungsunternehmen mit Sitz in der Europäischen Gemeinschaft ab 1. Juli 1994 folgende Grundsätze: Es gilt das Sitzlandprinzip. Die Zulassung zum Versicherungsbetrieb und die laufende Überwachung der Versicherungstätigkeit werden Aufgabe der Aufsichtsinstanz, die für den Sitz des Versicherers zuständig ist. Es kommt also nicht auf das Land an, in dem der Versicherer seine Produkte anbietet, sondern auf den Staat, in dem das Versicherungsunternehmen seinen Sitz hat.

Wird durch die Bundesanstalt für Finanzdienstleistungsaufsicht festgestellt, dass ein ausländischer Versicherer gegen zwingende deutsche Normen verstößt, wird er aufgefordert, die Unregelmäßigkeiten abzustellen. Geschieht das nicht, so ist die für den Sitz des Versicherers zuständige Aufsichtsbehörde zu unterrichten und aufzufordern, die erforderlichen Maßnahmen zu treffen, § 111 b VAG. Über die Zulässigkeit dieser Maßnahmen entscheiden die Gerichte des Sitzlandes. Das bedeutet, dass nach dem Sitzlandprinzip die Aufsichtsbehörde auch das Auslandsgeschäft der ihr unterstehenden Versicherer zu überwachen hat. Das gilt insbesondere für die zwingenden Vorschriften, welche im Tätigkeitsland erlassen sind.

§ 14 Mehrheit auf der Versichererseite

I. Nebenversicherung

121 Ein VN kann eine Reihe von Versicherungsverträgen mit verschiedenen Versicherern schließen, die sich auf das gleiche versicherte Interesse beziehen. Dabei können die beteiligten Versicherer von der Nebenversicherung von vornherein wissen oder im Unklaren sein. Für den Fall, dass die Versicherer von der weiteren Versicherung nichts wissen, ist die Anzeige an den anderen Versicherer vorgesehen, § 77 VVG. Die Mitteilungspflicht besteht deswegen, damit die Versicherer von der mehrfachen Versicherung desselben Risikos erfahren und prüfen können, ob das Risiko wirklich nur teilversichert ist oder ob die Gefahr einer Doppelversicherung besteht. Wie schon die Stellung des § 77 VVG im Abschnitt „Schadensversicherung" zeigt, gilt die Anzeigepflicht nicht für Summenversicherungen.

Allerdings können die AVB auch für die Summenversicherung die Mitteilung oder Einwilligung des Versicherers vorsehen, wie es in § 9 Ziff. 5 MB/KK geschehen ist.

Nebenversicherungen sind grundsätzlich zulässig, soweit sie nicht den Prinzipien des Versicherungsvertragsrechts zuwiderlaufen. Das ist bei der Summenversicherung prinzipiell nicht der Fall, so dass mehrere Lebensversicherungsverträge oder mehrere Unfallversicherungsverträge, die nebeneinander abgeschlossen worden sind, unabhängig voneinander abgewickelt werden können. Soweit es sich jedoch um die Schadensversicherung handelt, muss das Prinzip der Gewinnabwehr beachtet werden. Der VN soll durch das Bestehen mehrerer Versicherungsverträge nicht mehr als seinen Schaden ersetzt bekommen. Das gilt sogar, wenn dasselbe Interesse unterschiedlich versichert wird: Bei einem Versicherer ist der entgangene Gewinn versichert, bei einem anderen der sonstige Schaden. Nach § 77 Abs. 2 VVG besteht Mitteilungspflicht.

II. Doppelversicherung

122 Sie kommt vor allem im Bereich der Schadensversicherung vor, wenn das Interesse gegen dieselbe Gefahr bei mehreren Versicherern versichert ist und die Versicherungssummen zusammen den Versicherungswert übersteigen, § 74 VVG (Überversicherung). Der Grundsatz der Bereicherungsabwehr reduziert unmittelbar die Versicherungsdeckung nach Art der Gesamtschuld. Die Versicherer sind nur noch verpflichtet, anteilig zu leisten, so dass der VN insgesamt nicht mehr als den Betrag seines Schadens verlangen kann, § 78 Abs. 1 VVG. Im Innenverhältnis haben sich die Versicherer untereinander so zu stellen, wie es dem Verhältnis ihrer Beträge entspricht. Plastisch ist der Fall OLG Hamm VersR 1982, 1091: Der VN hatte 3 Hausratversicherungen abgeschlossen: bei A für

DM 350.000,–, bei B für DM 100.000,– und bei C für DM 50.000,–. Der Versicherungswert des Hausrats betrug DM 471.270,–, der Schaden DM 334.590,–. Das Gericht hatte gegenüber allen die Unterversicherung zu berücksichtigen. Es kam zur Gleichung:

$$\frac{\text{Wert des Hausrats (471.270)}}{\text{Versicherungssumme (350.000)}} = \frac{\text{Gesamtschaden (334.590)}}{\text{Entschädigung (248.491,31)}}$$

Im Innenverhältnis hatten sich A, B und C den Gesamtschaden im Verhältnis 7 : 2 : 1 zu teilen, d. h., A trägt von DM 334.590,– den Teil von DM 234.213,–. Die Differenz zu dem von A dem VN geschuldeten Betrag von DM 248.491,31, nämlich DM 14.278,31 kann A von B und C verlangen.

Oft ist nach den AVB der Abschluss der weiteren Versicherung von der Zustimmung des Erstversicherers oder der Anzeige an ihn abhängig. BGHZ 79, 6 (= VersR 1981, 183) hat diese Klausel in der Krankenhaustagegeldversicherung für wirksam gehalten und den Verletzungsfall als Kündigungsgrund anerkannt. Wegen des sozialen Schutzzwecks hat das Gericht aber die Berufung des Versicherers auf die vereinbarte Leistungsfreiheit für treuwidrig angesehen, wenn der VN nur fahrlässig gehandelt hat und die Obliegenheitsverletzung ohne Einfluss auf die Leistung des Versicherers war.

Im Falle der betrügerischen Doppelversicherung, d. h. der Doppelversicherung in der Absicht, sich einen rechtswidrigen Vermögensvorteil zu verschaffen, sind die Versicherungsverträge nichtig, § 74 Abs. 2 VVG. Allerdings kann der Versicherer, der in Unkenntnis der Nichtigkeit gehandelt hat, die Prämie bis zu dem Zeitpunkt verlangen, zu dem der Versicherer von den die Nichtigkeit begründenden Umständen Kenntnis erlangt.

III. Versicherungspool

Mehrere Versicherer können das Risiko in einem einzigen Vertrag für den VN **123**
abdecken, wobei allerdings nach außen nur ein einziger Versicherer auftritt. Das mag dem VN bekannt oder unbekannt sein. Der Versicherer beteiligt dann intern andere Versicherer an dem Versicherungsverhältnis, die sich zur Tragung eines Teils des Risikos verpflichten und einen Teil der Prämie erhalten. Typisches Beispiel dafür ist der sog. Pharmapool, die gemeinsame Deckung des Risikos von Arzneimittelschäden, für die § 84 AMG eine Gefährdungshaftung und § 40 AMG eine Unfallversicherung zugunsten des Probanden eingeführt hat. Der Versicherer, welcher den Pharmahersteller gegen Betriebshaftpflicht versichert, trägt nur einen Teil des Risikos, bis zu mehreren Mio. €, und behält dafür einen Teil der Prämie. Alle am Pharmapool beteiligten Versicherer tragen das darüber hinausgehende Risiko gemeinsam und erhalten den Rest der Prämie. Der Grund für die

Schaffung des Pharmapools liegt darin, dass die Deckungssumme hier außerordentlich hoch ist, nämlich € 120 Mio. beträgt, § 88 AMG. Die Möglichkeit eines der Contergan-Katastrophe ähnlichen Arzneimittelschadens hat die Versicherer zur Vergemeinschaftung des Risikos veranlasst. Entgegen dem ersten Anschein ist der Pharmapool keine typische Rückversicherung, wie sie mit geschäftsmäßigen Rückversicherern abgeschlossen wird. In Wirklichkeit bilden die Mitglieder des Pools eine Gesellschaft des bürgerlichen Rechts, der Versicherer und Rückversicherer angehören, die sich gegenseitig dazu verpflichten, im Falle des Eintritts des Versicherungsfalls entsprechend ihrer Quote einzustehen. Für diese Zusage erhalten sie einen Anteil an der Prämie. Jedes der aktiven Poolmitglieder bringt die von ihm ausgestellten Policen in den gemeinsamen Versicherungsbestand ein, wobei es freilich nur für die von ihm abgeschlossenen Verträge voll haftet und im Innenverhältnis von den anderen Gesellschaftern der Poolgesellschaft Zuschüsse verlangen kann. Verwirklicht sich das Risiko eines anderen Poolmitglieds, hat der Versicherer einen anteiligen Zuschuss zu leisten. Etwas ungenau bezeichnet sich der Pool als „Pharma-Rückversicherungsgemeinschaft“.

IV. Mitversicherung

124 Bei der Mitversicherung geht es darum, dass ein VN bei mehreren Versicherungsunternehmen jeweils teilweise Deckung für ein Risiko erlangt. Es handelt sich um eine Reihe von verschiedenen Versicherungsverträgen, die dem VN jeweils einen selbstständigen Anspruch gegen den einzelnen Versicherer geben. Die Mitversicherer sind nicht in irgendeiner Weise rechtlich zusammengefasst, auch nicht in Form einer Gesellschaft des bürgerlichen Rechts. Die Mitversicherung ist kein Pool, sondern ein Nebeneinander. Die Auswechslung eines Mitversicherers ist Vertragsänderung und bedarf der Zustimmung des VN (OLG Hamm VersR 1984, 149).

Bei der Mitversicherung wird nicht selten in den Versicherungsvertrag eine Führungsklausel aufgenommen. Sie bedeutet, dass der VN Anzeigen und Willenserklärungen dem führenden Versicherer gegenüber abgeben kann, der von den anderen Versicherern bevollmächtigt ist. Es kann in den Vertrag auch eine Prozessführungsklausel aufgenommen sein. Dann kann der VN einen Rechtsstreit gegen den führenden Versicherer anstrengen. Die anderen Versicherer sind einverstanden, dass das Ergebnis des Rechtsstreits mit dem führenden Versicherer sich auf sie erstreckt (BGH VersR 2002, 117). Die Prozessführungsklausel bindet die anderen Versicherer an das Ergebnis des Prozesses über die teilweise Deckung durch den Führer und hält insgesamt die Prozesskosten gering.

Die Mitversicherung ist dort üblich, wo das Risiko die Versicherungsfähigkeit oder Versicherungswilligkeit der einzelnen Gesellschaft übersteigt. Das ist insbesondere dann der Fall, wenn es sich um große Risiken handelt, die auf diese Weise gestreut werden sollen, etwa die Versicherung von Atomkraftwerken oder die Industrieausfallversicherung.

V. Rückversicherung

1. Einordnung und gesetzliche Regelung

Als Rückversicherung bezeichnete § 779 Abs. 1 HGB die Versicherung der von dem Versicherer übernommenen Gefahr. Auch in der Seeversicherung ist die Rückversicherung gesetzlich nicht geregelt. Das VVG findet keine Anwendung, § 209 VVG. Die Rückversicherungsaktiengesellschaften unterliegen einer beschränkten Versicherungsaufsicht; nur die Versicherungsvereine auf Gegenseitigkeit sind der vollen Versicherungsaufsicht unterstellt. Die Rückversicherung ist außerordentlich wichtig, da sie das Versicherungsgeschehen, die Höhe der Versicherungsprämien und die Sicherheit der Risikodeckung nachhaltig beeinflusst. Auch ist die Kapitalverflechtung zwischen Rückversicherungsgesellschaften und Versicherungsgesellschaften ein wichtiger wirtschaftlicher Faktor. **125**

Die Rückversicherung stellt eine echte Versicherung und kein Gesellschaftsverhältnis dar. Als solche gehört sie zur Schadensversicherung, gleichgültig ob sie sich auf eine Schadensversicherung, eine Vermögensversicherung oder eine Personenversicherung bezieht. Die VN des Erstversicherers haben keinen direkten Anspruch gegenüber dem Rückversicherer (BGH VersR 1970, 29).

2. Ausgestaltungen der Verträge

Die Rückversicherung erscheint in folgenden Ausgestaltungen: Es kann sich um eine Summenrückversicherung handeln. Hier wird das volle Wagnis zwischen Erstversicherer und Rückversicherer aufgeteilt. Dabei können mehrere Rückversicherer handeln, die bisweilen in einem besonderen vertraglichen Rechtsverhältnis zueinander stehen, etwa eine Gesellschaft des bürgerlichen Rechts eingegangen sind. Auch mag einer von ihnen als Führer des Rückversicherungsverhältnisses erscheinen. Es kann sich auch um eine Quotenrückversicherung handeln, bei der die Verteilung nach einem Prozentsatz der Versicherungssumme sowie nach Wagnisgruppen, Prämiensätzen usw. unterschiedlich ausgestaltet sein kann. Ferner gibt es die Exzedentenrückversicherung, bei welcher der Erstversicherer einen Selbstbehalt zu tragen hat, der unterschiedlich bezeichnet wird (auch als Priorität, als Maximum) und bei welcher der Rückversicherer nur das Übermaß abdeckt. Solche Konstruktionen finden wir auch beim Pharmapool, obwohl er deswegen immer noch nicht als reine Rückversicherung angesehen wird. Treten mehrere Rückversicherer auf, so wird auch ihre Quote geregelt. **126**

127 Die Schadensrückversicherung kann im seltenen Einzelfall auf ein Schadensrisiko abgestellt sein. Im Allgemeinen wird aber der gesamte Schadensaufwand eines Geschäftsjahres genommen, und der Rückversicherer verpflichtet sich, einen bestimmten Prozentsatz dieses Schadensaufwandes zu begleichen. Gelegentlich wird auch das Eintreten des Rückversicherers vom Überschreiten eines Prozentsatzes der Jahresprämieneinnahmen des Erstversicherers (etwa 75 %) abhängig gemacht. Man spricht hier von einem Jahresüberschadensvertrag oder Jahresschadensexzedentvertrag. Es kann zudem noch eine Quotenbeteiligung hinzukommen.

Eine Gefahrrückversicherung liegt vor, wenn nur der Schaden übernommen wird, der auf genannte Risiken zurückzuführen ist, etwa auf das Feuerrisiko oder auf die Hausratversicherung. Auch hier wird der Versicherer regelmäßig nur einen Teil des Schadens rückversichern.

In der Lebensrückversicherung gibt es die sog. Risikobasisrückversicherung. Bei ihr tritt der Rückversicherer nur hinsichtlich des Sterblichkeitswagnisses ein. Er nimmt nicht an dem Ergebnis der Investitionen teil. Die Prämienreservenbildung des mit dem üblichen Lebensversicherungsvertrag verbundenen Sparvertrags ist auf den Erstversicherer konzentriert.

3. Rechtsquellen

128 Die Rückversicherung unterliegt nur beschränkter Versicherungsaufsicht; das VVG findet keine Anwendung. Auch Entscheidungen der oberen Gerichte über die Rückversicherung sind selten und stammen fast ausschließlich aus der Zeit vor dem Zweiten Weltkrieg. Wir finden also auch keinerlei Richterrecht in diesem Gebiet vor. Man sagt im Allgemeinen, dass Versicherungsgesellschaften und Rückversicherer in der Lage seien, ihre Vertragsverhältnisse selbst zu gestalten, so dass eine gesetzliche Regelung überflüssig sei. Auch werden Streitigkeiten offensichtlich weder vor Gericht noch vor Schiedsgerichten ausgetragen, da die laufende Geschäftsbeziehung zu einer Korrektur divergierender Standpunkte genügend Möglichkeiten bietet. Allerdings ist bedauerlich, dass von der wirklichen Rechtsgestaltung der Rückversicherungsverträge und von der Abwicklung der Rückversicherungsverhältnisse so wenig in die juristische Außenwelt dringt.

4. Grundsätze

129 Für das Recht der Rückversicherung werden drei Grundsätze angeführt:

- Dem Erstversicherer steht das Geschäftsführungsrecht zu. Der Rückversicherer hat dem Erstversicherer die Gestaltung der Geschäftsbeziehungen zu überlassen, mag er auch gelegentlich Schulungskurse und anderes durchführen. Auch an die Dispositionen des Erstversicherers hinsichtlich der Annahme oder Ablehnung von Versicherungsanträgen ist der Rückversicherer gebunden. Ausnahmen stellen nach den Grundsätzen des bürgerlichen Rechts die Arglist und nach den Rückversicherungsbedingungen grobe Fahrlässigkeit dar. Wenn also der Erstversicherer im Zusammenwirken mit dem VN ein Schadensrisiko abdeckt, das nicht zutreffend umschrieben ist, so ist der Rückversicherer nicht gebunden. Auch wenn der Erstversicherer für eine rückversicherte Gefahr einzutreten verspricht, deren Größe ihm wegen grober Fahrlässigkeit unklar ist, so ist der Rückversicherer nicht verpflichtet.

- Regelmäßig trifft den Erstversicherer ein Selbstbehalt. Eine vollständige Rückversicherung, d. h. eine Rückversicherung des gesamten Versicherungsbestandes, würde den Erstversicherer so frei stellen, dass er jeden Anreiz zu einer schadensmindernden Gestaltung des Versicherungsgeschäfts verlöre. Deshalb ist regelmäßig in den Rückversicherungsverträgen ein Selbstbehalt vereinbart. Bei einzelnen Risiken, die besonders rückversichert sind, betrifft der Selbstbehalt die dort gelaufene Gefahr oder einen Teil der Gefahr. Bei der Rückversicherung eines ganzen Versicherungsbestandes bezieht sich der Selbstbehalt regelmäßig auf die Entwicklung dieses Bestandes und nicht prozentual auf die einzelnen Risiken.
- Der Grundsatz von Treu und Glauben beherrscht das Rückversicherungsverhältnis in besonderem Maße. Man spricht hier etwas unklar von Schicksalsteilung, wobei nur das besondere Schicksal der Versicherung, nicht die wirtschaftliche Zukunft des Erstversicherers oder des Rückversicherers gemeint ist. Hinter dem Wort von der Schicksalsteilung versteckt sich nicht nur ein stoisches Hinnehmen des Geschehens, sondern auch die Zusage, sich für die Zukunft vertragsgerecht verhalten zu wollen. Das ist wichtig für künftige Vertragsabschlüsse und für eine Anpassung des Rückversicherungsverhältnisses unter dem Aspekt der Kulanz.

5. Pflichten und Rechtsprechung

Den Erstversicherer trifft die Pflicht, den Rückversicherer zu unterrichten. Der **130** Rückversicherer kann auf dieses Recht verzichten. Tut er es nicht, so sind Angaben über die ihm überwiesenen Risiken mit genauerer Beschreibung ihres Umfangs die Regel. Der Erstversicherer hat dem Rückversicherer eine Prämie zu entrichten, die im einfachsten Fall ein Anteil an der Originalprämie sein kann, allgemein aber eine besondere Rückversicherungsprämie darstellt. Von dieser Prämie ist im Endergebnis meist die Provision abzuziehen, die der Rückversicherer dem Erstversicherer häufig vergütet. Sie ist von vielen Faktoren abhängig, vom Versicherungszweig, von der Versicherungsgesellschaft und von der Risikogestaltung. Auch wird bisweilen ein Gewinnanteil des Rückversicherers zurückvergütet. Der Rückversicherer muss auch Prämienübergänge und Schadensrückstellungen gelegentlich beim Erstversicherer hinterlegen. Die Posten, die für jede Seite sprechen, von Prämien über Provisionen bis zu Schäden, Gewinnanteilen usw., werden in eine laufende Rechnung gestellt, die meist jährlich abgerechnet wird. Von einem Einschussschaden spricht man dann, wenn der Rückversicherer eine bestimmte Summe vorweg zu leisten hat, weil die Schäden im Laufe der Abrechnungsperiode zu groß werden.

Aus der alten Rechtsprechung zur Rückversicherung hier nur wenige Urteile: RGZ 129, 1: Eine Lebensrückversicherung ist eine Rückversicherung, aber keine Lebensversicherung; RG JW 26, 1970: Das Kursrisiko der Rückversicherung ruht beim Erstversicherer, der Rückversicherer haftet nur bis zur Rückversicherungssumme; OLG Köln VersR 1953, 130: Der Erstversicherer hat die Geschäftsführung, der Rückversicherer ist an seine Entscheidungen, außer im Falle der Arglist und der groben Fahrlässigkeit gebunden

6. Rückversicherung mit Auslandsbeziehung

131 In der Rückversicherung sind nicht selten grenzüberschreitende Beziehungen festzustellen. Deswegen spielt das IPR der Rückversicherung eine nicht unerhebliche Rolle. Im Vordergrund steht die Frage, welches Recht den Rückversicherungsvertrag beherrscht. Die Rechtswahlregeln der Art. 7 ff. EGVVG kommen für die Rückversicherung nicht zur Anwendung. Die Art. 27 ff. EGBGB über die Rechtswahl im Schuldrecht finden auf den Rückversicherungsvertrag Anwendung, Art. 37 Ziff. 4 EGBGB. Da das deutsche materielle Recht den Rückversicherungsvertrag nicht besonders regelt, scheint die Frage nach der Anknüpfung eher akademischer Natur zu sein. Jedoch ist nicht unwesentlich, welches nationale Recht mit seinen Grundsätzen, Auslegungsregeln usw. den Hintergrund des Versicherungsverhältnisses abgibt. Was die Rechtswahl angeht, so zeigte die Rechtsprechung (RGZ 53, 138; 125, 230; RG JRPV 27, 25) keine einheitliche Linie. In der Literatur werden zwei Ansichten vorgetragen. Einmal wird als engste Verbindung und damit Anknüpfungsmoment des Vertragsverhältnisses der Sitz des Erstversicherers angenommen, zum anderen umgekehrt der Sitz des Rückversicherers. Fehlt eine ausdrückliche Bezeichnung des anwendbaren Rechts im Rückversicherungsvertrag, kommt es auf den Staat an, in dem die Partei ihre Hauptverwaltung hat, welche die charakteristische Leistung zu erbringen hat, Art. 28 Abs. 2 EGBGB. Das ist regelmäßig der Rückversicherer. Das Recht am Sitz seiner Hauptverwaltung wird also angewandt, wenn keine Rechtswahl vorgenommen wurde.

§ 15 Vermittelnde Personen

I. Zurechnung fremden Handelns

Nach den Regeln des Zivilrechts kann das Verhalten einer dritten Person einem Vertragsteil zugerechnet werden. Die Zurechnung gilt sowohl im positiven als auch im negativen Sinne, d. h., der Geschäftsherr kann durch das Handeln der dritten Person berechtigt oder verpflichtet werden. Das zurechenbare Verhalten der dritten Person zerfällt in unterschiedliche Kategorien. Rechtsgeschäftliches Verhalten setzt eine Vertretungsmacht oder die Zurechnung analog einer Vertretungsmacht voraus, etwa wegen Duldungsvollmacht oder Anscheinsvollmacht. Auch ein subjektiver Kenntnisstand ist Gegenstand der Zurechnung, etwa wenn die Kenntnis oder das Kennenmüssen des Vertreters dem Vertragspartner zugerechnet werden, § 166 Abs. 2 BGB. Schließlich kann auch ein tatsächliches Verhalten, etwa eine schadenstiftende Handlung, sei sie tatbestandsmäßig-rechtswidrig, sei sie schuldhaft, zugerechnet werden. Diese Zurechnung geschieht im Allgemeinen durch die Bestimmungen über die Haftung für das Gehilfenverhalten, §§ 278, 831 BGB. Arglistiges Zusammenwirken zwischen Agent und VN führt zur Nichtigkeit des Vertrags. Das ist anzunehmen, wenn der VN erkennt, dass der Agent sich unmissverständlich von der Wahrung der Interessen des Versicherers gelöst hat, etwa „hierüber solle man lieber nichts schreiben, da es sonst nur Ärger gebe" (OLG Zweibrücken VersR 2004, 630). 132

II. Personen handelnd für den Versicherer

1. Allgemeines

Das VVG widmet einen eigenen Abschnitt den Versicherungsvermittlern und Versicherungsberatern. Die Versicherungsvermittler werden als Versicherungsvertreter und Versicherungsmakler angegeben. Als Versicherungsvertreter wird angesehen, wer von einem Versicherer damit betraut ist, gewerbsmäßig Versicherungsverträge zu vermitteln oder abzuschließen, § 59 Abs. 2 VVG. Versicherungsmakler ist, wer gewerbsmäßig für den Auftraggeber die Vermittlung oder den Abschluss von Versicherungsverträgen übernimmt, ohne von einem Versicherer oder von einem Versicherungsvertreter damit betraut zu sein. Schließlich werden auch noch Versicherungsberater eingeführt, § 59 Abs. 4 VVG. Diese beraten gewerbsmäßig Dritte bei der Vereinbarung, Änderung oder Prüfung von Versicherungsverträgen oder bei der Wahrnehmung von Ansprüchen aus Versicherungsverträgen im Versicherungsfall oder vertreten Dritte gegenüber dem Versicherer außergerichtlich, ohne von einem Versicherer einen wirtschaftlichen Vorteil zu erhalten oder in anderer Weise von ihm abhängig zu sein. 133

Auf diese Unterscheidungen hin wird dann jedoch die Beratung, die Dokumentation des Versicherungsvermittlers gleichermaßen geregelt. Ein Teil dieser Vorschriften wird übrigens auch auf den Versicherungsberater und nicht gewerbsmäßig tätigen Vermittler erstreckt, §§ 66, 68 VVG.

2. Zulassung von Versicherungsvermittlern

134 Für die Zulassung von Versicherungsvermittlern sind in einer europäischen Richtlinie für Versicherungsmakler, Versicherungsvertreter und Versicherungsberater erhebliche Voraussetzungen geschaffen worden. Wer gewerbsmäßig Versicherungsverträge tätigen will, bedarf der Erlaubnis der zuständigen Industrie- und Handelskammer. Erforderlich ist dafür, dass er persönlich zuverlässig ist, in geordneten Lebensverhältnissen lebt, eine Berufshaftpflichtversicherung abgeschlossen und den Nachweis der Sachkunde erbracht hat. Das geschieht meistens durch eine Prüfung bei der Industrie- und Handelskammer. Er muss sich außerdem in ein zentrales Vermittlungsregister eintragen lassen, § 34 d GewO. Diese Regelung ist verfassungsgemäß (BVerfG NJW 2007, 2537).

3. Beratung und Dokumentation

135 Die Versicherungsvermittler haben erhebliche Pflichten zur Beratung des VN und zur Dokumentation dieser Beratung. Darauf geht das Gesetz in den §§ 60 ff. VVG ein, sehr genau den Weg worüber und auf welcher Grundlage beraten werden muss. Dieses ist zum Teil noch unterschiedlich für den Versicherungsmakler und den Versicherungsvertreter geregelt, das geht so weit, dass der Versicherungsvermittler den VN nach seinen Wünschen und Bedürfnissen zu befragen und danach einen Rat zu geben hat. Dem VN sind die Informationen vor Abgabe der Vertragserklärung bzw. vor Abschluss des Vertrags klar und verständlich in Textform zu übermitteln. So hat man z. B. für die Rechtsschutzversicherung ein 10-Punkte-Programm als Vorblatt zu den AVB vorgeschlagen (Römer VersR 2007, 618). Die Pflichten gelten auch für nicht gewerbsmäßig tätige Vermittler und weitgehend auch für Versicherungsberater, sind übrigens halbzwingend. Der Makler muss bei Vermittlung eines Lebensversicherungsvertrags über die Nettopolice nur ausnahmsweise aufklären (BGH VersR 2007, 1127).

4. Versicherungsmakler

136 Der Versicherungsmakler ist weder Vertreter noch Gehilfe des Versicherers oder des VN. Vielmehr steht er in der Mitte zwischen beiden. Der Makler ist selbstständiger Versicherungskaufmann, der entweder für einen oder für mehrere Versicherer Verträge vermittelt. Ihn trifft keine Erfüllungspflicht, sondern eine Bemühungspflicht. Der Vertrag zwischen dem Makler und dem Kunden ist ein besonders geregelter Werkvertrag, der auf eine Geschäftsbesorgung gerichtet ist, §§ 652, 675 BGB. Der Maklervertrag wird regelmäßig zwischen dem künftigen VN und dem Makler abgeschlossen und ist wohl kein gegenseitiger Vertrag. Der Makler hat sich um das Zustandekommen des Versicherungsverhältnisses zu bemühen;

nur wenn es abgeschlossen wird, erhält er das Entgelt. Die Courtage wird vom Versicherer geschuldet, insoweit ist § 99 HGB durch die Verkehrsgewohnheit abgeändert worden. Der Makler hat nicht nur Pflichten gegenüber dem VN, sondern auch gegenüber dem Versicherer, dem er die für den Vertragsabschluss und die Einschätzung des Risikos erforderlichen Angaben zu übermitteln hat. Der Makler hat im Allgemeinen keine Vertretungsmacht, weder für den Versicherer noch für den VN. Ihm wird jedoch nicht selten Vertretungsmacht zur Einziehung der Prämien und zur Regulierung kleinerer Versicherungsfälle erteilt. Man spricht dann von der sog. Maklerklausel.

Die Courtage ist prämienabhängig: Ist eine Prämie wegen Unwirksamkeit, An- **137**
fechtung oder einvernehmlicher Aufhebung des Versicherungsvertrags nicht zu zahlen, entfällt auch der Anspruch auf die Courtage. Die Courtage deckt nicht nur die Vermittlung des Vertrags, sondern umfasst auch noch die spätere Betreuung für den Versicherer. Den Versicherungsmakler trifft die Pflicht, den VN von der Ablehnung des endgültigen Versicherungsschutzes nach vorläufiger Deckungszusage sofort zu unterrichten. Tut er dies nicht, so trägt er die Beweislast dafür, dass der Schaden auch bei vertragsgerechter Erfüllung der Aufklärungs- und Beratungspflicht eingetreten wäre (BGH VersR 1985, 930).

Der Versicherungsmakler ist grundsätzlich unabhängig. Wenn er den VN oder den Versicherer vertritt, so bedarf es einer besonderen Vertretungsmacht, die vom VN erteilt der Schriftform bedarf, § 64 VVG. Deshalb gilt auch die Vertrauenshaftung des Versicherers nicht, wenn es um Fehler des Versicherungsmaklers geht (OLG Oldenburg VersR 1996, 373: unklare Beschreibung des versicherten Gebäudekomplexes). Ebenso wenig haftet der Versicherer für ein Verschulden des Versicherungsmaklers unter dem Gesichtspunkt der *culpa in contrahendo*, also aus Verschulden bei Vertragsschluss.

5. Versicherungsvertreter

§§ 59ff. VVG regeln das Recht der damals sog. Versicherungsagenten. Heute **138**
spricht man jedoch von Versicherungsvertretern.

Unerheblich für das Versicherungsvertragsrecht, also für das Rechtsverhältnis zwischen VN und Versicherer, ist die Rechtsbeziehung zwischen dem Versicherungsvertreter und dem Versicherer. Der Vertreter kann Handelsvertreter (§ 92 HGB) sein und damit Kaufmann. Der Versicherer kann Vertreter auch aufgrund eines Arbeitsverhältnisses an sich gebunden haben; dann sind diese handelsrechtlich als Handlungsgehilfen (§§ 59ff. HGB) anzusehen. Versicherungsvertreter können auch nebenberuflich auf Provisionsbasis für einen oder mehrere Versicherer tätig sein. Nach ihrem Aufgabenbereich und dem Umfang ihrer Befugnis unterteilt man die Vertreter in Vermittlungs- oder Abschlussvertreter. Die zweiten sollen den Vertrag vorbereiten und im Namen des Versicherers abschließen; die erstgenannten hingegen den Vertrag nur abschlussreif gestalten und dann dem Versicherer zur Annahme oder Ablehnung vorlegen.

6. Gesetzliche Vollmacht des Versicherungsvertreters

139 Beschränkt auf den Versicherungszweig und den Versicherungsbezirk wird die Vollmacht des Versicherungsvertreters genau umrissen. Er ist befugt zur

a. Entgegennahme von Anträgen in Bezug auf das Versicherungsverhältnis,

b. Entgegennahme von Anzeigen und Kündigungs- und Rücktrittserklärungen,

c. Aushändigung von Versicherungsscheinen und

d. Entgegennahme von Prämien usw., sofern er sich im Besitz einer vom Versicherer unterzeichneten Prämienrechnung befindet.

§ 69 VVG erteilt dem Versicherungsvertreter eine gesetzliche Vollmacht. Diese umfasst die Entgegennahme von Anträgen, ihren Widerruf sowie Anzeigen und sonstige Erklärungen des VN. Das gleiche Recht gilt für Anträge auf Verlängerung oder Änderung des Versicherungsvertrags usw. Schließlich kann der Versicherungsvertreter auch die vom Versicherer ausgefertigten Versicherungsscheine vermitteln. Außerdem gilt der Versicherungsvertreter als bevollmächtigt, Zahlungen, die der VN im Zusammenhang mit der Vermittlung oder dem Abschluss des Vertrags an ihn leistet, anzunehmen. Soweit diese Vollmacht beschränkt ist, muss der VN sie nur gegen sich gelten lassen, wenn er die Beschränkung kannte oder infolge grober Fahrlässigkeit nicht kannte. Abweichend von § 44 VVG a. F. wird die Kenntnis des Versicherungsvertreters dem Versicherer zugerechnet, § 70 VVG. Dies entspricht der bisherigen Praxis, welche der sog. Auge-und-Ohr-Doktrin folgte. Es kommt auf die Kenntnis des Versicherungsvertreters an, soweit sie nicht außerhalb seiner Tätigkeit als Vertreter und ohne Zusammenhang mit dem betreffenden Versicherungsvertrag erlangt worden ist. Bisher schon hatte der Versicherer gewohnheitsrechtlich weitgehend für ein Verschulden seines Vertreters gehaftet (BGH VersR 2001, 1498). Typisch sind dafür die folgenden Urteile.

BGH VersR 1983, 121: Ein Vermittlungsvertreter oder sein Ehepartner als Hilfsperson hatten den Versicherungsantrag nicht weitergeleitet. Zwar begründe die Inkassovollmacht und die Vollmacht zur Zusage vorläufiger Deckung weder eine Abschlussvollmacht noch deren Rechtsschein. Jedoch haftet der Versicherer für das Verschulden seiner Vertreter.

OLG Hamm VersR 1983, 381: Der Agent hatte dem VN mitgeteilt, bei Zahlung von DM 500,– habe er wieder Versicherungsschutz. Aufgrund Gewohnheitsrechts habe der Versicherer für diese Auskunft einzustehen, auch wenn der Agent keine Vertretungsbefugnis hatte.

BGHZ 102, 194 = VersR 1988, 234: Der VN hatte dem Empfangsbevollmächtigten des Versicherers seine Vorerkrankung mündlich mitgeteilt. Dieser hatte auch das Antragsformular ausgefüllt. Durch die mündliche Mitteilung an den

Vertreter hatte der VN seine Anzeigeobliegenheit erfüllt. Die Kenntnis des Agenten bei der Erstellung des Versicherungsantrags fällt nicht unter die Beschränkung des § 44 VVG a. F. Die Beweislast dafür, dass der VN Gesundheitsfragen unzutreffend beantwortet hat, trifft den Versicherer (BGHZ 107, 322 = VersR 1989, 833).

BGHZ 116, 387 = VersR 1992, 217: Die Klausel „Für die Richtigkeit der Angaben bin ich allein verantwortlich, auch wenn ich den Antrag nicht selbst ausgefüllt habe" ist unwirksam. Der Versicherer ist zur Auskunft und Beratung verpflichtet, die er durch Agenten ausübt. Für deren Verhalten hat der VN nicht einzustehen.

BGH VersR 1999, 565: Die Klausel in einem Lebensversicherungsvertrag, dass Mitteilungen stets schriftlich erfolgen müssen, Versicherungsvertreter hingegen zu ihrer Entgegennahme nicht bevollmächtigt sind, hält der Kontrolle nach dem AGBG stand.

7. Vollmacht, Duldungsvollmacht, Anscheinsvollmacht

Gemäß § 166 BGB nennen wir eine rechtsgeschäftlich erteilte Vertretungsmacht **140** die Vollmacht. Ein Versicherungsvertreter handelt regelmäßig mit Vollmacht des Versicherers, sei es zur Vermittlung, sei es zum Abschluss des Vertrags. Wie steht es nun, wenn der Versicherungsvertreter die Grenzen seiner Vollmacht überschreitet, etwa ein Vermittlungsvertreter als Abschlussvertreter tätig wird?

Von Duldungsvollmacht wird gesprochen, wenn der Vertretene das Handeln eines anderen, der nicht oder jedenfalls nicht zu dieser Vertretung befugt ist, kennt und es duldet. Falls der Geschäftsgegner diese Duldung dahin versteht und nach Treu und Glauben auch dahin werten darf, dass der Handelnde Vollmacht habe, werden Kennen und Dulden des Auftretens des vollmachtlosen Vertreters als schlüssige Bevollmächtigung gegenüber dem Dritten aufgefasst. Nach der Rechtsprechung ist das z. B. dann gegeben, wenn ein Vermittlungsvertreter Deckungskarten für die Kfz-Versicherung im Besitz hat, die mit maschinenschriftlichen Unterschriften versehen sind, und regelmäßig an künftige VN ausgibt (BGHZ 21, 122 = VersR 1956, 482).

Eine reine Zurechnung kraft schuldhaften Verhaltens stellt die sog. Anscheins- **141** vollmacht dar: Der Vertretene hat weder eine Vollmacht erteilt noch das Auftreten des Nichtbevollmächtigten geduldet. Vielmehr hätte er das rechtsgeschäftliche Auftreten des angeblichen Vertreters erkennen und verhindern können. Hinzukommen muss, dass der Geschäftsgegner nach Treu und Glauben damit rechnen durfte, dass der angeblich Vertretene bei Aufwendung der im Verkehr erforderlichen Sorgfalt das Auftreten des vorgeblichen Vertreters hätte erkennen und verhindern können (BGHZ 5, 111). Wenn also der Vermittlungsvertreter Versicherungsverträge im Namen des Versicherers abschließt, so tritt nach einer gewissen Weile infolge Hinnehmens durch die Versicherung eine Duldungsvollmacht ein. Bis zu diesem Zeitpunkt können nur die Regeln über die Anscheinsvollmacht Anwendung finden, wenn der Versicherer keine genügende Kontrolle über seinen Vertreter ausgeübt hat und der Geschäftsgegner mit einer solchen Ausübung rechnen durfte. Dazu gehört auch die Auswirkung der Verleihung einer auf eine gehobene Position hinweisenden Bezeichnung (Generalvertreter, Bezirksdirektor).

8. Haftung des Versicherungsvermittlers und des Versicherers für den Vermittler auf Schadensersatz

142 § 63 VVG begründet eine Schadensersatzpflicht des Versicherungsvermittlers, vorausgehend ist die Verletzung einer Pflicht auf Beratung oder Dokumentation. Damit zieht das VVG mit § 280 BGB gleich, der ebenso Pflichtverletzung und Zurechnung regelt. Über die Bestimmung des § 63 VVG hinaus ist daher der Versicherungsvermittler aus Vertrag stets wegen angenommenen Verschuldens für eine Pflichtverletzung haftbar. Anerkannt ist, dass der Versicherungsvertreter, mag er Abschluss-, mag er Vermittlungsagent sein, den Versicherer und bei genügendem Eigeninteresse sich selbst aus Verschulden bei Vertragsschluss (*culpa in contrahendo*) verpflichten kann (BGHZ 40, 22 = VersR 1963, 768; BGH VersR 1968, 467). Diese Haftung steht neben der Erfüllungsverpflichtung wegen anzunehmender Bevollmächtigung. Im Allgemeinen erlangt der verletzte Vertragspartner bei *culpa in contrahendo* nur einen Anspruch auf Ersatz des Vertrauensschadens. Im Privatversicherungsrecht hat die Rechtsprechung diese Regeln mit Bezug auf den Versicherungsvertreter als Stellvertreter und Erfüllungsgehilfen des Versicherers erweitert. Nach dem Vertrauensschutzgedanken haftet der Versicherer für alle Erklärungen des Versicherungsvertreters über den Umfang der Versicherung auf das Erfüllungsinteresse. Der Sache nach ist dadurch ein Vertragsanspruch geschaffen, nicht etwa ein Schadensersatzanspruch aus *culpa in contrahendo* gewährt worden (BGH VersR 1986, 329). Der Anspruch reicht weit: Der Versicherer kann eine Willenserklärung, auf welcher die eingetretene Vertrauenshaftung beruht, nicht wegen Irrtums gemäß § 119 BGB anfechten. Allerdings steht dieser Vertrauensanspruch auf Billigkeitsebene nur dem zu, den nicht ein erhebliches eigenes Verschulden trifft: auf Billigkeit kann sich nur der berufen, der sich selbst im Rahmen des Billigen bewegt. Leichtes Mitverschulden hingegen schließt diesen Schadensersatzanspruch auf Vertragserfüllung nach Erklärung des Versicherungsagenten weder aus noch schränkt es ihn ein (BGHZ 40, 22 = VersR 1963, 768; 43, 235 = VersR 1965, 425). Fälle aus der Rechtsprechung sind die falsche Auskunft über das Bestehen oder den Umfang des Versicherungsschutzes oder die Erklärung des Versicherungsvertreters, die Prämienzahlung eile nicht oder die Entgegennahme von Anzeigen, die der Versicherungsvertreter nicht entgegennehmen darf. Zeigt der VN jedoch bei Abschluss des Lebensversicherungsvertrags einen früheren Herzinfarkt an und erklärt der Versicherungsvertreter daraufhin, dass er dieses „gar nicht wissen wolle“, so hätte sich dem VN die missbräuchliche Ausnutzung der Vertretungsmacht aufdrängen müssen und er hat keinen Anspruch (OLG Karlsruhe VersR 1997, 861).

Das Einstehen nach den Grundsätzen von Treu und Glauben kann auch zu einer Schadensersatzpflicht führen, etwa wenn der Versicherungsvertreter veranlasst, dass der Antrag auf Abschluss der Versicherung oder eine Änderung verzögert behandelt wird, oder wenn er nicht dafür sorgt, dass eine nach Versicherungsbeginn bemerkte Doppelversicherung beseitigt wird. Schließlich kommt noch in Betracht, dass der Versicherungsvertreter den VN arglistig getäuscht hat. Dann kann dieser den Vertrag anfechten, § 123 BGB. Der Versicherungsvertreter ist nicht Dritter im Sinne dieser Vorschrift, vielmehr ist sein Verhalten dem Versicherer stets zuzurechnen (RG JW 28, 1740; OLG Celle VersR 1963, 648).

III. Personen handelnd für den Versicherungsnehmer

Für den VN gelten die allgemeinen Regeln über die Zurechnung des Vertreter- und Gehilfenverhaltens, nämlich die §§ 166, 278, 831 BGB. Er hat sich also Kenntnis und Kennenmüssen seines Vertreters entgegenhalten zu lassen, § 166 Abs. 1 BGB; es muss aber Vertretungsmacht bestehen. Der Ehegatte ist nicht ohne Vollmachtserteilung Vertreter (BGHZ 122, 388 = VersR 1993, 960). Für das Verschulden eines Erfüllungsgehilfen haftet der VN unbedingt, für die deliktische Schadenszufügung durch einen Verrichtungsgehilfen kraft vermuteten eigenen Verschuldens, §§ 278, 831 BGB. Eine Erweiterung der Haftung über das Einstehen für das Verhalten eines Bevollmächtigten hinaus findet sich für die Rückwärtsversicherung in § 2 Abs. 3 VVG und für die Gefahrerhöhung und die Anzeigepflicht in § 20 VVG. Jeweils wird hier Kenntnis und Arglist sowohl des Vertretenen als auch des Vertreters angerechnet. **143**

Es besteht ein Sondervergütungsverbot für Versicherungsunternehmen und Vermittler, wenn der Vertrag die Schadens- und Unfallversicherung, die Kredit- und Kautionsversicherung sowie die Rechtsschutzversicherung betrifft, § 1 SondervergverbotsV. Diese Regelung wird noch einmal in § 81 Abs. 2 VAG wiederholt, allerdings als Untersagungsbefugnis der Aufsichtsbehörde. Der EU-Vertrag steht dem Provisionsabgabeverbot bei Vermittlungsversicherern nicht entgegen (EuGH VersR 1994, 161). Dieses Verbot wird nicht selten umgangen. So wird von großen industriellen VN der Weg gewählt, Sondervergütungen in Gestalt von Provisionen einer firmeneigenen Versicherungsvermittlungsgesellschaft zufließen zu lassen. Die Provisionszahlung an die Tochtergesellschaft ist nämlich erlaubt, wenn diese die Provision durch eigene Anstrengung offensichtlich verdient hat. Als solche Bemühung kommt die Vermittlung des Versicherungsvertrags mit der Muttergesellschaft in Betracht. Diese Vermittlungsgesellschaften gelten als echte Bevollmächtigte des VN. Ihre Erklärungen binden den VN.

5. Kapitel: Gegenstand der Versicherung

Literatur:

Reimer Schmidt, Die Obliegenheiten, Karlsruhe 1953;

Uwe Schütte, Verhüllte Obliegenheiten im Versicherungsrecht, Frankfurt a. M. 1991;

Jochen Taupitz, Die Probandenversicherung für Studien außerhalb einer Deckungsvorsorgepflicht, FS Egon Lorenz, Karlsruhe 2004, S. 829;

Manfred Werber, Die Gefahrerhöhung im deutschen, schweizerischen, französischen, italienischen, schwedischen und englischen Versicherungsvertragsrecht, Karlsruhe 1967

§ 16 Das versicherte Risiko

I. Arten des Risikos

144 Der Versicherer verspricht Leistung unter einer aufschiebenden Bedingung oder Befristung. Das Ereignis, dessen ungewisses Eintreten oder dessen zeitliche Hinausschiebung die Leistungspflicht auslöst, ist die versicherte Gefahr. Sie einigermaßen abstrakt, zugleich aber auch möglichst genau zu umschreiben, ist eine Hauptaufgabe der Versicherungsverträge und des Versicherungsrechts. Die Umschreibung des versicherten Risikos ist wesensnotwendig für den Versicherungsvertrag. Die versicherte Gefahr kann schon von der existenziellen Bedeutung oder vom Sprachgebrauch des Lebens her deutlich genug umschrieben sein. Jedoch können technologische Entwicklungen bisher sichere Begriffe in Zweifel stellen. So schien der Todesfall im Bereich der Lebensversicherung lange Zeit als Herz-Kreislauf-Tod definiert. Mit der modernen Intensivmedizin wird zunehmend der Hirntod als Beendigung des menschlichen Lebens anerkannt. Im Versicherungsrecht wird aus Gründen der Rechtssicherheit nach wie vor auf den Herz-Kreislauf-Tod abgestellt. Oft ist aber die Umschreibung des Risikos im Lebenssprachgebrauch zu ungenau, um für die Versicherungswirtschaft auszureichen. So wird etwa der Begriff des Unfalls derart umschrieben, dass durch ein plötzlich von außen auf den Körper des Versicherten wirkendes Ereignis unfreiwillig eine Gesundheitsschädigung erlitten sein muss (§ 178 Abs. 2 VVG), eine Definition, die der Umschreibung der höheren Gewalt nach der objektiven Theorie verpflichtet ist. Als Versicherungsfall beschreibt § 1 Ziff. 2 MB/KK eine medizinisch notwendige Heilbehandlung der versicherten Person wegen Krankheit oder Unfallfolgen. Die Haftpflichtversicherung tritt dafür ein, dass der VN von einem Dritten wegen eines Ereignisses, das den Tod, die Verletzung oder Gesundheitsschädigung von Menschen oder die Beschädigung oder Vernichtung von Sachen zur Folge hatte, für diese Folgen aufgrund gesetzlicher Haftpflichtbestimmungen privatrechtlichen Inhalts auf Schadensersatz in Anspruch genommen wird, § 1 Nr. 1 AHB. Immer aber muss die Versicherungsdeckung das typische Risiko umfassen, bei einer Berufshaftpflichtversicherung eines Statikers etwa das Risiko einer Fehlberechnung (BGHZ 80, 284 = VersR 1981, 771).

II. Verwirklichung der Gefahr

145 Der Versicherungsfall tritt dann ein, wenn sich das im Versicherungsverhältnis angesprochene Risiko realisiert. Es genügt nicht, dass irgendein Schaden eingetreten ist, der auch ohne die Verwirklichung der Gefahr hätte eintreten können. Vielmehr muss feststehen, dass sich das besondere im Versicherungsvertrag angesprochene Risiko in dem Schaden verwirklicht hat. Im Versicherungsrecht gilt das Prinzip der strengen Verbindung von versichertem Risiko und Schaden. Die

Möglichkeit anderer Verursachung als durch Verwirklichung der versicherten Gefahr schließt den Versicherungsschutz aus. Im Versicherungsrecht gilt nicht die Regel des § 830 Abs. 1 S. 2 BGB, wonach im Falle alternativer Kausalität auch nur ein möglicherweise ursächlicher Täter für seine rechtswidrige Handlung haftet. Wenn der Schaden entweder durch ein versichertes Ereignis oder auch auf andere Weise verursacht worden sein kann, hat die Versicherung nicht einzustehen. Gelegentlich gibt es hier Ausnahmen, etwa in der Unfallversicherung. § 182 VVG sieht vor, dass vereinbart sein kann, dass der Anspruch auf die vereinbarten Leistungen entfällt oder sich mindert, wenn Krankheiten oder Gebrechen bei der durch den Versicherungsfall verursachten Gesundheitsbeschädigung oder deren Folgen mitgewirkt haben. Dann hat der Versicherer die Voraussetzungen des Wegfalls oder der Minderung des Anspruchs nachzuweisen. Mangels Realisierung des Risikos haftet der Versicherer auch nicht bei Vorsatz des VN. So ist etwa der regelmäßige Ausschluss von Versicherungsleistungen für den Fall der vorsätzlichen Herbeiführung des Versicherungsfalls als Nichteintritt der Bedingung zu verstehen. Wer den Versicherungsfall wider Treu und Glauben herbeiführt, kann sich nicht auf die Verwirklichung der Gefahr, sondern nur auf ihre Manipulation berufen, § 162 BGB.

In ungenauer Sprachweise nennt man die Schäden, die nicht aus einer Verwirklichung der versicherten Gefahr entstanden sind, die primären Risikoausschlüsse. In Wirklichkeit wird gar kein Risiko ausgeschlossen, sondern das versicherte Risiko erstreckt sich nicht auf diesen Schaden. Die wirklichen Risikoausschlüsse werden seltsamerweise sekundäre Risikoausschlüsse genannt.

III. Risikoausschlüsse

1. Absolute Risikoausschlüsse

Ein Gefahrausschluss ist dann absolut, wenn unter keinerlei Voraussetzung ein **146**
Versicherer dafür Deckung gewährt. Ein Beispiel des absoluten Risikoausschlusses enthält § 5 Ziff. 1 MB/KK über die Krankenversicherung. Danach besteht keine Leistungspflicht beispielsweise für Krankheiten und Folgen von Unfällen, die durch Kriegsereignisse verursacht worden sind oder vorsätzlich herbeigeführt wurden. Ein modernes Beispiel gibt etwa die Hausratversicherung: Fahrräder sind nach beendetem Gebrauch nur dann versichert, wenn sie in einem verschlossenen Raum aufbewahrt werden (AG Bremen VersR 1983, 333).

2. Relative Risikoausschlüsse

Bei diesen Begrenzungen der versicherten Gefahr handelt es sich um Risikoaus- **147**
schlüsse, die normalerweise eingreifen. Es sind jedoch relativ ausgeschlossene Risiken in dem Sinne, dass sie gegen Zahlung einer besonderen Prämie durch ausdrückliche Bestimmung im Versicherungsschein mitversichert sein können. Relativ bedeutet also, dass sie vom Versicherer gegenüber bestimmten VN ge-

gen eine Erhöhung der Prämie versichert werden. Ein treffendes Beispiel findet sich in § 4 Abs. 1 AHB über die Haftpflichtversicherung. Der Versicherungsschutz bezieht sich nicht auf Haftpflichtansprüche aus im Ausland vorgekommenen Schadensereignissen. Jedoch kann im Versicherungsschein oder seinen Nachträgen ausdrücklich etwas anderes bestimmt sein. Dann ist auch die Auslandsdeckung gegeben.

IV. Ausweitungen und Klarstellungen

1. Ausweitungen

148 Die Wahl des Wortes „Ausweitung" ist eher missverständlich. Es handelt sich nicht um Ausweitungen von Risikoausschlüssen, sondern um Ausweitungen des Versicherungsschutzes durch Einschränkungen von sekundären Risikoausschlüssen. In Wirklichkeit sind es also Gegenausnahmen zur Ausnahme vom Versicherungsschutz. So sind nach § 2 Abs. 1 MB/KK von der Krankenversicherung die sog. alten Leiden ausgeschlossen, sofern eine Erkrankung des VN bereits vor Vertragsschluss eingetreten war. Häufig wird jedoch vereinbart, dass ein Wiedereinschluss der ausgeschlossenen Leiden verlangt werden kann, falls der VN während eines bestimmten Zeitraumes – beispielsweise fünf Jahre – ohne einschlägige Beschwerden bleibt.

2. Definitorische Klarstellungen

149 Bisweilen genügt die Umschreibung des Risikos nicht, um bestimmte Erscheinungen entweder unter den Versicherungsschutz zu bringen oder von ihm auszuschließen. Will man nicht den Weg einer umständlichen Definition gehen, so bietet sich hier die sog. Klarstellung an. Sie ist nichts weiter als eine nachfolgende ergänzende Definition des Risikos. Ein Beispiel findet sich in § 1 Abs. 2 a MB/KK. Nach dieser Regelung gilt auch die Untersuchung und medizinisch notwendige Behandlung einer Schwangerschaft bzw. Entbindung als Versicherungsfall. Damit ist im Wege der Klarstellung der private Versicherungsschutz präzisiert worden. Das Geburtsrisiko fällt also nunmehr unter die Krankenversicherung. Demgegenüber fällt die Unfall- und Sterbegeldversicherung nicht an, wenn der tödliche Unfall durch eine alkoholbedingte Bewusstseinsstörung eingetreten ist (OLG Frankfurt VersR 1983, 481).

V. Rückwirkung der AVB auf den Umfang der Haftung

150 Das Verhältnis von Haftung und Versicherung ist ambivalent. Der ursprüngliche Grundsatz geht dahin, dass die (Haftpflicht-)Versicherung der Haftung nachfolgt. Die Versicherung tritt dort ein, wo Haftung ohnehin besteht. Dieses Prinzip ist jedoch nicht mehr gänzlich durchführbar. Das Bestehen der Versicherung beeinflusst irgendwie die Haftung. Wo die Haftung mit einer Verpflichtung zur Haftpflichtversicherung verbunden ist, hat die gesetzliche Regelung überdies einen sozialen Akzent. Der Verletzte soll auf diese Weise in seinen Rechtsgütern besonders geschätzt werden, da er im Falle der Verletzung mit Sicherheit Ersatz erhält. In diesem Bereich nehmen übrigens Versicherungsbedingungen außerordentlichen Einfluss auf den Umfang der Haftung. Ein Beispiel aus jüngster Zeit bildet die sog. Probandenversicherung nach § 40 AMG. Danach ist die klinische Prüfung eines Arzneimittels am Patienten nur zulässig, wenn für den Fall, dass bei der Durchführung der klinischen Prüfung ein Mensch getötet oder der Körper oder die Gesundheit eines Menschen verletzt wird, eine Versicherung besteht, die auch Leistungen gewährt, wenn kein anderer für den Schaden haftet. Diese sog. Probandenversicherung, eine Unfallversicherung zugunsten Dritter, die auf dem Gedanken der Aufopferungshaftung beruht, ist durch AVB für klinische Prüfung von Arzneimitteln wesentlich abgegrenzt worden. Danach wird nur der Vermögensschaden aus der Teilnahme des Probanden am Versuch vergütet, § 6 AVB ProbVers. Für die Arzneimittelprüfung im psychischen Bereich, in der insbesondere immaterielle Schäden auftreten, erscheint das eher unbefriedigend. Um der dauernden Begrenzung der Schadensversicherungsleistung durch AVB zu begegnen, wird es notwendig sein, dass ein versicherter Proband oder Patient gegen die das Arzneimittel prüfende Pharmafirma und ein Verbraucherschutzbund gegen die Versicherung direkt klagt, um den gesetzlich angedeuteten Umfang der Versicherung zu erlangen. Erfolgt das nicht in angemessener Zeit, so ist zu befürchten, dass sich diese Versicherungsbedingungen nach vieljähriger Dauer schließlich als technische Interpretation des gesetzlich angeordneten Schutzes durchsetzen. Bis jetzt hat es allerdings überhaupt noch keinen gerichtlich entschiedenen Fall der Verwirklichung des Probandenrisikos und der Inanspruchnahme der Versicherung gegeben.

§ 17 Gefahrerhöhung

Der Versicherungsvertrag wird von dem Versicherer aufgrund des Antrags des VN und den tatsächlichen Angaben in dem Antrag abgeschlossen. Der Versicherer entschließt sich diesen Angaben zufolge zu dem Vertrag und passt insbesondere die Prämie der angegebenen Gefahrenlage an. Es gilt der Grundsatz des Gleichgewichts zwischen Prämie und Gefahrenlage. Wenn auch die Risikolage während der Vertragsdauer oft gewissen Veränderungen unterliegt, wird doch grundsätzlich die Gefahrenlage als gleichmäßig gedacht. Führen die tatsächlichen Veränderungen dazu, dass die Gefahr deutlich erhöht ist, so muss dem Versicherer die Möglichkeit einer Lösung oder einer Anpassung des Versicherungsverhältnisses gegeben sein. Nach BGHZ 7, 311 (= VersR 1952, 387) bilden die Vorschriften über die Gefahrerhöhung eine Sonderregelung der Veränderung der Geschäftsgrundlage. Diese Spezialvorschriften verdrängen die sonst geltenden allgemeinen Grundsätze über den Wegfall oder die Veränderung der Geschäftsgrundlage, §§ 313f. BGB. 151

I. Tatbestand der Gefahrerhöhung

1. Terminologie

152 Auszugehen ist von der Veränderung der Gefahrenlage für den Versicherer und die Gefahrengemeinschaft. Ist die Änderung günstig, so liegt eine Gefahrminderung vor. Ist sie ungünstig, so sprechen wir von einer Gefahrerhöhung. Ist sie neutral, haben wir es mit einer Gefahränderung zu tun. Die Gefahränderung ist für das Binnenversicherungsrecht unbeachtlich, anders stand es nach § 814 Abs. 1 HGB für die Seeversicherung.

2. Objektiver Tatbestand

153 Eine Gefahrerhöhung ist dann gegeben, wenn sich die Umstände, welche das Risiko beschreiben, nach der Stellung des Vertragsantrages in einem für den Versicherer ungünstigen Sinn ändern, § 23 VVG. Die Änderung kann durch Hinzutritt neuer ungünstiger Umstände oder durch den Wegfall positiver Merkmale geschehen. Grundsätzlich hat eine gesamtheitliche Betrachtung zu erfolgen, so dass ein gefahrerhöhendes Merkmal nicht isoliert gesehen werden darf. Vielmehr kommt es zu dem, was man als Gefahrenaufrechnung bezeichnet hat. Wenn also der VN zu gleicher Zeit feuergefährliche Stoffe neu einlagert, aber auch eine Sprinkleranlage einbaut, so sind beide Umstände zu berücksichtigen und der Saldo zählt. Wird eine an sich erheblich feuergefährdete Diskothek stillgelegt, später in sie eingebrochen und brennt sie schließlich ab, so heben sich Verminderung und Erhöhung des Risikos auf (vgl. BGHZ 79, 156). Dabei ist stets der Umstand in Beziehung zum Risiko zu setzen: Ist eine Wohnung längere Zeit unbewohnt, so ist die Gefahr eines Einbruchdiebstahls erhöht, nicht aber die Feuergefahr. Die Gefahrerhöhung setzt also voraus, dass aufgrund einer objektiven, nachträglichen Prognose festgestellt wird, dass die objektiv beurteilte Möglichkeit des Versicherungsfalls durch eine Veränderung der Umstände deutlich erhöht worden ist. Es muss sich um eine Steigerung der Wahrscheinlichkeit des Risikoeintritts handeln. Das konnte auch die Gefahrerhöhung nach den Terroranschlägen vom 11. September 2001 im Hinblick auf die Fußballweltmeisterschaft 2005 sein: LG Köln VersR 2004, 636. Deshalb liegt keine Gefahrerhöhung vor, wenn die Gefahrenlage, hier eine Epilepsie, schon bei Vertragsabschluss bestand und jetzt nur ein Kraftfahrzeug benutzt wird (OLG Stuttgart VersR 1997, 1141).

154 Neben der Vergrößerung der Möglichkeit, dass der Versicherungsfall eintritt, ist nach der h. M. auch ein gewisser Zeitraum der Gefahrerhöhung notwendig. Eine einmalige, in ihrer Wirkung nicht fortdauernde Gefährdungshandlung ist grundsätzlich nicht als Gefahrerhöhung anzusehen. Gefährdungsvorgänge gelten nur dann als Gefahrerhöhungen, wenn sie einen neuen Zustand erhöhter Gefahr schaffen, der seiner Natur nach geeignet ist, von so langer Dauer zu sein, dass er die Grundlage eines neuen natürlichen Gefahrenverlaufs bildet und damit den Eintritt des Versicherungsfalls generell fördert. Diese Voraussetzungen erfüllen solche Gefährdungsvorgänge nicht, die nur von kurzer Dauer sind, so dass es

schon aus zeitlichen Gründen nicht sinnvoll ist, sie dem Versicherer anzuzeigen, um ihm eine Entschließung über die Kündigung des Versicherungsverhältnisses zu ermöglichen (BGHZ 7, 311 = VersR 1952, 387). Ein neuer Gefahrenzustand kann jedoch durch wiederholende oder dauernde Gefährdungshandlungen herbeigeführt werden (vgl. BGH VersR 1951, 68 = NJW 51, 231). So ist etwa die einmalige Benutzung eines noch nicht zugelassenen Motorrades zu einer Fahrt, die alsbald zu einem Unfall geführt hat, von vornherein nicht geeignet, einen für eine gewisse Zeit andauernden Zustand einer erhöhten Gefahr zu schaffen (BGHZ 2, 360 = VersR 1951, 195). Keine Gefahrerhöhung ist also das vorübergehende Rauchen in einem Raum, in dem Benzin lagert, die Nichtbetätigung von Rollläden im Einzelfall (OLG Hamm VersR 1984, 175) oder der einmalige Fall der Trunkenheit am Steuer. Anders steht es jedoch mit der Neigung zu Trunkenheitsfahrten, bei welcher der Tatbestand der Gefahrerhöhung zu bejahen ist.

Ohne die Notwendigkeit eines gewissen Dauerzustandes der Gefahrerhöhung würde die Anwendung der §§ 26, 103 VVG über die vorsätzliche bzw. grob fahrlässige Herbeiführung des Versicherungsfalls unterspült. Es käme auf die vorsätzliche oder grob fahrlässige Herbeiführung des Versicherungsfalls kaum noch an, wenn nämlich schon die leicht fahrlässige Gefahrerhöhung nach § 26 Abs. 1 VVG zur Leistungsfreiheit führen würde. Da aber im Versicherungsfall sich regelmäßig die erhöhte Gefahr verwirklicht haben wird, bedürfte es weder des Nachweises des schweren Verschuldens noch der Beziehung auf den Versicherungsfall selbst.

Die Abgrenzung kurzfristiger Gefahrsteigerungen von der Gefahrerhöhung geschieht auch unter Verwendung subjektiver Kriterien. Ist ein Kraftfahrzeug verkehrsunsicher geworden, worin ein Dauerzustand liegt, so ist einmal entscheidend, ob der VN davon Kenntnis hat (BGHZ 50, 385 = VersR 1968, 1153). Wenn es bei einer einmaligen Verwendung zu einem Unfall kommt, ist weiterhin die Motivationslage erheblich, etwa ob der VN das Kraftfahrzeug nur zur Reparatur bringen wollte oder ob er es bis zur Beschaffung von Ersatzteilen noch eine gewisse Zeit weiter im verkehrsunsicheren Zustand benutzen wollte (BGHZ 23, 142 = VersR 1957, 123). Beruht die Verkehrsunsicherheit nicht auf einem Mangel des Kraftfahrzeugs selbst, wird es etwa überladen oder zu schnell gefahren, so kommt es darauf an, ob eine gewisse Planmäßigkeit oder Wiederholung in der verkehrswidrigen Benutzung zu erkennen ist.

Ob eine Gefahrerhöhung eingetreten ist, ist vom Standpunkt sachgemäßer Versi- **155**
cherungstechnik zu bewerten. Entscheidend ist, ob der Versicherer unter Zugrundelegung vernünftiger Anschauungen Anlass gehabt hätte, die Versicherung aufzuheben oder nur gegen erhöhte Prämien fortzusetzen (so schon RGZ 73, 359).

Schließlich können auch in den AVB bestimmte Definitionen einer Gefahrerhöhung vorgenommen werden. Insbesondere werden konkrete Sachverhalte als gefahrerhöhend bezeichnet. Das ist grundsätzlich zulässig. Allerdings ist auch insoweit der Beweis der Unerheblichkeit möglich.

Nun im Folgenden kurz einige Beispiele der Gefahrerhöhung:

Einbruchsdiebstahlversicherung: Abschaffung oder Tod eines Wachhundes (RG JRPV 29, 6); Leerstehen einer Wohnung über dem Versicherungsraum (KG JRPV 26, 38); Aufbewahrung von Silbersachen in einem Kellerabteil, das nur durch einen Lattenverschlag gesichert ist (OLG Frankfurt VersR 1983, 358); Errichtung eines Gerüsts an dem Gebäude eines Pelzgroßhandels, wenn die Fensterfront der Sicht entzogen wird (BGH MDR 1975, 1009).

Transportversicherung: Absicht, das versicherte Schiff zu Schmuggeldelikten zu benutzen; Erschwerung des Rückgriffs gegen den Transportunternehmer (RGZ 123, 320).

Feuerversicherung: Einlagerung von Kiefernreisigbündeln und Brettern in einer Weberei (RGZ 161, 23); Einstellung eines Pkw und von Benzinfässern im selben Lagergebäude; Aufforderung oder Vorbereitung zur Brandstiftung oder „Brandreden" (OLG Celle VersR 1961, 364); Verwendung überbrückter oder geflickter Sicherungen (BGH VersR 1963, 741); Drohung des Ehemannes der VN, das Haus in die Luft zu sprengen (BGH VersR 1965, 425), allerdings nur, wenn die Ehefrau die Drohung ernst genommen hat und sie wusste, dass die Drohung nicht nur vorübergehender Natur war (BGH VersR 1999, 484). Keine Gefahrerhöhung besteht, wenn der VN nach einem Unfall in einem Krankenhaus stationär behandelt wird und das abgebrannte Haus deshalb leer steht (OLG Hamm VersR 1999, 359).

Kfz-Haftpflichtversicherung: Überschreiten des Ladegewichts (BGH VersR 1967, 493); Ankoppeln eines Pferdewagens an einen Lastkraftwagen; Neigung zu Trunkenheitsfahrten, nicht aber vereinzelte Trunkenheit am Steuer (BGHZ 7, 311 = VersR 1952, 387); Inbetriebnahme oder Weiterbenutzung eines Kraftfahrzeugs, das sich hinsichtlich Bremsen oder Bereifung im verkehrsunsicheren Zustand befindet (BGHZ 23, 142 = VersR 1957, 123; LG Hagen VersR 1983, 629); erhebliche Überbeanspruchung angestellter Kraftfahrer (BGH VersR 1965, 846); ständiges Fahren eines sehschwachen Fahrers ohne Brille.

Eine Gefahrerhöhung wurde bei der Kraftfahrzeughaftpflichtversicherung in folgenden Fällen verneint: gelegentliche Mitnahme von Personen auf Lastwagen (RGZ 168, 372); Ausschluss der Haftung für leichte Fahrlässigkeit bei Selbstfahrer für Mietwagen (BGHZ 22, 109 = VersR 1956, 725); Fahren auf einer dem Verkehr noch nicht übergebenen, aber einwandfreien Autobahnstrecke (BGH VersR 1964, 234); Fahrt eines mangelhaften Fahrzeugs zur Reparatur oder nach Hause; schuldhafte Ermöglichung von Schwarzfahrten (BGHZ 35, 39 = VersR 1961, 529); einmalige Überlassung des Kraftfahrzeugs an einen alkoholisierten Fahrer (BGH VersR 1971, 808); Mitführen eines abgefahrenen Reservereifens (BGH VersR 1968, 1033); Benutzung von Winterreifen im Sommer (BGH VersR 1969, 365).

3. Arten der Gefahrerhöhung

Bei der Erhöhung des Risikos wird unterschieden, ob diese abhängig oder unabhängig vom Willen des VN eintritt, § 23 VVG. Versicherungswirksam ist nur die Gefahrerhöhung, die der VN vornimmt oder deren Vornahme durch einen Dritten vom VN gestattet wird, § 23 Abs. 1 VVG. Erst wenn die Gefahrerhöhung auf ein freies Handeln bzw. Dulden des VN zurückzuführen ist, spricht man von willkürlicher Gefahrerhöhung. Unterlässt es jedoch der VN, eine von dritter Seite gegen seinen Willen herbeigeführte Gefahrerhöhung zu beseitigen, nimmt er weder eine Gefahrerhöhung vor noch duldet er sie. So sind Einbrüche in eine leerstehende frühere Diskothek, die schließlich abbrennt, nicht als willkürliche Gefahrerhöhung angesehen worden, auch wenn der VN eine beschädigte Tür nicht repariert hat (BGHZ 79, 156 = VersR 1981, 245). Kündigt der Mieter und steht das Haus leer, ist die Erhöhung der Einbruchsgefahr nicht mit Willen des Eigentümers vorgenommen, der noch einen Mieter sucht. 156

Die Unterscheidung beider Kategorien ist wichtig in Bezug auf die Rechtsfolgen. Ist eine gewillkürte Gefahrerhöhung grob verschuldet, so ist der Versicherer leistungsfrei, § 26 Abs. 1 VVG. Bei einer vom VN nicht veranlassten Gefahrerhöhung trifft den VN eine Anzeigepflicht. Bei Verletzung dieser Pflicht kommt es zur Leistungsfreiheit, wenn ein Monat nach fiktivem Zugang der Anzeige verstrichen ist, § 26 Abs. 2 VVG.

4. Verschulden

Die Gefahrerhöhung führt zu Rechtsfolgen nur im Falle des Verschuldens, § 24 ff. VVG. Verschulden ist hier als Vorsatz oder Fahrlässigkeit zu verstehen. Jedes Verschulden schadet nur mit Bezug auf § 23 VVG, d. h. bei Vornahme oder Duldung der Gefahrerhöhung durch den VN. Im Fall der ungewollten Gefahrerhöhung des VN nach Abschluss des Vertrags schadet nur Kenntnis des VN. Das Verschulden bezieht sich auf die Herbeiführung oder die Kenntnis der Gefahrerhöhung. Entscheidend für die Fahrlässigkeit ist die von einem VN in der gleichen Position erwartete, im Verkehr erforderliche Sorgfalt, § 276 Abs. 2 BGB. Die Folgen der verschuldeten Gefahrerhöhung sind gestaffelt. Bei vorsätzlicher Herbeiführung oder Duldung der Gefahrerhöhung wie bei nicht angezeigter, später unabhängig von seinem Willen geschehener Gefahrerhöhung kommt eine Kündigung oder Leistungsfreiheit in Betracht. Führt der VN vorsätzlich oder grob fahrlässig die Gefahrerhöhung herbei, dann kann der Versicherer ohne Einhaltung einer Frist kündigen. Bei einfacher Fahrlässigkeit hat er eine Frist von einem Monat einzuhalten. Ebenso steht es mit den Gefahrerhöhungen, die nachträglich erkannt oder unabhängig vom Willen des VN eingetreten sind. Eine weitere Rechtsfolge ist eine Prämienerhöhung nach § 25 VVG. Der Versicherer kann anstelle der Kündigung ab dem Zeitpunkt der Gefahrerhöhung eine seinen Geschäftsgrundsätzen für diese höhere Gefahr entsprechende Prämie verlangen oder die Absicherung der höheren Gefahr ausschließen. Leistungsfreiheit schließlich ist davon abhängig, welches Verschulden vorliegt. Bei Vorsatz ist der 157

Versicherer leistungsfrei. Bei grober Fahrlässigkeit ist er berechtigt, seine Leistung in einem der Schwere des Verschuldens des VN entsprechenden Verhältnis zu kürzen. Hierbei obliegt die Beweislast für das Nichtvorliegen der groben Fahrlässigkeit beim VN. Ähnlich steht es bei der nachträglichen Gefahrerhöhung, wenn der Versicherungsfall später als einen Monat nach dem Zeitpunkt eintritt, in dem die Anzeige dem Versicherer hätte zugehen müssen, § 26 Abs. 2 VVG. Allerdings ist es auch hier wieder so, dass Leistungsfreiheit eintritt, wenn Vorsatz vorliegt; bei grober Fahrlässigkeit wird wieder nach der Schwere des Verschuldens des VN entschieden.

5. Grobe Fahrlässigkeit

158 Die hier und später genannte grobe Fahrlässigkeit ist ein Institut, das im römischen Recht als *culpa lata* erfunden worden ist und sich bis heute jeder überzeugenden Definition entzogen hat. Der BGH fragt, ob der VN „die erforderliche Sorgfalt nach den gesamten Umständen in ungewöhnlich großem Maße verletzt und … das unbeachtet geblieben ist, was im gegebenen Fall jedem hätte einleuchten müssen“ (BGHZ 10, 74). Diese Definition, die sich aus einem aufgegebenen Gesetzgebungsansatz und einer früheren auf dem Vorsatzverdacht beruhenden Teildefinition des römischen Rechts zusammensetzt, soll die ganze Breite der groben Fahrlässigkeit abdecken. Diese reicht vom gutgläubigen Erwerb im Sachenrecht (§ 932 BGB) bis zum Rückgriff im Beamtenrecht (Art. 34 S. 2 GG). In der Breite des Anwendungsbereichs der groben Fahrlässigkeit wird man auch wohl hinsichtlich der subjektiven Elemente eventuell einer Vorwerfbarkeit unterscheiden müssen. Auf sie kommt es vor allen Dingen im Bereich des Rückgriffs an, also etwa bei Art. 34 S. 2 GG. Das VVG spricht ausdrücklich davon, dass es auf die Schwere des Verschuldens ankommt; nach der Begründung zum Entwurf des VVG soll entscheidend sein „ob die grobe Fahrlässigkeit im konkreten Fall nahe beim bedingten Vorsatz oder aber im Grenzbereich zur einfachen Fahrlässigkeit liegt“. Die Regelung wird zu einer Fülle von Streitigkeiten führen, gibt auf der anderen Seite aber auch der Versicherung eine gestaltende Möglichkeit.

6. Beweislast für die Gefahrerhöhung und das Verschulden

159 Die Gefahrerhöhung selbst stets vom Versicherer zu beweisen (RGZ 168, 372). Als einzige Ausnahme gilt die Beweisvereitelung durch den VN (BGH VersR 1968, 590): Zerstört etwa der VN Unterlagen, kann sich die Beweislast umkehren.

Was die Beweislast für die subjektive Seite angeht, so hat der Gesetzgeber eine eigentümliche Regelung getroffen. Die Beweislast für den Vorsatz trägt der Versicherer, wenn er Leistungen insgesamt vermeiden will. Liegt eine Obliegenheitsverletzung ohne Nachweis des Vorsatzes vor, so hat sich der VN von der groben Fahrlässigkeit zu entlasten, § 26 Abs. 1 VVG. „Für das Verschuldensmaß, nach dem sich im Falle grober Fahrlässigkeit der Umfang der Leistungspflicht bestimmt, ist der Versicherer beweispflichtig“, so ein Satz der amtlichen Begründung (S. 173). Man muss das Ganze wohl so verstehen, dass der Versicherer die Voraussetzungen seiner Leistungsfreiheit zu beweisen hat. Liegt jedoch eine Obliegenheitsverletzung vor, so hat der VN wenigstens zu beweisen, dass keine grobe Fahrlässigkeit gegeben ist. Wird diese doch angenommen, dann wechselt die Beweislast wieder zurück auf den Versicherer, was die Schwere des Verschuldens angeht. Einfach ist diese Regelung nicht, richtet sich doch die Schwere des Verschuldens nach subjektiven Kriterien, die der Versicherer nur mit Mühe ermitteln kann. Man wird wohl auf die höchstrichterliche Klärung warten müssen.

III. Erheblichkeit der Gefahrerhöhung

Unerhebliche Gefahrerhöhungen zählen nicht. Erhebliche Risikosteigerungen **160** führen nur zur Leistungsfreiheit, wenn sich das gesteigerte Risiko im Versicherungsfall verwirklichen konnte. Das ist Ausdruck der Prinzipien der Sozialadäquanz und des Schutzbereichs der Norm im Versicherungsvertragsrecht. In der versicherungsrechtlichen Literatur wird insoweit gelegentlich von Kausalität der Gefahrerhöhung oder sogar mitwirkender Kausalität gesprochen. Das Gesetz selbst spricht in § 26 Abs. 3 Nr. 1 VVG, dass der Versicherer zur Leistung verpflichtet bleibt, „soweit die Gefahrerhöhung nicht ursächlich für ein Eintritt des Versicherungsfalles oder den Umfang der Leistungspflicht war“. Von Kausalität, sei es im naturwissenschaftlichen, sei es im juristischen Sinne, sollte insoweit besser nicht gesprochen werden. Es handelt sich hier nicht allein um eine Wirkungskette, sondern das gefahrerhöhende Merkmal muss den Eintritt des Versicherungsfalls nahegelegt haben. Dabei gehen Unklarheiten des Verlaufs zu Lasten des schuldhaft handelnden VN. Nach ständiger Rechtsprechung ist der Versicherer frei, wenn auch nur die Möglichkeit des Einflusses des gefahrerhöhenden Umstandes besteht (BGH VersR 1951, 67; 1969, 247). Mit Recht spielt die unerhebliche Gefahrerhöhung kaum eine Rolle, ebenso wie wenn nach den Umständen als vereinbart anzusehen ist, dass die Gefahrerhöhung mitversichert sein soll, § 27 VVG.

1. Verwirklichung der Gefahrerhöhung: Schutzbereich der Norm

Die wichtige automatische Rechtsfolge der Gefahrerhöhung, nämlich Leistungs- **161** freiheit und Anzeigepflicht mit eventuell folgender Leistungsfreiheit, tritt nur ein, wenn sich die Gefahrerhöhung im Versicherungsfall selbst ausgewirkt hat. Das gesteigerte Risiko muss sich realisiert haben, d. h., die objektiv erhöhte Möglichkeit des Schadenseintritts muss sich nach Ort, Zeit und Art durchgesetzt haben. Fehlt es daran, so ist von vornherein eine Leistungsfreiheit wegen Gefahrerhöhung nicht gegeben. Einige Beispiele mögen das verdeutlichen. Ist eine neue Autobahnstrecke einwandfrei, aber dem Verkehr noch nicht übergeben worden, so ist die vorsätzliche Verletzung der Verkehrsvorschrift durch Befahren der Autobahn nicht eine verwirklichte Gefahrerhöhung (BGH VersR 1964, 234). Führt der VN einen abgefahrenen Reservereifen mit, benutzt er ihn aber nur, um nach einem Unfall zur Werkstätte zu fahren, so liegt hierin keine realisierte Gefahrerhöhung (BGH VersR 1968, 1033). Nach einem Schleuderunfall bei starkem Regen wurde festgestellt, dass die Hinterreifen bis auf schwache Profilreste abgefahren waren. Der VN wusste davon. Da sich der Unfall in gleicher Weise bei Reifen mit dem vorgeschriebenen Mindestprofil von 1 mm zugetragen hätte, wurde die Gefahrerhöhung verneint (BGH VersR 1978, 146 = NJW 1978, 1919). In den Beispielsfällen ist jeweils eine Norm des Straßenverkehrsrechts übertreten worden, die sich gegen abstrakte Gefahren richtet, einmal nämlich gegen das Befahren noch nicht zugelassener Autobahnen und zum zweiten gegen das Verwenden verkehrsunsicherer Reifen. Jeweils aber hat sich die Übertretung der Norm, die sich gegen die abstrakte Gefahr richtet, nicht in einer konkreten Gefahr verwirklicht. Das Unfallgeschehen lag außerhalb dieser möglichen Wirkung. Die Gefahrerhöhung hatte sich nicht verwirklicht.

Die mangelnde Erheblichkeit der Übertretung der Norm ist grundsätzlich vom VN darzutun. Ist eine Norm, die vor einer abstrakten Gefahr schützen soll, verletzt worden und liegt der Unfall im Schutzbereich der Norm, so wird vermutet, dass die Normverletzung für den Schaden erheblich gewesen ist. Nunmehr hat im Bestreitensfalle der VN nachzuweisen, dass die Gefahrerhöhung nicht wirksam geworden ist. Nach der Rechtsprechung kann er den Beweis indes nicht dadurch führen, dass noch andere Wirkungsmechanismen in Betracht kommen (BGH VersR 1968, 590).

2. Unerhebliche Gefahrerhöhung: Sozialadäquanz

162 Gemäß § 27 VVG kommt eine unerhebliche Erhöhung der Gefahr nicht in Betracht. Das ist Ausdruck des Prinzips der Sozialadäquanz. Unter unerheblich erhöhenden Gefahren sind solche zu verstehen, die nur schwach indizierend wirken. Als Beispiel wird angeführt, dass ein Wachhund nicht innerhalb des Raums mit den versicherten Gütern, sondern nebenan untergebracht wird. Überwacht der VN den angestellten Fahrer nicht genug, so dass dieser eine Schwarzfahrt mit Unfallfolge vornehmen kann, handelt es sich um eine unerhebliche Erhöhung des Risikos (BGHZ 35, 39 = VersR 1961, 529). Die Gefahrerhöhung ist auch belanglos, wenn sie nach den Umständen als mitversichert anzusehen ist. Es handelt sich hier um eine Auslegung oder Ergänzung des Versicherungsvertrags nach Treu und Glauben mit Rücksicht auf die Verkehrssitte. Einige Fallgruppen dieser Art sind mittlerweile herausgearbeitet worden: Unausbleibliche Gefahrerhöhungen gelten als mitversichert, etwa das Älterwerden des gegen Krankheit Versicherten oder des nach Jahren der Benutzung in seiner Verkehrssicherheit geminderten Kraftfahrzeugs. Auch nach dem besonderen Schutzzweck des Vertrags kann der Einwand der Gefahrerhöhung ausgeschlossen sein, etwa wenn in der Nähe des Aufenthaltsorts der versicherten Tiere eine Seuche ausgebrochen oder der Brand bei Benutzung einer offenen Flamme entstanden ist. Schließlich ist bei der Leitungswasserversicherung das Unbewohntsein des Hauses nicht als Gefahrerhöhung hinsichtlich der Gebäudeschäden anzusehen (BGHZ 42, 295 = VersR 1965, 29). Der Prämientarif des Versicherers zeigt weiterhin oft deutlich, welche Gefahrerhöhungen von seinem Standpunkt aus bedeutsam sind:

Wenn für die Hundehalterhaftpflichtversicherung einheitliche Prämien vorgesehen sind, so ist es unerheblich, wenn statt eines harmlosen Haushundes ein bissiger Wachhund angeschafft wird; für den Prämientarif und damit auch für die Gefahrerhöhung ist es unerheblich, ob der versicherte Hausrat in der Nähe eines feuergefährlichen Betriebes aufgestellt wird oder nicht. Die Androhung einer vorsätzlichen Schädigung aus Anlass einer Schutzgelderpressung ist keine versicherungsrechtlich relevante nachträgliche Gefahrerhöhung (OLG Karlsruhe VersR 1998, 625).

Gefahrerhöhungen, die im Interesse des Versicherers erfolgen oder durch ein Er- 163
eignis geschehen, für das der Versicherer haftet, oder durch Gebote der Menschlichkeit veranlasst sind, werden nicht angerechnet. Im Interesse des Versicherers liegt die Gefahrerhöhung, wenn etwa bei einem Brand statt mit Wasser versehentlich mit Wein gelöscht wird. Der Versicherer haftet schon für die Gefahrerhöhung, wenn das versicherte Schiff infolge des Seeunfalls, für den der Versicherer einzustehen hat, Leck geschlagen wird und der VN es nunmehr absichtlich auf eine Sandbank fährt, um das Sinken abzuwenden. Unter die Gefahrerhöhung im Interesse eines Gebots der Menschlichkeit fallen die sog. Selbstopferungen im Straßenverkehr (BGHZ 38, 270 = VersR 1963, 143). Wenn der VN das vollkaskoversicherte Fahrzeug gegen eine Mauer lenkt, weil das die einzige Möglichkeit ist, um ein plötzlich in die Fahrbahn laufendes spielendes Kind nicht zu überfahren, so folgt er einem Gebot der Menschlichkeit.

IV. Obliegenheiten hinsichtlich der Gefahren

Der Inhalt der Obliegenheiten, die den VN treffen, ist in § 23 VVG ausgesprochen. 164
Zunächst darf der VN nach Abgabe der Vertragserklärung ohne Einwilligung des Versicherers keine Gefahrerhöhung vornehmen oder deren Vornahme durch einen anderen gestatten. Er darf also bei der Feuerversicherung eines Betriebes nicht die Löschgeräte abnehmen lassen und nicht durch neue ersetzen. Dann hat der VN eine Anzeigeobliegenheit: Erkennt er nachträglich die Gefahrerhöhung, so hat er diese dem Versicherer unverzüglich anzuzeigen. Ebenso steht es, wenn nach Abgabe der Vertragserklärung des VN eine Gefahrerhöhung unabhängig von seinem Willen eintritt. Es sind also im Wesentlichen drei Inhalte von Obliegenheiten, nämlich keine Gefahrerhöhung vorzunehmen, keinem Dritten gestatten, eine Gefahrerhöhung vorzunehmen, und bei nachträglicher Erkenntnis oder späterer Gefahrerhöhung aus anderen Gründen unverzüglich Anzeige zu erstatten. „Unverzüglich" ist hier i. S. v. § 121 Abs. 1 BGB benutzt, wonach dieses Wort „ohne schuldhaftes Zögern" heißt. Es kommt also darauf an, dass die Anzeige rechtzeitig oder ihre Verspätung unverschuldet anzusehen ist.

V. Rechtsfolgen: Leistungsfreiheit und Kündigung

165 Als Rechtsfolgen der Gefahrerhöhung kommen die Leistungsfreiheit und ein außerordentliches Kündigungsrecht in Betracht. Ist der Versicherungsfall schon eingetreten, so stellt sich vor allem die Frage nach der Leistungsfreiheit. Hat der VN eine willkürliche Gefahrerhöhung geschaffen bzw. gestattet oder hat er dem Versicherer eine von ihm nicht veranlasste Gefahrerhöhung nicht zur Anzeige gebracht, so ist der Versicherer von seiner Leistungspflicht frei geworden. Im Falle der Nichtanzeige muss ein Monat nach fiktivem Zugang der Anzeige verstrichen sein, § 24 VVG.

Die Kündigung kann dann ausgesprochen werden, wenn der Versicherer von der Gefahrerhöhung erfährt, bevor der Versicherungsfall eingetreten ist. Die fristlose Kündigung ist dann zulässig, wenn eine schuldhafte willkürliche Gefahrerhöhung vorliegt, § 24 Abs. 1 S. 1 VVG. Sofortige Kündigung ist bei vorsätzlicher oder grob fahrlässiger Verletzung der Anzeigepflicht gegeben. Im Übrigen ist nur eine regelmäßige Kündigung möglich, die erst nach Ablauf einer Frist von einem Monat wirksam wird. Der Grund dafür liegt darin, dass dem VN für die Übergangszeit von einem Monat die Gelegenheit gegeben werden soll, sich an eine andere Versicherung zu wenden. Das Kündigungsrecht erlischt übrigens, wenn der Versicherer es nicht innerhalb eines Monats nach Kenntnis von der Gefahrerhöhung ausübt. Ebenso wenig kann es ausgeübt werden, wenn der frühere Zustand wieder hergestellt worden ist, § 24 Abs. 3 VVG.

Was die Prämie angeht, so hat nur die Kündigung Einfluss auf ihre Höhe. Eine etwaige Leistungsfreiheit lässt den Versicherer weiterhin im Genuss der bezahlten Prämie. Bei der fristlosen Kündigung darf der Versicherer die Prämie bis zum Schluss der Versicherungsperiode behalten, bei der fristgemäßen Kündigung erhält er die Prämie bis zum Vertragsende, § 39 Abs. 1 VVG.

VI. Rechtliche Konstruktion der Gefahrerhöhung

Die Regeln über die Gefahrerhöhung sind eine sondergesetzliche Ausformung des Wegfalls bzw. der Anpassung der Geschäftsgrundlage. Die §§ 23ff. VVG sehen vor, dass der VN eine Gefahrerhöhung nicht vornehmen und ihre Vornahme durch Dritte nicht gestatten darf, sowie dass er Gefahrerhöhungen, die unveranlasst eingetreten sind, dem Versicherer anzeigt. Das hier geforderte Verhalten ist nicht Gegenstand einer Rechtspflicht, deren Verletzung zum Schadensersatz oder zur Nichtigkeit des Vertrags führt. Vielmehr handelt es sich hierbei um eine Obliegenheit. Die Obliegenheit ist eine Rechtspflicht minderen Grades, die dem VN im eigenen, aber auch im Interesse des Versicherers auferlegt worden ist. Die Verletzung der Obliegenheit führt nicht zum Schadensersatz, sondern hat unmittelbare Rechtsfolgen, die meistens in der Verwirkung von Rechtspositionen bestehen. Im Versicherungsrecht ist es der Verlust des Versicherungsschutzes. Im Zivilrecht, wo Obliegenheiten gleichfalls vorkommen, gibt § 254 BGB betreffend das Mitverschulden des Geschädigten ein gutes Beispiel ab. Handelt der Geschädigte fahrlässig gegen das eigene Interesse, so verletzt er eine Obliegenheit. Der Fußgänger etwa überquert eine belebte Straße 50 m neben dem Zebrastreifen und wird angefahren. Er wird deshalb nicht etwa schadensersatzpflichtig, sondern verwirkt nur einen Teil seines Ersatzanspruchs. Die Obliegenheit ist relativ scharf sanktioniert, nämlich durch Freiwerden und Kündigungsrecht des Versicherers. Psychologisch ist deshalb der Anreiz, einer Obliegenheit nachzukommen, oft mindestens ebenso hoch wie bei einer Rechtspflicht. 166

§ 18 Sonstige Gefahrbeeinflussungen

I. Unverschuldete Gefahrerhöhung

167 Trifft den VN kein Verschulden an der Gefahrerhöhung, so kann der Versicherer dennoch eine höhere Prämie verlangen, wenn das mit Rücksicht auf die höhere Gefahr angemessen erscheint. Die höhere Prämie setzt mit dem Beginn der laufenden Versicherungsperiode ein. Das Verlangen auf die Prämienverbesserung muss innerhalb eines Monats nach Kenntniserlangung erfolgen, § 25 VVG. Ist die Gefahr derart erhöht, dass sie nach den Grundsätzen des Versicherers auch nicht gegen eine höhere Prämie übernommen würde, so kann der Versicherer unter Einhaltung einer Kündigungsfrist von einem Monat kündigen. Mit dieser Regelung erfolgt eine *restitutio ad integrum*: der Versicherer kann das Versicherungsverhältnis entsprechend der erhöhten Gefahr versichern oder bei zu großer Gefahr die Versicherung beenden. Erhöht sich die Prämie dann um mehr als 10 % oder schließt der Versicherer die Absicherung der höheren Gefahr aus, kann der VN den Vertrag innerhalb eines Monats nach Zugang der Mitteilung des Versicherers ohne Einhaltung einer Frist kündigen. Der Versicherer hat den VN in der Mitteilung auf dieses Recht hinzuweisen.

II. Teilweise Rechtsfolge der Gefahrerhöhung

168 Es kann sein, dass das Recht zur Kündigung und Leistungsfreiheit nur bezüglich eines Teils der Gegenstände oder Personen gegeben ist, auf die sich die Versicherung bezieht. In diesem Falle steht dem Versicherer das Recht zur Kündigung im übrigen Teil nur zu, wenn anzunehmen ist, dass er für diesen allein der Versicherer den Vertrag unter den gleichen Bedingungen nicht geschlossen hätte. Umgekehrt darf jedoch der VN das Versicherungsverhältnis bezüglich des übrigen Teils kündigen, wenn der Versicherer von dem Recht Kündigung nur bezüglich eines Teils der Gegenstände und Personen Gebrauch macht. So steht es übrigens auch mit der Leistungsfreiheit, wenn die Gefahrerhöhungen nur bezüglich eines Teils der Gegenstände oder Personen gegeben ist, § 29 VVG. Diese Regelung kann in den Versicherungsbedingungen, seien sie allgemeiner, seien sie besonderer Art, abbedungen werden.

6. Kapitel: Pflichten des Versicherers

Literatur:

Peter Bach, Vorvertragliche Informationspflichten des Versicherers nach der VAG-Novelle, FS Egon Lorenz, Karlsruhe 1994, S. 45;

Ulrich Hübner, Deregulierung und Versicherungsvermittlung – Verbraucherschutz durch Beratung?, FS Egon Lorenz, Karlsruhe 1994, S. 317;

Adrian Hungerbühler, Die Äquivalenz von Leistung und Gegenleistung im Versicherungsvertrag, Bern, Frankfurt 1972;

Fritz Reichert-Facilides, Zur Konkretisierung der Gefahrtragungsschuld des Versicherers, Eine zivilrechtliche Studie, FS Karl Sieg, Karlsruhe 1976, S. 421–434;

Wolfgang Römer, Zu den Grenzen des Transparenzgebots im Versicherungsrecht, FS Egon Lorenz, Karlsruhe 2004, S. 615;

Walter Schmidt-Rimpler, Die Gegenseitigkeit bei einseitig bedingten Verträgen, insbesondere beim Versicherungsvertrag, Zugleich ein Beitrag zur Lehre vom Synallagma, Stuttgart 1968

§ 19 Hauptleistung

I. Der Versicherungsfall

1. Bestimmung des Versicherungsfalls

169 Der Versicherer gewährt dem VN Deckung für ein zukünftiges oder ungewisses Ereignis im Hinblick auf seinen Schaden oder zur sonstigen Sicherung seiner finanziellen Pläne. Mit dem Eintritt des Versicherungsfalls während der Laufzeit des Versicherungsverhältnisses konkretisiert sich die mögliche Einstandspflicht des Versicherers zur Leistungspflicht.

Der Versicherungsfall hat also zentrale Bedeutung für die Pflicht des Versicherers. Er konkretisiert den Chancenvertrag zum Leistungsverhältnis. Zugleich ist er das Herzstück der Vertragsbeziehung: Befürchtung und Sicherungserwartung zugleich. Der Versicherungsfall wirkt weit über das Versicherungsverhältnis hinaus auch im Bereich der Rückversicherung und der Rückstellung. Der Versicherungsfall hat viele Gesichter: Es gibt Versicherungsverhältnisse, bei denen der Versicherungsfall nur einmal eintritt, etwa in der Todesfallversicherung oder in der Erlebensversicherung. Es gibt andere Versicherungen, bei denen eine Reihe von Versicherungsfällen zu erwarten sind, etwa bei der Krankenversicherung oder der Unfallversicherung.

Der Versicherungsfall kann sein Antlitz noch verhüllen. Es kann nämlich so stehen, dass der Eintritt des Versicherungsfalls während der Versicherungsperiode noch nicht offenbar geworden ist. Man denke hier etwa an bestimmte Berufshaftpflichtversicherungen oder auch die allgemeine Haftpflichtversicherung, bei denen das schadensetzende Ereignis erst wesentlich später in einer Verletzung und einem Schaden wirksam wird. Für die Bestimmung der Leistungspflicht des Versicherers gibt es in derartigen Fällen eines gestreckten Versicherungsfalls mehrere Möglichkeiten. Einmal kann man auf das den Schaden verursachende Verhalten des VN abstellen, also auf den Moment des Fehlers beim VN. Man spricht insoweit auch von „Verstoßtheorie". Zum anderen kann man den Zeitpunkt der Verletzung oder des Schadenseintritts beim Geschädigten als entscheidend ansehen, sog. „Ereignistheorie". Welcher Begriff des Versicherungsfalls im Einzelfall eingreift, ist i. d. R. in den AVB definiert: so gilt etwa für die Vermögensschaden-Haftpflichtversicherung und die Architektenhaftpflichtversicherung die Verstoßtheorie (OLG Hamm VersR 2001, 633), während in der allgemeinen Haftpflichtversicherung und in der Umwelthaftungsversicherung die Ereignistheorie Anwendung findet.

2. Beweis des Versicherungsfalls

Als Anspruchsteller hat der VN den Beweis des Versicherungsfalls zu führen. **170**
Es fällt ihm zur Last darzutun, dass der Versicherungsfall während der Laufzeit des Versicherungsverhältnisses eingetreten ist und eventuell einen Schaden verursacht hat. Ausschlusstatbestände hat hingegen der Versicherer darzutun. Im Versicherungsrecht ist nicht der Vollbeweis zu führen, sondern es genügt der Anscheinsbeweis, d. h. der VN muss einen äußeren Sachverhalt dartun, aus dem sich mit erheblicher Wahrscheinlichkeit aus dem typischen Verlauf auf den Eintritt des Versicherungsfalls schließen lässt. Der *prima-facie*-Beweis reicht regelmäßig aus, wenn in den AVB das Wort Nachweis nicht steht. Der Beweis des ersten Anscheins greift nicht durch, wenn der Versicherer darlegen kann, dass die ernsthafte Möglichkeit eines anderen Geschehensablaufs besteht. Hierunter fällt z. B. der fingierte Versicherungsfall. Nach der Rechtsprechung kann sogar nach den Regeln über den Anscheinsbeweis ein „gestellter Versicherungsfall" angenommen werden.

LG Frankfurt VersR 1983, 434: Der VN verlangte Deckung für eine Rolex-Uhr, die er beim Wasserskilaufen verloren zu haben angab. Das Gericht wies ab. Die reine Behauptung begründe nicht die Möglichkeit eines typischen Verlaufs, also komme ein Anscheinsbeweis nicht in Betracht.

OLG Hamburg VersR 1983, 431: Das versicherte Boot war von dem mit der Reparatur Beauftragten gefahren worden. Der Untergang des Schiffs war nicht beobachtet worden. Der Monteur war später mit dem Rettungsfloß zurückgekommen. Das Gericht sah den Beweis des Verlustes nicht als geführt an.

OLG Frankfurt VersR 1983, 642: Der Eigentümer eines Kfz klagt gegen den Haftpflichtversicherer des Halters des Kfz, der den Unfall verursacht hatte. Die Klage wird abgewiesen, da der Anschein bestehe, der Unfall sei gestellt (häufige Inanspruchnahme von Versicherungen, keine Reparatur des beschädigten Kfz, Totalverlust des Kfz einige Wochen nach dem „Unfall").

3. Kausalität

171 Die Leistungspflicht des Versicherers tritt nur ein, wenn der Versicherungsfall auf ein versichertes Gefahrereignis zurückzuführen ist. Im Allgemeinen genügt für diese Zurückführung die Kausalität. Im Schrifttum wird allerdings häufig hervorgehoben, dass es sich dabei um adäquate Kausalität, also um die generelle Eignung unter dem Aspekt einer nachträglichen, objektiven Prognose handeln müsse. Sieht man genauer hin, so ist über die Wirkungsbeziehung hinaus erforderlich, dass sich die versicherte Gefahr im Versicherungsfall verwirklicht hat. Spricht man unter diesem Aspekt von Adäquanz, ist das zutreffend.

Gelegentlich wird nur die unmittelbare Folge des Geschehens versichert, etwa der Werkverkehr mit Einschluss unmittelbarer Folgen von Transportmittelunfällen. Dann kommt eine Wertung, ein Moment der Zurechnung hinzu. Man muss unter dem Aspekt der vom Verkehr und den Parteien erwarteten Deckung den Begriff der Unmittelbarkeit auslegen: So sind zeitlich und räumlich entfernte Folgen nicht versichert.

II. Arten der Versicherungsleistung

172 Im Gegensatz zu § 249 BGB schrieb § 49 VVG a. F. vor, dass die Leistung der Versicherung in Geld zu erbringen ist. Das ist bei der Summenversicherung verständlich, die von vornherein in einer bestimmten Geldsumme ausgedruckt ist. Bei der Schadensversicherung enthielt § 49 VVG a. F. nur eine Beschreibung der üblichen Art, die Versicherungsleistung zu erbringen. Die Norm ist im Übrigen abänderbar und so unterscheiden wir vier Arten der Versicherungsleistung nach Eintritt des Versicherungsfalls.

1) Die Geldleistung ist die regelmäßige Form der Versicherungsleistung und auch als solche anerkannt. Im Übrigen umschreibt auch die den Naturalersatz als Regelform angebende Bestimmung des § 249 BGB nicht die tatsächliche Sachlage: regelmäßig wird auch nach allgemeinem Schuldrecht Schadensersatz in Form einer Geldleistung gezahlt.

2) Der Geldersatz mit Zweckbestimmung soll sicherstellen, dass kein Gewinn durch den VN erzielt wird und der VN wiederum in den Genuss der versicherten Sache kommt. Das Hauptbeispiel bildet die Wiederherstellungsklausel in der Sachversicherung. Sie schränkt die Verpflichtung des Versicherers zur Zahlung der Geldsumme ein: Der VN kann Zahlung erst verlangen, wenn die bestimmungsmäßige Verwendung des Geldes gesichert ist. Diese Sicherung ist noch nicht gegeben, wenn erst ein Bauvertrag oder eine behelfsmäßige Wiedererrichtung vorliegt. Vielmehr muss mit der gleichwertigen Wiedererrichtung begonnen sein. Die Sicherung kann auch erst teilweise gegeben sein. Mit dem Fortschritt des Baus sind dann Ratenzahlungen des Versicherers angebracht.

3) Naturalersatz wird von der Versicherung ausnahmsweise geschuldet, wenn es sich um den Anspruch Haftpflichtversicherter auf Befreiung von der Schuld und Gewährung von Rechtsschutz handelt, §§ 100f. VVG.

4) Auch die Wahl von Geld- oder Naturalersatz kommt in einigen AVB vor. So hat nach § 11 Nr. 1 AGIB im Falle der Glasbruchversicherung der Versicherer nicht Naturalersatz zu leisten. Der Versicherer leistet dann Entschädigung in Geld, wenn eine Ersatzbeschaffung zu den ortsüblichen Wiederherstellungskosten nicht möglich ist und andere Gründe vorliegen, die sich meistens aus dem Versicherungsfall und dem Verhalten des VN ergeben.

III. Inhalt der Pflicht des Versicherers: Versicherungstheorien

In der Lehre des Privatversicherungsrechts stehen sich hinsichtlich des Inhalts **173**
der Leistung des Versicherers zwei Theorien gegenüber: Die Geldleistungstheorie und die Gefahrtragungstheorie. Die Gefahrtragungstheorie stellt darauf ab, dass der Versicherer schon mit Abschluss des Versicherungsvertrags und Eintritt seiner bedingten Pflicht zur Geldleistung zu einer allgemeinen Leistung, nämlich zur Tragung des Risikos, verpflichtet ist. Im Rahmen des gegenseitigen Vertrags beinhaltet diese Pflicht die Organisation der Gefahrengemeinschaft, die Bildung von Rücklagen oder eines Versicherungsstocks in der Lebensversicherung und den Abschluss von Rückversicherungen. Die heute eher herrschende Geldleistungstheorie betrachtet den Versicherer nur als bedingt verpflichtet, nämlich unter dem Aspekt des Eintritts des Versicherungsfalls. Dann freilich hat er eine Geldleistung zu erbringen. Beide Theorien gehen davon aus, dass der Versicherungsvertrag ein gegenseitiges Schuldverhältnis begründet. Die Prämienzahlung des VN auf der einen Seite und die Gewährung von Versicherungsdeckung bzw. das bedingte Leistungsversprechen auf der anderen Seite bilden eine Austauschbeziehung (Synallagma). Die unterschiedliche theoretische Deutung wird in einzelnen praktischen Beziehungen wichtig, etwa für die Frage, ob hinsichtlich der Auswirkungen des Bestehens des Versicherungsverhältnisses der VN eine Leistungs- oder nur eine Feststellungsklage erheben kann, ob der VN durch Klage von dem Versicherer geeignete Maßnahmen zur Deckung des Risikos, etwa Abschluss eines Rückversicherungsvertrags, verlangen kann, und schließlich ob das funktionelle Synallagma so weit reicht, dass der VN bei Unsicherwerden der Versicherung das Dauerschuldverhältnis aus wichtigem Grunde kündigen kann. Das zuletzt genannte Recht wird ihm allerdings von Vertretern der beiden Theorien zugestanden; auch die Rechtsprechung hat es gewährt (RGZ 60, 56; BGHZ 1, 334 = VersR 1951, 133). Ein paralleles Kündigungsrecht aus wichtigem Grunde wird wie bei allen anderen Dauerschuldverhältnissen ebenso dem Versicherer eingeräumt, wenn der VN das Versicherungsverhältnis vorsätzlich oder grob fahrlässig verletzt oder wenn feststeht, dass ihm die Erfüllung einer wesentlichen Pflicht nicht mehr möglich sein wird. Eine positive Vertragsverletzung ist z. B. dann gegeben, wenn der VN den Versicherungsfall vorgetäuscht hat. Es fehlt

an ihr, wenn der VN in einem anderen Rechtsstreit zwischen einem anderen VN und seinem Versicherer auf Seiten des VN gestanden hat, etwa als Gutachter eine dem Versicherer nachteilige Ansicht kundgetan hat. Mangels einer Vertragsverletzung ist der Versicherer nicht berechtigt, das Versicherungsverhältnis zu kündigen. Anders stünde es nur, wenn der VN öffentlich und wiederholt die Geschäftspraxis und die Liquidität des Versicherers in Zweifel zieht.

174 Von den beiden Theorien umschreibt die Gefahrtragungstheorie das Rechtsverhältnis zwischen VN und Versicherer zutreffend. Die Gewährung von Versicherungsdeckung ist die Hauptleistung des Versicherers. Sie ist keine reine Vorbereitungshandlung einer möglichen späteren Leistung und steht im funktionellen Synallagma mit der Prämienzahlung des VN. Es ist eine zu starke Reduzierung auf das faktische Geschehen, wenn man die Pflicht des Versicherers nicht schon in der Gewährung von Versicherungsdeckung, sondern nur im bedingten Zahlungsversprechen sieht. Versicherung und Lotterie werden bei der Geldleistungstheorie im Ergebnis beinahe ununterscheidbar aneinander angenähert. Das ist dem großen Geschäftszweig der Versicherung und seiner Wirkung für die Wirtschaft nicht angemessen.

IV. Leistungszeit

1. Außerordentliche Fälligkeit

175 Manche Versicherungen werden auf besondere Weise fällig. So ist die Rechtsschutz- und Haftpflichtversicherung in dem Moment zur Leistung gehalten, in dem Ansprüche gegen den VN von dritter Seite erhoben werden. Dies gilt für die Rechtsschutzseite der Haftpflichtversicherung. Im Übrigen hat der Versicherer den VN innerhalb von zwei Wochen von dem Zeitpunkt an, zu dem der Anspruch des Dritten mit bindender Wirkung für den Versicherer durch rechtskräftiges Urteil, Anerkenntnis oder Vergleich festgestellt worden ist, vom Anspruch des Dritten freizustellen, § 106 VVG. Hat aber der VN schon geleistet, so hat der Versicherer an ihn eine Entschädigung innerhalb von zwei Wochen nach der Befriedigung des Dritten zu zahlen. Schuldet der Versicherer ausnahmsweise Naturalleistung, so ist er erst nach einer angemessenen Überlegungsfrist zur Leistung verpflichtet. Jedenfalls wird die Leistung in dem Moment fällig, in dem der Versicherer sie unbegründet ablehnt oder sich weigert, den Schaden festzustellen (RGZ 158, 113; BGH VersR 1966, 627). Dann kann der VN oder der Versicherte auf Leistung klagen.

2. Normale Fälligkeit

176 Geldleistungen des Versicherers sind mit Beendigung der zur Feststellung des Versicherungsfalls und des Umfangs der Leistung des Versicherers nötigen Erhebungen fällig. Diese Bestimmung wird nicht selten in den AVB dahin gehend gefasst, dass die Leistung erst 14 Tage nach Beendigung der Feststellung fällig

wird. Das ist zulässig. Die nötigen Erhebungen werden oft in den AVB konkretisiert, etwa Fälligkeit erst nach Einsicht in die polizeilichen Akten. Grundsätzlich werden unter nötigen Erhebungen die Beschaffung von Unterlagen ebenso wie die Bearbeitung dieser Unterlagen in dem üblichen Tempo einer sorgfältig geführten Versicherung verstanden. Dazu gehört die Einräumung einer gewissen Frist zur Prüfung der Unterlagen und der Rechtslage; man spricht hier auch von der Überlegungsfrist. Im Allgemeinen wird hierfür ein Zeitraum von zwei bis drei Wochen nach Eingang der Unterlagen angenommen. Wenn der Versicherer hingegen keine Erhebungen anstellt oder eine übermäßig lange Überlegungsfrist braucht, so tritt die Fälligkeit in dem Zeitpunkt ein, in dem bei angemessenem Vorgehen die Prüfung abgeschlossen gewesen wäre.

Wenn die Erhebungen bis zum Ablauf eines Monats seit der Anzeige des Versicherungsfalls nicht beendet sind, so hat der VN aufgrund von AVB einen Anspruch auf Abschlagszahlung. Diese ist in Höhe des Betrages fällig, den der Versicherer nach Lage der Sache mindestens zu zahlen hat. Wenn freilich der VN infolge seines Verschuldens die Erhebungen in die Länge zieht, ist der Lauf dieser Frist nach den AVB regelmäßig gehemmt.

V. Verzug des Versicherers

Ausgenommen bei beiderseitigen Handelsgeschäften tritt die Verpflichtung des 177
Versicherers zur Zahlung von Zinsen nach Fälligkeit erst nach 30 Tagen ein, § 286 Abs. 3 BGB. Es handelt sich nämlich um eine Entgeltforderung. Wenn der Versicherer unberechtigterweise die Leistung ablehnt, tritt der Verzug automatisch mit der Ablehnungsmitteilung ein (RGZ 158, 113). Es liegt ein Verzugsgrund darin, dass der Schuldner die Leistung ernsthaft und endgültig verweigert, § 286 Abs. 2 Nr. 3 BGB.

Besondere Probleme hat das mögliche Nichtverschulden des Versicherers aus- 178
gelöst. Man kommt nämlich nicht in Verzug, solange die Leistung infolge eines Umstands unterbleibt, den man nicht zu vertreten hat, § 286 Abs. 4 BGB. Besondere Probleme hat hier der Irrtum des Versicherers ausgelöst. Beim Irrtum sind der Rechtsirrtum und der Tatsachenirrtum zu unterscheiden. Hat der Versicherer die Leistung aus Rechtsgründen abgelehnt, ist er also einem Rechtsirrtum unterlegen, so wird die Entschuldigung selten Platz greifen. Das Reichsgericht hat früher dem Schuldner die Gefahr des Rechtsirrtums im Schadensersatzprozess auferlegt (RGZ 118, 126). Unterlag er aus Rechtsgründen, so war seine Zahlungsweigerung niemals entschuldigt. Heute werden Rechtsirrtum und Tatsachenirrtum grundsätzlich gleichgestellt, d. h., beide können den Verzug ausschließen, wenn auch der Rechtsirrtum in der Praxis nach wie vor außerordentlich selten Platz greift. Ein Rechtsirrtum ist etwa verschuldet, wenn der Versicherer damit rechnen muss, dass er den Rechtsstreit verliert. Das ist von der Rechtsprechung angenommen worden, wenn die Berufungsinstanz Prozesskostenhilfe für den VN bewilligt (BGH VersR 1959, 701). Hat sich der Versicherer auf der tatsächli-

chen Seite geirrt, so liegt Verschulden dann vor, wenn seine Weigerung voreilig oder ohne ausreichende Recherchen vorgenommen wurde. Wenn sich freilich der Versicherungsfall im Herrschaftsbereich des VN abgespielt hat, so wird man dem Versicherer zubilligen müssen, dass er auf einer Klärung im Prozesswege besteht. Das ist für sich selbst genommen noch kein Verschulden. Wenn jedoch der Versicherer in der ersten Instanz verloren hat und den Prozess nunmehr fortführt oder wenn die Beweisaufnahme deutlich gegen ihn ausgegangen ist, dann muss er mit einer anderen Beurteilung rechnen. Den Prozess führt er dann auf eigenes Risiko weiter. Nach ständiger Rechtsprechung darf der Versicherer ein anhängiges Strafverfahren zum Versicherungsfall abwarten, das nicht einmal gegen den VN oder gegen den Versicherten gerichtet zu sein braucht. Die hiervon erwartete alsbaldige Klärung der tatsächlichen Lage kann dem Versicherer nicht als Verschulden angerechnet werden.

Der Verzug des Versicherers berechtigt den VN zur Forderung von Verzugszinsen, § 288 BGB. Erleidet er darüber hinaus einen Vermögensschaden, so kann er auch diesen als Verzugsschaden liquidieren, § 288 Abs. 4 BGB.

VI. Abfindungsvereinbarung

179 Die Versicherungsleistung wird nicht selten bei gleichzeitigem Abschluss einer Abfindungsvereinbarung erbracht. Weder der VN noch ein dritter Berechtigter, etwa das Verkehrsunfallopfer, ist zum Abschluss einer solchen Vereinbarung verpflichtet, die einen bedingten Erlassvertrag über andere und möglicherweise künftige Forderungen enthält, § 397 BGB. Der Gläubiger ist nach allgemeinem Schuldrecht nur zur Erteilung einer Quittung bei Leistungsempfang verpflichtet, §§ 368 ff. BGB. Auch kann die Abfindungserklärung unwirksam sein. Das ist der Fall, wenn sie überraschend ist oder den Geboten von Treu und Glauben widerspricht, §§ 305 c, 307 BGB.

BGH VersR 1985, 165: Eine Abfindungserklärung nach Vordruck, die den Verzicht auf weitergehende Ansprüche nicht nur gegen den VN enthält, sondern auf Ansprüche gegen Dritte erweitert ist, ist überraschend und unangemessen. Die Erklärung ist unwirksam.

OLG Hamm VersR 1987, 509: Eine Abfindungsvereinbarung verstößt gegen Treu und Glauben, wenn zwischen der Abfindungssumme und dem Schaden ein krasses, nicht mehr hinzunehmendes Missverhältnis besteht. Dafür genügt jedoch nicht allein eine Steigerung des Schadens, die bei Abschluss des Vergleichs noch nicht vorherzusehen war.

§ 20 Abwicklung des Versicherungsfalls

I. Förmliche Anforderung

Ist der Versicherungsfall eingetreten, so hat der VN dem Versicherer Nachricht zu geben. Eine Ausnahme besteht nur insoweit, als es sich um eine Versicherung handelt, die automatisch mit dem Ablauf einer gewissen Zeit fällig wird, etwa einer Vermögensansammlungsversicherung bei der Lebensversicherung. Die AVB schreiben im Allgemeinen Näheres über die Schadensmeldung vor, etwa dass die Anzeige schriftlich einzureichen ist. Im Allgemeinen werden auch genauere Erläuterungen und Erklärungen vom VN verlangt. 180

II. Vertrag über die Schadensfeststellung

Nach Mitteilung des Versicherungsfalls können sich Versicherer und VN über die Höhe der zu zahlenden Leistung einigen. Geschieht das, so handelt es sich nicht um einen Vergleich, sondern um einen Schadensfeststellungsvertrag. Dieser Schadensfeststellungsvertrag bindet beide Teile. In der Terminologie des Schuldrechts gesprochen, handelt es sich um ein abstraktes Rechtsgeschäft. Ist die zugrundeliegende, von beiden Seiten angenommene Schadenslage unrichtig, so kann die Leistung trotz des Feststellungsvertrags nach den Regeln über die ungerechtfertigte Bereicherung herausverlangt werden, § 812 BGB. Derjenige, der diesen Anspruch geltend macht, hat ihn freilich zu beweisen. Die Änderung der Beweislast ist die Folge des Feststellungsvertrags. Nach der Rechtsprechung ist der Schadensfeststellungsvertrag vom Versicherer nicht wegen Irrtums über das Vorliegen oder die Höhe des Schadens anfechtbar, sondern es besteht nur die Anfechtung wegen arglistiger Täuschung durch den VN (BGH VersR 1956, 365). 181

III. Schiedsgutachtervertrag

In der Schadensversicherung ist nicht selten ein Sachverständigenverfahren vereinbart. Der Zahlungsanspruch des VN wird dann erst fällig, wenn das Sachverständigenverfahren abgeschlossen ist. Die Sachverständigen sind keine Schiedsrichter, welche anstelle des Gerichts den Streit zwischen VN und Versicherer entscheiden, sondern sie agieren als Schiedsgutachter, d. h., sie stellen nur die tatsächliche Seite fest und entscheiden über den Umfang und die Höhe des Schadens. 182

Die Zusammensetzung und die Einberufung der Sachverständigenkommission und das von ihr einzuhaltende Verfahren sind in den AVB geregelt. Fehlt eine solche Regelung, sind die Sachverständigen in der Gestaltung ihres Verfahrens frei (BGH VersR 1957, 122). Die Kosten des Sachverständigenverfahrens können hoch sein und außer Verhältnis zum Objekt stehen. Deshalb ist es unzulässig, dem VN die Kosten oder einen Teil davon aufzuerlegen, wenn nur der Versicherer die Feststellung verlangt. § 15 Abs. 2 e VHB a. F. verstieß gegen Treu und Glauben (BGHZ 83, 169 = VersR 1982, 482).

Die Sachverständigen werden von den beteiligten Parteien ernannt und wählen bei Meinungsverschiedenheit einen Obmann. Sie können auch durch das Gericht ernannt werden, § 84 Abs. 2 VVG. Der Spruch des Sachverständigen ist dann nicht verbindlich, wenn er offenbar von der wirklichen Sachlage erheblich abweicht, § 84 Abs. 1 VVG. Was mit diesen Worten gemeint ist, ist in einer Fülle von Entscheidungen festgestellt worden. § 84 VVG will nur in den Fällen ganz offensichtlicher Fehlentscheidungen eine Änderung der Sachverständigenaussage ermöglichen. Dabei kommt es auf das Gesamtergebnis an. Eine Fehlbewertung einzelner Positionen allein genügt noch nicht. Zudem muss die Abweichung erheblich sein. Erheblich ist eine Abweichung jedenfalls, wenn sie über 15 % liegt.

Offenbar ist eine Unrichtigkeit dann, wenn sie sich einem Sachkundigen aufdrängt. Der Fehler braucht nicht schnell erkennbar zu sein oder offen zutage zu liegen, sondern er muss nur ohne Zögern von einem Sachkundigen erkannt werden können. Als unrichtig sind in der Rechtsprechung angesehen worden: die Zugrundelegung eines falschen Baumusters eines Lkw (OLG München VersR 1959, 1017); die Nichtbenutzung vorhandener Erkenntnisquellen, etwa der Geschäftsbücher (RG JRPV 32, 7); eine Schadensschätzung an verbrannten Bildern aufgrund angeblicher Gestehungskosten, weil die Bilder irrtümlich für Waren gehalten wurden (RG JRPV 37, 12); die Abgabe eines Gutachtens, obwohl sichere Schätzungsunterlagen nicht vorhanden waren (RG LZ 18 Sp. 110).

Sind diese Voraussetzungen gegeben, weicht also die Feststellung offenbar erheblich von der wirklichen Sachlage ab, so erfolgt die Feststellung durch gerichtliches Urteil, § 84 Abs. 1 VVG. Ebenso entscheidet das Gericht (sogar auf Leistungsklage des VN), wenn bei abweichender Ansicht der Sachverständigen der Versicherer keine Entscheidung des Obmanns einholt (BGH VersR 1971, 536 = NJW 1971, 1455). Durch gerichtliche Entscheidungen folgt die Feststellung, wenn die Sachverständigen sie nicht treffen können oder wollen oder sie verzögern.

IV. Verjährung

Die Regeln über den Ausschluss der Leistungspflicht des Versicherers, wenn nicht innerhalb eines halben Jahres Klage erhoben wurde, hat das Gesetz nicht übernommen. Es ist der Überzeugung, dass in Versicherungsverträgen keine schutzwürdigen Interessen der Vertragspartner eine Abweichung von der Regelfrist weiterhin erforderlich machen. Daher wird keine Ausschlussfrist mehr gesetzt, zudem verzichtet das VVG auf eine Regelung der Verjährungsfrist. Beginn, Dauer und Unterbrechung der Verjährung bestimmen sich ausschließlich nach §§ 195 ff. BGB, danach gilt die Regelfrist von drei Jahren, § 195 BGB. Die einzige Regelung zur Verjährung, die das VVG betrifft, bezieht sich auf die Hemmung der Verjährung. „Ist ein Anspruch aus dem Versicherungsvertrag beim Versicherer angemeldet worden, ist die Verjährung bis zu dem Zeitpunkt gehemmt, zu dem die Entscheidung des Versicherers dem Anspruchsteller in Textform zugeht“, § 15 VVG. Die Schriftform ist zum Schutz des VN vorgesehen, es kommt nicht darauf an, wer den Anspruch anmeldet, es kann der VN oder auch ein Fremdgläubiger oder Zessionar sein. Neben den gesetzlichen Regeln ist noch der Einwand der unzulässigen Rechtsausübung gegeben, etwa wenn der Versicherer durch lang anhaltende Verhandlungen den VN in der Ansicht bestärkt hat, er werde es nicht auf eine gerichtliche Entscheidung ankommen lassen. Auch durch einen Verzicht während einer Klärungsphase ist der Versicherer für beschränkte Zeit gehindert, sich auf die Einrede der Verjährung zu berufen. 183

7. Kapitel: Pflichten und Obliegenheiten des Versicherungsnehmers

Literatur:

Volker Behrens, Drittzurechnung im Privatversicherungsrecht, Karlsruhe 1980;

Harald Bischoff, Versichertes Risiko und materielle Obliegenheiten, VersR 1972, 799 ff.;

Erwin Deutsch, Die grobe Fahrlässigkeit im künftigen Versicherungsvertragsrecht, VersR 2004, 185;

Rudolf Gärtner, Prämienzahlungsverzug, Eine rechtsvergleichende Darstellung, 2. Auflage, Darmstadt, 1977;

Udo Hansen, Beweislast und Beweiswürdigung im Privatversicherungsrecht, Frankfurt a. M. 1990;

Peter Hanau, Rückwirkung der Haftpflichtversicherung auf die Haftung? FS Egon Lorenz, Karlsruhe 2004, S. 283;

Bernd Honsell, Unrichtige Angaben bei der Meldung von Reisegepäckschäden, VersR 1981, 715 ff.;

Ulrich Hübner, Verhaltensabhängige Risikoausschlüsse und verhallte Obliegenheiten, VersR 1978, 981 ff.;

Edgar Janott, Der Grundsatz der Gleichbehandlung in der Versicherungswirtschaft, FS Egon Lorenz, Karlsruhe 1994, S. 341;

Ernst Klingmüller, Die Gestaltung von Risikoausschlüssen mit Hilfe subjektiver Momente, Ein Beitrag zur Lehre von den verhüllten Obliegenheiten, FS Reimer Schmidt, Karlsruhe 1976, S. 753–769;

Egon Lorenz, Gefahrengemeinschaft und Beitragsgerechtigkeit aus rechtlicher Sicht, 25 Jahre Karlsruher Forum, S. 162 ff.;

Egon Lorenz, Der subjektive Risikoausschluss durch § 61 VVG und die Sonderregelung in § 152 VVG, VersR 2000, 2;

Eberhard v. Reuter, Grobe Fahrlässigkeit im Privatversicherungsrecht, Karlsruhe 1977;

Wolfgang Röhr, Die vorvertragliche Anzeigepflicht, Karlsruhe 1980;

Reimer Schmidt, Die Obliegenheiten, Hamburg 1953;

Wolfgang Siebeck, Die Schadensabwendungs- und -minderungspflicht des Versicherungsnehmers, Karlsruhe 1963;

Karl Sieg, Obliegenheiten und sekundäre Risikobeschränkungen im Versicherungsvertragsrecht, BB 1970, 981 ff.;

Karl Sieg, Die Obliegenheiten des Versicherers, VersR 1992, 1 ff.;

Jannpeter Zopfs, Der Beweis des Versicherungsfalls, VersR 1993, 140

§ 21 Zahlung der Prämie

I. Rechtspflicht zur Prämienzahlung

Der VN ist verpflichtet, die vereinbarte Prämie zu entrichten, § 1 Abs. 2 VVG. Die **184** Prämienzahlungspflicht ist eine echte Rechtspflicht, die eingeklagt und schuldhaft verletzt werden kann. Sie trifft den VN und steht im Gegenseitigkeitsverhältnis zur Versicherungsdeckung, welche der Versicherer seinerseits leistet.

II. Arten der Prämie

1. Abgrenzung

Außer der Prämie hat der VN auch noch andere Leistungen zu erbringen, etwa **185** Gebühren, Zinsen und Versicherungssteuer. Als Gebühren oder Nebenkosten sind Vertragsabschlussgebühren oder Bearbeitungsgebühren anzusehen. Zinsen werden fällig bei Leistungsverzug des Schuldners. Die Versicherungssteuer wird vom VN geschuldet. Sie wird jedoch zusammen mit der Prämie vom Versicherer erhoben und gelangt von ihm dann an den empfangenden Staat.

Beim Versicherungsverein auf Gegenseitigkeit schuldet der VN keine Prämie, sondern einen Beitrag. Dieser Beitrag gilt hier als Prämie. Dem Versicherer ist der Beitrag als vereinbarte Zahlung zu leisten.

2. Einmalige und laufende Prämie

Die Einmalprämie ist hauptsächlich bei kurzfristigen Versicherungen zu finden. **186** Einmalprämien kommen jedoch auch in der Lebensversicherung, insbesondere aus steuerlichen Gründen vor.

In der großen Anzahl der Fälle ist die Versicherungsdauer in Versicherungsperioden eingeteilt und ihnen entsprechend sind laufende Prämien zu zahlen. Die Versicherungsperiode beträgt regelmäßig ein Jahr. Laufende Prämien sind also durchweg Jahresprämien.

3. Erstprämie und Folgeprämie

Das Gesetz benutzt den Ausdruck Folgeprämie, § 38 Abs. 1 S. 1 VVG, ebenso **187** wie das Wort Erstprämie, §§ 33, 37 VVG. Als Erstprämie wird diejenige Leistung verstanden, ohne die der materielle Versicherungsschutz nicht gewährt wird. Zwischen dem materiellen Versicherungsbeginn und der Zahlung der Erstprämie besteht ein Junktim.

4. Bruttoprämie und Nettoprämie

188 Aufgrund einer mathematischen Berechnung lassen sich Brutto- und Nettoprämien unterscheiden. Diese Trennung ist auch im Geschäftsplan vorgesehen. Als Nettoprämie wird der Teil der Zahlung verstanden, der ohne Rücksicht auf Verwaltungskosten und sonstige Kosten ausschließlich zur Deckung der Versicherungsleistungen erforderlich ist. Rechnet man die Verwaltungskosten und die sonstigen Kosten zur Nettoprämie hinzu, ergibt sich daraus die Bruttoprämie.

5. Risikoprämie und Sparprämie

189 Diese Unterscheidung lässt sich bei der Lebensversicherung durchführen. Die Anteile der Prämie, die als Sparprämie anzusehen sind, fließen in die Prämienreserve. Dagegen ist der Anteil, der als Risikoprämie bezeichnet werden kann, dazu bestimmt, Versicherungsleistungen bei vorzeitigem Todesfall zu erbringen.

III. Zeit der Leistung: Prämienfälligkeit

190 Der Anspruch auf die Prämie entsteht mit dem Abschluss des Versicherungsvertrags. Die Leistungszeit ist mit der Fälligkeit gegeben, wobei zwischen Erstprämie und Folgeprämie zu unterscheiden ist.

1. Fälligkeit der Erstprämie

191 Die Einmalprämie und die erste laufende Prämie sind unverzüglich nach Ablauf von 2 Wochen nach Zugang des Versicherungsscheins zu zahlen, § 33 Abs. 1 VVG. Ist die Prämie zuletzt vom Versicherer eingezogen worden, ist der VN zur Übermittlung der Prämie erst verpflichtet, wenn er vom Versicherer hierzu in Textform aufgefordert worden ist. Damit ist dem VN eine kurze Pause von mindestens 2 Wochen eingeräumt worden. Zahlt er innerhalb dieser beiden Wochen nicht, kommt es darauf an, ob seine Verzögerung auf Fahrlässigkeit oder Vorsatz beruht oder nicht. Dies bedeutet das Wort unverzüglich nach der Definition des § 121 BGB. Allerdings ist die alsbaldige Zahlung der einmaligen oder Erstprämie dringend: Ist sie beim Eintritt des Versicherungsfalls nicht gezahlt, ist der Versicherer nicht zur Leistung verpflichtet, es sei denn, der VN hat die Nichtzahlung nicht zu vertreten. Es kommt also auch insoweit auf ein Verschulden des VN an. Der Versicherer hat allerdings den VN durch gesonderte Mitteilung in Textform oder durch einen auffälligen Hinweis im Versicherungsschein auf diese Rechtsfolge der Nichtzahlung der Prämie aufmerksam gemacht zu haben. Damit ist das Gesetz von der früheren Regel, dass die einmalige oder erste Prämie „sofort" zu zahlen sei, abgewichen, es ist dabei manchen AVB gefolgt, die z. B. in § 1 AKB schon vorgesehen haben, dass der VN die Prämie nur unverzüglich, d. h. ohne schuldhaftes Zögern, zu entrichten habe (BGHZ 47, 352 = VersR 1967, 569).

2. Fälligkeit der Folgeprämie

Das Gesetz schweigt über die Fälligkeit der Folgeprämie. Grundsätzlich kommt es deshalb auf die Vereinbarung im Versicherungsvertrag an. Fehlt es auch daran, so gilt § 271 Abs. 1 BGB, wonach die Leistung mit dem neuen Versicherungsabschnitt fällig wird. Der Zahlungsverzug bei der Folgeprämie ist umständlich in § 38 VVG geregelt. Erfolgt die Zahlung der Folgeprämie nicht rechtzeitig, kann der Versicherer dem VN in Textform eine Zahlungsfrist bestimmen, die mindestens 2 Wochen betragen muss. Sie muss die rückständigen Beträge der Prämie, Zinsen und Kosten im Einzelnen beziffern und die Rechtsfolgen angeben, die mit dem Fristablauf verbunden sind. Bei zusammengefassten Verträgen sind die Beträge jeweils getrennt auszuweisen. **192**

Die Leistungsfreiheit des Versicherers tritt ein, wenn der Versicherungsfall nach Fristablauf geschieht und der VN mit der Zahlung der Prämie oder der Zinsen oder der Kosten in Verzug ist. Verzug heißt, wenn das Verschulden für die Rückständigkeit vorausgesetzt, aber zugleich auch vermutet wird, § 286 Abs. 4 BGB. Man könnte sich einen solchen Fall eventuell vorstellen, wenn der VN in einem fremden Land während eines Urlaubs als Geißel gefangen genommen und dort längere Zeit festgehalten wird. Der Versicherer kann nach Fristablauf den Vertrag ohne Einhaltung einer Frist kündigen, wenn der VN in Verzug ist, also schuldhafterweise die Zahlung nicht vorgenommen hat. Die Kündigung kann auch mit der Bestimmung der Zahlungsfrist verbunden werden, so dass sie automatisch wirksam wird. Allerdings ist der VN ausdrücklich auf diese Folge hinzuweisen. Die Kündigung wird aber unwirksam, wenn der VN innerhalb eines Monats nach der Kündigung oder, wenn sie mit der Fristbestimmung verbunden worden ist, innerhalb eines Monats nach Fristablauf die Zahlung leistet. Auch bei verspäteter Zahlungsleistung bleibt die Leistungsfreiheit des Versicherers erhalten, § 38 Abs. 2 VVG.

3. Stundung und Einzugsermächtigung

Der Versicherer kann die Prämie dem VN stunden. Mit der Stundung wird die Fälligkeit herausgeschoben. Die versicherungsrechtliche Frage geht dahin, ob das Einlösungsprinzip des §§ 37, 38 Abs. 2 VVG (Versicherungsschutz erst mit Zahlung der Prämie) sich auch gegenüber der Stundung durchsetzt. Die ständige Rechtsprechung (BGHZ 21, 122 = VersR 1956, 482; 47, 352 = VersR 1967, 569) gibt der Stundung der Erstprämie keine versicherungsrechtliche, sondern nur vertragsrechtliche Wirkung. Der Versicherungsschutz tritt also trotz der Stundung nicht ein, wenn vor Zahlung der Prämie der Versicherungsfall sich ereignet. Grundgedanke dieser Rechtsprechung ist, dass der Versicherungsschutz sonst nicht aufgrund einer eigenen Leistung, sondern als Vorleistung des Versicherers gewährt werden würde. **193**

Das Richterrecht ist von der Regel der §§ 37, 38 Abs. 2 VVG für den Fall der Stundung modifiziert worden: Das Einlösungsprinzip gilt nur, wenn der VN in einer Rechtsbelehrung durch die Versicherung deutlich auf die Folgen hingewiesen worden ist. Außerdem ist die vorläufige Deckungszusage nicht von der Zahlung der ersten Prämie abhängig. Wird jedoch die erste Prämie später nach Abschluss des Versicherungsvertrags nicht bezahlt, fällt auch die vorläufige Deckung rückwirkend weg. Insbesondere kann nach Belehrung der Versicherer sich vorbehalten, die vorläufige Deckung rückwirkend außer Kraft zu setzen, wenn bei einem unverändert angenommenen Versicherungsantrag der Versicherungsschein nicht binnen einer im Versicherungsvertrag bestimmten, mindestens zweiwöchigen, Frist eingelöst wird und der Versicherungsnehmer die Verspätung zu vertreten hat, § 9 KfzPflVV.

Eine besondere Rolle spielt die Vereinbarung des Einzugsermächtigungsverfahrens. Sie bedeutet in der Regel eine deckende Stundung, d. h., Versicherungsschutz besteht auch in diesem Fall mit Aushändigung des Versicherungsscheins. Er entfällt allerdings rückwirkend, wenn nicht abgebucht werden kann (OLG Hamm VersR 1984, 231). Diese Abrede bedeutet sogar, dass die Erstprämienanforderung wirksam nur dadurch erfolgen kann, dass der Versicherer in dem zum Prämieneinzug verwendeten Lastschriftbeleg allein und mit entsprechender Kennzeichnung die angeforderte Erstprämie ausweist. Werden andere Prämien mit der Erstprämie ungetrennt angefordert, liegt keine wirksame Erstprämienanforderung vor. Die Abbuchungsermächtigung verändert die Bringschuld des VN zur Holschuld (BGH VersR 1985, 447).

IV. Höhe der Prämie

1. Gesetzliche und vertragliche Festsetzung

194 Die Höhe der Versicherungsprämie kann in einem Einheitstarif vorgegeben sein. Bisweilen sind die Prämien auch nach gesetzlichen Vorschriften zu berechnen, nämlich bei der substitutiven Krankenversicherung, § 12 f VAG. Die Prämienkalkulation ist für die Lebensversicherung, die Unfallversicherung und die substitutive Krankenversicherung gesetzlich vorgegeben, §§ 11 ff. VAG. Im Allgemeinen aber wird die Höhe der Prämie vertraglich vereinbart, d. h., der Versicherer bedient sich eines Prämientarifs.

Die Prämie kann dadurch verringert werden, dass Vorauszahlungen vorgenommen oder Schadensfreiheitsrabatte gewährt werden. Auch eine Rückvergütung der Prämie bei besonders günstigem Verlauf kann vereinbart sein.

2. Änderung der Prämienhöhe

Die Prämie kann als feste, schwankende oder anpassungsfähige ausgestaltet sein. Um eine feste Prämie handelt es sich, wenn weder Vertrag noch Gesetz eine Änderung vorsehen. Die feste Prämie ist also die theoretische Regelform. Eine schwankende Prämie ist der Natur nach gegeben beim Gegenseitigkeitsverein, vor allen Dingen beim Umlagesystem, aber auch im System der Vorprämien und Nachschüsse. Die Prämien können angepasst werden, wenn aufgrund vertraglicher oder gesetzlicher Regelung die Anpassung für eine neue Versicherungsperiode vorgesehen ist. Das ist z. B. bei der Kraftfahrzeugversicherung der Fall. **195**

V. Schuldner der Prämie

1. Regelfall

Die Prämie wird vom VN geschuldet. Der Versicherte und der Begünstigte sind nicht verpflichtet, die Versicherungsprämie zu zahlen. Die Schuld des VN ist allerdings nicht höchstpersönlich, so dass auch ein Dritter die Leistung erbringen kann. **196**

2. Leistung durch Dritte

Bei der Leistung durch Dritte zieht § 267 BGB gewisse Grenzen. Diese werden durch § 34 VVG wiederum erweitert. Der Versicherte bei der Versicherung für fremde Rechnung, der Bezugsberechtigte, der ein Recht auf die Leistung erworben hat, sowie der Pfandgläubiger können fällige Prämien usw. mit Wirkung für den VN leisten, ohne dass sie der Versicherer zurückweisen darf. Nimmt der Versicherer eine solche Leistung nicht an, so gerät er in Annahmeverzug. **197**

Im Hinblick auf die fällige Prämienforderung ist auch das Erfüllungssurrogat der Aufrechnung erweitert worden. Gemäß § 35 VVG kann der Versicherer den Betrag einer Prämien- oder sonstigen vertraglichen Forderung von einer Versicherungsleistung in Abzug bringen, auch wenn er die Leistung nicht dem VN, sondern einem Dritten, etwa dem Versicherten oder Bezugsberechtigten schuldet. Wenn der Käufer von mehreren Flugzeugen eine Kaskoversicherung in der Weise abschließt, dass die Versicherungsleistungen nur an den Verkäufer oder nur mit seiner Zustimmung an Dritte erfolgen dürfen, so kann der Versicherer Leistungen für eine beschädigte Maschine mit Prämienrückständen für andere Flugzeuge verrechnen. Es handelt sich um ein Versicherungsverhältnis, so dass sogar qualifizierte Konnexität gegeben ist (BGH MDR 1977, 565).

VI. Ort der Prämienzahlung

198 Die Prämie ist eine Geldschuld. Es gelten deshalb die §§ 270 BGB, 36 VVG, wonach der Schuldner im Zweifel Geld auf seine Gefahr und seine Kosten an den Wohnsitz des Gläubigers zu übermitteln hat. Die Prämienschuld ist also eine Schickschuld, mag sie vom VN durch Überweisung oder Einziehungsermächtigung getilgt werden.

Nach ständiger Rechtsprechung fällt dem VN jedoch nicht die Verzögerungsgefahr zur Last. Ist die Geldsumme rechtzeitig beim Schalterbeamten einbezahlt oder vom Bankkonto des VN abgebucht oder rechtzeitig ein Verrechnungsscheck übergeben worden, der später eingelöst wird, dann ist die Zahlung noch zur rechten Zeit erfolgt (BGH VersR 1964, 129 = NJW 1964, 499; BGHZ 44, 178 = VersR 1965, 1141). Wenn allerdings die vom VN beauftragte Hausbank, bevor sie den Auftrag ausführen konnte, die Schalter schließt, so muss der VN noch einmal zahlen. Er trägt die Leistungsgefahr, wenn auch nicht die Verspätungsgefahr.

Die Schickschuld kann kraft Übung zur Holschuld werden, wenn die Prämie regelmäßig beim Versicherungsnehmer eingezogen worden ist. Das ist oft bei der Kleinlebensversicherung der Fall. Will der Versicherer von dieser Übung abgehen, so hat er dem VN schriftlich anzuzeigen, dass er die Übermittlung verlangt.

Kraft Vereinbarung kann statt der Schickschuld eine Bringschuld bestehen, wie es für die Lebensversicherung früher in § 12 ALB a. F. vorgesehen war. Danach war Erfüllungsort für beide Teile die Geschäftsräume des Vorstands der Gesellschaft. In diesem Fall ist die Prämie erst gezahlt, wenn die Gutschrift auf das Konto des Versicherers erfolgt. Wird die Erstprämie einer Lebensversicherung zwar am Todestag des Versicherten von dem Konto des VN abgebucht und erhielt auch die Bank des Versicherers am gleichen Tage Deckung, erfolgte aber die Gutschrift erst einen Tag später, so ist die Erstprämie zur Zeit des Versicherungsfalls noch nicht gezahlt (BGH VersR 1971, 216 = NJW 1971, 380).

VII. Prämienverzug

1. Nichtzahlung der Prämie

199 Mit der nicht rechtzeitigen Zahlung der Prämie tritt regelmäßig automatisch der Verzug ein, §§ 286 ff. BGB. Für gewöhnlich ist nämlich für die Leistung eine Zeit nach dem Kalender bestimmt. Sollte das einmal nicht der Fall sein, dann bedarf es zum Eintritt des Verzugs keiner Mahnung. Verzug tritt hier spätestens 30 Tage nach Fälligkeit ein, jedenfalls wenn der VN auf diese Rechtsfolge hingewiesen worden ist, § 286 Abs. 3 BGB. Die versicherungsrechtlichen Wirkungen treten aber auch ohne Mahnung kraft Gesetzes ein.

2. Nichtzahlung der Erstprämie

Wird die Erstprämie nicht gezahlt, so kommen drei Arten von Rechtsfolgen in Betracht. Sie betreffen die Prämienzahlungspflicht des VN, die Gefahrtragung des Versicherers und das Schicksal des Versicherungsvertrags. **200**

a) Prämienzahlungspflicht

Zahlt der VN nicht, so kann der Versicherer auf Leistung klagen. Im Regelfalle kann er auch Verzugszinsen verlangen, dann nämlich, wenn eine Zeit nach dem Kalender bestimmt ist oder 4 Wochen vergangen sind. **201**

b) Gefahrtragung

§ 38 Abs. 2 VVG kodifiziert das sog. Einlösungsprinzip. Wenn die Erstprämie zur Zeit des Eintritts des Versicherungsfalls noch nicht gezahlt ist, so ist der Versicherer von der Verpflichtung zur Leistung frei, es sei denn, der VN hat die Nichtzahlung nicht zu vertreten. Außerdem hat der Versicherer durch gesonderte Mitteilung in Textform oder durch einen auffälligen Hinweis im Versicherungsschein auf diese Rechtsfolge der Nichtzahlung der Prämie aufmerksam zu machen. Diese Formulierung zeigt, dass das Verschulden des VN vermutet wird. Er hat also darzulegen und zu beweisen, dass er erfolglos außerstande war, die Leistung rechtzeitig zu bewirken. Entscheidend ist also, ob die Leistung zur rechten Zeit und am rechten Ort erfolgt ist. Das Einlösungsprinzip ist Ausdruck des funktionellen Synallagma. Die Übernahme des Risikos durch den Versicherer ist Leistung und setzt ihrerseits eine Leistung durch den VN voraus. Ein weiterer Zweck des Einlösungsprinzips besteht darin, den VN zur baldigen Zahlung der Prämie zu drängen. Die Gefahrtragung ist also durch die Zahlung der Prämie aufschiebend bedingt, wenn der VN schuldhaft handelt, was jedoch vermutet wird. Das erlaubt auch eine Heranziehung der Regeln über die treuwidrige Verhinderung des Eintritts der Bedingung: Wenn der Versicherer durch Nichtvorlegung des Versicherungsscheins die Zahlung der Erstprämie vereitelt, so kann er sich nicht auf die mangelnde Zahlung berufen, § 162 BGB (RGZ 147, 103). **202**

Es kommt also darauf an, dass der VN das nach § 270 BGB, § 37 VVG Erforderliche veranlasst hat (BGH VersR 1964, 129). Eine Teilleistung genügt nicht, selbst wenn auch nur ein mäßiger Teil der Prämie nicht bezahlt worden ist, es sei denn, es handelt sich um einen verschwindend geringen Betrag (BGHZ 21, 122 = VersR 1956, 482).

c) Versicherungsvertrag

203 Gemäß § 37 Abs. 1 VVG kann der Versicherer vom Vertrag zurücktreten, solange die Zahlung nicht bewirkt ist. Es genügt die Fälligkeit. Nur wenn der VN beweist, dass er die Nichtzahlung nicht zu vertreten hat, tritt das Rücktrittsrecht nicht ein. Der Rücktritt muss ausdrücklich erklärt werden. Das VVG hat die alte Regelung des fingierten Rücktritts nicht übernommen, der angesehen wurde, wenn die Prämie nicht innerhalb von drei Monaten gerichtlich geltend gemacht wurde. Mit dem Rücktritt wird, anders als bei der Kündigung, das Versicherungsverhältnis rückwirkend aufgelöst. Mit dem Rücktritt ist das Versicherungsverhältnis entfallen.

3. Nichtzahlung der Folgeprämie

204 Gemäß § 38 VVG bleibt der Versicherungsschutz erhalten, wenn die Folgeprämie nicht rechtzeitig gezahlt wird. Der Versicherer kann dem VN schriftlich eine Zahlungsfrist von mindestens zwei Wochen bestimmen. Diese Mahnung ist mit dem Hinweis auf die Rechtsfolge zu versehen. Um wirksam zu sein, muss der Prämienrückstand zutreffend angegeben sein (BGHZ 47, 88 = VersR 1967, 467). Wenn der Versicherungsfall nach Ablauf der Frist eintritt und der VN mit der Zahlung der Prämie usw. in Verzug ist, so ist der Versicherer von der Verpflichtung zur Leistung frei, § 38 Abs. 2 VVG. Auch kann der Versicherer nach dem Ablauf der Frist und Eintritt des Verzuges das Versicherungsverhältnis ohne Einhaltung einer Kündigungsfrist kündigen. Hier stellt das Gesetz auf den Verzug im Sinne des bürgerlichen Rechts ab. Es muss also entweder eine Leistungszeit nach dem Kalender bestimmt sein oder vier Wochen nach Fälligkeit der Entgeltschuld vergangen sein und Verschulden gegeben sein, das allerdings vermutet wird, § 286 Abs. 4 BGB. Erfolgt die Fristsetzung nicht mit genauer Rechtsbelehrung, so ist sie unwirksam. Ist der Versicherungsfall noch nicht eingetreten, so kann der VN innerhalb eines Monats nach der Kündigung die Zahlung nachholen. Dann fallen die Wirkungen der Kündigung fort.

§ 22 Obliegenheiten des Versicherungsnehmers

I. Theorie der Obliegenheit

1. Definition und Vorkommen im Zivilrecht

Nach der von *Reimer Schmidt* entwickelten Lehre ist eine Obliegenheit eine **205**
Rechtspflicht minderen Grades, die dem Belasteten im eigenen, zugleich aber auch im Interesse eines Dritten auferlegt worden ist. Zwar sind die Obliegenheiten zuerst im Versicherungsrecht erkannt worden; auch haben sie dort ihren Namen erhalten. Obliegenheiten kommen aber nicht nur im Versicherungsrecht vor. Die Theorie der Obliegenheit ist aus dem Versicherungsrecht in das bürgerliche Recht übertragen worden. Obliegenheiten sind im bürgerlichen Recht etwa beim Mitverschulden gegeben, in dessen Bereich man die Schadensabwendungsobliegenheit (§ 254 Abs. 1 BGB) von der Schadensminderungsobliegenheit (§ 254 Abs. 2 BGB) unterscheidet. Dem Geschädigten steht es grundsätzlich frei, zu seinem eigenen Schaden beizutragen. Wenn er aber seinen Schaden zurechenbarerweise mitverursacht oder erhöht hat, so kann er nicht vollen Schadensersatz vom Verletzer verlangen. Das wäre ein rechtsmissbräuchliches Verhalten. Die Rechtsfolge des Mitverschuldens ist der Verlust oder die Einschränkung eines Anspruchs. Ein weiteres Beispiel der Obliegenheit im Zivilrecht enthält etwa § 121 BGB, wonach die Anfechtung wegen Irrtums unverzüglich, d. h. ohne schuldhaftes Zögern, zu erfolgen hat. Wird sie schuldhaft verzögert, so ist die Anfechtung nicht mehr möglich. Der Irrende ist nicht verpflichtet, überhaupt oder ohne schuldhaftes Zögern anzufechten; es steht ihm frei, die Zeit zu verpassen. Vielleicht ist er mit dem Geschäft trotz des Irrtums zufrieden. Im Interesse klarer Verhältnisse hat er aber bald anzufechten. Damit wird deutlich, dass der Rechtszwang bei der Obliegenheit ein mittelbarer ist: zur Erhaltung der gewünschten eigenen Rechtsposition ist man gehalten, der Obliegenheit nachzukommen. Der psychologische Zwang kann ein erheblicher sein, wenn einem an der Rechtsposition liegt. Zusätzlich zur Verletzung wird auch Verschulden vorausgesetzt, wenn der Rechtsverlust eintreten soll. Damit werden Zurechnungskriterien an die Obliegenheit herangetragen, welche die starre Schematik Verletzung/Rechtsfolge verhindern und den Verlust der Rechtsposition an ein subjektives Merkmal knüpfen und damit für die Praxis geschmeidig machen.

2. Obliegenheit und Rechtspflicht

206 Rechtspflichten sind solche Verhaltensgebote, die dem Verpflichteten im Interesse eines Trägers eines subjektiven Rechts, eines Destinatärs oder der Gesamtheit von Rechts wegen auferlegt sind. Bei der Rechtspflicht steht es nicht im Belieben des Verpflichteten, der Pflicht nachzukommen oder nicht. Die Pflicht verlangt Befolgung. Freilich sind die Pflichten unterschiedlich scharf sanktioniert: bei Verletzung mag Schadensersatz geschuldet werden, ein Rücktritt mag erklärt werden können oder es kann sogar eine Strafe verwirkt sein. Die Befolgung von Rechtspflichten kann gerichtlich oder behördlich erzwungen werden. Die Obliegenheit dagegen ist nur ein Gebot, das im eigenen Interesse besteht, aber natürlich auch oft das Interesse eines Dritten mit einbezieht. Die Erfüllung einer Obliegenheit kann nicht von hoher Hand erzwungen werden. Die Nichterfüllung einer Obliegenheit führt nur bei Verschulden zu einer automatischen Rechtsfolge, nämlich der Verwirkung einer Rechtsposition. Repressive Rechtsfolgen wie Schadensersatz oder Strafe kommen nicht in Betracht.

3. Voraussetzungstheorie

207 In der Theorie des Versicherungsrechts wurde lange Zeit zur Deutung der Obliegenheit die sog. Voraussetzungstheorie vertreten, wonach die Einhaltung einer Obliegenheit nur eine Voraussetzung für die Erhaltung des Anspruchs aus dem Versicherungsvertrag sei. Obliegenheiten erscheinen danach als zum Vertragsinhalt erhobene Voraussetzungen für die Bewirkung oder den Umfang der Leistung oder das sonstige Tun des Versicherers. Die Schwäche der Voraussetzungstheorie besteht darin, dass sie keinerlei Appell, noch weniger einen psychologischen Zwang anerkennt und eine sanktionslose Obliegenheit keinen Pflichtcharakter hat. Die Voraussetzungstheorie macht auch nichts aus dem Erfordernis des Verschuldens, das die Obliegenheit in den Rang der zurechnungsabhängigen Rechtsinstitute erhebt: Eine Verletzung einer Obliegenheit ohne das erforderliche, eventuell sogar qualifizierte Verschulden entfaltet keine Wirkung.

4. Rechtszwangtheorie

208 Die heute vorwiegend akzeptierte Theorie geht von den Erscheinungen des Rechtszwangs aus, die im Wesentlichen psychologisiert nachgefühlt werden. Nach dieser Theorie ist die Obliegenheit eine Parallelerscheinung zur Rechtspflicht bei den Haftungstatbeständen. Die Obliegenheitswidrigkeit entspricht der Rechtswidrigkeit. Beide beziehen sich auf Tatbestände, nämlich auf gegenständliche Typisierungen. Das Verschulden schließlich ist auf die Tatbestände und die Rechtswidrigkeit bzw. Obliegenheitswidrigkeit bezogen. In dieser Gleichstellung ist das bislang fehlende Bindeglied zwischen verletzendem Verhalten und Verschulden bei der Obliegenheit gefunden worden. Die sanktionslose Obliegenheit nimmt denselben Platz ein wie das für den Verletzungsfall folgenlose Gebot, die sog. *lex imperfecta*. Das Verschulden schließlich ordnet sich zwanglos in den Aufbau Obliegenheitstatbestand, Obliegenheitswidrigkeit, Obliegenheitsverschulden ein und bildet damit die Parallele zur Haftung mit Tatbestand, Rechtswidrigkeit und Verschulden.

5. Funktion der Obliegenheit

Die Obliegenheiten stellen der Sache nach den Übergang von der strengrechtlichen Bedingung oder Voraussetzung des Versicherungsschutzes zur eher billigkeitsgeprägten Zurechnung versicherungsabträglichen Verhaltens dar. Das wird etwa an einem Beispiel deutlich: Eine Gefahrerhöhung hat der VN dem Versicherer mitzuteilen, wenn sie durch einen Dritten ohne seine Einwilligung geschehen ist, § 23 Abs. 2 VVG. Die Mitteilung ist Gegenstand einer Obliegenheit. Würde es sich um eine Bedingung handeln, so wäre mit Nichtmitteilung der Versicherungsschutz entfallen. Die Obliegenheitswidrigkeit setzt weiter voraus, dass der VN die Obliegenheit in besonderer Weise schuldhaft verletzt, § 24 VVG. Obliegenheiten passen sich also den Möglichkeiten des VN elastisch an und lassen ihn des Schutzes nur dann verlustig gehen, wenn er schuldhaft der Obliegenheit zuwider handelt. 209

6. Verhüllte Obliegenheit

Eine Obliegenheit ist nicht stets leicht zu erkennen. Soll ein Verhalten nur bei Verschulden zugerechnet werden, dann kann es sich rein sprachlich um eine Risikoabgrenzung handeln, die aber in Wirklichkeit als verhüllte Obliegenheit anzusehen ist (BGH VersR 1980, 153). Dabei können verhüllte Obliegenheiten durch Sicherheitsvorschriften konkretisiert werden, etwa durch Feuer- und Unfallverhütungsvorschriften, die aufgrund gesetzlicher Ermächtigung erlassen worden sind. Das sind aber nicht Flachdachrichtlinien des Zentralverbandes des Deutschen Dachdeckerhandwerks e. V. (OLG Oldenburg VersR 1994, 715). 210

II. Rechtsgrund der Obliegenheit

1. Gesetzliche Obliegenheit

Obliegenheiten können einmal vom Gesetzgeber angeordnet sein. So sind als gesetzliche Obliegenheiten anerkannt: die vorvertragliche Anzeigepflicht (§§ 19ff. VVG), die Gefahrstandspflicht (§§ 23ff. VVG), die Anzeige des Versicherungsfalls (§ 30 VVG) und die Auskunfts- und Belegsobliegenheit (§ 31 VVG). In der Schadensversicherung gibt es die gesetzlichen Obliegenheiten zur Anzeige einer mehrfachen Versicherung (§ 77 VVG), zur Abwendung und Minderung des Schadens (§ 82 VVG) und zur Anzeige der Veräußerung (§ 97 VVG). In den besonderen Versicherungszweigen gibt es weitere Beispiele. Die dem VN gesetzlich auferlegten Obliegenheiten können vertraglich abbedungen oder eingeschränkt werden. 211

2. Vertragliche Obliegenheit

212 Obliegenheiten des VN können ausdrücklich im Versicherungsvertrag vereinbart oder in den AVB statuiert werden. Es ist streitig, ob Obliegenheiten auch stillschweigend vereinbart werden können. Grundsätzlich sollte das möglich sein, jedoch muss der VN deutlich erkannt haben, dass eine Risikobeschränkung durch sein zurechenbares Fehlverhalten eintreten kann. In der Antwort auf eine Frage im Rahmen der vorvertraglichen Anzeigepflicht liegt regelmäßig jedoch keine Vereinbarung einer Obliegenheit („Risiko wird bewacht" OLG Breslau JW 24, 326 oder „Der Herr Versicherte schläft im Keller" RG VA 04, 77). Beispiele der vertraglichen Obliegenheit bilden die Verwendungsklausel in der Kraftfahrtversicherung und die Sorgeobliegenheit in der Tierversicherung. Nach § 2 b AKB darf der VN das versicherte Kfz zu keinem anderen als in dem Antrag angegebenen Zweck verwenden, er darf also etwa ein Privatfahrzeug nicht als Geschäftsfahrzeug oder als Mietwagen verwenden. Ist ein Pferd versichert, so trifft den VN die vertragliche Obliegenheit, bei einer erheblichen Erkrankung des Tieres unverzüglich einen Tierarzt beizuziehen, § 15 Ziff. 2 AVP.

§ 28 VVG regelt die Verletzung einer vertraglichen Obliegenheit in besonderer Weise. Zunächst wird ein Rücktrittsrecht gewährt, wenn eine vertragliche Obliegenheit, die vom VN vor Eintritt des Versicherungsfalles gegenüber dem Versicherer zu erfüllen ist, verletzt wurde. Das Rücktrittsrecht besteht einen Monat nach Kenntnis der Verletzung und ist selbst nicht an eine Frist gebunden. Wenn freilich der VN nachweist, dass die Verletzung nicht auf Vorsatz oder grober Fahrlässigkeit beruht, entfällt das Rücktrittsrecht.

Bestimmt der Vertrag, dass der Versicherer bei Verletzung einer vom VN zu erfüllenden vertraglichen Obliegenheit nicht zur Leistung verpflichtet ist, ist er nur leistungsfrei, wenn der VN die Obliegenheit vorsätzlich verletzt hat. Im Falle einer grob fahrlässigen Verletzung der Obliegenheit kommt es auf die Schwere des Verschuldens an, je nach der Schwere kann die Leistung entsprechend gekürzt werden. Die Beweislast für das Nichtvorliegen einer groben Fahrlässigkeit trägt der VN, dagegen wohl die Beweislast der Schwere der Versicherer, denn die Schwere des Verschuldens gehört zu seinen Anspruchsgrundlagen für die Kürzung.

Ist die Verletzung der Obliegenheit weder für den Eintritt oder die Feststellung des Versicherungsfalls noch für die Feststellung oder den Umfang der Leistungspflicht ursächlich, bleibt der Versicherer zur Leistung verpflichtet. Allerdings ist er frei, wenn der VN die Obliegenheit arglistig verletzt hat. Das Gleiche gilt auch für vollständige oder teilweise Leistungsfreiheit bei Verletzung einer nach Eintritt des Versicherungsfalles bestehenden Auskunfts- oder Aufklärungsobliegenheit, allerdings hat der VN durch gesonderte Mitteilung in Textform auf diese Rechtsfolge hingewiesen zu werden. Schließlich ist noch geregelt, dass eine Vereinbarung, nach welcher der Versicherer bei Verletzung einer vertraglichen Obliegenheit zum Rücktritt berechtigt sei, unwirksam ist, § 28 Abs. 5 VVG.

III. Inhalt der Obliegenheit

Die Obliegenheiten lassen sich nach Verhaltensarten recht grob in verschiedene Fallgruppen einteilen. Der Inhalt der Obliegenheit geht im Allgemeinen entweder auf Auskunft, auf Gefahreinschränkung oder auf Erstattung einer Anzeige. 213

1. Obliegenheit auf Auskunft

Der VN ist verpflichtet, bei Schließung des Vertrags dem Versicherer alle ihm bekannten Umstände, die für die Übernahme der Gefahr erheblich und dem Versicherer nicht bekannt sind, anzuzeigen, §§ 19f. VVG. Dabei handelt es sich um eine sog. vorvertragliche Auskunftsobliegenheit. Wenn der Schaden eingetreten ist, trifft den VN die Obliegenheit zur Aufklärung nach Eintritt des Versicherungsfalls, § 31 VVG. 214

2. Obliegenheit auf Gefahreinschränkung

In diesem Bereich treffen wir die große Menge der vertraglich vorgesehenen Obliegenheiten an. Als Beispiel mag hier § 2 b AKB für die Kraftfahrzeugversicherung angeführt werden. Was hier dem Wortlaut nach als Haftungsausschlussklauseln erscheint, sind in Wirklichkeit Obliegenheiten: Ein unberechtigter Fahrer darf das Kfz nicht benutzen; ein Fahrer ohne Fahrerlaubnis ist gleichfalls ausgeschlossen; das Kfz darf zu unerlaubten Kraftfahrzeugrennen nicht verwendet werden; die Beförderung von Kernbrennstoffen ist nicht gestattet. 215

3. Obliegenheit auf Anzeige

Die Anzeige stellt eine einseitige Mitteilung eines versicherungserheblichen Sachverhalts an den Versicherer dar, die anders als die Auskunft nicht auf Frage und Mitteilung beruht. Obliegenheiten zur Anzeige treffen den VN u. a. hinsichtlich des Versicherungsfalls und der Änderung seiner Adresse, §§ 30, 13 VVG. 216

IV. Verschuldenserfordernis

1. Obliegenheit ohne Verschuldenserfordernis

Bei manchen gesetzlichen Obliegenheiten wird an den objektiv verwirklichten Tatbestand der Obliegenheitsverletzung die Verwirkungsfolge angeknüpft. Hat der VN dem Versicherer etwa nicht mitgeteilt, dass er seine Wohnung geändert hat, so gilt die Wirkung des § 13 Abs. 1 S. 1 VVG ohne weiteres, nämlich die Fiktion des Zugangs an der alten Adresse. Regelmäßig aber tritt die Rechtsfolge der Obliegenheitsverletzung nur bei Verschulden ein. Im Interesse der Klarheit sollten verschuldensfreie Obliegenheiten nicht mehr anerkannt werden. 217

2. Obliegenheit mit Verschuldenserfordernis

218 Es ist ein alter Grundsatz des Versicherungsrechts, der auf die Zeit vor dem VVG zurückgeht, dass Obliegenheitsverletzungen grundsätzlich verschuldet erfolgt sein müssen, um eine Rechtsfolge nach sich zu ziehen. Bei den gesetzlichen Obliegenheiten ist das regelmäßig angeordnet. Für vertragliche Obliegenheiten ist eine besondere Regel in § 28 VVG getroffen: Ist im Vertrag bestimmt, dass bei Verletzung einer Obliegenheit, die vor dem Eintritt des Versicherungsfalls dem Versicherer gegenüber zu erfüllen ist, der Versicherer von der Verpflichtung zur Leistung frei sein soll, so tritt die vereinbarte Rechtsfolge nicht ein, wenn die Verletzung weder auf Vorsatz noch auf grobe Fahrlässigkeit zurückzuführen ist. Wenn dagegen die Leistungsfreiheit für den Fall vereinbart ist, dass eine Obliegenheit verletzt wird, die nach dem Eintritt des Versicherungsfalls dem Versicherer gegenüber zu erfüllen ist, so tritt die Rechtsfolge nicht ein, wenn die Verletzung weder auf Vorsatz noch auf grober Fahrlässigkeit beruht. Bei grober Fahrlässigkeit kommt es auf die Schwere des Verschuldens an, wie weit die Leistungsfreiheit geht. Die Begriffe Vorsatz, grobe Fahrlässigkeit und Fahrlässigkeit sind die gleichen wie im bürgerlichen Recht. Das hat sich dort bei den Untersuchungen zu den Obliegenheiten des bürgerlichen Rechts herausgestellt. Das sog. „Verschulden gegen sich selbst" ist inhaltlich kein besonderes Verschulden, sondern auf eine Obliegenheitswidrigkeit bezogen. Die Fahrlässigkeit bedeutet die Verletzung der im Verkehr erforderlichen Sorgfalt, wobei der Sorgfaltsmaßstab objektiv-typisierend nach der objektiven Theorie festzulegen ist. Es kommt nicht auf die individuell geübte oder mögliche Sorgfalt an: Verwahrt die Ehefrau auf einer Reise Schmuck in einem Necessaire-Koffer auf und wird dieser gestohlen, liegt Verschulden in Gestalt von Fahrlässigkeit vor (KG JRPV 36, 366).

3. Vorsatz und grobe Fahrlässigkeit

219 Ist die Obliegenheit weniger wichtig oder soll der VN besonders geschützt werden, führen nur Vorsatz oder grobe Fahrlässigkeit zu der Rechtsfolge. Vorsatz bedeutet Wissen und Wollen der Obliegenheitsverletzung. So handelt ein VN vorsätzlich seiner Aufklärungsobliegenheit gemäß § 7 Abs. 2 S. 2 und Abs. 5 AKB zuwider, wenn er die Spuren eines Unfalls dadurch verdeckt, dass er das Kfz vom Unfallort entfernt und sich einer Blutprobe entzieht (OLG Nürnberg VersR 1983, 628) oder wenn er in der Schadensanzeige für den Kaskoschaden bewusst einen Kfz-Vorschaden verschweigt (BGH VersR 1984, 228). Allerdings muss sich der Vorsatz auf den eigentlichen Schaden beziehen. Wer eine Körperverletzung mit Todesfolge verursacht, genießt Haftpflichtschutz für den Tötungsschaden, wenn er nicht vorsätzlich getötet hat (OLG Hamm MDR 1994, 563). Vorsatz ist angenommen worden, wenn der VN unter Alkoholeinfluss grundlos einen Faustschlag auf den Kopf eines anderen geführt hat und anschließend den Kopf zusätzlich auf den Boden geschlagen hat. Hinzu kommt, dass der VN wegen einer ähnlichen Tat in angetrunkenem Zustand wegen gefährlicher Körperverletzung strafrechtlich verurteilt worden war, so dass für Gefährlichkeit und Folgen einer späteren Angriffshandlung auch bei erheblicher Trunkenheit auf der Hand lagen (OLG Düsseldorf VersR 2000, 447).

Nach der von der deutschen Rechtsprechung gebrauchten Definition hat derjenige grob fahrlässig gehandelt, der das außer acht gelassen hat, was jedem einleuchten musste und der die im Verkehr erforderliche Sorgfalt in besonders grober Weise verletzt hat. Die erste Hälfte dieser Definition stammt aus dem Römischen Recht *(Ulpian: non intellegere quod omnes intellegunt)* und spielt auf den Vorsatzverdacht an; die zweite Hälfte wiedererweckt einen wegen Pleonasmus aufgegebenen Definitionsversuch des ersten Entwurfs zum BGB. Diese Formel, die durch das gesamte Recht vom gutgläubigen Erwerb im Sachenrecht bis zum Rückgriff im Beamtenrecht Verwendung findet, ist ungenau und ungeeignet. In Wirklichkeit ist der Begriff der groben Fahrlässigkeit jeweils nach den besonderen Bedürfnissen und Funktionen des speziellen Rechtsgebiets zu bestimmen. Im Versicherungsrecht ist entscheidend, dass der VN die in seinem eigenen, aber auch im Interesse des Versicherers erwartete Sorgfalt elementarer Art nicht gesetzt hat. In Wirklichkeit sind also die normalen Sorgfaltsanforderungen deutlich auf das Elementare zu ermäßigen; wenn auch die so ermäßigte Sorgfalt nicht gesetzt wurde, liegt grobe Fahrlässigkeit vor. Die grobe Fahrlässigkeit der Obliegenheitsverletzung ist subjektiv akzentuiert. Nach der Grundhaltung des VVG 2008 führt nicht schon die grobe Fahrlässigkeit zum Verlust der Rechtsposition. Vielmehr kommt es auf die Schwere des Verschuldens an, nach welcher der Versicherer Leistung kürzen darf. Man hat davon gesprochen, dass insoweit der Raum zwischen bedingtem Vorsatz und dem Grenzbereich zur einfachen Fahrlässigkeit ausgefüllt werde (Begründung S. 173). Man muss befürchten, dass auf diese Weise das ungesicherte und schwer zu definierende Institut der groben Fahrlässigkeit überfrachtet wird. Praktische Erwägungen haben jedoch den Gesetzgeber zu dieser Abwägungsmöglichkeit veranlasst. **220**

Was die Beweislast angeht, so hat sich der VN zu entlasten, wenn er keine grobe Fahrlässigkeit angenommen haben will. Folgende Beispiele mögen das verdeutlichen: Der Eigentümer eines Kfz hat in seinem eigenen Interesse darauf bedacht zu sein, dass das Kfz nicht gestohlen wird und auch nichts aus dem Kfz entwendet wird. Aus diesem Grunde hat er das Kfz zu verschließen. Wird das Kfz selbst oder etwas aus dem Kfz entwendet, dann tritt die Kaskoversicherung nur ein, wenn in das versperrte Fahrzeug eingebrochen wurde. War das Fahrzeug unabgeschlossen, ist kein voller Versicherungsschutz gegeben, § 81 VVG. Ebenso wenig greift die Kasko-Versicherung ein, wenn der VN das Kfz mit mehr als 1 ‰ Blutalkohol gefahren und beschädigt hat (BGH VersR 1991, 1367). Es gelten die Regeln der *actio libera in causa*, § 827 S. 2 BGB (OLG Köln VersR 1995, 305: Blutalkoholwert von 3,0 bis 3,3 ‰). Der VN muss grundsätzlich seine angeblich fehlende Schuldfähigkeit beweisen (analoge Anwendung des § 827 S. 1 BGB: OLG Hamm VersR 1988, 394: 2,23 ‰); einem Messeaussteller wird grobe Fahrlässigkeit als vorverlegte Schuld zur Last gelegt, wenn er keine Vorsorge dagegen trifft, dass er seinen bereitstehenden Pkw später in fahruntüchtigem Zustand benutzt (OLG Hamburg VersR 1984, 929: 3,0 ‰); allerdings trägt der Versicherer die Beweislast für die subjektiven Voraussetzungen der groben Fahrlässigkeit (BGH VersR 1985, 440: 0,5 ‰). Einen Anspruch hat auch nicht, wer eine goldene **221**

Rolex-Uhr beim Wasserskifahren trägt oder an einem vielbesuchten Aussichtspunkt eine Reisetasche mit einer wertvollen Kamera unbeaufsichtigt abstellt (LG Frankfurt VersR 1983, 434; LG Köln VersR 1983, 365). Grob fahrlässig ist es, die Wohnung für 15 Minuten zu verlassen, ohne die brennenden Kerzen im Adventskranz gelöscht zu haben (OLG Hamburg VersR 1994, 89), ein Rotlichtsignal nicht beachtet zu haben (OLG Hamburg und OLG Karlsruhe VersR 1994, 211), mitgeführte Gegenstände im Fahrzeug nicht ausreichend zu sichern (OLG Jena VersR 1998, 838: herabfallende Einkaufstüte) und Suchen eines Taschentuchs auf dem Beifahrersitz wegen unvermittelten Nießens (OLG Naumburg VersR 1997, 870). Nicht grob fahrlässig ist es hingegen, ein Quick-Out-Radio über Nacht im Wagen zu belassen (AG Marl VersR 1995, 413), bei 0,9 ‰ Blutalkoholgehalt ungebremst auf einen fahrenden Lkw aufzufahren, nachdem das letzte Getränk 6 ½ Stunden vorher eingenommen wurde (OLG Köln VersR 1999, 577), ein Anhänger mit Ladung auf einen unbewachten Platz abzustellen (OLG Karlsruhe VersR 1998, 94) oder ein Musikinstrument, das zur Reparatur gebracht werden soll, versehentlich in der Eisenbahn zurückzulassen (OLG Karlsruhe MDR 1994, 560).

4. Beweislast und Anscheinsbeweis

222 §§ 26, 28 ff. VVG zeigen durch ihre negativierende Wortwahl, dass der VN die Abwesenheit des groben Verschuldens nachzuweisen hat. Es heißt nämlich, dass die Leistungsfreiheit nicht eintritt, „wenn die Verletzung weder auf Vorsatz noch auf grober Fahrlässigkeit beruht“.

Im Prozess sind folgende Schritte zu unterscheiden: Der Versicherer hat die objektive Verletzung der Obliegenheit durch den VN zu behaupten und im Bestreitensfalle zu beweisen. Ist dies geschehen, dann hat der VN das Fehlen des Verschuldens darzulegen und zu beweisen. Die Beweislast für Vorsatz trägt weiter der Versicherer. Es ist eine Voraussetzung dafür, dass er Leistungen insgesamt vermeiden will. Für diese Voraussetzung trägt er die Beweislast. Im Übrigen hat der VN das Fehlen der groben Fahrlässigkeit darzulegen und zu beweisen. Verneint er die grobe Fahrlässigkeit, dann will er volle Leistung. Für diese Voraussetzung trägt er bei Obliegenheitsverletzung die Beweislast. Was die Schwere des Verschuldens bei der groben Fahrlässigkeit angeht, so ist hier wiederum der Versicherer beweisbelastet. Er will danach seine Leistungen bewerten. Für diese Voraussetzung trägt er die Beweislast.

Dabei darf man nicht stets auf einem formellen Beweisantrag bestehen: Ist offenbar, dass den VN kein Verschulden trifft, so hat das Gericht das zu berücksichtigen (KG NJW 1964, 1327; OLG Stuttgart VersR 1957, 567). Deutlich wurde der Wechsel der Beweislast in BGH VersR 1983, 674: Ein reisender Teppichhändler hatte u. a. als Schaden den Diebstahl eines Pelzmantels geltend gemacht. In der Anzeige hatte er angegeben, den Mantel gekauft zu haben; jetzt trägt er vor, ihn im Tausch erworben zu haben. Die Obliegenheitsverletzung steht fest, nun muss der VN die Abwesenheit von Vorsatz bzw. grober Fahrlässigkeit nachweisen.

Ein erhebliches Problem bildet die Anwendbarkeit des Anscheinsbeweises. Grundsätzlich kann im Prozess die Partei, die beweisbelastet ist, den Anschein eines typischen Verlaufs als Basis des vorläufigen Beweises mit geringeren Anforderungen verwenden. Der Gegner kann dann aufzeigen, dass ein atypischer Verlauf möglich ist, worauf die ursprüngliche Beweislast wieder eintritt. Der Anscheinsbeweis insbesondere bei grober Fahrlässigkeit spielt im Versicherungsrecht eine erhebliche Rolle. Er ist für die Außerachtlassung der äußeren Sorgfalt bei der groben Fahrlässigkeit gebräuchlich. Für die innere Sorgfalt, also die Aufmerksamkeit, Beachtung von Regeln usw., kann er nur insoweit Verwendung finden, als subjektive Vorgänge oder Zustände objektiv empirisch erfassbar sind.

5. Besonders schwerwiegende Verletzung einer Obliegenheit

Eine weitere Verfeinerung des Verhältnisses von Obliegenheit und Rechtsfolge **223** hat sich im Bereich der Verkehrsunfälle vollzogen. Die Verletzung von Obliegenheiten zur Aufklärung und Schadensminderung führte ursprünglich dazu, dass der Versicherer vollen Regress vom fahrlässigen VN fordern konnte. Diese Folge erschien übermäßig hart und dem Versicherungszweck zuwiderlaufend. Nach § 7 Abs. 5 AKB und den §§ 5 f. KfzPflVV ist eine gestaffelte angemessene Regelung eingeführt worden. Wegen einer nach Eintritt des Versicherungsfalls vorsätzlich oder grob fahrlässig begangenen Obliegenheitsverletzung ist die Leistungsfreiheit des Versicherers gegenüber dem VN auf € 2.500,– bei besonders schwerwiegender vorsätzlich begangener Verletzung der Aufklärungs- oder Schadensminderungspflicht auf höchstens € 5.000,– beschränkt, § 6 KfzPflVV. Bei Verletzung einer vor dem Unfall bestehenden Obliegenheit oder wegen Gefahrerhöhung ist die Leistungsfreiheit des Versicherers gegenüber dem VN und den mitversicherten Personen auf den Betrag von höchstens € 5.000,– beschränkt. Freilich gilt eine Ausnahme gegenüber dem Fahrer, der das Fahrzeug durch eine strafbare Handlung erlangt hat, § 5 Abs. 3 S. 2 KfzPflVV. Die folgenden Entscheidungen geben noch die geringeren Summen des früheren Rechtszustandes wieder.

OLG Karlsruhe VersR 1983, 429: In der Sylvesternacht überfuhr der Kl. einen Jugendlichen, der mit dem Kopf so gegen die Fensterscheibe geschleudert wurde, dass sie zerbrach. Der Kl. setzte seine Fahrt fort, wurde von Verfolgern gestellt und auf den Unfall hingewiesen; dennoch meldete er sich erst am nächsten Tag bei der Polizei. Das Gericht sprach dem Versicherer DM 5.000,– zu, da es eine besonders schwerwiegende Obliegenheitsverletzung sei, wenn man sich von der Unfallstelle entferne, obwohl man wisse, dass man einen Menschen angefahren und verletzt habe.

BGHZ 84, 84 = VersR 1982, 742: Im Verlauf einer Trunkenheitsfahrt hatte der VN ein geparktes Fahrzeug beschädigt, war aber weitergefahren. Gegenüber der Polizei gab er sofort zu, zur Unfallzeit Fahrer und angetrunken gewesen zu sein. Er machte zutreffende Angaben über den Unfallhergang und erstattete alsbald Schadensanzeige. Der BGH stellt den Versicherer nur in Höhe von DM 1000,– frei, da das Gesamtverhalten des VN nicht über die bei Unfallflucht üblichen Pflichtverstöße hinausging. Ein besonderes schwerwiegendes Verschulden müsse sich vom Normalfall deutlich abheben. Dafür genüge allein die bloße Entfernung des VN und des Kfz vom Unfallort nicht. Es müssen noch weitere erschwerende Umstände hinzukommen.

6. Weitere Einzelfälle

224 Wird der VN durch einen Versicherungsvertreter falsch belehrt, so ist regelmäßig die Verletzung seiner Obliegenheit entschuldigt. Mit dem Verlorengehen eines Briefs braucht der VN regelmäßig nicht zu rechnen. Die Rechtsprechung hat die Aufregung über den Todesfall eines Verwandten nicht als Entschuldigung anerkannt. Die Unkenntnis von AVB gilt als fahrlässig, aber nur dann, wenn sie dem VN von dem Versicherer übersandt worden sind.

V. Relevanzprinzip

225 In früherer Zeit wurde als Grundsatz angegeben, dass die Verletzung einer Obliegenheit Rechtsfolgen ohne Rücksicht darauf auslöst, ob ein ursächlicher Zusammenhang zwischen Verletzung und dem Eintritt bzw. der Regulierung des Versicherungsfalls besteht. In neuerer Zeit ist dieser Grundsatz erheblich eingeschränkt und später in das Gegenteil verkehrt worden: Die Lehre vom Schutzbereich der Norm hat auch das Versicherungsrecht und die Obliegenheiten erfasst. Es ist erforderlich, dass die Obliegenheitsverletzung Einfluss auf den Eintritt oder die Feststellung des Versicherungsfalls oder den Umfang der Leistung des Versicherers gehabt hat. Die Relevanz wird neben dem Verschulden verlangt, für Obliegenheiten vor Eintritt des Versicherungsfalls z. B. in § 26 Abs. 3 VVG und für Obliegenheiten nach Eintritt des Versicherungsfalls z. B. in § 28 Abs. 3 VVG usw. Schon das Reichsgericht hat diesen im Gesetz angelegten Tendenzwandel insoweit berücksichtigt, als es nach Treu und Glauben auch bei anderen Obliegenheitsverletzungen geprüft hat, ob die Verletzung relevant gewesen ist (RGZ 160, 3). Wie die Wortwahl des § 21 Abs. 2 VVG und der anderen Bestimmungen klar macht, trifft grundsätzlich die Beweislast für die mangelnde Auswirkung der Obliegenheitsverletzung auf den Versicherungsfall oder die Versicherungsleistung wiederum den VN. Das steht in Übereinstimmung mit der allgemeinen Theorie: Obliegenheiten sollen den Eintritt des Versicherungsfalls verhindern bzw. Feststellungen des Versicherungsfalls erleichtern oder die Versicherungsleistung gering halten. Die Entlastung des Versicherers ist also typischer Zweck des von der Obliegenheit geforderten Verhaltens; sollte die Verletzung der Obliegenheit für den Versicherungsfall und die Leistung des Versicherers unerheblich sein, ist diese Ausnahme von dem zu beweisen, der sich darauf beruft, vom VN. Wenn jedoch die Rechtsprechung einen geringen Grad von Erheblichkeit und bisweilen sogar die Möglichkeit einer auch nur mitwirkenden Kausalität ausreichen lässt (BGH VersR 1968, 590; 1969, 247), so geht das zu weit. Tut der VN dar, dass zwar die

bloße Möglichkeit einer Kausalität gegeben war, diese sich aber nicht verwirklicht hat, so genießt er weiterhin Versicherungsschutz. Verweigern die nahen Angehörigen des Versicherten die Entnahme von Leichenblut, so verletzen sie eine Aufklärungsobliegenheit. Wenn aber die trunkenheitsbedingte Bewusstseinsstörung nicht der einzige Grund des Unfalls sein konnte, ist die Versagung der Blutprobe keine rechtserhebliche Obliegenheitsverletzung (BGH VersR 1992, 730).

Die Verletzung der Obliegenheit ist nur dann relevant, wenn sie dem Versicherer 226
Anlass gegeben hätte, über den Abschluss oder seine Leistungspflicht Erwägungen oder Nachforschungen anzustellen. Verschweigt der VN einen fünf Jahre zurückliegenden Krankenhausaufenthalt in seinem Antrag auf Abschluss einer Krankenversicherung, so kann der Versicherer nur zurücktreten, wenn er aus diesem Grunde den Vertragsschluss abgelehnt oder nur zu anderen Bedingungen vorgenommen hätte (BGH VersR 1984, 629). Verschweigt der VN das Bestehen weiterer Unfallversicherungen, so begeht er eine relevante Obliegenheitsverletzung, da der Versicherer bei korrekter Angabe die Glaubwürdigkeit und die Unfallschilderung genauer überprüft hätte (OLG Köln VersR 1986, 544). Relevant ist eine Obliegenheitsverletzung auch dann nicht, wenn der VN falsche Angaben gegenüber dem Außendienstmitarbeiter berichtigt, bevor diese dem entscheidungsbefugten Sachbearbeiter zur Kenntnis gelangen (OLG Hamm VersR 2000, 577).

Manche Obliegenheiten sind allerdings so generell, dass die Verletzung ihrer Natur nach für den Schadensfall keine Rolle spielen kann. Hierhin gehören etwa Anzeigepflichten, die sich nicht auf die Umschreibung oder die Erhöhung des Risikos richten, sondern kriminellen Manipulationen vorbeugen sollen. Als solche ist etwa die Anzeige einer Nebenversicherung anzusehen, welche die beiden Versicherer dazu veranlassen soll zu prüfen, ob eine Doppelversicherung gegeben ist oder ob ein weiteres Risiko vorgetäuscht werden soll. Tritt der Versicherungsfall ein, so wird die unterlassene Anzeige einer weiteren Versicherung für den Versicherungsfall selbst niemals kausal gewesen sein. Auch braucht sie die Leistung der Versicherer nicht negativ zu berühren. Soll also die Verletzung dieser Obliegenheit irgendeine Folge haben, so wird man hier auf die Voraussetzung der Relevanz verzichten müssen. Neuerdings beginnt die Rechtsprechung allerdings auch hier das Relevanzprinzip anzuwenden. Hat z. B. der VN in seiner Schadensmeldung nur eine weitere Unfallversicherung angegeben, bestehen aber noch mehrere, so bleibt der Versicherer zur Leistung verpflichtet, wenn es sich um einen Unfall handelt, bei dem die Gefahr der Vortäuschung und des Betrugs von vornherein in keiner Weise besteht (OLG Karlsruhe VersR 1997, 955).

Obwohl hier gelegentlich von Kausalität gesprochen wird, handelt es sich der 227
Sache nach regelmäßig nicht um einen Bedingungszusammenhang, sondern um die Verwirklichung einer durch die Obliegenheitswidrigkeit geschaffenen allgemeinen Erhöhung des Risikos für den Versicherer. Es ist die „Relevanz“ der Gefahr. Sie ist dann gegeben, wenn das gefahrerhöhende Moment obliegenheitswidrig und schuldhaft gesetzt wurde und in dem Bereich liegt, in dem sich der Versicherungsfall ereignet hat. Der gelegentlich unzutreffende Hinweis auf

die Adäquanztheorie ist insoweit hilfreich, als es hier um Wahrscheinlichkeiten, d. h. Erhöhungen von Möglichkeiten, geht. Auch die Adäquanztheorie basiert auf der Wahrscheinlichkeit. Als Beispiel können hier die Obliegenheiten aus der Kraftfahrtversicherung dienen, welche die Verwendung des Fahrzeugs durch einen unberechtigten Fahrer betreffen. Die zweckwidrige Verwendungsart muss gefährlicher sein als die vertraglich vorgesehene (BGH VersR 1963, 527). Es ist also erforderlich, dass gerade die durch die Obliegenheitsverletzung hervorgerufene Risikosteigerung wirksam geworden ist. Wenn also etwa der Unfall durch höhere Gewalt eingetreten ist, so dass auch bei normalem Gebrauch die Verletzung geschehen wäre, ist eine eventuelle Obliegenheitsverletzung nicht wirksam geworden. Ist das Fahrzeug einem Fahrer überlassen worden, der zwar schon die Fahrprüfung bestanden, aber aus bürotechnischen Gründen die Fahrerlaubnis noch nicht ausgehändigt bekommen hatte, so ist die Obliegenheitsverletzung nicht relevant geworden (BGH VersR 1976, 531). Ebenso wenig kann der Versicherer wegen schuldhafter Obliegenheitsverletzung zurücktreten, wenn die unverzügliche Anzeige aus Zeitgründen sich nicht auf die Entschließung des Versicherers ausgewirkt hätte. So steht es etwa, wenn der VN nach Antragstellung aber vor Annahme des Antrags erfährt, dass er zuckerkrank ist. Unterlässt er die Anzeige, hätte sie sich aber, da nur wenige Tage zur Verfügung standen, auf die Entschließung des Versicherers nicht ausgewirkt, darf dieser nicht vom Vertrag zurücktreten (BGH VersR 1984, 884). Eine Obliegenheitsverletzung des VN, die darin besteht, dass er die Befriedigung des Geschädigten wahrheitswidrig behauptet, ist nicht erheblich (BGH MDR 1994, 559). Ebenso wenig stellt das Belassen des Kfz-Scheins im Handschuhfach eine erhebliche Obliegenheitsverletzung dar, weil sie für einen in der Regel vorher gefassten Diebstahlsentschluss nicht ursächlich ist (BGH VersR 1996, 621).

VI. Verantwortlichkeit für andere

1. Mehrheit auf der Seite des Versicherungsnehmers

228 Haben mehrere VN den Vertrag geschlossen und bezieht sich die Versicherung des Risikos auf eine Sache, so kommt es darauf an, ob die Anteile an der Sache als Gesamthandsgemeinschaft oder als Bruchteilsgemeinschaft gehalten werden. Handelt es sich um eine Gesamthandsgemeinschaft, etwa eine Offene Handelsgesellschaft oder eine Erbengemeinschaft, so ist ein einheitliches Interesse versichert. Jeder VN handelt für die anderen, jeder VN hat für den anderen einzustehen. Wenn jedoch Bruchteilsberechtigung vorliegt, etwa Miteigentum nach Bruchteilen, dann ist jeder VN selbstständig. Für ihn wirken nur die eigenen Handlungen, und er hat nur für die eigenen einzustehen.

Bei einer Schadensversicherung für fremde Rechnung ist es möglich, dass der VN und der Versicherte selbstständige Ansprüche haben. Der Versicherte hat Obliegenheiten gegenüber dem Versicherer zu erfüllen. Nach § 47 VVG ist die Kenntnis und das Verhalten des Versicherten der Kenntnis und dem Verhalten des VN in der rechtlichen Bedeutung gleichgestellt. Entscheidend ist dabei stets, wen die Obliegenheit trifft. Soweit nach Eintritt des Versicherungsfalls der VN den Versicherungsfall anzuzeigen und bei der Aufklärung mitzuwirken hat, wird durch eine Obliegenheitsverletzung nur der Anspruch des VN, nicht der des Versicherten betroffen (BGHZ 49, 130 = VersR 1968, 185). Ebenso sollte es bei der Verletzung, der Verwendungsklausel (§ 2 b AKB) stehen: Wenn der mitversicherte Fahrer nicht weiß, dass der VN antragswidrig eine andere Verwendung, des Fahrzeugs vornimmt, etwa ein Fahrzeug als Mietwagen einsetzt das nur als Privatwagen versichert ist, so ist der versicherte Fahrer, gleichfalls geschützt. Sein Versicherungsanspruch entfällt nach Treu und Glauben nicht (a. A. BGHZ 26, 282 = VersR 1958, 158). Andernfalls würde die verständliche Erwartung, Versicherungsdeckung zu genießen, auf Seiten des unwissenden Fahrers enttäuscht werden.

Schließlich ist auch das Verhalten der Gefahrperson bedeutsam. Begeht der lebensversicherte Dritte alsbald Selbstmord, so hat der Erbe bzw. Begünstigte keinen Anspruch.

2. Vertreter, Wissensvertreter

Zwar wenden Rechtsprechung und h. L. die §§ 278, 831 BGB nicht auf Obliegenheitsverletzungen an, sie führen aber auf andere Weise die Zurechnung des Verhaltens eines Dritten herbei. Die eher vordergründige Rechtfertigung dieser Zurückhaltung liegt darin, dass die Obliegenheit, keine Rechtspflicht schaffe und die Gehilfenhaftungsbestimmungen nur auf Rechtspflichten bezogen seien. **229**

Soweit bei der Erfüllung von Obliegenheiten Anzeigen abzugeben oder Auskünfte zu erteilen sind, wird § 166 Abs. 1 BGB entsprechend herangezogen. Hat der Vertreter die Erklärungen nicht abgegeben oder hat er falsche Auskünfte erteilt, so wird das dem VN zugerechnet.

Die Heranziehung der Regel über das Einstehen für den Vertreter wird auch auf den sog. Wissensvertreter ausgedehnt. Er hat keinerlei rechtsgeschäftliche Vertretungsmacht, wohl aber ist er damit betraut, Kenntnis von bestimmten Vorgängen zu erhalten und dem Versicherer mitzuteilen. Das ist in der heutigen arbeitsteiligen Welt nicht selten. Man nehme etwa an, dass innerbetrieblich eine Person damit betraut ist, bestimmte Gefahren zu erfassen, abzustellen bzw. der Versicherung mitzuteilen. Man denke an einen Fuhrpark eines Kaufhauses: Der Leiter des Fuhrparks, auch wenn er keinerlei rechtsgeschäftliche Vertretungsmacht hat, ist Wissensvertreter hinsichtlich der besonderen Zustände der versicherten Kfz, was sowohl für die Haftpflichtversicherung als auch für die Schadensversicherung von Bedeutung sein kann. Die Kenntnis des Wissensvertreters wird dem VN zugerechnet (RGZ 101, 402; BGH VersR 1971, 538). Erklärungsvertreter ist ein Ehegatte nur, wenn er zur Abgabe von Erklärungen anstelle des VN von diesem betraut worden ist (BGHZ 122, 388 = VersR 1993, 960). Ebenso wenig ist ein Dritter, der ein Schadensformular aus eigenem Wissen ausfüllt, Wissensvertreter, wenn der VN das Formular unterschreibt und sich damit die Angaben des Dritten zu eigen macht (BGH VersR 1995, 281).

3. Repräsentant

230 Gewohnheitsrechtlich wird auch Wissen und Verschulden des Repräsentanten dem VN zugerechnet. Repräsentant ist, wer in den Geschäftsbereich, zu dem das versicherte Risiko gehört, aufgrund eines Vertretungs- oder eines ähnlichen Verhältnisses an die Stelle des VN getreten ist (RGZ 51, 20; 83, 43; BGH VersR 1969, 695). Entscheidend ist also, dass der Repräsentant die Aufgaben des VN in der arbeitsteiligen Welt oder im Individualverhältnis wahrnimmt. Vorausgesetzt ist ein selbstständiges Handeln für den VN in einem nicht ganz unbedeutenden Umfang (BGH VersR 1964, 475; 1971, 538). Auf die Befugnis zu rechtsgeschäftlichem Handeln und das früher in den Vordergrund gestellte Bedürfnis einer Repräsentanz kommt es nicht an. Ein Repräsentant wird insbesondere dann tätig, wenn ihm die Obhut über das versicherte Risiko vollständig überlassen worden ist, so dass er befugt ist, selbstständig in einem gewissen, nicht ganz unbedeutenden Umfang für den VN zu handeln (BGH VersR 1993, 828). Dabei ist vorausgesetzt, dass die versicherte Sache zu ihrer Erhaltung der laufenden Betreuung bedarf, wie etwa beim Kfz.

Die Rechtsprechung hat eine Repräsentanteneigenschaft angenommen in folgenden Fällen: der Erwerb einer Sache unter Eigentumsvorbehalt; der Hausverwalter; der Konkursverwalter; der Vater, der für sein minderjähriges Kind ein Geschäft führt; der Betriebsleiter eines Straßenbauunternehmens; der Sicherungsgeber, der die Obhut über die übereigneten Sachen behalten hat. Nicht als Repräsentant sind hingegen angesehen worden: der Fahrer eines Kfz, sofern er den Wagen nicht völlig zur eigenverantwortlichen Benutzung erhalten hat; der vorläufige, später aber ausschlagende Erbe; der angestellte Kraftfahrzeugmechaniker, der die Fahrzeuge auf ihre Verkehrssicherheit zu überprüfen hat; der Ehegatte, der nicht eine gewisse Freiheit in der Verfügung und Verwaltung hat. Ist ein Rußbrand in einem Kessel eines Schiffes entstanden und hatte der Ingenieur bei Wechsel der Mannschaft den Kessel nicht überprüft, bleibt der Versicherungsschutz bestehen: Anders als der Kapitän ist der Ingenieur nicht Repräsentant. Er hat das Schiff zwar technisch zu betreuen, ist aber nicht an der Stelle des VN tätig (BGH VersR 1983, 479). Auch der Mieter oder Pächter eines Gebäudes ist für die Feuerversicherung nicht Repräsentant des Vermieters oder Verpächters (BGHZ 107, 229 = VersR 1989, 737).

VII. Rechtsfolgen

231 Die Folgen der zurechenbaren Verletzung einer Obliegenheit sind kompliziert und nicht leicht verständlich. Außerdem variieren sie gelegentlich von Obliegenheit zu Obliegenheit. Es handelt sich im Wesentlichen um die folgenden:

1. Leistungsfreiheit

Der Versicherer wird wegen zurechenbarer Verletzung einer Obliegenheit von der Leistung frei, wenn dies entweder gesetzlich vorgesehen oder bei einer vertraglichen Obliegenheit ausdrücklich vereinbart worden ist. Die Leistungsfreiheit tritt nicht automatisch ein; sie ist abhängig vom Vorsatz bzw. grober Fahrlässigkeit des VN. Ist die grobe Fahrlässigkeit nur mittelmäßig, tritt Leistungsfreiheit nur entsprechend ein. Die Leistungsfreiheit ist keine Vertragsstrafe. § 343 BGB, der für die Vertragsstrafe eine Herabsetzung übermäßiger Strafen durch das Gericht vorsieht, kommt nicht zur Anwendung. **232**

2. Kündigungsrecht

Wenn eine vor dem Versicherungsfall zu erfüllende Obliegenheit schuldhaft vom VN verletzt ist, kann der Versicherer innerhalb eines Monats nach Kenntnis kündigen, § 19 Abs. 2 VVG. Bei vertraglich vereinbarten Obliegenheiten ergibt sich das Kündigungsrecht aus der Natur der Sache; es wird noch im § 28 VVG ausdrücklich gewährt. Es setzt Vorsatz oder grobe Fahrlässigkeit voraus, deren Fehlen vom VN zu beweisen ist. **233**

Das Kündigungsrecht kann sich in eine Kündigungspflicht umwandeln: Will der Versicherer sich auf die Leistungsfreiheit berufen, so muss er zugleich das Versicherungsverhältnis kündigen, § 26 Abs. 3 S. 2 VVG. Der Grund liegt darin, dass dem Versicherer nicht die Chance gegeben werden soll, abzuwarten, ob der Versicherungsfall eintritt, und sich erst dann seiner Leistungspflicht zu entziehen. Eine Kündigungspflicht besteht nicht, wenn das versicherte Interesse dauernd und endgültig weggefallen ist, etwa durch vollständige Zerstörung der versicherten Sache oder durch Veräußerung der Sache nach dem Versicherungsfall.

3. Kein Schadensersatzanspruch

Nach der Grundauffassung der Obliegenheit führt ihre Verletzung nur zur Verwirkung eigener Rechtspositionen, etwa des Versicherungsschutzes. Auch die schuldhafte Verletzung einer Obliegenheit hat nicht zur Folge, dass der VN dem Versicherer Schadensersatz schuldet. **234**

VIII. Abgrenzung: Obliegenheit einerseits – Beschränkung und Beschreibung des Risikos andererseits

Obliegenheiten sind der Sache nach zu den Risikobeschränkungen zu rechnen, d. h., sie grenzen das vom Versicherer getragene wirtschaftliche Risiko ab. Obliegenheitsverletzungen setzen jedoch regelmäßig Verschulden voraus, auch hat die Obliegenheitsverletzung oft nur Folgen, wenn sie für den Versicherungsfall bzw. seine Abwicklung wirksam geworden ist. Deshalb ist es außerordentlich wichtig, die unter dem Zurechnungsgedanken und dem Grundsatz des Schutz- **235** bereichs der Norm stehende Obliegenheit von anderen automatisch und unbeschränkt eingreifenden Klauseln abzugrenzen, nämlich von den Beschränkungen und Beschreibungen des Risikos.

Leider ist der Wortlaut des Gesetzes und der AVB nicht immer deutlich. Grundsätzlich sind Obliegenheiten und objektive Abgrenzungen der Gefahr und des versicherten Schadens zu unterscheiden. Obliegenheiten finden sich etwa deutlich in § 2 b AKB, welcher die Zweckentfremdung und die Erlaubnis an einen unberechtigten Fahrer nennt. In Ziff. 3 werden sog. Ausschlüsse des Versicherungsschutzes aufgeführt, die nicht als Obliegenheiten, sondern als Abgrenzungen des Risikos anzusehen sind. Zu ihnen gehören Aufruhr, innere Unruhen, Kriegsereignisse, Verfügungen von hoher Hand und Erdbeben, Autorennen und dazugehörige Übungsfahrten. Ebenso sind rein zeitliche oder örtliche Beschränkungen des Versicherungsschutzes als objektive Bedingungen möglich, etwa das Hinausschieben oder das Vorverlegen des materiellen Vertragsbeginns.

Der Grund der Einordnung unter die Risikobegrenzungen und die Obliegenheiten ist nicht immer auf den ersten Blick ersichtlich. Man sollte annehmen, dass die objektiven Abgrenzungen des Risikos insbesondere dort eingreifen, wo andernfalls das Risiko zu groß würde oder der VN keinerlei Einwirkungsmöglichkeit besitzt, etwa wie bei Kriegsereignissen. In der Literatur wird jedoch der Fortfall des Versicherungsschutzes bei Teilnahme am Rennen nach § 2 b AKB überwiegend als Ausschluss und nicht als Obliegenheit angesehen, was der grundsätzlichen Einteilung nach der Kenntnismöglichkeit des VN zu widersprechen scheint.

236 Generell lässt sich heute die Tendenz feststellen, sog. subjektive Risikoausschlüsse einzuschränken. Ein Weg dazu ist es, sie als sog. verhüllte Obliegenheiten anzusehen (z. B. OLG Köln VersR 1993, 574: Bewachungsklausel bei Abstellen eines Lkw über 2 Stunden in der Transportversicherung). Diese sind dann nur bei Verschulden und im Falle der Relevanz wirksam verletzbar. Stets wenn ein Verhalten des VN in Frage steht, liegt es nahe, eine Obliegenheit anzunehmen. Sie ist eher geeignet, durch Zurechnungs-, Relevanz- und Kündigungsvoraussetzungen das Versicherungsverhältnis geschmeidig zu erhalten. So hat man die Frage nach weiteren privaten Unfallversicherungen in der Schadensanzeige ebenso zu den Obliegenheiten gerechnet (OLG Köln VersR 1983, 389) wie das bewusst gesetz-, vorschrifts- oder sonst pflichtwidrige Verhalten (OLG Koblenz VersR 1982, 1089). Erst kürzlich hat der BGH entschieden, dass § 4 c der Allgemeinen Bedingungen für die Erweiterung der Haushaltsversicherung keine Risikobeschränkung, sondern eine Obliegenheit des VN enthält (VersR 2004, 1132; Schmuckgegenstände und Edelmetalle aufbewahrt im Haushalt).

8. Kapitel: Besondere Versicherungen

§ 23 Vorläufige Deckung

I. Inhalt des Vertrags

Der Vertrag kann im Wesentlichen aus einer vorläufigen Deckung bestehen, § 49 VVG. Hauptbeispiel ist die Versicherungskarte, die sog. Doppelkarte für die Kraftfahrzeugversicherung. Es kann vereinbart werden, dass die Informationen von § 7 VVG spätestens mit dem Versicherungsschein zu übermitteln sind. Fehlt es hieran, kommen dennoch die im vorläufigen Versicherungsschutz üblicherweise verwendeten Bedingungen zur Anwendung. Die Bedingungen des Versicherers können besondere Regeln betreffen. 237

II. Vertrag

Die Vorläufige Deckung ist ein Vorvertrag auf Abschluss der Versicherung, der für den VN nicht bindend ist. Er enthält zwar die vorläufige Deckung. Wenn der VN aber den Hauptvertrag nicht abschließt, hat er dafür lt. § 50 VVG eine Prämie für die vorläufige Deckung zu zahlen. 238

III. Prämie

Der Beginn des Versicherungsschutzes kann von der Zahlung einer Prämie abhängig gemacht werden. Dafür ist notwendig, dass der Versicherer den VN durch gesonderte Mitteilung in Textform oder durch einen auffälligen Hinweis im Versicherungsschein auf die Voraussetzung aufmerksam macht, § 51 VVG. Die Bestimmung ist halbzwingend: Es kann von ihr nicht zum Nachteil des VN abgewichen werden. 239

IV. Ende der vorläufigen Deckung

Der Vertrag über die vorläufige Deckung kann in einen Hauptvertrag übergehen und wird dann Teil des Vertrags, § 52 Abs. 1 VVG. Der Hauptvertrag mit dem Versicherer, der die vorläufige Deckung gewährt hat, kann nicht zustande kommen. Der VN kann seine Vertragserklärung nach § 8 widerrufen oder einen Widerspruch erklären. Ist das der Fall, dann endet der Vertrag über die vorläufige Deckung spätestens mit dem Zugang des Widerrufs oder des Widerspruchs. Wird vorläufige 240

Deckung für unbestimmte Zeit gewährt, kann jede Vertragspartei den Vertrag ohne Einhaltung einer Frist kündigen. Die Kündigung des Versicherers wird aber erst nach Ablauf von zwei Wochen nach Zugang wirksam, § 52 Abs. 4 VVG.

§ 24 Laufende Versicherung

I. Begriff der laufenden Versicherung

241 Der Vertrag kann in der Weise geschlossen sein, dass das versicherte Interesse bei Vertragsschluss nur der Gattung nach bezeichnet ist und nach seiner Entstehung dem Versicherer einzeln aufgegeben wird. Man denke etwa daran, dass der Inhaber einer Firma von Taxen diese Haftpflicht bis hin zur Insassenunfallversicherung bei einem Versicherer einheitlich versichert. Er hat dann die Zahl der Taxen und andere wesentliche Formationen dem Versicherer aufzugeben.

II. Anmeldepflicht

242 Bei der laufenden Versicherung hat der VN die versicherten Risiken einzeln oder die vereinbarte Prämiengrundlage unverzüglich anzumelden, § 53 VVG.

III. Verletzung der Anmeldepflicht

243 Der Versicherer ist bei Nichtanmeldung der Risiken nicht zur Leistung verpflichtet, wenn der VN die Anmeldepflicht vorsätzlich oder grob fahrlässig verletzt. Geschieht dies vorsätzlich, kann der Versicherer den Vertrag fristlos kündigen, § 54 VVG.

IV. Obliegenheitsverletzung

244 Bei der laufenden Versicherung hat der VN dem Versicherer vielfache Mitteilungen zu machen, etwa die Gefahränderung nach § 57 VVG. In dieser Bestimmung sind auch die Rechtsfolgen bei Nichtanzeige der Gefahrerhöhung geregelt. Leistungsfreiheit besteht nur, wenn die Anzeigepflicht vorsätzlich oder grob fahrlässig verletzt worden ist, wofür der VN beweisbelastet ist.

Handelt es sich um eine vor dem Eintritt des Versicherungsfalls zu erfüllende Obliegenheit, so ist nach § 58 VVG bei schuldhafter Verletzung Leistungsfreiheit gegeben. Unter den gleichen Voraussetzungen kann der Versicherer den Vertrag innerhalb eines Monats, nachdem er Kenntnis von der Verletzung erlangt hat, mit einer Frist von einem Monat kündigen, § 58 Abs. 2 VVG.

9. Kapitel: Schadensversicherung

Literatur:

Walter Bayer, Haftung, Versicherung und Regress bei Beschädigung des Vermietereigentums durch den Mieter, FS Egon Lorenz, Karlsruhe 2004, S. 129;

Wolfgang Böhme, ARB, 10. Auflage, Karlsruhe 1995;

Hans Boldt, Die Feuerversicherung, Erläuterungen und Hinweise, 7. Auflage, Karlsruhe 1995;

Hubert W. van Bühren, Theodor Spielbrink, Reisegepäckversicherung (AVR) und Reiserücktrittskosten-Versicherung (ABRV), München 1982;

Udo Hansen, Das „äußere Bild" eines Diebstahls, VersR 1992, 23;

Walter Harbauer, Rechtsschutzversicherung, Kommentar zu den Allgemeinen Bedingungen für die Rechtsschutzversicherung, 6. Auflage, München 1998;

Bruno Heimbücher, Einführung in die Haftpflichtversicherung, 4. Auflage, Karlsruhe 1999;

Dieter Hoegen, Zur Bedeutung der Glaubwürdigkeit des VN beim Nachweis des Versicherungsfalls in der Diebstahlsversicherung, 25 Jahre Karlsruher Forum, S. 123 ff.;

Ralf Johannsen, Bemerkungen zur zeitlichen Abgrenzung des Versicherungsschutzes in der Umwelthaftpflichtversicherung, FS Egon Lorenz, Karlsruhe 1994, S. 363;

Walter Karten, Bewertung in Versicherungsfällen – Aspekte von Versicherungswert und Schaden als Grundlage von Versicherungsentscheidungen, FS Karl Sieg, Karlsruhe 1976, S. 241 ff.;

Charles Kingdollar, Nanotechnologie – Haben kleinste Teilchen größte Auswirkungen auf die Sach- und Haftpflichtversicherer?, PHI 2005, 10;

Ulrich Knappmann, Rechtsfragen der neuen Kraftfahrtversicherung, VersR 1996, 401;

Helmut Kollhosser, Bereicherungsverbot, Neuwertversicherungen, Entwertungsgrenzen und Wiederherstellungsklauseln, VersR 1997, 521;

Joachim Kuwert, Allgemeine Haftpflichtversicherung, 3. Auflage, Wiesbaden 2000;

Theo Langheid, Der partielle Vorsatzausschluss in der Haftpflichtversicherung, FS Egon Lorenz, Karlsruhe 2004, S. 427;

Theo Langheid, Auf dem Weg zu einem neuen Versicherungsvertragsrecht, NJW 2006, 3317;

Theo Langheid, Tücken in den §§ 100ff. VVG-RegE, VersR 2007, 865;

Wolfgang Lenski, Zur Veräußerung der versicherten Sache, Karlsruhe 1965;

Werner Lücke, Versicherungsbetrug in der Sachversicherung, VersR 1996, 785;

Alexander Mack u. Thomas Terrahe, Der Abschlussbericht der VVG-Reformkommission: Auswirkungen auf die Haftpflichtversicherung, PHI 2005, 28 (I) und PHI 2005, 60 (II);

Karl Meier, Arno Biala, Die Kaskoversicherung, München 1998;

Anton Martin, Sachversicherungsrecht, 3. Auflage, München 1992;

Klaus Müller, Die grob fahrlässige Herbeiführung des Versicherungsfalls nach § 61 VVG, VersR 1985, 1101;

Irmtraud Nies, Die Reiserücktrittskostenversicherung, Karlsruhe 1985;

Joachim Schmidt-Salzer, Grundsatzfragen der Umwelthaftpflichtversicherung, VersR 1992, 793;

Hans-Peter Schwintowski, Annahme, Zwang und Tarifstruktur in der Kfz-Haftpflichtversicherung, in Schwintowski, Deregulierung ..., Baden-Baden 1994;

Oliver Sieg u. Tanja Schramm, D&O/Berufshaftpflichtversicherung, PHI 2006, 64;

Klaus Sperling, Neue Allgemeine Bedingungen für die Rechtsschutzversicherung (ARB 94), VersR 1996, 133;

Gerhard Stamm, Die neue „Trunkenheitsklausel“ in der Kfz-Haftpflichtversicherung, VersR 1995, 291;

Ernst Stiefel, Edgar Hofmann, Kraftfahrtversicherung, 16. Auflage, München 1995;

Gerhard Wagner, Versicherungsfragen der Umwelthaftung, in: Die Umwelthaftung u. a., hrsg. von Ahrens u. Simon (1996), S. 97ff.;

Gerhard Wagner, Unfallersatztarife, NJW 2006, 2289;

Jannpeter Zopfs, Der Beweis des Versicherungsfalls, VersR 1993, 140

§ 25 Interesse, Versicherungssumme, Versicherungswert

I. Schaden und Interesse

1. Allgemeines

Im Gegensatz zur Summenversicherung fehlt der Schadensversicherung die Konstante der exakten Versicherungssumme. Um diese Unbeständigkeit nach Möglichkeit auszugleichen, wird das versicherte Interesse besonders deutlich umschrieben. Wie bei der versicherten Gefahr kommen diese Umschreibungen in positiver und negativer Hinsicht vor. **245**

Das versicherte Interesse ergibt sich aus der Natur der Sache und ist auch vom VVG in manchen Bestimmungen angesprochen worden, insbesondere in § 80 VVG, wonach der Interessenmangel zum völligen oder teilweisen Wegfall der Verpflichtungen führt. Das versicherte Interesse ist persönlich bestimmt, d. h., es kommt auf die Person des Rechtsträgers an. Ebenso ist in der Schadensversicherung das Interesse sachlich, d. h. nach einem Gegenstand, und umfänglich bestimmt.

Im versicherten Interesse berühren sich Versicherungsrecht und Haftungsrecht. Die in der Theorie des Haftungsrechts genauer entwickelten Begriffe, vor allem Schadensumfang, Kausalität, Adäquanz, Verschulden, Vorsatz, Fahrlässigkeit, Rechtswidrigkeit, finden im Versicherungsrecht wenig verändert Anwendung.

Die Grundunterscheidung, die in der Lehre der Schadensversicherung gemacht wird, betrifft die Aktivenversicherung und die Passivenversicherung. Versichert sein kann einmal die Wertbeziehung zu einem Aktivum. Ebenso kann vom Versicherungsvertrag das Risiko erfasst sein, dass ein bisher nicht vorhandenes Passivum entsteht. Die Versicherungspraxis vernachlässigt die Möglichkeit, dass sich ein bestehendes Passivum vergrößert. Anders als eine oberflächliche Betrachtung des Haftungs- und Schadensrechts andeuten könnte, wird hier nicht der Gesamtbestand des Vermögens vor und nach dem Versicherungsfall zugrunde gelegt, vielmehr sind die einzelnen Posten auf der Seite der Aktiva und der Passiva ins Auge zu fassen. Die Versicherung ist stets gegenständlich, d. h., sie bezieht sich auf einen dieser Posten, nicht auf den Vermögensstand generell. Dasselbe gilt schließlich auch beim Schadensrecht: In Wirklichkeit ist, wenn man die Lehren von der Adäquanz und vom Schutzbereich der Norm hinzunimmt, auch der Schadensersatz gegenständlich bestimmt. Es besteht also auch insofern eine Übereinstimmung zwischen Schadensrecht und Versicherungsrecht. **246**

2. Aktivenversicherung und Passivenversicherung

247 Sieht man den Schaden als die Negation des Interesses an, so kommen in der Aktivenversicherung folgende Interessen in Betracht. Die Sachversicherung schützt das Interesse des Eigentümers an der rechtlichen Herrschaft über die Sache (BGHZ 10, 376 = VersR 1953, 448). Das gilt auch für das Vorbehaltseigentum und das Sicherungseigentum: Der formal Berechtigte wird als Träger des versicherten Interesses angesehen. Inwieweit er dem wirtschaftlich Berechtigten ausgleichungspflichtig ist, richtet sich nach dem Innenverhältnis. Im Zweifel ist der Wert der Sache als Versicherungswert anzusehen gleich null. Als Wert der Sache gilt der Verkehrswert, nicht der Buchwert. Allerdings kann vereinbart sein, dass der Versicherer den Neuwert zu ersetzen, also die Wiederbeschaffungskosten zu leisten hat.

248 Die Forderungsversicherung betrifft die Wertbeziehung einer Person zu einer Forderung, d. h. das Interesse des Gläubigers an der Erfüllung der Forderung. Unterformen sind die Kreditversicherung, die Garantieversicherung und die Grundpfandrechtsversicherung. Die Passivenversicherung soll demgegenüber das Vermögen vor Belastung und besonderen Schulden schützen. Dies sind vor allem gesetzliche Schulden, etwa aus unerlaubter Handlung und Gefährdungshaftung, z. B. in der Haftpflichtversicherung oder Kraftfahrzeugversicherung. Insoweit sind auch konkurrierende Vertragsansprüche mitversichert, § 4 Abs. 2 Ziff. 1 AHB, soweit sie nicht weitergehen. Bei der Versicherung gegen Berufshaftpflicht stehen Ansprüche wegen Vertragsverletzung sogar im Vordergrund.

249 Die Versicherung gegen vertragliche Schulden kommt relativ selten als Prämienversicherung vor. Sie ist jedoch der normale Typ der Rückversicherung, welche die vertraglichen Pflichten aus der Erstversicherung abdeckt. Schließlich ist eine Schadensversicherung auch die Versicherung gegen notwendige Aufwendungen, als deren Beispiel etwa die Krankenversicherung genannt wird, soweit sie den Schaden ergreift, d. h., die besonderen Aufwendungen der Behandlung durch den Arzt und des Aufenthalts im Krankenhaus deckt.

II. Interesse, Mangel

250 Durch die Schadensversicherung wird ein Interesse gegen eine Einbuße versichert. Fehlt es an diesem Interesse, trägt der Versicherer kein Risiko und das Gegenleistungsverhältnis des Versicherungsvertrags ist gestört. § 80 VVG reduziert dann den Anspruch des Versicherers entweder auf die Geschäftsgebühr oder auf die Prämie nach Kurztarif, je nach dem, ob es sich um ein von Beginn fehlendes oder nachträglich weggefallenes Interesse handelt. Das Interesse ist von Anfang an nicht gegeben, wenn der versicherte Gegenstand oder die rechtliche Beziehung, die das versicherte Interesse begründet, weder besteht noch bestehen kann. Ist das Interesse an sich gegeben, wird es nur nicht der konkreten Gefahr ausgesetzt, so hat wegen der Möglichkeit der Risikoschaffung die Versicherung

noch ihren Sinn. Wird die Sache nur nicht einer Gefahr ausgesetzt, etwa der Kraftwagen in der Garage gelassen, so ist das Interesse nach wie vor gegeben, denn das Fahrzeug kann jederzeit benutzt werden. Das Interesse fällt weg, wenn das gegen Feuer versicherte Haus vollständig zerstört ist (RGZ 171, 120), wenn ein Geschäft veräußert wird, für das eine Rechtsschutzversicherung genommen wurde, oder wenn das Kraftfahrzeug abgemeldet und stillgelegt wird. Die Veräußerung der Sache (anders als das personenbezogene Geschäft bei der Rechtsschutzversicherung) bedeutet hingegen keinen Interessenwegfall, sondern ist besonders in den §§ 95ff. VVG geregelt.

III. Veräußerung der versicherten Sache

Wird die versicherte Sache vom VN veräußert, so ist diese Tatsache dem Versi- **251**
cherer vom Veräußerer oder Erwerber anzuzeigen. An die Stelle des Veräußerers tritt der Erwerber in die während der Dauer seines Eigentums aus dem Versicherungsverhältnis sich ergebenden Rechte und Pflichten des VN ein, § 95 VVG. Für die Prämie der laufenden Versicherungsperiode haften Veräußerer und Erwerber als Gesamtschuldner. Insgesamt handelt es sich um die Konstruktion des Vertragsübergangs oder genauer des gesetzlichen Vertragseintritts, wie er sonst etwa in § 571 BGB (Kauf bricht nicht Miete) geregelt ist. Allerdings sind Versicherer und Erwerber berechtigt, innerhalb bestimmter Fristen das Versicherungsverhältnis zu kündigen, § 96 VVG. Die Regel über den Vertragsübergang bei der Veräußerung gilt nicht für die Haftpflichtversicherung und auch nicht für die Fremdversicherung. Das Gesetz stellt genaue Regeln über die Anzeige und der Veräußerung und die Möglichkeit der Kündigung auf. Die Veräußerung ist dem Versicherer vom Veräußerer und der Erwerb unverzüglich anzuzeigen. Ist die Anzeige unterblieben, ist der Versicherer nicht zur Leistung verpflichtet, wenn der Versicherungsfall später als einen Monat nach dem Zeitpunkt eintritt, zu dem die Anzeige dem Versicherer hätte zugehen müssen, wenn der Versicherer den mit dem Veräußerer bestehenden Vertrag mit dem Erwerber nicht geschlossen hätte, § 97 Abs. 1 VVG. Ist aber dem Versicherer die Veräußerung zu dem Zeitpunkt bekannt, zu dem ihm die Anzeige hätte zugehen müssen, bleibt er verpflichtet oder wenn zur Zeit des Eintritts des Versicherungsfalles die Frist für die Kündigung des Versicherers abgelaufen war und er nicht gekündigt hat, § 97 Abs. 2 VVG.

Die Regelung der Kündigungsrechte finden wir in § 96 VVG. Der Versicherer ist **252**
berechtigt, dem Erwerber einer versicherten Sache das Versicherungsverhältnis mit der Einhaltung einer Frist von einem Monat zu kündigen, danach erlischt das Kündigungsrecht. Der Erwerber dagegen ist berechtigt, das Versicherungsverhältnis mit sofortiger Wirkung oder für den Schluss der laufenden Versicherungsperiode zu kündigen. Dieses Kündigungsrecht erlischt, wenn es nicht innerhalb eines Monats nach dem Erwerb bzw. nach der Kenntnis vom Bestehen des Versicherers ausgeübt wird. Im Falle der Kündigung ist der Veräußerer zur Zahlung der Prämie verpflichtet. Eine Haftung des Erwerbers für die Prämie besteht dann nicht, § 96 Abs. 3 VVG.

IV. Versicherungssumme

253 Als Versicherungssumme ist in der Schadensversicherung die im Versicherungsvertrag vereinbarte Höchstgrenze der Leistung des Versicherers anzusehen. Bei der Pflichtversicherung ist sie gesetzlich vorgeschrieben, im Übrigen wird sie vereinbart. Bei der Haftpflichtversicherung wird auch von Deckungssumme bzw. von Mindestdeckungssumme gesprochen. Für die Arzneimittelversicherung nach den §§ 84, 88, 94 AMG beträgt sie € 120 Mio. Kapital bzw. jährlich € 7,2 Mio. Rente. Die Versicherungssumme ist deswegen außerordentlich wichtig, weil im Bereich der Passivenversicherung der VN selbst mit seinem Einkommen und Vermögen herangezogen wird, wenn die Versicherungssumme den Schaden nicht deckt, etwa im Bereich der Haftpflichtversicherung gemäß § 823 BGB. Soweit es sich um eine Aktivenversicherung handelt, droht dem VN bei einer zu geringen Versicherungssumme die Gefahr der Unterversicherung mit nur anteiliger Deckung durch den Versicherer.

Es hängt vom Typ der Versicherung ab, ob die Versicherungssumme für das ganze Versicherungsverhältnis oder nur für den einzelnen Versicherungsfall gilt. In der Haftpflichtversicherung ist die Beziehung auf den Versicherungsfall gelockert, so dass die Versicherung bei mehreren aufeinanderfolgenden Delikten jeweils erneut bis zur Versicherungssumme haftet. In der Feuerversicherung dagegen haftet der Versicherer nach dem Eintritt eines Versicherungsfalls für einen durch einen späteren Versicherungsfall verursachten Schaden nach vielen AVB nur noch bis zur Höhe des Restbetrags der Versicherungssumme. Deshalb gebührt ihm auch für die künftigen Versicherungsperioden nur ein verhältnismäßiger Teil der Prämie.

V. Versicherungswert

254 Das versicherte Interesse ist in der Passivenversicherung im Ansatz unbegrenzt, wenn man von der Versicherungssumme absieht, in der Aktivenversicherung hingegen natürlicherweise durch den Wert des versicherten Interesses begrenzt. Den Wert des versicherten Interesses bezeichnen wir als Versicherungswert. Das Verhältnis von Versicherungswert und Versicherungssumme entscheidet darüber, ob eine angemessene Versicherungsdeckung oder eine Überversicherung oder eine Unterversicherung vorliegt.

255 Der Versicherungswert bei der Sachversicherung ist der Zeitwert der versicherten Sache, § 88 VVG. Der Zeitwert bezieht sich auf den Markt: ein persönliches Liebhaberinteresse ist nicht versicherbar, wohl aber die Wertschätzung in einem engen Kreis von Sammlern, etwa bei Briefmarken.

256 Den Versicherungswert definiert § 88 VVG als die Kosten, die der VN für die Wiederbeschaffung oder die Wiederherstellung der versicherten Sache in neuen Zustand unter Abzug des sich aus dem Unterschied zwischen alt und neu

ergebenden Minderwert aufzuwenden hat. Die Bestimmung ist nicht zwingend, das Besondere kann in den AVB der Abzug von alt für neu aufgehoben werden, etwa bei der Neuwertversicherung eines Kfz. Als Zeitpunkt kommt der Versicherungsfall in Betracht, soweit nicht eine bestimmte Taxe vereinbart wurde, § 76 VVG. Bei ihr ist der Taxwert bei Beginn der Versicherung zugleich der Versicherungswert. Taxen sollen den Streit über den Wert vermeiden. Die Vereinbarung einer Taxe, also eines festen Versicherungswerts, stellt eine gewisse Ausnahme vom Bereicherungsverbot dar. So werden etwa Kunstgegenstände für Diebstahl und Transport taxiert. Wenn allerdings der Taxwert den wirklichen Wert erheblich übersteigt, haftet der Versicherer gemäß § 76 VVG nur für den Wert.

Sonderregeln gelten für die Versicherung des Gewinninteresses. Der entgangene Gewinn wird von der Versicherung nur umfasst, soweit dies besonders vereinbart ist. Das geschieht etwa in den Betriebsunterbrechungsversicherungen. Oft wird das Gewinninteresse durch eine Taxe festgelegt oder der Betriebsertrag im Bewertungszeitraum zugrunde gelegt. **257**

Eine weitere Besonderheit ist die Versicherung eines Inbegriffs, die jeweils auf die zum Inbegriff gehörigen Sachen beschränkt ist, § 89 VVG. Als Inbegriff wird eine Mehrheit von Sachen verstanden, die wegen des gemeinsamen Zwecks einheitlich behandelt werden. Hierzu gehört etwa das Warenlager, eine auf einem Transport befindliche Sendung und der Hausrat. Die Inbegriffsversicherung erscheint entweder als summarische Versicherung, wobei eine Versicherungssumme für generell bezeichnete Gegenstände gilt (z. B. Hausrat) oder als Versicherung nach Gruppen oder Positionen, bei der die versicherten Sachen in Gruppen eingeteilt werden und für jede Gruppe eine Versicherungssumme festgesetzt wird, z. B. für Vorräte und Betriebseinrichtung. Nach diesen Versicherungssummen ist dann jeweils das Vorliegen einer Unter- oder Überversicherung zu beurteilen. **258**

Ist die Versicherung für einen Inbegriff von Sachen genommen worden, erstreckt sie sich auch auf die Sachen der Personen, mit denen der VN bei Eintritt des Schadens in häuslicher Gemeinschaft lebt oder die zu diesem Zeitpunkt in einem Dienstverhältnis zum Versicherer stehen. Die Versicherung gilt insoweit als für fremde Rechnung genommen, § 89 Abs. 2 VVG. Hier ist insbesondere an die Hausratversicherung zu denken, welche die von Dritten in den Haushalt eingebrachten Sachen oder die zur persönlichen Benutzung bestimmten Sachen im Haushalt wie Kleidung oder Schmuck betreffen. Die Versicherung gilt insoweit als für fremde Rechnung genommen und es finden die dafür geltenden Vorschriften Anwendung, und zwar besonders über die Geltendmachung und den Versicherungsschein.

VI. Schaden

1. Bereicherungsverbot

259 In der Schadensversicherung erhält der VN nur den Schaden ersetzt, nicht mehr. Wir sprechen hier vom Bereicherungsverbot. Das wird so ausgedrückt, dass der Versicherer, auch wenn die Versicherungssumme höher ist als der Versicherungswert zur Zeit des Eintritts des Versicherungsfalls, nicht verpflichtet ist, dem VN mehr als den Betrag des Schadens zu ersetzen. Diese Bestimmung ist grundsätzlich unabdingbar, soweit nicht eine Neuwertversicherung oder eine Taxe vereinbart ist. Als Schaden wird die Differenz zwischen dem wirklichen Vermögensstand infolge des Versicherungsfalls und dem hypothetischen Vermögensstand zugrunde gelegt. Wie im Schadensrecht kommt es auf die Differenzhypothese an. Dabei verstößt es nicht gegen das Bereicherungsverbot, in der Transportversicherung als Versicherungswert des noch nicht verkauften Guts dessen Verkaufspreis anzusetzen (BGH VersR 1994, 91).

260 Soweit dem VN infolge des Versicherungsfalls Vorteile erwachsen, mindert sich sein Anspruch gegen die Versicherung. Dazu zählen etwa auch Steuervorteile. Es ist also nicht Stoffgleichheit zwischen Verlust und Vorteil, sondern nur kausale Konnexität vorausgesetzt.

2. Ausnahmen vom Bereicherungsverbot

261 Der Versicherer kann sich verpflichten, eine höhere Entschädigung als der entstandene Schaden zu leisten, wenn im Vertrag von Beginn an eine Taxe vereinbart ist. Diese Taxe, etwa den Wert einer transportierten Sache betreffend, tritt an die Stelle des Versicherungswerts. Allerdings darf die Taxe den wirklichen Wert nicht erheblich übersteigen, § 76 VVG. Ebenso bildet die Neuwertversicherung eine gewohnheitsrechtlich anerkannte Ausnahme vom Bereicherungsverbot (BGHZ 9, 195 = VersR 1953, 192; BGH VersR 1967, 674).

3. Selbstbehalt

262 Die Vereinbarung eines Selbstbehalts im Versicherungsvertrag bedeutet, dass der VN einen Teil, d. h. den ersten Teil des Schadens, selbst trägt. Der Selbstbehalt entspricht wirtschaftlich einer bewussten Unterversicherung, die jedoch auf den Anfangsschaden konzentriert ist. Die Funktion des Selbstbehalts ist, dass der VN ein eigenes Interesse daran hat, den Schaden gering zu halten. Außerdem sollen der Verwaltungsaufwand und die Ermittlungskosten bei Kleinschäden vermieden werden.

Der Selbstbehalt kommt entweder als feste Summe vor, z. B. bei der Krankenversicherung € 500,– pro Jahr oder bei der Kfz-Vollkaskoversicherung € 350,– pro Schaden. Die Selbstbeteiligung kann auch in einem Prozentanteil des Versicherungsschadens bestehen, z. B. trägt der VN 66 % der Arzt- und Krankenhauskosten selbst. Der Selbstbehalt ist übrigens regelmäßiger Bestandteil der Rückversicherungsverträge.

§ 26 Versicherungsfall und Anspruchsübergang

I. Versicherungsfall

1. Eingrenzung des Versicherungsfalls

In der Schadensversicherung trägt der Versicherer das Risiko des Eintritts des unbestimmten künftigen Ereignisses. Dieser wird als Versicherungsfall bezeichnet. Die Gefahr, für deren Eintritt der Versicherer einzustehen hat, wird gegenständlich, örtlich und zeitlich abgegrenzt. Außerdem gibt es auch Begrenzungen nach Art der Gefahren, sowie Ausschlüsse besonders genannter Risiken und gefahrbezogene Definitionen. Als solche kommen die früher schon besprochenen primären und sekundären Risikobegrenzungen und Klarstellungen in Betracht. **263**

Im Gegensatz zur Haltung mancher anderen Länder gilt im deutschen Recht für einige Haftpflichtversicherungen in zeitlicher Beziehung die sog. Verstoßtheorie. Danach haftet der Versicherer auch nach Ablauf des Versicherungsvertrags für haftbar machende Verletzungen des VN, die innerhalb der Versicherungsdauer begangen sind. Das gilt etwa für die Vermögensschaden-Haftpflichtversicherung und die Architektenhaftpflichtversicherung. Die Verstoßtheorie, die zeitlich auf das Setzen der haftbar machenden Ursache abstellt, macht Rückstellungen vor allem dort notwendig, wo mit einer erheblichen Latenzzeit zu rechnen ist. Im Rahmen der allgemeinen Haftpflichtversicherung findet dagegen die Ereignistheorie Anwendung; dort ist also der Moment des Schadenseintritts beim Geschädigten entscheidend. **264**

2. Kausalität

Der ersatzpflichtige Schaden wird als Negation eines versicherten Interesses infolge der Verwirklichung der versicherten Gefahr bezeichnet. Der Schaden muss also am Interesse entstanden und auf die versicherte Gefahr zurückzuführen sein. Diese Zurückverfolgung nennen wir Ursachenzusammenhang. Grundsätzlich gilt auch in der Schadensversicherung der Kausalitätsbegriff der Naturwissenschaften, wo die Kausalität als Wiederholbarkeit unter identischen Bedingungen bezeichnet wird. Im Allgemeinen wird dafür eine abgekürzte Formel verwendet: die condicio sine qua non. Man fragt, ob der Schaden auch eingetreten wäre, wenn das versicherte Ereignis nicht geschehen wäre. Ist die Frage zu verneinen, liegt regelmäßig Kausalität vor. Die Ursächlichkeit wird also durch einen Vergleich mit einem gedachten Geschehensablauf ermittelt. Ausnahmen bilden die Reserveursache (z. B. doppelter Auffahrunfall in kurzem Zeitabstand) und die psychisch vermittelte Kausalität (Anstiftung, Verfolgung usw.), bei denen entweder auf die Grundannahme der Wiederholbarkeit oder auf Wahrscheinlichkeiten zurückgegriffen wird. Nach vorherrschender Ansicht ist jedoch grundsätzlich bei der Schadensversicherung weiterhin die Adäquität der Verursachung erforderlich. Die **265** sog. adäquate Kausalität verstärkt die geschehensmäßige Verbindung durch die Wahrscheinlichkeit. Notwendig ist demgemäß, dass der Schaden durch ein versichertes Ereignis herbeigeführt worden ist, bei dem die Möglichkeit des Eintritts eines solchen Schadens in generell erheblicher Weise erhöht erschien. Überraschende oder ausgesprochen untypische Ereignisketten sind nicht adäquat.

266 Trotz dieser vorwiegend vertretenen Ansicht, dass adäquate Kausalität zwischen dem Ereignis einerseits, dem Versicherungsfall und dem zu ersetzenden Schaden andererseits bestehen müsse, ist dieser Begriff bei einem Teil der Schadensversicherung entbehrlich, ja sogar irreführend, weil zu ungenau. Zunächst sollte man in die leistungsbegründende und sodann in die leistungsausfüllende Kausalität trennen. Wenn der Versicherungsfall in der Verwirklichung der versicherten Gefahr besteht, so ist hinsichtlich der Leistungsbegründung sogar stets adäquate Kausalität gegeben. Die versicherte Gefahr stellt sogar regelmäßig noch engere Voraussetzungen (etwa unfallmäßiges Geschehen, Feuergefahr) auf als die allgemeine Wahrscheinlichkeit der adäquaten Kausalität. Es kommt also auf die Verwirklichung der in den AVB umschriebenen allgemeinen Gefahr, nicht auf die allgemeine adäquate Kausalität an. Andererseits hat die adäquate Kausalität in der Schadensversicherung ihren legitimen Platz im Bereich der schadensausfüllenden Kausalität. Wenn es um den auszugleichenden Schaden geht, so wird nur der adäquat verursachte Nachteil ersetzt. Jedoch sind die inadäquaten Schäden eher selten. Insoweit Adäquität zu verlangen, erscheint schon deswegen sinnvoll, weil bei der Haftungsausfüllung die Adäquanz die Farbe des versicherten Interesses annimmt.

267 Gelegentlich wird in den AVB zwischen unmittelbarer und mittelbarer Verursachung unterschieden, so etwa in der Maschinenversicherung, wo nach § 2 Nr. 4 AMG von der Versicherung ausgeschlossen sind: Schäden, die eine betriebsbedingte normale Abnutzung bzw. korrosive Angriffe oder Abzierungen usw. darstellen. Für die Unmittelbarkeit kommt es darauf an, welche Ursache als zeitlich letzte vor dem Versicherungsfall gewirkt hat. Diese ist die unmittelbare Ursache.

Wenn mehrere konkurrierende Ursachen in Betracht kommen, unter denen sich versicherungswirksame und versicherungsunwirksame (z. B. in Risikoausschlüssen ausgegrenzte) Ursachen befinden, so wird gleichfalls im Zweifel auf die letzte Ursache abgestellt. Ist sie eine versicherungswirksame Ursache, so wird der Schutz gewährt; gehört die letzte Ursache zu den versicherungsunwirksamen, so ist sie ausgeschlossen und kein Versicherungsschutz gegeben, mag auch eine frühere Ursache versicherungswirksam erscheinen.

AG Köln VersR 1983, 583: Der VN verlangt Ersatz für den während eines Gewitters zerstörten Regler einer Heizungsanlage. Die Klage wird abgewiesen. Ein Blitzeinschlag in das Haus war nicht bewiesen. Für Überspannungen im Stromnetz infolge eines andernorts eingeschlagenen Blitzes durch sog. Blitzstromwanderwellen haftet der Versicherer nicht, da es sich nicht um einen „unmittelbaren Blitzeinschlag" handelt.

LG Berlin VersR 1983, 769: Ein Dieb war über einen 1,60 m hohen Gartenzaun geklettert, war durch die unverschlossene Terrassenschiebetür in das Haus eingedrungen und hatte gestohlen. Es liegt kein Einsteigediebstahl vor, da der Dieb durch Überwindung des Zaunes nicht unmittelbar in das als Versicherungsort vereinbarte Gebäude gelangt ist.

3. Beweis

Die Regeln der Beweislast bei der Schadensversicherung folgen der allgemeinen Beweislastverteilung. Danach hat der Anspruchssteller die anspruchsbegründenden, der Anspruchsgegner die anspruchsausschließenden Behauptungen aufzustellen und im Streitfalle zu beweisen. Der VN hat deshalb den Beweis des Versicherungsfalls, des Schadens und der Kausalität zu führen. Der Versicherer hat als Einwendungen die Risikoausschlüsse darzutun. Der Unterschied zwischen primärer Risikoabgrenzung und Ausschlusstatbestand berührt auch die Beweislast. Die primäre Risikoabgrenzung fällt als Gefahrmerkmal in den Bereich des Beweises des VN, der Ausschlusstatbestand ist beweislich dem Versicherer zugewiesen. Für den Mindestsachverhalt eines Kfz-Diebstahls genügt es nicht, dass ein Zeuge zwar das Abstellen und Verschließen des Fahrzeugs wahrgenommen, vom anschließenden Verschwinden des Fahrzeugs aber nur telefonisch erfahren hat (BGH VersR 2002, 431). 268

Auch hier sollte der Anscheinsbeweis genügen. Jedoch hat die Rechtsprechung aus der regelmäßig beide Parteien treffenden Beweisnot besondere Regeln entwickelt. Dabei handelt es sich um eine Beweismaßabsenkung, also darum, dass VN und Versicherer jeweils nicht den Vollbeweis zu führen haben. Typisch ist die Entwendung eines Kraftfahrzeugs. Der VN braucht hier nur die Tatsachen vorzutragen und zu beweisen, aus denen sich das äußere Bild ergibt, wie es üblicherweise nach einer Entwendung vorhanden zu sein pflegt. Dazu gehört neben der Diebstahlsanzeige bei der Polizei der Beweis, dass der VN das Fahrzeug abgeschlossen und nach ununterbrochener Abwesenheit bei seiner Rückkehr nicht mehr vorgefunden hat. Jedoch begründet die Behauptung eines Diebstahls noch nicht die Darlegung des äußeren Bildes der Entwendung (BGH VersR 1993, 571). Vielmehr muss ein Mindestmaß an Tatsachen nachgewiesen werden, aus denen sich das äußere Bild eines Diebstahls ergibt, dazu gehören Zeugenaussagen, nicht aber die Glaubwürdigkeit des VN (BGH VersR 1999, 1535). 269

BGH VersR 1978, 732: Der VN verlangt den Zeitwert des Kfz ersetzt, das ihm angeblich vor seinem Stammlokal entwendet worden war. Die Klage wurde abgewiesen. Es stand nicht fest, dass der Pkw überhaupt dort geparkt und später nicht mehr vorhanden war. Auch konnte der VN die Autoschlüssel nicht vorlegen, weil sie ihm angeblich gestohlen worden seien. Das äußere Bild der Entwendung des Kraftfahrzeugs war nicht dargetan.

BGH VersR 1980, 229: Ein Pkw war vom Geschäftsführer einer GmbH abgestellt, angeblich entwendet und Monate später auf dem Parkplatz eines ausländischen Flughafens aufgrund eines anonymen Anrufs gefunden worden. Der VN hat den ihm obliegenden Beweis des Diebstahls nicht geführt, da keine Tatsachen deutlich für das äußere Bild eines Diebstahls sprechen. Es könne ebenso gut sein, dass der Geschäftsführer den Pkw selbst weiter benutzt habe. Er hatte schon gegenüber einer anderen Versicherung unwahre Angaben gemacht.

BGH VersR 1998, 1012: Der VN hatte für das Abstellen und spätere nicht wieder Auffinden des Fahrzeugs verschiedene Zeugen benannt. Der Beweis des äußeren Bildes eines Diebstahls ist nur geführt, wenn ihre Aussagen zuverlässig ergeben, dass sich ihre Beobachtungen auf ein und dieselbe Örtlichkeit beziehen.

270 Hat der VN eine hinreichende Wahrscheinlichkeit für die versicherte Entwendung dargetan, so ist es nun Sache des Versicherers, diese Tatsachenvermutung zu entkräften. Dabei wird auch ihm nicht der volle Gegenbeweis auferlegt. Vielmehr genügt es, wenn er die erhebliche Wahrscheinlichkeit dafür dartut, dass die Entwendung entweder überhaupt nicht oder jedenfalls nicht so stattgefunden hat, wie behauptet worden war. Eine solche erhebliche Wahrscheinlichkeit für das Fehlen der Entwendung ist etwa gegeben, wenn sich solche Entwendungen oder parallele Schäden beim VN oder in seinem Bekanntenkreis häufen, wenn der VN unrichtige oder widersprüchliche Angaben in der Schadensanzeige gemacht hat und wenn das von ihm behauptete Geschehen durchaus ungewöhnlich ist.

OLG Bamberg VersR 1979, 757: Der versicherte Pkw war nachts in der Nähe eines Festplatzes vom VN abgestellt und nicht mehr benutzt worden, bis der Wagen 4 Stunden später brennend aufgefunden wurde. Außerdem wies der Pkw an der rechten Seite eine durchgehende Eindellung auf, die auf einen Verkehrsunfall hinwies. Dieses äußere Bild des Diebstahls wurde jedoch dadurch entkräftet, dass der VN einem Komplizen früherer Straftaten den Wagen überlassen hatte. Ja der VN hatte sogar das Zusammensein mit dem Komplizen am Abend des „Diebstahls" zunächst geleugnet.

OLG Hamm VersR 1978, 1108: Das versicherte Fahrzeug war von einem Angestellten des VN, der als dessen „rechte Hand" bezeichnet wurde, entfernt worden. Der VN hatte ihm sogar den Fahrzeugschlüssel übergeben. Das äußere Bild des Diebstahls ist schon deswegen nicht gegeben, weil es ganz ungewöhnlich ist, wenn die „rechte Hand" des Chefs dessen Kfz stiehlt.

BGH VersR 1995, 956: Bei dem Verlust von Pelzen in einem Großhandelsgeschäft gehört zum äußeren Bild eines Einbruchdiebstahls, dass Einbruchspuren vorhanden sind. Anderes gilt nur, wenn ein Nachschlüsseldiebstahl in Betracht kommt.

OLG Hamm VersR 1993, 1475: Es steht fest, dass das Fahrzeug mit einem passenden Schlüssel gefahren worden ist. Zum äußeren Bild des Kraftfahrzeugdiebstahls gehört es dann, dass der VN hinreichend wahrscheinlich macht, wie der Täter in den Besitz eines solchen Schlüssels gekommen sein kann.

OLG Köln VersR 1995, 41: Zum Nachweis des äußeren Bildes eines Kfz-Diebstahls gehört es auch, dass der VN sämtliche Fahrzeugschlüssel vorweisen kann bzw. das Fehlen von Schlüsseln plausibel erklären kann.

BGH VersR 1995, 909: Zum äußeren Bild eines Kraftfahrzeugdiebstahls ist erforderlich, dass neben der Vorlage sämtlicher Originalschlüssel oder der plausiblen Erklärung des Fehlens eines Schlüssels keine weiteren Verdachtsumstände vorliegen, welche auf die Vortäuschung des Diebstahls hinweisen.

Ein immer wiederkehrendes Beispiel bildet ein Kfz, das teilkaskoversichert ist. **271**
Verschwindet das Fahrzeug und wird es später beschädigt aufgefunden, so kann der VN den Versicherungsfall nur im Wege der Darlegung eines äußeren Bildes dartun. Finden sich am Fahrzeug Spuren gewaltsamer Öffnung, etwa der Türen, so hat der VN seiner Darlegungslast genügt. Fehlen solche Spuren, so kann er noch auf andere Weise den Beweis des Versicherungsfalls führen. Auch wenn der VN den Eintritt des Versicherungsfalls nachgewiesen hat, kann sein Anspruch wegen grober Fahrlässigkeit beschränkt sein, § 81 VVG. Das ist etwa der Fall, wenn er das Fahrzeug unabgeschlossen abgestellt oder den Schlüssel im Handschuhfach hinterlassen hat.

BGHZ 132, 79 = VersR 1996, 575: Die Beweiserleichterungen sind dem VN zu versagen, wenn er unglaubwürdig erscheint oder sich schwerwiegende Zweifel an seiner Glaubwürdigkeit aufdrängen. Als solche kommen auch Unredlichkeiten in Zusammenhang mit einem früher gemeldeten Diebstahl in Betracht.

Für die grobe Fahrlässigkeit hingegen ist der Versicherer beweispflichtig. Aber **272**
auch dem Versicherer steht eine Beweiserleichterung zur Seite, etwa wenn er die erhebliche Wahrscheinlichkeit der groben Fahrlässigkeit dartut. Allerdings ist für gewöhnlich grobe Fahrlässigkeit im Versicherungsrecht nur dann gegeben, wenn auch die innere Sorgfalt in erheblichem Maße außer Acht gelassen wurde. Dieses ist gleichfalls vom VN zu beweisen, der die Entschuldigung wegen Fehlens der Verletzung innerer Vorgänge besser führen kann. Im Gegenzug trägt der Versicherer die Beweislast für die Schwere des Verschuldens, wonach seine Leistung entsprechend gekürzt werden kann.

4. Gestellter Versicherungsfall

273 In der Praxis mehren sich die Fälle, in denen Versicherer Ansprüche aus sog. gestellten Versicherungsfällen abwehren müssen. Im Allgemeinen handelt es sich um Fahrzeugzusammenstöße, die nach einer gewissen Verabredung vorgenommen werden. Lässt sich das beweisen, so kann der Versicherer sich gegenüber dem Haftpflichtanspruch des Verletzten darauf berufen, dass der Verletzte in die Verletzung eingewilligt habe, womit die Haftung ausscheidet. Für die Annahme einer Einwilligung ist aber wenigstens erforderlich, dass ein erhebliches Maß an Wahrscheinlichkeit für eine solche Einwilligung, d. h. für den gestellten Verkehrsunfall, vorliegt. Das ist etwa angenommen worden, wenn die Beteiligten im kurzen Abstand in den dritten Verkehrsunfall nach dem gleichen Schema verwickelt waren (OLG Frankfurt VersR 1983, 642) oder der Kfz-Führer innerhalb von 26 Monaten insgesamt 20 Auffahrunfälle an derselben Einmündung erleidet (OLG Hamm VersR 1998, 734). Allerdings gilt auch hier, dass die erhebliche Wahrscheinlichkeit unredlichen Verhaltens durch einen gestellten Verkehrsunfall nachzuweisen ist. Verdachtsmomente reichen dafür nicht aus. Vielmehr hat der Tatrichter sich aufgrund der Indizien die Überzeugung von der Vortäuschung eines normalen Verkehrsunfalls zu bilden, der in Wirklichkeit auf einer Verabredung der Beteiligten beruht. Als gestellte Versicherungsfälle kommen neuerdings auch Eigenbrandstiftung (OLG Hamm VersR 1994, 1223: Ausbau sämtlicher wertvollen Fahrzeugteile vor Brand) und Hinabstürzen über eine Böschung (OLG Karlsruhe VersR 1994, 1222: Holzstück gegen Gaspedal geklemmt, so dass dieses auf Vollgas gestanden hat) in Betracht. Der VN hat den Beweis des äußeren Bildes eines Einbruchdiebstahls nicht geführt, wenn die Hebelspuren an der Wohnungseingangstür nicht geeignet sind, den Aufbruch der Tür als möglich erscheinen zu lassen (OLG Hamm VersR 2000, 357). Kommt es bei dem äußeren Bild des Unfalls zu einer auffälligen Häufung manipulationstypischer Indizien, so ist der Anscheinsbeweis des gestellten Unfalls geführt (OLG Bremen VersR 2003, 1553). Steht nach dem Gutachten des Sachverständigen fest, dass der Schädiger die Kollision vorsätzlich herbeigeführt hat, so liegt darin ein deutliches Beweisanzeichen für das Einverständnis des Geschädigten (KG VersR 2003, 1552).

274 Hat der Versicherer schon bezahlt und verlangt nunmehr wegen ungerechtfertigter Bereicherung die Entschädigung zurück, da der Versicherungsfall vorgetäuscht sei, so reicht es nicht aus, wenn er jetzt erst darlegt und beweist, dass es am äußeren Bild des Versicherungsfalls fehlt und eine erhebliche Wahrscheinlichkeit für die Vortäuschung gegeben ist (BGH VersR 1993, 1007 a. A. OLG Hamm VersR 1992, 180 für Diebstahl eines Pkw). Der VN ist zur Rückzahlung einer an Dritte geleisteten Haftpflichtentschädigung bei gestelltem Unfall nur verpflichtet, wenn er nachweislich beteiligt war (OLG Hamm VersR 1994, 802).

II. Schuldhafte Herbeiführung des Versicherungsfalls

1. Vorsatz und grobe Fahrlässigkeit

Der Versicherer ist von der Verpflichtung zur Leistung frei, wenn der VN den Versicherungsfall vorsätzlich herbeiführt, § 81 VVG. Im Falle grober Fahrlässigkeit des VN ist der Versicherer berechtigt, seine Leistung in einem der Schwere des Verschuldens des VN entsprechenden Verhältnis zu kürzen, § 81 Abs. 2 VVG. Mit dieser Bestimmung hat der Gesetzgeber eine Obliegenheit, nicht aber einen subjektiven Risikoausschluss formuliert. Es besteht keine Pflicht, vielmehr nur eine Obliegenheit zur Verhütung des Schadens. Vorsatz und grobe Fahrlässigkeit sind als Begriffe aus dem bürgerlichen Recht übernommen worden. Vorsätzlich handelt, wer wissentlich und willentlich den Versicherungsfall herbeiführt. Nach der Praxis soll auch bei der Feuerversicherung der Anscheinsbeweis des Vorsatzes nicht in Betracht kommen, da es hier an der durch die Lebenserfahrung gesicherten Typizität fehlt (BGHZ 104, 256 = VersR 1988, 683). Von grober Fahrlässigkeit ist dann zu sprechen, wenn nicht einmal elementare Sorgfaltsmaßnahmen eingehalten wurden, etwa wenn ein wertvoller Koffer unbeaufsichtigt in der Nähe eines Ausgangs abgestellt wird, Silbersachen in einem Kellerverschlag aufbewahrt werden oder ein Zweitschlüssel im Handschuhfach des Pkws zurückgelassen wurde (OLG Karlsruhe VersR 1983, 479; OLG Frankfurt VersR 1983, 358; OLG Hamm VersR 1984, 151). Keine grobe Fahrlässigkeit ist gegeben, wenn ein Brand in einem leerstehenden Haus entsteht, das jedoch in üblicher Weise gesichert ist, etwa durch ein Sicherheitsschloss, und wenn ein Kraftfahrzeug gestohlen wird, das für einen Monat in einer Parkbucht vor einem Wohnhochhaus abgeschlossen geparkt war (BGH VersR 1984, 25; BGH VersR 1984, 29), sowie wenn ein Fehler begangen wird bei dem Versuch, einem auf der Fahrbahn auftauchenden Haarwild auszuweichen (OLG Nürnberg VersR 1993, 1476). Dabei ist die grobe Fahrlässigkeit freilich besonders an das Versicherungsverhältnis anzupassen. Da es sich hier um eine möglicherweise einschneidende Haftungskürzung handelt, kommt es bei der groben Fahrlässigkeit nicht nur auf die objektive, sondern ebenso wie stets bei Rückgriffen und Ausschlüssen auf die subjektive Komponente an. Aus diesem Grunde ist der Anscheinsbeweis für die grobe Fahrlässigkeit, wenn überhaupt, nur beschränkt einsetzbar. Die Außerachtlassung der erforderlichen Sorgfalt gegenüber dem drohenden Schaden in besonders elementarer Weise ist noch aus der Typizität des Geschehens schließbar. Diesen Beweis kann man auch dem Versicherer noch auferlegen. Soweit es sich jedoch um subjektive Momente der inneren Sorgfalt bzw. die Schwere des Verschuldens handelt, ist der Beweis aufzuteilen. Der Versicherer trägt die Beweislast für die Schwere, was noch nach einer objektiven Einteilung möglich ist. Was jedoch die innere Sorgfalt angeht, so wird die Beweislast dem VN auferlegt. Er hat als einziger Zugang zu diesen Merkmalen. Deshalb wird ihm auch wenigstens anscheinsweise die Darlegung der aus subjektiven Gründen ausfallenden groben Fahrlässigkeit möglich sein. Was den Vorsatz angeht, so wird statt des Anscheinsbeweises mit Indizien gearbeitet, aber auch diese stellen erhebliche Anforderungen. So genügt **275** nicht die Äußerung eines 16jährigen nach einer Brandverursachung, dass er das Abbrennen gewünscht habe. Die nachträgliche Erklärung kann auch auf Fabulier- oder Geltungsbedürfnis beruhen; einen nachträglichen Vorsatz, den *dolus subsequens,* erkennt das Versicherungsrecht nicht an (BGH VersR 1983, 477).

276 Vorsatz und grobe Fahrlässigkeit sind relative Begriffe. Sie beziehen sich nach dem Wortlaut des Gesetzes auf den Versicherungsfall. Es ist nicht notwendig, dass sich das wissentliche und willentliche Handeln bzw. die grobe Sorglosigkeit auf die Folgen des Versicherungsfalls, also den Schadenseintritt, bezieht (BGH VersR 2003, 1561, für den Haftungsausschluss nach § 827 S. 1 BGB analog). Ist der VN zurechnungsunfähig, bleibt der Versicherer grundsätzlich leistungspflichtig. Hat der VN sich jedoch schwer schuldhaft in den Zustand der Zurechnungsunfähigkeit versetzt, liegt ein Fall der *actio libera in causa* vor, wenn er auf diese Weise bewusst oder grob fahrlässig den Versicherungsfall herbeigeführt hat. Es gilt allerdings nicht die erweiterte Form der *actio libera* des § 827 S. 2 BGB, bei welcher der berauschte Täter für die eigene Unfähigkeit kraft unwiderleglich vermutete Fahrlässigkeit haftet. Die Grobheit hat dann der Versicherer zu beweisen.

Den Versicherer trifft die Beweislast für Vorsatz und grobe Fahrlässigkeit des VN. Es handelt sich um eine Einwendung, da entweder ein verschuldeter subjektiver Risikoausschluss vorliegt oder angenommen wird, dass eine allgemeine Obliegenheit grob schuldhaft verletzt worden ist. Für die inneren Merkmale der groben Fahrlässigkeit trifft jedoch nach der Natur der Sache im Allgemeinen den VN die Beweislast. Legt also der Versicherer die äußeren Merkmale der groben Fahrlässigkeit dar, etwa den Verstoß gegen eine Verhaltensnorm, so hat der VN darzulegen, dass er aus besonderen subjektiven Gründen nicht grob fahrlässig gehandelt hat (vgl. BGH VersR 2003, 364). Die dem Versicherer auferlegte Beweislast für die Schwere des Verschuldens wird in der Praxis zu erheblichen Schwierigkeiten führen. Im Allgemeinen wird die Schwere des Verschuldens aus den Umständen geschlossen werden müssen, was schließlich auf einen Anscheinsbeweis hinauslaufen wird.

277 Ist der Versicherungsfall durch Vorsatz oder grobe Fahrlässigkeit eines Dritten herbeigeführt worden, so wird das dem VN nur angerechnet, wenn der Dritte sein Repräsentant ist. Es gelten die allgemeinen Regeln über die Zurechnung des Drittverschuldens im Versicherungsrecht.

2. Vorsätzliche Herbeiführung des Haftpflichtversicherungsfalls

Eine Sonderregelung für die Haftpflichtversicherung, die §§ 81 VVG noch weitergehend einschränkt, findet sich in § 103 VVG, wonach der Versicherer in der Haftpflichtversicherung dann nicht haftet, wenn der VN vorsätzlich und widerrechtlich den bei dem Dritten eingetretenen Schaden herbeigeführt hat. Auch hierbei handelt es sich wohl um einen subjektiven Risikoausschluss (BGH VersR 1971, 239). Der Versicherer hat für die Haftung des VN aus leichter und grober Fahrlässigkeit einzutreten, auch für die Haftung aus Vorsatz, sollte es einmal an der Widerrechtlichkeit mangeln, etwa im Falle des provozierten Notstands, § 228 S. 2 BGB, z. B. bei Tötung des angreifenden Hundes, den der VN gereizt hat. Auch hier wird Vorsatz grundsätzlich im Sinne des bürgerlichen Rechts verstanden. Sogar der bedingte Vorsatz, also das Inkaufnehmen, reicht zum Haftungsausschluss aus. Wer blindlings auf einen am Boden Liegenden tritt, nimmt Kopfverletzungen bedingt vorsätzlich in Kauf (OLG Hamm VersR 1985, 726). Nach dem umfassenden Vorsatzbegriff des Zivilrechts schließt der Irrtum im tatsächlichen oder im Bereich der Rechtswidrigkeit die vorsätzliche Herbeiführung aus. Ein VN, der in vermeintlicher Notwehr einen tödlichen Schuss abgibt, genießt Versicherungsschutz (BGH MDR 1958, 488). **278**

Fraglich ist der Bezug des Vorsatzes. Nach dem Gesetzeswortlaut muss sich der Vorsatz auf den bei dem Dritten eingetretenen Schaden beziehen. Handelt es sich dabei nur um die haftungsbegründenden oder auch um die haftungsausfüllenden Tatsachen? Der VN ist dem Dritten auch für die haftungsausfüllenden Momente verantwortlich. Nach der Rechtsprechung soll es genügen, dass der VN die zum haftungsbegründenden Tatbestand gehörenden Umstände in seinen Willen aufgenommen hat (BGH VersR 1958, 469). Das kann offensichtlich für die Haftungstatbestände nicht genügen, die mit abstrakten Gefährdungsnormen arbeiten: Die vorsätzliche Verletzung eines Schutzgesetzes, etwa einer Geschwindigkeitsbeschränkung, gemäß § 823 Abs. 2 BGB, macht den VN dem Verletzten gegenüber haftbar. Wenn der VN aber nun bewusst in der Stadt 60 km/h gefahren ist, ohne den Verletzten überfahren zu wollen, sollte er dennoch Versicherungsschutz haben. Es ist also notwendig, dass sich der Vorsatz auch auf die Schadensverursachung erstreckt. Andernfalls würde der Schutzbereich der Haftpflichtversicherung verfehlt. Sie soll nur dann wegen Vorsatzes entfallen, wenn der VN wegen bewusster Schadenszufügung keinen Schutz verdient. Versetzt ein Kfz-Eigentümer einem 13-Jährigen, der sich an seinem Auto zu schaffen macht, voller Wut einen Schlag ins Gesicht, hat er keinen Schutz, da Wut nicht die Zurechnungsfähigkeit ausschließt und er wenigstens Verletzung und Schaden billigend in Kauf genommen hat (AG Nürnberg VersR 1983, 649). Das vorsätzlich unerlaubte Befahren eines Plattenwegs mit einem Lkw umfasst noch nicht das vorsätzliche Zerbrechen der Platten (OLG Hamm VersR 1987, 88), wohl aber nimmt derjenige, der einem anderen Faustschläge in das Gesicht versetzt, Knochenbrüche in Kauf (OLG Schleswig VersR 1984, 1163). Die heutige Fassung des Gesetzes, die sich eindeutig nicht nur auf die Verletzung einer konkreten oder abstrakten Gefährdungsnorm nach § 823 BGB bezieht, also den vorsätzlich **279** herbeigeführten Schaden benennt, ist der alten Fassung durchaus vorzuziehen. Die Begründung (S. 215) ist zwar haftungsrechtlich nicht zutreffend, wenn dort davon gesprochen wird, dass der Vorsatz sich „nicht nur auf die Handlung, sondern auch auf die Schadensfolgen beziehen musste“. Schon früher bezog sich der Vorsatz des § 152 VVG a. F. nicht nur auf die Handlung, sondern auch auf die Verletzung, jedoch nicht ausdrücklich auf die Schadensfolge. Diese ist erst durch die Rechtsprechung vorsichtig hineininterpretiert worden.

280 Ein weiteres Problem bildet die Drittwirkung des § 103 VVG. Genießt der dritte Verletzte auch Versicherungsschutz, wenn der Verletzer besonders boshaft, nämlich vorsätzlich, gehandelt hat? Nach allgemeiner Meinung ist die Frage grundsätzlich zu verneinen. Sie ist jedoch zu bejahen und Versicherungsschutz zu gewähren, sofern es sich um eine Pflichtversicherung handelt, die einem sozialen Bedürfnis dient. Das ist in § 117 VVG für die Pflichtversicherung bei Verletzungen von Pflichten und Obliegenheiten des VN ausgesprochen worden, wurde aber gerade nicht für Vorsatz eines Dritten als Risikobeschränkung angenommen (BGH VersR 1971, 239 = NJW 1971, 459). Wenn also ein Mörder seine Tat mit dem pflichtversicherten Kraftfahrzeug ausführt, so sollte entgegen der Rechtsprechung die Versicherung trotz vorsätzlicher Begehung der Tat eintreten. § 152 a. F. VVG war insoweit funktional einzuschränken. Das ist jetzt Inhalt des § 117 VVG geworden. Schon bislang ist anerkannt, dass die Haftpflichtversicherung für die Gefährdungshaftung des Halters einzutreten hat, auch wenn der Fahrer mit dem Kfz vorsätzlich einen Polizisten getötet hat (BGHZ 37, 311 = VersR 1962, 829). Es war nicht einzusehen, weshalb ein Unterschied darin bestehen soll, dass der Halter selbst vorsätzlich gehandelt hat.

III. Obliegenheiten des Versicherungsnehmers

281 Der VN hat mehreren Obliegenheiten zu genügen: Er hat einmal den Versicherungsfall anzuzeigen, §§ 30, 104 VVG, dem Versicherer auf Verlangen Auskünfte zu erteilen, § 31 VVG, und schließlich bei Eintritt des Versicherungsfalls für Abwendung und Minderung des Schadens zu sorgen, § 82 VVG. Die letzte Obliegenheit wird etwas ungenau auch die Rettungspflicht genannt. Bei grob fahrlässiger oder vorsätzlicher Verletzung der Rettungsobliegenheit ist der Versicherer entweder ganz oder teilweise von der Leistung befreit. Der VN hat also eine gestohlene Sache nach Möglichkeit wieder herbeizuschaffen. Er hat Regressansprüche zu sichern und hat etwa bei der Feuerversicherung einen Brand, der ausgebrochen ist, zu bekämpfen. Nimmt er nach dem Unfall einen Nachtrunk, ist der Versicherer bis zu einer Höchstgrenze frei, da der VN die Aufklärungsobliegenheit verletzt hat. Schließlich hat der VN den Weisungen des Versicherers zu folgen, um den Schaden gering zu halten. Als Verschulden genügt grobe Fahrlässigkeit, die wie stets bei Haftungseinschränkungen oder Regressen auch subjektiv betont ist. Es wäre zumindest missverständlich, wenn der Maßstab der Sorgfalt in eigenen Angelegenheiten zugrunde gelegt würde. Das Versicherungsverhältnis begründet

nicht eine enge Beziehung, die den Rechtsbeziehungen ähnelt, in welchen nur für konkrete Fahrlässigkeit gehaftet wird, etwa Gesellschaft und Ehe. Im Übrigen bildet grobe Fahrlässigkeit stets auch die Grenze der Außerachtlassung der in eigenen Angelegenheiten geübten Sorgfalt, § 277 BGB.

Wenn die Rettungsobliegenheit mit Kosten verbunden ist, so fallen diese als Aufwendungen dem Versicherer zur Last, soweit der VN sie den Umständen nach für geboten halten durfte, § 83 VVG. Der Grundgedanke des Auftragsrechts, dass der Begünstigte die Kosten tragen soll, schlägt auch hier durch. Erforderlich ist nicht, dass die Aufwendungen erfolgreich waren; es genügt, dass sie subjektiv geeignet erschienen. Allerdings muss der Versicherungsfall entweder schon eingetreten sein oder doch unmittelbar bevorstehen; allgemeine Verhütungskosten, etwa Alarmanlagen oder das Halten eines Wachhundes, können nicht dem Versicherer angelastet werden. Wohl aber die Beschädigung eines Pkws infolge eines Ausweichmanövers, um den Zusammenstoß mit einem Reh zu vermeiden (BGHZ 113, 42). Die Rettungskosten dürfen aber nicht außer Verhältnis zum zu erwartenden Schaden stehen, etwa wenn einem ins Scheinwerferlicht tretenden Fuchs ausgewichen wird und dabei mit der linken und rechten Leitplanke zusammengestoßen wird (BGH VersR 2003, 1250). **282**

§ 82 VVG macht deutlich, dass die Beweislast gespalten ist: Der Versicherer hat die Verletzung der Rettungsobliegenheit zu behaupten und zu beweisen. Der VN hingegen kann sich dadurch entschuldigen, dass er dartut, dass er weder vorsätzlich noch grob fahrlässig gehandelt hat. Es handelt sich um eine Ausnahme von dem Einstehen für die Obliegenheitsverletzung. Bei grober Fahrlässigkeit darf der Versicherer die Leistung nach der Schwere des Verschuldens kürzen. Auch insoweit gilt die übliche Verteilung der Beweislast **283**

IV. Übergang von Ersatzansprüchen auf den Versicherer

Der VN kann neben der Forderung auf Leistung durch den Versicherer auch einen Schadensersatzanspruch gegen den Verletzer haben. Es würde dem Bereicherungsverbot widersprechen, wenn der VN zweimal entschädigt würde, nämlich einmal vom Versicherer und sodann vom Täter. Aus diesem Grunde sieht § 67 VVG den Übergang von Ersatzansprüchen vor, soweit der Versicherer dem VN den Schaden ersetzt. **284**

Vorausgesetzt ist, dass es sich einmal um Schadensersatzansprüche handelt. Dieser Begriff ist im weiteren Sinne zu verstehen. Unter ihn fallen deliktische, aber auch vertragliche Ansprüche, ebenso Ausgleichsansprüche nach §§ 426, 840 BGB bis hin zu Bereicherungsansprüchen.

Außerdem gilt im Rahmen des Übergangs der Grundsatz der Kongruenz, d. h., der Übergang erstreckt sich nicht auf alle Schadensersatzansprüche, sondern nur auf diejenigen, die sich auf den versicherten Schaden beziehen. Hat etwa der Versicherer nur den Substanzschaden an einem durch Brand beschädigten **285**

Haus ersetzt, geht auf ihn nicht der Ersatzanspruch wegen Mietausfalls gegen den Täter über (BGH VersR 1963, 1185).

286 Soweit die Leistung des Versicherers hinter dem Ersatzanspruch zurückbleibt, ist nicht nur der VN nach wie vor zur Geltendmachung berechtigt, sondern er geht auch im Falle der partiellen Leistungsunfähigkeit des Schädigers dem Versicherer vor. Gemäß § 86 Abs. 1 S. 2 VVG kann nämlich der Übergang nicht zum Nachteil des VN geltend gemacht werden. Wichtig ist das insbesondere dann, wenn den VN ein Mitverschulden trifft und sein Ersatzanspruch um die Mitverschuldensquote gekürzt wird. Es besteht also hier das Quotenvorrecht des VN und nicht wie früher und zum Teil noch heute in der Sozialversicherung das Quotenvorrecht des Versicherungsträgers. Schließlich gilt noch der Satz „Kongruenz geht vor Differenz". Er bedeutet, dass sich das Quotenvorrecht nur auf die von der Versicherung auch gedeckten Schäden, nicht auf sonstige erstreckt. Hat der VN Sachschaden und Nutzungsausfall und muss er sich 50 % Mitverschulden anrechnen lassen, so geht sein unversicherter Nutzungsausfall nicht der auf den Kaskoversicherer übergegangenen Ersatzforderung wegen des Sachschadens vor. Insoweit fehlt es an der Kongruenz (BGHZ 25, 340 = VersR 1958, 13).

287 Ein besonderes Familienangehörigenprivileg enthält § 86 Abs. 3 VVG. Ein Ersatzanspruch des VN gegen einen mit ihm in häuslicher Gemeinschaft Lebenden kann vom Versicherer nicht geltend gemacht werden, es sei denn, dass dieser den Schaden vorsätzlich verursacht hat. Zunächst ist damit klargestellt, dass alle – nicht nur Familienangehörige –, die mit dem Versicherten in häuslicher Gemeinschaft leben, regressfrei sind, mit Ausnahme des Vorsatzes. Damit will man den Zahlungskreislauf verhindern: Könnte der Versicherer gegen den in häuslicher Gemeinschaft Lebenden vorgehen, der den Schaden fahrlässig verursacht hat, so müsste oft im Rahmen der Familie oder in anderen Beziehungen der Gesamtschaden aufgefangen werden und die Versicherungsdeckung würde ihre Funktion verlieren. Es soll also nicht so sehr der mit in häuslicher Gemeinschaft Lebende geschützt, sondern eine mittelbare Belastung des VN vermieden werden. In früherer Zeit war es bei der Auslegung des damaligen § 67 Abs. 2 VVG a. F. ausgesprochen streitig, ob diese Schutzbestimmung auf Stiefelternverhältnisse, außereheliche Lebensgemeinschaften oder homophile Lebensgemeinschaften anwendbar sei. Zuweilen ist man damals den Weg gegangen, dass man gesagt hat, der mit dem VN in häuslicher Gemeinschaft Lebende ist mitversichert und deswegen findet ihm gegenüber kein Regress mehr statt. Jetzt ist die Regelung einfacher und den heutigen Verhältnissen angemessener geworden. Jeder, der mit dem VN in häuslicher Gemeinschaft lebt, ist dem Regressanspruch des Versicherers nicht mehr ausgesetzt. Allerdings muss es sich um eine echte „häusliche Gemeinschaft" handeln, d. h., vorübergehender Besuch, Urlaubsanwesenheit oder Pflege für das Haus in Abwesenheit des VN genügt nicht.

288 Leistet ein Versicherer für einen mit dem VN in häuslicher Gemeinschaft Lebenden in Unkenntnis des Angehörigenprivilegs, hat er einen Anspruch aus ungerechtfertigter Bereicherung. Wird von zwei Brüdern, die noch im Haushalt ihrer

Eltern leben, der eine bei einer gemeinsamen Motorradfahrt verletzt und zahlt die Haftpflichtversicherung des anderen Bruders an den Sozialversicherungsträger, so kann sie die geleisteten Zahlungen herausverlangen, da es an einem Rechtsgrund fehlt (OLG Frankfurt VersR 1984, 254). Tritt das Privileg allerdings erst später ein, so hat der Haftpflichtversicherer nach wie vor den Regress. Da also der Haftpflichtversicherer eines Verlobten an den Sozialversicherer des anderen anlässlich eines Unfalls Leistungen erbracht hat und heiraten die Verlobten jetzt einander und leben jetzt in häuslicher Gemeinschaft, so ist der Behaltensgrund der entscheidenden Zeit noch nicht eingetreten gewesen (OLG Frankfurt VersR 1985, 936).

V. Abkommen über Schadensteilung und Regressverzicht

1. System der Schadensteilungsabkommen

§ 86 VVG wird häufig vertraglich eingeschränkt. Schadensteilungsabkommen **289**
werden zwischen Haftpflicht- und Kaskoversicherern und Sozialversicherern abgeschlossen und haben den Zweck, die Kosten einer gerichtlichen oder außergerichtlichen Erledigung des Haftungsfalles gering zu halten. Dabei handelt es sich um gegenseitige Rahmenverträge zur vergleichsweisen Erledigung künftiger durch Schadensfälle entstehender Rechtsverhältnisse. Die vertragliche Verpflichtung des Haftpflichtversicherers geht dahin, den vom VN verursachten Schaden in Höhe der vereinbarten Quote (etwa 50 %), oft nur bis zu einer bestimmten Summe (z. B. € 10.000,–), ohne Prüfung der Haftpflichtfrage zu übernehmen. Es kann auch nur auf die Prüfung der Schuldfrage, nicht auf die Prüfung der Haftungsfrage verzichtet werden, dann müssen alle haftungsbegründenden Momente mit Ausnahme des Verschuldens dargelegt werden (BGH VersR 1984, 225). Dagegen verspricht der andere Teil, den überschießenden Anspruch gegen den VN oder gegen den Versicherer nicht geltend zu machen.

2. Adäquate Kausalität, Groteskfälle, Vorsatz, Bereicherung

Grundlage des Teilungsabkommens ist, dass die Prüfung der Haftungsfrage un- **290**
terbleibt. Allerdings genügt nicht jede Verwicklung des VN in den Haftungsfall, um das Teilungsabkommen zu aktivieren. Die Rechtsprechung arbeitet mit einer positiven und einer negativen Voraussetzung. Im Allgemeinen wird adäquate Kausalität verlangt, genauer: der Schadensfall muss mit dem Haftpflichtgefahrenbereich in innerem Zusammenhang stehen (BGHZ 20, 385 = VersR 1956, 403; BGH VersR 1984, 158). Dieser Zusammenhang muss ansatzweise eine Gefahr der versicherten Art enthalten. Andererseits würde die Mithaftung Treu und Glauben zuwiderlaufen, wenn es aufgrund des unstreitigen Sachverhalts offensichtlich ist, dass eine Haftung nicht in Betracht kommt (BGH VersR 1979, 1093). Man spricht hier von Groteskfällen.

BGH VersR 1982, 774: Es ging um ein Teilungsabkommen bei der Produzentenhaftung. Es klagt der Sozialversicherungsträger, der für einen Arbeitsunfall Leistungen erbringt. Ein Arbeiter hatte sich bei Bedienung einer Steinfertigungsanlage so weit vorgebeugt, dass er einen Lichtstrahl unterbrach und deshalb von der Steinzange erfasst wurde. Der Hersteller der Anlage haftet nach dem Teilungsabkommen. Es genügt adäquate Kausalität, auf Pflichtverletzungen kommt es nicht an.

BGH VersR 1983, 771: Ein Mopedfahrer stieß mit einem fahrenden Kfz zusammen, wurde 20 m durch die Luft geschleudert und fiel auf das Dach eines am Straßenrand geparkten Pkw. Von dem Haftpflichtversicherer des Halters dieses Pkw verlangt die AOK, die den Mopedfahrer versorgt hat, aufgrund eines Teilungsabkommens anteilige Leistung. Das Gericht weist die Klage ab, da eine Schadensersatzpflicht des Kfz-Halters gemäß § 7 StVG von vornherein offensichtlich und unzweifelhaft ausgeschlossen sei.

291 Manche Teilungsabkommen gelten nicht, wenn der Schaden durch Vorsatz des Geschädigten entstanden ist. Der Vorsatz ist hier im weiteren Sinne zu verstehen. Es genügt Handeln mit nur natürlichem Vorsatz, selbst wenn der Geschädigte zurechnungsunfähig ist. Der Vereinfachungszweck des Teilungsabkommens steht der schwierigen Feststellung der Zurechnungsfähigkeit im Wege. Stürzt sich also der Geschädigte in selbstmörderischer Absicht und möglicherweise zurechnungsunfähig vor ein vorbeifahrendes Kraftfahrzeug, so ist Vorsatz gegeben (BGH VersR 1985, 630).

292 Wegen des auf Dritte wirkenden Haftungsverzichts gibt es gelegentlich auch noch einen bereicherungsrechtlichen oder einen doppelversicherungsrechtlichen Rückgriff, §§ 812 BGB, 59 Abs. 1 S. 2 VVG a. F. Folgende praktische Fälle mögen das verdeutlichen:

Ein Kfz steht auf dem Hof einer Lackiererei ohne Nummernschilder, um alsbald gespritzt zu werden. Der Schüssel steckt im Schloss. Ein Geisteskranker setzt sich hinter das Steuer und überfährt einen Arbeitnehmer, der auf dem Rückweg von der Arbeit ist. Zwischen der Berufsgenossenschaft, welche die Berufsunfähigkeit des Arbeitnehmers abdeckt, und dem Haftpflichtversicherer des Kraftfahrzeughalters, der nach § 7 StVG einzustehen hat, ist ein Schadensteilungsabkommen abgeschlossen worden, wonach ohne Prüfung der Schuld oder sonstigen Haftungsfrage nur bei adäquater Kausalität die Kfz-Versicherung 40 % übernehmen muss. Nach dem Schadensteilungsabkommen ist dann ein Anspruch gegen einen Dritten nicht mehr gegeben. Die an dem Schadensteilungsabkommen nicht beteiligte Betriebshaftpflichtversicherung der Lackiererei ist durch dieses Abkommen ungerechtfertigt bereichert. Im Rahmen ihrer eigentlichen Haftungsquote gemäß §§ 840, 426 BGB besteht ein Bereicherungsanspruch der Kfz-Haftpflichtversicherung gegen den Betriebshaftpflichtversicherer.

BGHZ 169, 86 = VersR 2006, 1536: Ein Gebäudeversicherer klagt gegen den Privathaftpflichtversicherer eines Mieters, der infolge leichter Fahrlässigkeit fünf Mal Leitungswasser- und Brandschäden verursacht hat. Der Regressanspruch des Gebäudeversicherers gegen den Mieter ist bei leichter Fahrlässigkeit ausgeschlossen, da ein Regressverzicht des Gebäudeversicherers bei leichter Fahrlässigkeit angenommen wird. Nunmehr gewährt das Gericht dem Gebäudeversicherer einen Anspruch gegen den Haftpflichtversicherer auf anteiligen Ausgleich entsprechend den Grundsätzen der Doppelversicherung nach § 59 Abs. 2 S. 1 VVG a. F. Es sei eine der Doppelversicherung strukturell vergleichbare Interessenlage, wobei § 59 Abs. 2 S. 1 VVG a. F. als spezielle Ausgleichsregelung unter den beteiligten Versicherern jedem anderen Ausgleichsanspruch vorgeht.

3. Regressverzichtsabkommen

Eine besondere Art des Teilungsabkommens ist das Regressverzichtsabkommen. Rechtlich handelt es sich oft nicht um einen (durch den Übergang bedingten) Erlassvertrag (§ 397 BGB), sondern um die Abrede, den weiterbestehenden Anspruch nicht, vor allem nicht gerichtlich geltend zu machen. Man spricht hier vom *pactum de non petendo*; der Einwand des Berechtigten heißt *exceptio pacti*. Inhaltlich verpflichten sich Haftpflichtversicherer und Kaskoversicherer, keinen Regress gemäß § 86 VVG zu nehmen. Grundlage dieser Abkommen ist die Erwartung, dass nach statistischen Grundsätzen auf die Dauer die Regressbelastung und die Regressberechtigung bei allen Versicherern die gleiche ist, so dass man durch den Regressverzicht erhebliche Kosten der Verwaltung und der Rechtsverfolgung spart. Insgesamt wird dadurch die wirtschaftlich ohnehin nicht hohe Bedeutung der Regresse noch weiter verringert. Jedoch ergreift der Verzicht nur den Versicherer in seiner im Regressverzichtsabkommen angegebenen Stellung. Das Regressverzichtsabkommen der Feuerversicherer begünstigt nicht einen Versicherer in seiner Stellung als Haftpflichtversicherer. Hat also ein Kind einen Brand gelegt, den die Feuerversicherung ausgeglichen hat und nimmt diese wegen verletzter Aufsichtspflicht an den Eltern Regress, die ihrerseits bei einem Feuerversicherer haftpflichtversichert sind, so greift das Regressverzichtsabkommen nicht ein (BGH VersR 1984, 325). Es gibt auch konkludente Regressverzichte: In der Gebäudefeuerversicherung ergibt eine ergänzende Vertragsauslegung, dass der Versicherer für die Fälle in denen Wohnungsmieter einen Brandschaden durch leichte Fahrlässigkeit verursacht hat, keinen Regress nehmen will (BGHZ 145, 393 = VersR 2001, 94). Dies gilt auch für den Fall, dass der Mieter haftpflichtversichert ist (OLG Stuttgart VersR 2004, 592; a. A. OLG Köln VersR 2004, 593). Jetzt ist die Rechtslage durch BGHZ 169, 86 (=VersR 2006, 1536) so weit geklärt, dass die beteiligten Versicherer in analoger Anwendung der Ausgleichsregelung bei der doppelversicherung (§§ 59 VVG a. F., 78 VVG) einander einstehen. 293

§ 27 Über- und Unterversicherung

I. Grundsatz

294 Von Überversicherung und Unterversicherung sprechen wir, wenn zwischen Versicherungswert und Versicherungssumme eine Lücke klafft. Das Versicherungsrecht geht von einer prästabilierten Harmonie zwischen dem Wert des versicherten Guts und der Höchstsumme der Entschädigungszahlung aus. Ist bei der Aktivenversicherung der Versicherungswert niedriger als die Versicherungssumme, so spricht man von Überversicherung. Ist die Versicherungssumme gemessen am Versicherungswert zu niedrig, so handelt es sich um eine Unterversicherung. Für die Passivenversicherung gelten diese Kategorien nicht, da hier eine zu hohe Versicherungsdeckung entweder mit übermäßigen Prämien erkauft wird oder eine zu geringe Deckung mit dem Risiko des nicht abgenommenen Vermögensschadens verbunden ist.

II. Überversicherung

295 Die Überversicherung kann entweder irrtümlich eingegangen werden, sich im Laufe der Zeit durch einen Wertverfall entwickeln oder in betrügerischer Absicht vorgenommen sein. Das Gesetz geht das Problem der Überversicherung eher grundsätzlich an. Bei betrügerischer Überversicherung ist der Vertrag nichtig. Der Versicherer behält jedoch die Prämie für die laufende Versicherungsperiode, § 74 Abs. 2 VVG. Der Versicherer hat die betrügerische Überversicherung nachzuweisen. Gelegentlich ist aus der Tatsache der Überversicherung zusammen mit zusätzlichen Umständen, etwa fingierten Rechnungen, der Schluss auf die betrügerische Absicht möglich.

Im Fall der einfachen Überversicherung können beide Beteiligte verlangen, dass die Versicherungssumme unter verhältnismäßiger Minderung der Prämie mit sofortiger Wirkung herabgesetzt wird, § 74 Abs. 1 VVG.

III. Unterversicherung

Ist die Versicherungssumme niedriger vereinbart als der Versicherungswert zur Zeit des Eintritts des Versicherungsfalls, so spricht man von Unterversicherung. Gemäß § 75 VVG haftet der Versicherer für den Schaden dann nur nach dem Verhältnis der Versicherungssumme zu dem Versicherungswert. Die herabgesetzte Entschädigung wird im Falle der Unterversicherung nach folgender Formel berechnet: 296

$$\frac{\text{Versicherungssumme}}{\text{Versicherungswert}} = \frac{\text{Entschädigung}}{\text{Schaden}}$$

oder:

$$\text{Entschädigung} = \frac{\text{Versicherungssumme x Schaden}}{\text{Versicherungswert}}$$

Die Unterversicherung ist eine häufige Erscheinung im Bereich der Hausratversicherung, kommt aber auch bei anderen Versicherungen vor. Sie kann entweder durch unrichtige Angaben bei Abschluss des Vertrags oder durch Wertsteigerung bzw. Geldentwertung eintreten. Die unterversichernde Wirkung der Geldentwertung wird heute meistens durch eine automatische Anpassungsklausel ausgeglichen:

> Beispiel für Unterversicherung: Die Versicherungssumme für die Hausratversicherung beträgt € 100.000,–. In Wirklichkeit ist das im Haus angesammelte Gut € 150.000,– wert. Nunmehr wird eingebrochen und das ganze Haus ausgeräumt. Dann sind € 100.000,– zu bezahlen. Wird aber, wie regelmäßig, nur ein bestimmter Teil gestohlen, also etwa Gegenstände im Wert von € 33.000,–, so braucht der Versicherer nur € 22.000,– zu bezahlen.

§ 75 VVG ist abdingbar. Er wird dann nicht angewendet, wenn im Versicherungsvertrag die Klausel „Versicherung auf erstes Risiko“ steht oder wenn bei der sog. laufenden Versicherung für Transportmittel oder Lager Maxima als Entschädigungsgrenze angegeben sind. 297

10. Kapitel: Besondere Sachversicherungen

§ 28 Haftpflichtversicherung

Unter den einzelnen Versicherungszweigen regelt das VVG die Haftpflichtversicherung an erster Stelle. Das ist wahrscheinlich erfolgt, weil es sich um eine prominente Sachversicherung handelt. In der Bedeutung des Versicherungswesens steht gewiss die Lebensversicherung an erster Stelle. Die Darstellung folgt jedoch dem Gesetz. 298

I. Persönlicher Schutzbereich

Die Haftpflichtversicherung ist eine besondere Form der Schadensversicherung. 299
Sie wird abgeschlossen, um einen potentiell Haftpflichtigen vor dem doppelten Schaden des Ersatzanspruchs und der Verteidigung im gerichtlichen Verfahren zu schützen. Die versicherte Haftpflicht beruht vor allem auf Gesetz, zum Teil auch auf Vertrag und reicht vom Sturz auf der vereisten Treppe bis zur Schadensstiftung durch ein Produkt. Es handelt sich um eine Passivenversicherung. Die Haftpflichtversicherung ist also in erster Linie und oft ausschließlich dazu geschaffen, den VN bzw. Versicherten vor dem Vermögensnachteil einer verlorenen Haftpflichtsache zu schützen. Im Rahmen einer Familienhaftpflicht sind auch volljährige, unverheiratete Kinder versichert, die sich in Schul- oder unmittelbar anschließender Berufsausbildung befinden (etwa Fachhochschule vgl. OLG Schleswig VersR 1993, 736).

Der Gesetzgeber hat jedoch die versicherte Haftpflicht, insbesondere wenn es 300
sich um eine objektive Einstandspflicht, etwa eine Gefährdungshaftung, handelt, bisweilen dazu benutzt, um eine Aufgabe der sozialen Sicherung zu erfüllen. Ausgangspunkt ist die Erkenntnis, dass die Mitglieder der Allgemeinheit manchen besonderen Gefahren widerstandslos ausgesetzt sind. Dieses Risiko kann den Gefährdeten nur gegen Schadloshaltung zugemutet werden. Rechtlich gesehen, handelt es sich um eine Aufopferungssituation. So wird im Allgemeinen eine objektive Haftung für die Verwirklichung der zugemuteten Gefahr angeordnet. Allerdings muss sichergestellt sein, dass der Anspruch auch erfüllt wird. Großunternehmen mit faktischem Monopolcharakter, wie die Deutsche Bahn und Elektrizitätswerke, sind sichere Schuldner. Anders steht es mit dem Halter eines Kfz: Ihm wird eine Versicherungspflicht auferlegt. Ein Kraftfahrzeug darf deshalb nur dann zugelassen werden, wenn die Gefährdungshaftung und die Verschuldenshaftung für die Schäden, die der Betrieb des Kraftfahrzeugs verursacht, von einer Haftpflichtversicherung abgedeckt wird. Damit gewinnt die Pflichthaftpflichtversicherung über ihren Charakter als Passivenversicherung zugunsten des Halters des Kfz hinaus Bedeutung als eine Art gesetzlich angeordneter Unfallversicherung für das Opfer. Moderne Arten der objektiven Haftung, meist Gefährdungshaftung,

wie die Arzneimittelhaftung, die Produkthaftung, die Gentechnologiehaftung und die Umwelthaftung, federn das Risiko neuer Techniken für mögliche Opfer ab.

301 Diese Grundhaltung des Gesetzgebers hat deutlichen Ausdruck in der Einrichtung des Entschädigungsfonds für Schäden aus Kraftfahrzeugunfällen gefunden, bei denen die versicherte Leistung aus tatsächlichen oder rechtlichen Gründen Not leidet. Nach § 12 PflVG kann derjenige, der bei einem Unfall durch Gebrauch eines Kraftfahrzeugs einen Personen- oder Sachschaden erlitten hat, die Ersatzansprüche gegen einen Entschädigungsfonds geltend machen, wenn das Fahrzeug, durch dessen Gebrauch der Schaden verursacht ist, nicht ermittelt werden kann, die Haftpflichtversicherung nicht besteht, wenn wegen vorsätzlicher widerrechtlicher Herbeiführung des Unfalls der Versicherer keine Deckung gewährt oder wenn über das Vermögen des leistungspflichtigen Versicherers ein Insolvenzverfahren eröffnet worden ist. Dieser Anspruch ist freilich subsidiär gegenüber Ansprüchen aus Amtspflichtverletzung und gegenüber dem Sozialversicherer und besteht nicht für Forderungen der Arbeitgeber bzw. Sozialversicherungsträger. Die Leistung des Entschädigungsfonds bleibt bei Fahrerflucht hinter der des Versicherers zurück: Sachschäden am Fahrzeug werden überhaupt nicht, sonstige nur ab € 500,– ersetzt; Schmerzensgeld gibt es nur bei besonderer Schwere der Verletzung.

II. Allgemeine Haftpflichtversicherung

1. Erster sachlicher Schutzbereich: Befreiung von der Verbindlichkeit

302 Die allgemeine Haftpflichtversicherung ist eine freiwillig abgeschlossene Versicherung, in der sich der VN gegen das Risiko versichert, einem anderen aufgrund gesetzlicher oder vertraglicher Vorschriften haftpflichtig zu werden und Schadensersatz leisten zu müssen. Der Inhalt der Versicherung umfasst zwei Ansprüche des VN gegen den Versicherer: nämlich einen Befreiungsanspruch und, diesem in der Praxis vorgeschaltet, einen Rechtsschutzanspruch.

303 Der VN hat also in erster Linie einen Anspruch gegen den Versicherer auf Befreiung von der Haftpflicht gegenüber dem Geschädigten. Der Geschädigte selbst hat keinen Anspruch gegen den Versicherer auf Zahlung. Er kann auch den Versicherer nicht mit verklagen. Das ist Ausdruck des sog. Trennungsprinzips, nämlich der Aufspaltung der Rechtsverhältnisse in solche der Haftung und der Versicherungsgewährung. Das Trennungsprinzip ergibt sich nicht aus der Natur der Sache (BGH MDR 1980, 657), wie der ausnahmsweise gewährte Direktanspruch gegen den Versicherer in der Kfz-Haftpflicht zeigt. Grundsätzlich kann auch der VN seinen Befreiungsanspruch an den Verletzten abtreten, in dessen Hand er sich zum Zahlungsanspruch wandelt. Jedoch ist die Abtretung in § 7 Ziff. 3 AHB vor der endgültigen Feststellung des Anspruchs ausgeschlossen, soweit nicht der Versicherer zustimmt. Das Abtretungsverbot soll vor allem sicherstellen, dass der VN nicht als Zeuge im Prozess des Verletzten gegen den Versicherer

auftritt. Ist jedoch der VN verstorben, kann sein Erbe den Befreiungsanspruch an den Forderungsinhaber abtreten, da die Berufung des Versicherers auf das Abtretungsverbot unzulässige Rechtsausübung darstellt (OLG Düsseldorf VersR 1983, 625). Der verletzte Dritte kann auch den Befreiungsanspruch des VN pfänden und sich überweisen lassen und auf diese Weise gegen den Versicherer auf Zahlung vorgehen. Hat übrigens der VN den Dritten mit Zustimmung des Versicherers befriedigt, so wandelt sich sein Befreiungsanspruch in einen Zahlungsanspruch um (BGH VersR 1966, 625).

BGH MDR 1980, 657: Es klagt der Beauftragte des Transportversicherers gegen den Haftpflichtversicherer des Transportmittels aus abgetretenem Recht des VN. Im Versicherungsvertrag und in den AVB war die Abtretung nicht untersagt. Nach dem BGH ist es zulässig, im selben Prozess die Haftungs- und die Deckungsfrage aufzuwerfen.

OLG Düsseldorf VersR 1983, 625: Der Gebäudeversicherer, der einen Brandschaden reguliert hatte, klagt gemäß § 67 VVG a. F. und aus abgetretenem Recht gegen den Haftpflichtversicherer des Mieters, der offenbar betrunken das Feuer verursacht hatte. Der Mieter war verstorben, seine Mutter hatte dem Gebäudeversicherer alle Ansprüche abgetreten. Die Berufung auf das Abtretungsverbot verstößt gegen § 242 BGB, da der VN nicht mehr als Zeuge in Betracht kommt.

Das Risiko in der allgemeinen Haftpflichtversicherung betrifft die Verpflichtung, **304**
Schadensersatz zu leisten. Es kommt besonders auf eine genaue Abgrenzung der Gefahr an. Zeitlich gilt die Ereignistheorie, wonach Versicherungsschutz gewährt wird, wenn das Schadensereignis „während der Wirksamkeit der Versicherung" eintritt. Durch eine Anordnung des BAV vom 20.1.1982 (Bundesanzeiger Nr. 19 vom 29.1.1982), durch die in §§ 1 Nr. 1 und 3 Nr. II 1 AHB das Wort „Ereignisses" jeweils durch das Wort „Schadensereignisses" ersetzt wurde, ist das nunmehr klargestellt, nachdem BGHZ 79, 76 (= VersR 1981, 173) unter Aufgabe der älteren Rechtsprechung (BGHZ 25, 34 = VersR 1957, 499; 43, 88 = VersR 1965, 325) der Verstoßtheorie gefolgt war. Sodann gilt der Grundsatz der Spezialisierung des Risikos. Es wird unterschieden zwischen den Berufshaftpflichtversicherungen und den allgemeinen Haftpflichtversicherungen. Die Berufshaftpflicht kann entweder gegen Körper- und Sachschaden oder gegen reinen Vermögensschaden schützen. Die freien Berufe versichern sich regelmäßig gegen die Berufshaftung, wobei das Risiko genau umschrieben ist. Bisweilen ist der VN auch gesetzlich oder kraft Standesrecht gehalten, eine Haftpflichtversicherung abzuschließen. Es handelt sich hierbei um Ärzte, Anwälte, Ingenieure, Architekten usw. Eine weitere Sonderform der Haftpflichtversicherung bildet die Privathaftpflichtversicherung, die Haushaltsvorstände für sich und die Familienmitglieder abschließen. Die schadenstiftende Handlung darf jedoch nicht

bei Begehung eines Verbrechens geschehen sein (OLG Schleswig VersR 1984, 954: Einbrecher wirft Streichholz weg und verursacht Brand). Die Betriebshaftpflichtversicherung deckt Schäden, die bei der Durchführung der Tätigkeit eines Betriebs und durch die Betriebsangehörigen in dieser Eigenschaft entstehen, § 102 VVG. Die Haftpflichtversicherung eines Haus- und Grundbesitzers tritt für Schadenszufügungen in Zusammenhang mit dem Grundeigentum ein. Besondere Formen der Haftpflichtversicherung sind noch die des Tierhalters, für den eine Gefährdungshaftung besteht, § 833 S. 1 BGB, die Haftpflichtversicherung für Sportmittel, etwa Wasserfahrzeuge, und die Haftpflichtversicherung für Schäden an Gewässern gemäß § 22 WHG, die üblicherweise von Besitzern von Öltanks abgeschlossen wird. Oft werden in einem Vertrag verschiedene Haftpflichtrisiken gemeinschaftlich versichert.

305 Gedeckt ist die gesetzliche Haftpflicht, die sowohl als unerlaubte Handlung wie auch als Vertragsverletzung erscheinen kann. Nur vertragliche Erfüllungsansprüche scheiden aus. Begeht der Arzt einen Fehler, so hat er seinem Patienten Schadensersatz auch wegen Vertragsverletzung zu leisten. Versäumt der Anwalt eine Frist, so ist er aufgrund Vertragsverletzung für den daraus entstehenden Vermögensschaden haftpflichtig. Beide Male tritt die Versicherung ein, da es sich um gesetzliche Haftpflichtbestimmungen privatrechtlichen Inhalts handelt.

2. Ausschlüsse

306 Die wesentlichen Ausschlussklauseln der allgemeinen Haftpflichtversicherung sind in § 4 AHB aufgeführt. Es sind u. a.

- Haftpflichtansprüche, soweit sie aufgrund Vertrags oder besonderer Zusagen über den Umfang der gesetzlichen Haftpflicht hinausgehen;
- Haftpflichtansprüche aus im Ausland vorgenommenen Schadensereignissen, wenn nicht besonders versichert;
- Haftpflichtansprüche aus Schäden infolge Teilnahme an Pferde-, Rad- oder Kfz-Rennen sowie an Box- oder Ringkämpfen und bei ungewöhnlicher und gefährlicher Beschäftigung (BGH VersR 2004, 591; Tauchsport, hier Freitauchen ohne Sauerstoffgerät mit Dekompressionsschaden versichert);
- Haftpflichtansprüche wegen Schäden an fremden Sachen, die der VN gemietet, gepachtet oder geliehen hat, und an solchen Sachen, die durch eine gewerbliche oder berufliche Tätigkeit des VN entstanden sind, wenn nicht insoweit eine besondere Versicherung genommen wurde. Der Ausschluss der Haftung wegen Schadens an gemieteten Sachen trifft nicht auf Gefälligkeitsverhältnisse zu (OLG Hamm VersR 1996, 444: Unentgeltliche Überlassung eines Appartements auf Sylt).

307 Ausgeschlossen sind Haftpflichtansprüche von Angehörigen des VN, § 4 Abs. II Ziff. 2 AHB. Diese sog. Angehörigenklausel soll eine Kollusion zwischen VN und Anspruchsberechtigten verhindern. Nicht gedeckt sind ferner Haftpflichtansprüche wegen Personenschadens aus der Übertragung einer Krankheit bei Vorsatz oder grober Fahrlässigkeit, z. B. Infektion mit AIDS. Übrigens hat der Versicherer das Vorliegen der Voraussetzungen von Risikoausschlussklauseln zu behaupten und im Bestreitensfalle zu beweisen (BGHZ 23, 355 = VersR 1957, 212). Soweit der Risikoausschluss Waffen umfasst, fallen nicht darunter Schreckschusspistolen, die einen Abschussbrecher enthalten und in Wirklichkeit eine Knallpatrone zur Explosion bringen (BGH VersR 2005, 69)

3. Verfügungsverbot zugunsten des Geschädigten

Einen gewissen Schutz des Geschädigten gewährt das Verfügungsverbot des § 108 VVG. Zwar hat der dritte Geschädigte, abgesehen von der Kraftfahrzeugversicherung, keinen Direktanspruch gegen den Versicherer. Er wird jedoch dadurch geschützt, dass Verfügungen über die Entschädigungsforderung aus dem Versicherungsverhältnis zwischen VN und Versicherer dem Geschädigten gegenüber relativ unwirksam sind. Auch ist bis zur Befriedigung des Verletzten durch den VN der Versicherer weder berechtigt noch verpflichtet, die Versicherungsleistung zu zahlen. Die Schuld des Versicherers ist auf Befreiung gerichtet (BGHZ 15, 154 = VersR 1954, 592). Auch wenn Gläubiger des VN den Anspruch gegen den Versicherer pfänden und sich überweisen lassen, ist diese Maßnahme dem Geschädigten gegenüber unwirksam. Das gilt auch im Insolvenzverfahren des VN. 308

4. Abtretungsverbote

Die Abtretung des Freistellungsanspruchs an den Dritten kann nicht durch AVB ausgeschlossen werden, § 108 Abs. 2 VVG. Damit ist es durchaus möglich, dass der VN dem Dritten den Freistellungsanspruch abtritt, der sich dann in einen Geldzahlungsanspruch verwandelt. Die neue Bestimmung soll der Rechtsprechung Rechnung tragen, in der in vielen Fällen die Berufung des Versicherers das Verbot der Abtretung als sittenwidrig und unwirksam angesehen hatte. Der VN hat nämlich ein Interesse daran, dem Geschädigten auf diese Weise eine Klage gegen den Versicherer zu ermöglichen. Wesentlich an der neuen Regelung ist, dass auf diese Weise, nämlich durch die Abtretung des Freistellungsanspruchs und seine Umwandlung in einen Zahlungsanspruch, ein Direktanspruch des Geschädigten gegen den Versicherer ermöglicht wird. Das liegt im Interesse der Parteien, sofern nicht eine besondere Sachlage gegeben ist. Allerdings ist das Abtretungsverbot nur unwirksam, soweit es durch AVB vereinbart wird. Zulässig bleibt ein Abtretungsverbot durch Individualvereinbarung bei Abschluss des Versicherungsvertrags, ebenso wie nach dem Versicherungsanerkenntnis des VN. Nicht selten klärt der VN schon im Hinblick auf das Bestehen der Versicherung nach der Haftpflichtsituation ein Anerkenntnis. Dieses Anerkennen kann, vor allem wenn es voreilig abgegeben wird, für den Versicherer ausgesprochen nachteilig sein. Deshalb wurden früher solche Anerkenntnisse in den AVB nicht zugelassen. Jetzt bestimmt § 105 VVG, dass eine Vereinbarung, nach welcher der Versicherer nicht zur Leistung verpflichtet ist, wenn ohne seine Einwilligung 309 der VN den Dritten befriedigt oder dessen Anspruch anerkennt, unwirksam ist. Damit soll das unangemessene Ergebnis der früheren Rechtslage ausgeglichen werden, nach welcher selbst der verpflichtete Versicherer nicht zur Zahlung an den VN verpflichtet war. Der Versicherer behält aber gegenüber dem VN seine volle Einwendungsposition: Besteht der Anspruch des Verletzten gegen den VN nicht, hat aber der VN diesen Anspruch doch befriedigt, kann er von seinem Vertragspartner, dem Versicherer, keine Zahlung verlangen. Der Anspruch ging von vornherein nur auf die Freistellung von einem berechtigten Anspruch. Ist diese Voraussetzung nicht gegeben, dann ist der Versicherer nicht verpflichtet.

310 Dennoch sollte der VN regelmäßig davon Abstand nehmen, voreilig zu bezahlen oder ohne Rücksprache mit dem Versicherer ein Anerkenntnis abzugeben. Durch die Pflicht des Versicherers, die Prozessführungskosten zu übernehmen, ist der VN regelmäßig so gedeckt, dass er für Bezahlung oder Abgabe eines Anerkenntnisses gar keinen Anlass hat. Er kann vielmehr seinen Anspruch gegen den Versicherer an den Geschädigten abtreten, der diesen dann als Zahlungsanspruch gegenüber dem Versicherer geltend machen kann. Das genügt. Aus diesem Grunde sind in den AVB vorgesehene Befriedigungen und Abtretungsverbote unwirksam, § 105 VVG. Abreden darüber dürfen jedoch in dem Versicherungsvertrag oder unmittelbar nach dem Unfall geschlossen werden und sind wirksam.

5. Die Anzeigepflicht des Versicherungsnehmers

311 Die Pflicht des VN zur Anzeige ist in § 104 VVG besonders und genau geregelt. Er hat dem Versicherer innerhalb einer Woche die Tatsachen anzuzeigen, die seine Verantwortlichkeit gegenüber einem Dritten zur Folge haben könnten. Macht der Dritte seinen Anspruch gegenüber dem VN geltend, ist der VN zur Anzeige innerhalb einer Woche nach Geltendmachung verpflichtet. Wird gegen den VN ein Anspruch gerichtlich geltend gemacht, Prozesskostenhilfe beantragt oder wird ihm gerichtlich der Streit verkündet, sollte er dies dem Versicherer unverzüglich anzeigen. Unverzüglich heißt ja nicht sofort, sondern wie im § 121 BGB ohne schuldhaftes Zögern. Die Anzeigepflicht gilt auch, wenn gegen den VN wegen des den Anspruch begründenden Schadensereignisses ein Ermittlungsverfahren eingeleitet worden ist. Zur Erleichterung für den VN wird mit der Fristabsendung die Anzeigepflicht erfüllt, § 104 Abs. 3 VVG. Angesichts der relativ kurzen Frist von einer Woche oder der unverzüglichen Anzeige ist das angemessen.

6. Fälligkeit der Versicherungsleistung

Innerhalb von zwei Wochen von der bindenden Feststellung des Anspruchs des Dritten, etwa durch rechtskräftiges Urteil, Anerkenntnis oder Vergleich, hat der Versicherer den VN freizustellen. Ist der Dritte nun vom VN befriedigt worden, hat der Versicherer die Entschädigung innerhalb von zwei Wochen nach Befriedigung des Dritten an den VN zu zahlen. So steht es mit den Kosten der Rechtsverteidigung. Sind diese nach § 101 VVG zu ersetzen, hat der Versicherer innerhalb von zwei Wochen nach Mitteilung der Berechnung zu zahlen, in diesem Falle also an den VN. **312**

7. Insolvenz des Versicherungsnehmers

Ist über das Vermögen des VN das Insolvenzverfahren eröffnet worden, kann der Dritte des ihm gegen den VN zustehenden Anspruchs abgesonderte Befriedigung aus dem Freistellungsanspruch des VN verlangen, § 110 VVG. Damit wird das Trennungsprinzip auf die sozialen Gegebenheiten zurückgeführt. Der Freistellungsanspruch des Geschädigten gegen den VN soll nicht in die allgemeine Konkursmasse fallen, sondern ihm vorbehalten bleiben. Darin zeigt sich das andere Gesicht der Haftpflichtversicherung: Sie ist nicht nur auf Freistellung von der Forderung des Dritten gerichtet, sondern auch auf Befriedigung des berechtigten Anspruchs des Dritten, dem gilt zu Recht die abgesonderte Befriedigung. **313**

8. Kündigung nach Versicherungsfall

Jede Partei kann das Versicherungsverhältnis kündigen. Der Grund kann sein, dass der Anspruch des VN auf Freistellung anerkannt worden ist. Ebenso kann er gegeben sein, wenn dieser Anspruch zu Unrecht abgelehnt worden ist. Sogar wenn der Versicherer dem VN die Weisung erteilt, es zum Rechtsstreit über den Anspruch des Dritten kommen zu lassen, besteht das Kündigungsrecht. Die Kündigung ist nur innerhalb eines Monats seit der Anerkennung oder Ablehnung oder seit der Rechtskraft des im Rechtsstreit mit dem Dritten ergangenen Urteils zulässig. Zum Verständnis der Bestimmung des § 111 VVG über die Kündigung nach dem Versicherungsfall ist es notwendig, dass die Versicherung an sich fortbesteht. Mit dem Versicherungsfall ist sie nicht etwa erledigt. Es kann jedoch sein, dass entweder dem Versicherer das Risiko zu hoch geworden ist. Das ist etwa der Fall, wenn mit erneuten Unfällen und Ansprüchen gegen den VN zu rechnen ist. Umgekehrt kann der VN aber auch den Versicherer während der Abwicklung dieses Unfalls in Streit geraten sein und möchte das Versicherungsverhältnis nicht fortführen. Aus diesem Grunde wird beiden, ihrem Interesse folgend, ein freilich zeitlich beschränktes Kündigungsrecht gewährt. **314**

9. Zweiter sachlicher Schutzbereich: Gewährung von Rechtsschutz

315 Die Gewährung von Rechtsschutz ist die andere Hauptleistung des Haftpflichtversicherers. Sie geht dahin, Anwälte, eventuell auch für die zweite Instanz, zur Verfügung zu stellen, Prozesskosten zu übernehmen usw., § 101 VVG. Der Versicherer ist zur Gewährung von Rechtsschutz auch für die Abwehr unbegründeter Ansprüche verpflichtet (KG VersR 2000, 576). Nach § 5 AHB hat der VN die Prozessführung dem Versicherer zu überlassen, einem vom Versicherer bestellten Anwalt Vollmacht zu erteilen und die nötigen Aufklärungen zu geben.

Auch hier gilt, dass der VN grundsätzlich die Ansprüche anerkennen oder befriedigen kann, damit aber den Versicherer nicht bindet. Ist der Versicherer zur Deckung verpflichtet, so wird diese Verbindlichkeit durch die Abrede zwischen dem Verletzer und dem Verletzten nicht berührt. Nur wenn der VN den Anspruchssteller befriedigt hat, wird aus einem Befreiungsanspruch ein Zahlungsanspruch gegen den Versicherer, soweit der Anspruch des Geschädigten gegen ihn bestand.

316 Der Versicherer hat im Innenverhältnis eine Geschäftsführungsbefugnis für den VN, im Außenverhältnis gilt er nach § 5 Ziff. 7 AHB als bevollmächtigt, alle zur Beilegung oder Abwehr des Anspruchs ihm zweckmäßig erscheinenden Erklärungen im Namen des VN abzugeben, etwa für eine begrenzte Zeit auf die Einrede der Verjährung zu verzichten.

Kommt es zwischen dem Verletzten und dem VN zu einem Prozess, so hat dessen Ausgang erhebliche Wirkung auf das Versicherungsverhältnis. Gewohnheitsrechtlich gilt die sog. Bindungswirkung, d. h., aus der Natur des Versicherungsverhältnisses heraus ist der Versicherer verpflichtet, die Verurteilung des VN nach Grund und Höhe als richtig hinzunehmen. Anders steht es nur mit sog. versicherungsrechtlichen Einwendungen, nämlich Risikoausschlüssen und Obliegenheitsverletzungen. Hat jedoch der Versicherer für den VN den Prozess geführt, so hindert die Bindungswirkung des Haftpflichtprozesses den Versicherer, später vorzutragen, dass der VN nur aus einem Grunde haftpflichtig gewesen sei, der unter einen Risikoausschluss fällt (BGH VersR 2001, 1103). Hat jedoch der Versicherer für den VN den Prozess geführt, so hat er konkludent die Deckungszusage abgegeben.

317 Die Leistung des Versicherers geht auf Gewährung von Rechtsschutz, sowohl im Zivil- als auch im Strafverfahren, § 101 VVG. Auch die Abwehr unbegründeter Ansprüche fällt dem Versicherer zur Last. Bei den Strafverfahrenskosten muss allerdings die Versicherung die Weisung erteilt haben, sich durch einen Anwalt verteidigen zu lassen. Die Kosten der Nebenklage, die dem VN in Strafverfahren auferlegt worden sind, trägt der Versicherer nicht (BGHZ 26, 261).

Dass die Versicherung auch die Kosten des Strafverfahrens trägt, ist großzügig. Immerhin könnte es vorkommen, dass der VN nicht wegen Fahrlässigkeit, sondern wegen Vorsatzes angeklagt und vielleicht verurteilt wird. Dann wäre die Versicherung an sich nicht leistungspflichtig. § 101 VVG macht aber keine Ausnahme für den Vorsatz und deshalb ist wohl doch die Übernahme der Verteidigungskosten insoweit zu erwarten. Übrigens kann es ja auch immer so stehen, dass der zunächst wegen Vorsatz Angeklagte später nur wegen Fahrlässigkeit verurteilt wird. 318

Übrigens präjudiziert eine Verurteilung im Strafverfahren nicht das Zivilverfahren. 319 Das war früher in der EGZPO ausdrücklich geregelt, ist aber heute selbstverständlich. Zivil- und Strafverfahren laufen unabhängig voneinander. Auch eine Verurteilung im Strafverfahren wegen fahrlässiger Körperverletzung oder fahrlässiger Tötung bedeutet noch nicht, dass der Schädiger oder seine Versicherung zur Zahlung verpflichtet sind. Allgemein ist es zwar ein deutlicher Hinweis auf die vorhandene Fahrlässigkeit in Zivilsachen, wenn sogar in Strafsachen die Verurteilung wegen Fahrlässigkeit erfolgt. Fahrlässigkeit im Strafrecht bedeutet die subjektive Zurechenbarkeit der Sorgfaltswidrigkeit. Im Zivilrecht hingegen genügt schon die Verletzung der objektiv typisierten Sorgfalt. Deshalb sind auch die Versicherer im Allgemeinen bereit, nach der Verurteilung im Strafverfahren wegen Fahrlässigkeit das Zivilverfahren durch einen Vergleich abzuschließen.

§ 29 Pflichtversicherung

I. Allgemeine Regelung

320 Eine Haftpflichtversicherung ist kraft Gesetzes angeordnet für besonders gefährliche Tätigkeiten und für Berufsausübungen. Als besonders gefährliche Tätigkeiten kommen der Luftverkehr, die Jagd, der Betrieb einer Atomanlage oder der Besitz strahlenden Materials und der Kfz-Verkehr sowie die Herstellung von Arzneimitteln und gentechnische Arbeiten in Betracht. Die Berufshaftpflichtversicherung ist kraft Gesetzes angeordnet für Wirtschaftsprüfer, für Steuerberater und für Anwälte sowie kraft Standesrechts für Ärzte und Zahnärzte. Die standesrechtlichen Anordnungen begründen jedoch keine gesetzlichen Haftpflichtversicherungen.

321 Für die Pflichtversicherung gelten die besonderen Vorschriften der §§ 113ff. VVG. Die Pflichtversicherung enthält eine Reihe von Sonderregelungen, die insbesondere den geschützten Verletzten betreffen. Ist der Versicherer von der Verpflichtung zur Leistung dem VN gegenüber ganz oder teilweise frei, etwa wegen Verletzung von Obliegenheiten, so bleibt gleichwohl seine Verpflichtung in Ansehung des Dritten bestehen, § 117 Abs. 1 VVG. In der Pflichtversicherung hat übrigens der Geschädigte Direktanspruch, d. h., er kann seinen Anspruch auf Schadensersatz auch gegen den Versicherer geltend machen. Der Versicherer hat Schadensersatz in Geld zu leisten und der Versicherer und der ersatzpflichtige VN haften als Gesamtschuldner. Diese Regelung galt früher kraft eines europäischen Abkommens nur für die Kraftfahrzeughaftpflichtversicherung. Sie ist nunmehr von § 115 VVG auf alle Pflichtversicherungen erstreckt worden. Dabei ist genau darauf zu achten, ob die Pflicht zum Abschluss der Versicherung „durch eine Rechtsvorschrift" besteht (§ 113 Abs. 1 VVG). Das ist stets gegeben bei gesetzlich angeordneten Pflichtversicherungen. Weil die Versicherungspflicht aber in anderen Rechtsvorschriften enthalten ist, etwa in den staatlich genehmigten Satzungen von Ärztekammern, handelt es sich gleichfalls um eine Pflichtversicherung. Diese erlaubt einen Direktanspruch gegen den Versicherer. Der Anfang des Versicherungsschutzes beträgt mindestens € 250.000 je Versicherungsfall und 1 Mio. für alle Versicherungsfälle eines Versicherungsjahres, § 114 Abs. 1 VVG. Dies gilt allerdings nur, soweit nicht durch Rechtsvorschrift ein anderes bestimmt ist. Das VVG kann Inhalt und Umfang der Pflichtversicherung näher bestimmen, soweit dadurch die Erreichung des jeweiligen Zwecks der Pflichtversicherung nicht gefährdet wird und durch Rechtsvorschrift nicht ausdrücklich etwas anderes bestimmt ist. Einen guten Beispielsfall liefert die Probandenversicherung. Nach den §§ 40 Abs. 3 AMG, 20 Abs. 3 MPG hat für den Fall des Todes oder der schweren Verletzung eine Mindestversicherungssumme von € 500.000 zu bestehen. Die Versicherer schließen aber regelmäßig solche Versicherungen nur bis zur Höhe von € 500.000 ab. Außerdem haben sie in ihren AVB gewisse Leistungen ausgeschlossen, wie solche, die zu spät angemeldet werden, und andere, die auf genetische Schäden hinauslaufen.

Diese Regelungen sind im Gesetz nicht vorgesehen oder stehen sogar in ausdrücklichem Widerspruch zum Gesetz. Sie verstoßen gegen § 114 Abs. 1 VVG.

VN und Versicherer sind Gesamtschuldner; im Innenverhältnis ist jedoch der **322**
Versicherer allein verpflichtet. Soweit eine solche Verpflichtung nicht besteht, ist in ihrem Verhältnis zueinander der VN allein verpflichtet. Insoweit gelten aber, insbesondere was die Kfz-Versicherung angeht, besondere Höchstgrenzen. Ein besonderes Problem entsteht, wenn die Ansprüche auf Entschädigung aufgrund desselben Schadensereignisses die Versicherungssumme übersteigen. Dann wird nach § 118 VVG eine Rangfolge angeordnet. Vorangehen Ansprüche wegen Personenschadens, an zweiter Stelle die Ansprüche wegen sonstiger Schäden natürlicher und juristischer Personen des Privatrechts, an dritter Stelle die Ansprüche, die nach Privatrecht auf Versicherer oder sonstige Dritte wegen Personen- und sonstiger Schäden übergegangen sind, die vierte Stelle nehmen die Ansprüche ein, die auf den Sozialversicherungsträger übergegangen sind. Für alle anderen Ansprüche ist der fünfte Rang vorbehalten, § 118 Abs. 1 VVG. Doch hier gilt der gleiche Grundsatz wie im allgemeinen Versicherungsrecht: Meldet sich ein im Vorrang nicht befriedigter Anspruchsberechtigter nach der Verteilung, so kann er sich nicht auf seinen früheren Rang berufen, § 118 Abs. 2 VVG.

Dem Verletzten, der vom Gesetz früher als „Großdritter" bezeichnet wurde, werden **323**
auch Obliegenheiten auferlegt. Er hat dem Versicherer innerhalb von zwei Wochen in Textform anzuzeigen, dass er einen Anspruch nach § 115 Abs. 1 VVG erheben will. Und so hat er dem Versicherer den Anspruch gegen den VN, den er gerichtlich geltend macht, in Textform anzuzeigen. Schließlich kann der Versicherer auch vom Dritten Auskunft verlangen, soweit sie zur Feststellung des Schadensereignisses und der Höhe erforderlich ist. Belege kann der Versicherer insoweit verlangen, als deren Beschaffung dem Dritten billigerweise zugemutet werden kann. Die Belastung eines Nichtvertragspartners, der einen Schadensersatzanspruch erhebt, mit Obliegenheiten ist nicht einfach. Ohne Gesetz wäre sie gar nicht möglich. Die Obliegenheitsverletzung des Dritten führt jedoch nur zu einer Beschränkung der Haftung des Versicherers auf den Betrag, den er auch bei gehöriger Erfüllung der Obliegenheit zu leisten gehabt hätte, sofern der Dritte vorher ausdrücklich und in Textform auf die Verletzung und ihre Folgen hingewiesen worden ist. Durch diese letzte Bestimmung wird zwischen dem Versicherer und dem Verletzten ein Quasi-Rechtsverhältnis hergestellt, das diesem wohl die als Obliegenheiten umschriebenen Mitteilungen und Auskünfte zumutbar erscheinen lassen. Übrigens ist die Aufrechnung gegenüber dem Dritten nicht zulässig, soweit sie auf § 35 VVG gestützt wird, also Forderungen des Versicherers gegen einen anderen.

Diese Form erlaubt einen Direktanspruch gegen den Versicherer. Leider hat der BT den Direktanspruch außerhalb des Straßenverkehrsrechts auf wenige Fallbereiche zurückgeschnitten: die Insolvenz des VN und der unbekannte Aufenthalt des VN. Übrigens gibt es den Direktanspruch ebenso bei Nichthaftungspflichtversicherungsverhältnissen, auch wenn der Versicherer mit diesem Anspruch des Verletzten weder gerechnet hat, noch rechnen musste.

II. Kraftfahrzeughaftpflichtversicherung

324 Der Betrieb eines Kraftfahrzeugs ist so häufig geworden und die Schäden aus ihm sind so alltäglich, dass eine besondere Behandlung der Kfz-Haftpflichtversicherung angebracht ist. Auch die Versicherer wenden besondere AVB an, nämlich die Allgemeinen Bedingungen für die Kraftfahrtversicherung (AKB), in denen allerdings auch Kasko- und Unfallversicherung geregelt sind.

325 Wegen der Häufigkeit der Straßenverkehrsunfälle wird immer wieder erwogen, das Haftpflichtversicherungssystem, gegründet auf Gefährdungshaftung und abgesichert mittels Versicherungspflicht, durch eine obligatorische Unfallversicherung zugunsten des Geschädigten zu ersetzen. Die Argumente dafür sind eher theoretischer als praktischer Natur. Seit der Reform von 2002 ist die zwangshaftversicherte Gefährdungshaftung der möglichen Unfallversicherung gleichgestellt worden, da die Ausnahmeregeln gestrichen sind, die Haftung auf Schmerzensgeld auch bei der Gefährdungshaftung eingeführt worden ist, § 253 BGB.

326 Der Direktanspruch des im Straßenverkehr Verletzten gegen den Versicherer des Kraftfahrers ist jetzt in das VVG übernommen worden, § 115 Abs. 1 S. 1VVG. Doch hier hat der verletzte Dritte den Anspruch auf Ersatz des Schadens auch gegen den Versicherer. VN und Versicherer haften als Gesamtschuldner. Der Direktanspruch unterliegt nicht der Einwendung, dass der Versicherer von der Verpflichtung zur Leistung ganz oder teilweise frei geworden ist. Der Direktanspruch des Beifahrers gegen den Versicherer des Fahrers besteht auch, wenn der Fahrer beim Unfall getötet wird. Er bleibt auch bestehen, wenn der Beifahrer Alleinerbe des Fahrers ist (OLG Hamm VersR 1995, 454: Keine Konsolidation). Ein rechtskräftiges Urteil, in dem festgestellt wird, dass dem dritten Geschädigten ein Anspruch auf Ersatz des Schadens nicht zusteht, wirkt jeweils gegenüber dem anderen. Im Verhältnis der Gesamtschuldner zueinander ist der Versicherer allein verpflichtet, soweit dies dem Innenverhältnis entspricht. In Analogie zu der Direkthaftung des Versicherers gewährt die Rechtsprechung auch einen Anspruch des verletzten Dritten gegen den Versicherer, wenn zwar kein wirksamer Versicherungsschutz zustande gekommen ist, der Versicherer aber dem VN aus Vertrauenshaftung, *culpa in contrahendo* oder positiver Vertragsverletzung haftet (BGHZ 108, 200 = VersR 1989, 948: kein Versicherungsschutz für die türkische Republik Nord-Zypern vereinbart).

327 Die Versicherungsunternehmen unterliegen dem Kontrahierungszwang, d. h., sie haben einen Antrag auf Abschluss eines Haftpflichtversicherungsvertrags grundsätzlich anzunehmen. Der Versicherer kann jedoch den Antrag eines VN, der überdurchschnittlich hohe Risikofaktoren aufweist, mit einem dessen Risiko gerecht werdenden Angebot beantworten. Unterlässt der Versicherer ein entsprechendes Angebot, gilt der Vertrag nach Ablauf von zwei Wochen als zu den für den Geschäftsbetrieb des Versicherungsunternehmens maßgebenden Grundsätzen und dem allgemeinen Unternehmenstarif zustande gekommen, § 5 Abs. 3

PflVG. Die Ausländereigenschaft darf nicht als Risikomerkmal Verwendung finden, § 81 e VAG.

Der Entschädigungsfonds soll Opfern von Straßenverkehrsunfällen helfen, die ungesichert bleiben. Der Fonds wird von Beiträgen aller Versicherer auf diesem Gebiet gespeist. Der Fonds hat einzutreten, wenn das schädigende Fahrzeug nicht ermittelt werden kann, wenn eine Haftpflichtversicherung überhaupt nicht besteht, die Haftpflichtversicherung wegen Vorsatzes nicht einzutreten braucht oder wenn über das Vermögen des leistungspflichtigen Versicherers ein Insolvenzverfahren eröffnet worden ist. Dieser Anspruch ist freilich nicht stets so umfassend wie der normale Anspruch nach dem VVG und dem Pflichtversicherungsgesetz. So wird z. B. im Falle der Fahrerflucht Schmerzensgeld nur bei besonderer Schwere der Verletzung zur Vermeidung einer groben Unbilligkeit gewährt. Für Sachschäden am Fahrzeug wird insoweit überhaupt keine Leistung erbracht. **328**

Der Regress im Fall der Verletzung von Obliegenheiten, die vor oder nach Eintritt des Versicherungsfalls zu erfüllen waren, ist durch §§ 5f. KfzPflVV eingeschränkt worden. Ist eine Obliegenheit, die nach Eintritt des Versicherungsfalls wirksam wird, vorsätzlich oder grob fahrlässig verletzt worden, so ist die Leistungsfreiheit des Versicherers gegenüber dem VN auf höchstens € 2500,–, bei besonders schwerwiegender vorsätzlich begangener Verletzung auf höchstens € 5.000,– beschränkt, § 6 KfzPflVV. Bei Verletzung von Obliegenheiten vor dem Versicherungsfall oder bei Gefahrerhöhung ist die Leistungsfreiheit des Versicherers gegenüber dem VN und den mitversicherten Personen auf den Betrag von höchstens € 5.000,– beschränkt. Anderes gilt nur gegenüber einem Fahrer, der das Fahrzeug durch eine strafbare Handlung erlangt hat, § 5 Abs. 3 KfzPflVV. **329**

BGHZ 80, 332 = VersR 1981, 971: Der VN hatte einem Bekannten das Steuer des Pkw überlassen, der keine Fahrerlaubnis hatte und einen bei der BfA versicherten Fußgänger tödlich verletzte. Der Haftpflichtversicherer verweigerte gegenüber dem VN die Deckung wegen Verletzung der Führerscheinklausel (§ 2 Ziff. 2 c AKB), gegenüber der BfA die Zahlung gemäß § 158 c Abs. 4 VVG a. F. als Sozialversicherungsträger. Die BfA verlangt nun aus übergegangenem Anspruch volle Zahlung vom VN. Der BGH beschränkt diesen Anspruch auf DM 5.000,–, wie es beim Eintritt des Versicherers der Fall gewesen wäre. Der geschäftsplanmäßige Verzicht auf die € 2.500,– übersteigende Regresssumme wird aus Gründen des sozialen Schutzes auf den Sozialversicherungsträger übertragen.

OLG Hamm VersR 1984, 176: Der VN hatte das Kfz verliehen; der Entleiher hatte Unfallflucht begangen. Die Weigerung des VN, den Namen des Entleihers zu nennen, stellt eine besonders schwerwiegende Verletzung der Aufklärungsobliegenheit dar.

BGHZ 84, 151 = VersR 1982, 791: Bei einem Verkehrsunfall waren 6 Personen zu Schaden gekommen. Die Versicherungssumme von DM 1 Mio. reicht vielleicht nicht aus, um alle Ansprüche zu befriedigen. Obwohl alle Beteiligten Direktansprüche gegen den Versicherer haben, darf er die Forderungen nach dem Verhältnis ihrer Beträge berichtigen, § 156 Abs. 3 VVG a. F.

§ 30 Rechtsschutzversicherung

I. Entwicklung, Gesetzgebung und Grundlagen

330 Die Rechtsschutzversicherung ist eine Schadensversicherung und insoweit eine Kostenversicherung. Als Passivenversicherung wird sie im Wesentlichen genommen, um eigene Ansprüche vor Gerichten und Behörden zu verfolgen und um Ansprüche anderer abzuwehren.

Die Rechtsschutzversicherung ist außerhalb des Gesetzes entstanden. Seit 1990 waren einige Fragen in den §§ 158 lff. VVG a. F. geregelt. Heute regeln die §§ 125 ff. VVG die grundsätzlichen Probleme der Rechtsschutzversicherung.

II. Typen der Rechtsschutzversicherung

331 Der Rechtsschutz wird nicht allgemein versichert; vielmehr gilt der Grundsatz der Spezialität. Für einzelne Eigenschaften oder Tätigkeitsbereiche des VN werden besondere Gefahren versichert, die zum Teil auch kombiniert werden können.

Folgende Modelle sind in den §§ 21 ff. ARB vorgesehen: Der Verkehrsrechtsschutz kommt in drei Varianten vor: er wird einmal dem VN als Halter, Insasse oder Fahrer eines Fahrzeugs gewährt; der Fahrzeugrechtsschutz ist an ein bestimmtes Fahrzeug geknüpft; der Fahrerrechtsschutz betrifft das Fahren mit fremdem Fahrzeug. Sodann wird Rechtsschutz für Gewerbetreibende und freiberuflich Tätige gewährt. Die nächste Gruppe bildet der Familienrechtsschutz, bei dem auch minderjährige Kinder mitversichert sind. Eine Weiterentwicklung stellt der Familien- und Verkehrsrechtsschutz für Lohn- und Gehaltsempfänger dar. Schließlich gibt es auch den Landwirtschafts- und Verkehrsrechtsschutz, den Rechtsschutz für Vereine und Rechtsschutz für Grundeigentum und Miete.

III. Versichertes Risiko

1. Sachlicher Versicherungsschutz

332 Die Rechtsschutzversicherung gewährt Deckung für Aktiv- und Passivprozesse, soweit es um die Kosten der notwendigen Wahrnehmung der rechtlichen Interessen des VN geht. Für Aktivprozesse ist der Versicherer zur Tragung der Kosten verpflichtet, wenn die Klage hinreichende Aussicht auf Erfolg bietet und nicht mutwillig erscheint. Lehnt der Versicherer die Deckung ab, so kann der VN ein Schiedsgutachten verlangen. Auf die Möglichkeit dieses Schiedsgutachtens ist der VN hinzuweisen, §§ 128 VVG, 18 ARB. Schiedsgutachter ist ein Rechtsanwalt, der vom Präsidenten der für den Wohnsitz des VN zuständigen Rechtsanwaltskammer benannt wird. Seine Entscheidung ist für den Versicherer bindend. Die Kosten des Schiedsgutachterverfahrens trägt der Versicherer, wenn die Leistungsverweigerung ganz oder teilweise unberechtigt war. War sie hingegen berechtigt, so trägt der VN seine Kosten und die des Schiedsgutachters, § 18 Abs. 5 ARB.

Der VN ist berechtigt, zu seiner Vertretung in Gerichts- und Verwaltungsverfahren den Rechtsanwalt, der seine Interessen wahrnehmen soll, aus dem Kreis der Rechtsanwälte, deren Vergütung der Versicherer nach dem Versicherungsvertrag trägt, frei zu wählen, § 127 VVG. Allerdings ist die Bedingungsanpassungsklausel des § 10 a ARB für unwirksam gehalten worden (BGH VersR 1999, 697). 333

Zu den Leistungen des Versicherers gehören nicht nur die Kosten des eigenen Rechtsanwalts und die Gerichtskosten, sondern auch die zu erstattenden gegnerischen Kosten. Soweit eine Kaution geleistet wird, hat der VN die verfallene Kautionssumme zu ersetzen. Das gilt auch, wenn er eine ungewöhnlich hohe Freiheitsstrafe wegen eines gewöhnlichen Verkehrsunfalls nicht antritt (OLG Hamburg VersR 1983, 126).

2. Zeitlicher Versicherungsschutz

Für die Leistungspflicht des Rechtsschutzversicherers ist der Zeitpunkt der Entstehung eines die Wahrnehmung rechtlicher Interessen begründenden Rechtskonflikts entscheidend. Ist also ein Patient fehlerhaft behandelt worden, kann er für den Haftungsprozess Deckung nicht verlangen, sofern die Rechtsschutzversicherung erst nach Abschluss der Behandlung, wenn auch vor Schadenseintritt, abgeschlossen wurde (LG Düsseldorf VersR 1983, 294). Eine formularmäßige Bestimmung, dass der Rechtsschutzversicherungsvertrag fünf Jahre läuft, ist wirksam, auch wenn eine Beitragsangleichungsklausel vereinbart ist, die eine Kündigung erst bei einer Beitragserhöhung von mehr als 15 % vorsieht (BGH MDR 1997, 641). 334

IV. Ausschlüsse

Keine Versicherungsdeckung genießen der vorsätzlich herbeigeführte Versicherungsfall und Ansprüche aus Spiel und Wettverträgen, es sei denn, es wird Schadensersatz aus vorsätzlicher unerlaubter Handlung des anderen verlangt (BGH VersR 1985, 32). Ebenso sind ausgeschlossen Ansprüche Dritter, die der Versicherte kraft Abtretung oder im eigenen Namen geltend macht. Schließlich werden auch die Kosten eines unverhältnismäßigen Vergleichs oder für mehr als drei Vollstreckungsversuche nicht ersetzt. 335

V. Schadensabwicklungsunternehmen

336 Es ist möglich, dass der Versicherer mit der Leistungsbearbeitung ein selbstständiges Schadensabwicklungsunternehmen beauftragt, § 126 VVG. Ist das der Fall, so ist das im Versicherungsschein zu bezeichnen. Ist das geschehen, so können Ansprüche auf die Versicherungsleistung aus einem Vertrag über die Rechtsschutzversicherung nur gegen das selbstständige Schadensabwicklungsunternehmen geltend gemacht werden, das mit der Leistungsbearbeitung beauftragt worden ist. Auf diese Weise zieht sich der Versicherer aus der Schadensabwicklung völlig zurück. An seine Stelle tritt das selbstständige Schadensabwicklungsunternehmen. Titel, die gegen das Schadensabwicklungsunternehmen erlassen worden sind, etwa ein rechtskräftiges Urteil, das gegen das Schadensabwicklungsunternehmen ergangen ist, wirken für und gegen den Rechtsschutzversicherer.

VI. Kündigung

337 Der Versicherer kann das Versicherungsverhältnis kündigen, wenn sich ein ungünstiger Schadensverlauf herausgestellt hat. Wenn also der VN die Versicherung wiederholt in Anspruch genommen hat, so kann diese für die Zukunft das Versicherungsverhältnis durch rechtsgeschäftliche Erklärung beenden. Das Kündigungsrecht verstößt nicht gegen das Recht der allgemeinen Geschäftsbedingungen (LG München I VersR 1983, 294). Es ist auch gesetzlich nicht begrenzt. Wohl aber sind die normalen Kündigungsfristen einzuhalten

§ 31 Überblick über die Sachversicherungen

I. Feuerversicherung

1. Private Versicherung

Früher gab es bisweilen eine öffentlich-rechtliche Versicherungspflicht für Wohngebäude und Wirtschaftsgebäude nach Landesrecht. Diese wurden dann durch öffentlich-rechtliche Versicherungsanstalten versichert, § 192 Abs. 1 VVG a. F. Im Zuge der Rechtsvereinheitlichung Europas sind diese Versicherungspflichten weggefallen. Die öffentlich-rechtlichen Versicherungsanstalten sind den privaten Versicherungsgesellschaften gleichgestellt worden. Für beide gelten die Regeln des VVG und der AGB, insbesondere in der Feuerversicherung die §§ 74, 142 ff. VVG und die AFB. **338**

2. Versicherungsfall

Der Versicherungsfall tritt durch Brand, Explosion oder Blitzschlag ein. Versichert ist die Beschädigung oder Zerstörung von Sachen sowie daran sich anschließende Vermögensnachteile. **339**

Gemäß § 1 Nr. 2 S. 1 AFB gilt als Brand ein Feuer, das ohne einen bestimmungsmäßigen Herd entstanden ist oder ihn verlassen hat und sich aus eigener Kraft auszubreiten vermag. Nicht als Brandschaden sind deshalb Schäden anzusehen, die entstanden sind, ohne dass das Feuer seinen Herd verlassen hat, ferner Glimm-, Seng-, Sprung- und Rußschäden und schließlich Fermentationsschäden. Als Explosion gilt nur die Ausdehnung von Gasen und Dämpfen, nicht ihr Gegenteil, also die plötzliche Zusammenziehung, die Implosion. Beim Blitzschlag kommt es nicht darauf an, dass dieser einen Brand verursacht hat. Auch für den kalten Schlag wird gehaftet.

3. Umfang der Haftung

Im Falle eines Brandes hat der Versicherer den durch die Zerstörung oder Beschädigung der versicherten Sache entstehenden Schaden zu ersetzen, soweit die Zerstörung oder Beschädigung auf der Einwirkung des Feuers beruht oder die unvermeidliche Folge des Brandereignisses ist. Eine solche Folge ist auch der Schaden, der durch Blitzschlag wegen eines schweren Gewitters an einem Legehennenbestand infolge Ausfalls von Lüftungseinrichtungen eintritt (OLG Hamburg VersR 1984, 953). Der Versicherer hat auch den Schaden zu ersetzen, der bei dem Brande durch Löschen, Niederreißen oder Aufräumen verursacht wird; das Gleiche gilt von einem Schaden, der dadurch entsteht, dass versicherte Sachen bei dem Brande abhanden kommen. Die Feuerversicherung kann auch den Mietverlust enthalten. Hat der Mieter die anteiligen Kosten der Gebäudefeuerversicherung zu zahlen, so ist seine Haftung für Brandschäden auf Vorsatz und **340** grobe Fahrlässigkeit beschränkt (BGH VersR 1996, 320). Diese Rechtsprechung ist nunmehr auf jeden leicht fahrlässigen Brandschaden durch einen Mieter ausgedehnt worden (BGHZ 145, 393 = VersR 2001, 94), d. h. kraft kludenter Auslegung haftet der Mieter nicht aus einfacher Fahrlässigkeit.

341 Die Feuerversicherung umfasst als Fremdversicherung die Sachen der Familienangehörigen und der Personen, die mit dem VN in häuslicher Gemeinschaft leben oder zu ihm in einem Dienstverhältnis stehen. Ebenso werden Sachen ergriffen, die unter Eigentumsvorbehalt erworben oder sicherungsübereignet worden sind, § 2 AFB. Die Versicherung ist Innenversicherung: Bewegliche Sachen sind grundsätzlich nicht mehr versichert, wenn sie aus den im Versicherungsschein bezeichneten Räumen entfernt worden sind, § 4 Abs. 1 AFB.

4. Obliegenheiten und Ausschlüsse

342 Vor dem Versicherungsfall trifft den VN die Obliegenheit, gesetzliche, polizeiliche oder besonders vereinbarte Sicherheitsvorschriften zu beachten, § 7 AFB. Ist der Versicherungsfall eingetreten, so hat der VN Schadensanzeige zu erstatten. Die Frist dafür beträgt drei Tage; sie wird durch Absendung der Anzeige gewahrt. Eine weitere Obliegenheit enthält das Veränderungsverbot der meisten AFB. Bis zur Feststellung des Schadens darf der VN ohne Einwilligung des Versicherers nur solche Änderungen vornehmen, welche zur Erfüllung der Rettungspflicht oder im öffentlichen Interesse geboten sind. Der Anspruch gegen den Versicherer entfällt, wenn der VN den Schaden vorsätzlich oder grob fahrlässig herbeigeführt. Ebenso steht es, wenn der VN sich bei den Verhandlungen über die Ermittlung der Entschädigung einer arglistigen Täuschung schuldig gemacht hat, § 14 AFB. Dabei ist es nicht notwendig, dass der VN einen rechtswidrigen Vermögensvorteil erstrebt. Es genügt der Versuch einer Täuschung (BGH VersR 1993, 1351). Widerruf oder tätige Reue sind unbeachtlich. Wenn ein polizeiliches oder strafgerichtliches Verfahren aus Anlass des Schadens gegen den VN eingeleitet ist, kann die Versicherung die Zahlung bis zur Erledigung der Untersuchung aufschieben, § 16 Nr. 4 b AFB.

5. Grundpfandberechtigte

343 Die §§ 142ff. VVG betreffen jetzt nur noch Gläubiger eines Grundpfandrechts, die vom Gesetz Hypothekengläubiger genannt werden. Die Regeln gehen dahin, dass ein Notleiden des Versicherungsvertrags in Textform an den Hypothekengläubiger zu übermitteln ist, wenn er seine Hypothek angemeldet hat. Das gilt gleichermaßen, wenn die einmalige oder erste Prämie nicht rechtzeitig gezahlt worden ist oder dem VN für die Zahlung der Folgeprämie eine Frist bestimmt worden ist. Auch hat der Versicherer den Eintritt des Versicherungsfalls innerhalb einer Woche, nachdem er von ihm Kenntnis erlangt hat, dem angemeldeten Hypothekengläubiger in Textform anzuzeigen.

Übrigens wird der Hypothekengläubiger weitgehend geschützt, sofern er sein Grundpfandrecht angemeldet hat. So bleibt der Versicherer gegenüber einem angemeldeten Hypothekengläubiger bei nicht angemessener Bezahlung zur Leistung verpflichtet, zu welchem dem Hypothekengläubiger die Bestimmung der Zahlungsfrist vor der Kündigung mitgeteilt worden ist.

Die nicht rechtzeitige Zahlung der Erst- oder Folgeprämie richtet sich nach § 81 VVG, wonach bei grober Fahrlässigkeit der Versicherer nicht davon befreit ist, sondern seine Leistung in einem der Schwere des Verschuldens des VN entsprechenden Verhältnis kürzen kann.

Die Kündigung des Versicherungsverhältnisses durch den VN wird nur wirksam, wenn der VN mindestens einen Monat vor Ablauf des Versicherungsvertrags bewiesen hat, dass zu dem Zeitpunkt, zu dem die Kündigung spätestens zulässig war, das Grundstück nicht mehr mit der Hypothek belastet war oder dass der Hypothekengläubiger der Kündigung zugestimmt hat. Die Kündigung darf übrigens nicht ohne ausreichenden Grund verweigert werden. Soweit der Versicherer den Hypothekengläubiger befriedigt hat, geht die Hypothek auf den Versicherer über, § 145 VVG. Der Versicherer ist verpflichtet, dem Hypothekengläubiger, der seine Hypothek angemeldet hat, die Anmeldung zu bestätigen, Auskunft über das Bestehen von Versicherungsschutz zu geben sowie die Höhe der Versicherungssumme mitzuteilen, § 146 VVG. Bei einer Hypothek hat man stets Grundpfandrecht zu lesen, d. h., Grundschuld, Rentenschuld und Reallast sind auf gleiche Weise zu behandeln. Das gilt aber nicht für Eigentümergrundpfandrechte, insbesondere Eigentümergrundschulden, §§ 148 f. VVG.

II. Transportversicherung

Die Transportversicherung kann als Warenversicherung oder als Kaskoversiche- **344**
rung abgeschlossen werden. Als Warenversicherung bezieht sie sich auf Güter, die sich auf dem Transport befinden, als Kaskoversicherung auf das Transportmittel selbst. Man unterscheidet die Seeversicherung und die Binnentransportversicherung. Die Seeversicherung wird von den §§ 778 ff. HGB geregelt, die Grundsätze der Binnentransportversicherung finden sich in den §§ 130 ff. VVG. Diese Bestimmungen sind abdingbar und weitgehend durch AVB verdrängt worden. Hauptsächliche Rechtsquellen sind die Allgemeinen Deutschen Binnentransportversicherungsbedingungen (ADB) und die Allgemeinen Bedingungen für die Flusskaskoversicherung.

Die ADB erstrecken die Transportversicherung auf Verlust und Beschädigung **345**
versicherter Güter gegen Gefahren der Beförderung zu Lande, auf Binnengewässern oder in Luftfahrzeugen. Ausgeschlossen sind die Gefahren des Krieges und ähnliche Gefahren, auch die der Kernenergie, die des Aufruhrs und die des Diebstahls. Ausgeschlossen sind ferner Schäden durch die natürliche oder mangelhafte Beschaffenheit der Güter, durch inneren Verderb, durch Einwirkung

von Frost, Hitze oder Luftfeuchtigkeit, durch Fehlen oder Mängel von Verpackungen, durch Verstöße gegen Zollregelungen oder sonstige behördliche Vorschriften. Die Wertminderung von Röstkaffee durch Frischeverlust ist zu ersetzen (BGH NJW 1983, 1674). Die Flusskaskoversicherung bürdet dem Versicherer den Schaden auf, den der versicherte Gegenstand durch einen Schifffahrtsunfall, Brand, Explosion oder höhere Gewalt erleidet. Diese Haftung umfasst auch die Haftpflicht gegenüber Dritten beim Schiffszusammenstoß. Ausgeschlossen sind die Schäden, die vorsätzlich, grob fahrlässig oder in bestimmter Beziehung fahrlässig verursacht worden sind, ebenso Folgeschäden und Schäden aus Reiseantritt in nicht fahrtüchtigem Zustand. Dabei hat der VN den Beweis der Fahrtüchtigkeit zu liefern.

346 Wichtig ist noch, dass der VN das Verhalten der Schiffsbesatzung bei der Führung des Schiffes nicht zu vertreten hat, § 137 Abs. 2 VVG. Besondere Regeln sind für die Veräußerung der versicherten Sache oder Güter sowie des versicherten Schiffes aufgestellt worden, §§ 139 ff. VVG. Der Erwerber haftet nicht für die Prämie, der Versicherer kann sich nur an den VN halten. Der VN ist auch nicht verpflichtet, dem Versicherer die Veräußerung anzuzeigen, § 139 Abs. 3 VVG. Was die Schiffe selbst angeht, so endet die Versicherung mit der Übergabe des Schiffes an den Erwerber, für unterwegs befindliche Schiffe mit der Übergabe an den Erwerber im Bestimmungshafen, § 140 VVG. Mit der gesetzlich vorgesehenen Beendigung des Versicherungsverhältnisses wird dem Missbrauch bei versicherten Binnenschiffen ein Riegel vorgeschoben. Würde der Versicherungsschutz gegenüber dem neuen Eigentümer bestehen, so wäre der Versicherer möglicherweise an einen völlig ungeeigneten neuen Eigentümer gebunden.

III. Reisegepäckversicherung

347 Der Transportversicherung ist die Reisegepäckversicherung verwandt, die auch in Kombination mit Reise-, Unfall-, Haftpflicht-, Rücktrittskosten- und Krankenversicherung angeboten wird. Eine Sonderregelung im VVG fehlt. Nach den AVB ist das gesamte Reisegepäck des VN und der mitreisenden Familienangehörigen versichert. Allerdings betrifft der Schutz nur den persönlichen Reisebedarf, so dass ein Laptop, die während des Urlaubs beruflich genutzt werden soll, keinen Schutz genießt, zumal wenn sie der Lebensgefährtin des VN gehört, die nicht Familienangehörige ist (LG Düsseldorf VersR 1983, 683). Besondere Regeln gelten für Pelze, Schmucksachen, Edelmetalle sowie Foto- und Filmapparate. Die Ersatzpflicht entfällt im Kriegsfall sowie bei Vorsatz und grober Fahrlässigkeit des VN. So genießt keinen Versicherungsschutz, wer auf dem Flugplatz oder Bahnhof seine Fotoausrüstung einige Minuten neben sich stellt, ohne darauf zu achten (LG Bonn VersR 1983, 775), wohl aber wer die Fotoausrüstung in einem Jutebeutel mit Henkeln über der Schulter trägt (OLG Hamm VersR 1997, 965).

IV. Reiserücktrittsversicherung

Eine Sonderregelung im VVG fehlt, es gelten die allgemeinen Bedingungen für die Reise-Rücktrittskostenversicherung (ABRV). Danach leistet der Versicherer Entschädigung für vertraglich geschuldete Rücktrittskosten sowie bei Abbruch der Reise für unmittelbar verursachte sonstige Mehrkosten des Versicherten. Der Versicherungsfall tritt ein, wenn wichtige Gründe die Reiseunfähigkeit des Versicherten veranlassen oder ihm der Antritt der Reise oder deren planmäßige Beendigung nicht zugemutet werden kann. Diese Gründe sind nach § 1 Ziff. 2 ABRV Tod, schwerer Unfall oder unerwartete schwere Erkrankung des Versicherten oder seiner nahen Angehörigen, Impfunverträglichkeit des Versicherten, Schwangerschaft einer Versicherten sowie Schaden am Eigentum des Versicherten infolge Feuer, Elementarereignis oder vorsätzlicher Straftat. Die schwere Erkrankung muss vom Arzt nicht nur vermutet, sondern objektivierbar ärztlich diagnostiziert worden sein (OLG München VersR 1987, 1032: Angina Pectoris). Eine Erkrankung ist schwer, wenn sie einen solchen Grad erreicht hat, dass die Reise objektiv nicht mehr zumutbar erscheint. Die Zumutbarkeit wird nur nach dem Krankheitsbild selbst beurteilt, nicht nach schulischen Gründen bei einer aufschiebbaren Operation (LG Essen VersR 1987, 1004). Unerwartet ist das schwere Leiden nicht, wenn mehrere bekannte Leiden kulminieren, etwa Diabetes und Bluthochdruck in einer Gallenkolik (AG München VersR 1984, 435). 348

V. Fahrzeugversicherung

Das Kraftfahrzeug ist ein Beförderungsmittel, und wird es als solches versichert, so handelt es sich um eine Kaskoversicherung. Für gewöhnlich wird die Kraftfahrzeugkaskoversicherung zusammen mit der Haftpflichtversicherung abgeschlossen, zwingend ist dies jedoch nicht. Die Kaskoversicherung kann eine Teilversicherung oder eine Vollversicherung sein, § 12 AKB. Auch ist ein Selbstbehalt häufig. Bei der Teilversicherung umfasst sie das Risiko Brand oder Explosion, Entwendung, unbefugten Gebrauch, die unmittelbare Einwirkung von Sturm, Hagel, Blitzschlag oder Überschwemmung und den Zusammenstoß des in Bewegung befindlichen Fahrzeuges mit Haarwild. Bei einer Beschädigung durch ein Ausweichmanöver gewährt die Rechtsprechung aufgrund der sog. Rettungspflicht Ersatz, wenn es sich um ein Reh handelt (BGHZ 113, 359 = VersR 1991, 459), nicht aber, wenn es ein Hase oder ein Fuchs ist (OLG Köln VersR 1992, 1508; BGH VersR 2003, 1250); bei einem Hasen und einem Fuchs ist im Gegensatz zu einem Reh eine solche Rettungsmaßnahme nur geboten, wenn die Grenzen der Verhältnismäßigkeit nach § 82 VVG nicht überschritten sind (OLG München VersR 1994, 928). Ist ein Reh von einem vorherfahrenden Kraftfahrer überfahren worden, wird Ersatz für das Ausweichmanöver gewährt (OLG Nürnberg VersR 1994, 929). 349

350 Die Vollversicherung betrifft darüber hinaus den Unfall, d. h. ein unmittelbar von außen her plötzlich mit mechanischer Gewalt einwirkendes Ereignis, nicht aber einen Bremsschaden sowie durch mut- oder böswillige Handlungen betriebsfremder Personen verursachte Schäden. Die Verglasung ist stets versichert, die Reifen nur, wenn auch ein anderer versicherungspflichtiger Schaden am Fahrzeug entstanden ist.

351 Die Leistung des Versicherers geht auf Wiederherstellung und umfasst die erforderlichen Kosten dafür einschließlich des Transports. Bei einem Totalschaden ist nur der Zeitwert des Fahrzeugs zu ersetzen. Gemäß § 13 Ziff. 2 AKB a. F. erhöhte sich die Leistungsgrenze bei Pkw, die noch nicht zwei Jahre alt sind, auf den Neupreis des Fahrzeugs. Diese Regelung ist seit 1. Juli 1993 wegen der gestiegenen Zahl der Diebstähle von Kfz entfallen. Rest- und Altteile verbleiben dem VN. Sie werden zum Veräußerungswert auf die Ersatzleistung angerechnet.

352 Es kann sein, dass das gestohlene Fahrzeug oder aus dem entwendeten Fahrzeug gestohlene Gegenstände wieder auftauchen. § 13 Abs. 7 AKB sieht hierfür die Grenze von einem Monat vor: Wird das gestohlene Kraftfahrzeug oder werden gestohlene Sachen aus dem Fahrzeug innerhalb eines Monats wieder zurückgeschafft, so ist der VN verpflichtet, sie zurückzunehmen. Nach dieser Zeit geht das Eigentum an diesen Sachen auf den Versicherer über. Juristisch wird das so konstruiert, dass mit Abschluss des Versicherungsvertrags eine vorweggenommene, durch Nichtherbeischaffung des Kfz binnen eines Monats aufschiebend bedingte Einigung über eine Übereignung verbunden mit der Abtretung des Herausgabeanspruchs gegen den Dieb angenommen wird, § 931 BGB.

Wird das Fahrzeug nur beschädigt, ohne gestohlen zu sein, so greift die Teilkaskoversicherung nicht ein. Wenn jedoch das Fahrzeug beim Diebstahlsversuch oder während der Entwendung beschädigt wird, so ist dieser Schaden adäquat kausal durch den Diebstahl oder den Diebstahlsversuch verursacht und der Versicherer haftet.

VI. Sonstige Sachversicherungen

1. Einbruchdiebstahlversicherung

353 In dieser Versicherung sind Sachen gegen Entwendung, Zerstörung oder Beschädigung versichert, die durch Einbruchdiebstahl geschehen. Maßgebend sind die Allgemeinen Einbruchdiebstahlversicherungsbedingungen (AERB und VHB). Nicht versichert sind Schäden durch Brand oder Explosion und Schäden, die von einer Person vorsätzlich herbeigeführt werden, die mit dem VN in häuslicher Gemeinschaft lebt oder von ihm angestellt ist. Bargeld, Wertpapiere, Sparbücher, Schmuck und Edelsteine müssen in verschlossenen Behältnissen aufbewahrt werden, die auch gegen die Wegnahme des Behältnisses selbst eine erhöhte Sicherheit bieten. Nicht versichert ist ein Schaden, der ausschließlich oder im Ver-

hältnis zu den gestohlenen Sachen ganz überwiegend aus reiner Zerstörungswut zugefügt wurde. Ebenso wenig ist der Schaden aus einem zweiten Diebstahl, der unter Ausnutzung der aufgebrochenen Tür von Dritten verübt wurde, versichert, es sei denn, eine Folgeschadenklausel ist vereinbart (OLG Hamm VersR 1985, 464; 1984, 174).

Die Obliegenheiten des VN ähneln denen in der Feuerversicherung. Er darf Haus **354**
und Wohnung nicht ungesichert lassen. Jedoch ist die Verpflichtung zur Betätigung sämtlicher Sicherungseinrichtungen, wenn niemand im Hause ist, unangemessen und unwirksam (BGHZ 111, 278 = VersR 1990, 896). Es besteht Anzeigepflicht, der Polizei ist eine sog. Stehlgutliste einzureichen. Das kann auch noch in späterer Zeit geschehen (BGH VersR 1985, 557): Ein Täuschungsversuch führt zur Verwirkung. Kann der Versicherer die Vortäuschung eines Diebstahls durch den VN nachweisen, so kann er von ihm Ersatz aller tatsächlich entstandenen Ermittlungsaufwendungen verlangen, etwa Kosten eines Privatdetektivs (OLG Hamburg VersR 1988, 482). Der Versicherer kann die Leistung aufschieben, solange gegen den VN ein strafrechtliches Verfahren läuft, nicht aber wenn das Verfahren vorläufig eingestellt ist (BGH MDR 1999, 94).

2. Hausratversicherung

In der Praxis verbundene Hausratversicherung genannt, handelt es sich um ei- **355**
nen Fall der kombinierten Versicherung, § 3 VHB. Geschützt ist der VN gegen Feuer, Einbruchdiebstahl, Raub, Leitungswasserschaden, Sturm und Hagel. Ausgeschlossen sind Schäden durch Kriegsereignisse, innere Unruhen, Erdbeben und Kernenergie. Mitversichert sind weitgehend Nebenschäden, nämlich solche die durch Löschen, Niederreißen, Ausräumen oder am Haus selbst entstehen. Die Versicherung geht auf den Neuwert der Sache. Schließlich gibt es noch die Außenversicherung: Sachen, die sich vorübergehend außerhalb der Wohnung befinden, sind bis zu einer Höchstsumme oder einem Prozentsatz der Versicherungssumme gleichfalls versichert, § 12 VHB.

3. Gebäudeversicherung gegen Leitungswasser-, Glas- und Sturmschaden

Die Gebäudeversicherung ergreift drei typische Gefahren: Leitungswasser, Glas- **356**
bruch und Sturm. Es gelten die VGB. Interessant ist die Entstehungsgeschichte der Leitungswasserversicherung. Sie wurde aus praktischem Anlass erfunden. In den achtziger Jahren des 19. Jahrhunderts fand ein privater Versicherer, dass in der kalten Neujahrsnacht seine Leitungen eingefroren waren und erheblicher Schaden entstanden war. Darauf gründete er die Neptun-Versicherung und bot Schutz gegen das Leitungswasserrisiko an.

Bei bestimmungswidrigem Austreten von Wasser wird Schutz gewährt, nicht aber bei bewusstem Öffnen des Hahns oder bei versehentlichem Überlaufenlassen. Den VN trifft übrigens die Obliegenheit, vor längeren Reisen die Leitungen zu entleeren. Ebenso ist bei erwartetem Frost in ungeheizten Räumen die Leitung leer zu halten. Bei der Glasversicherung wird der Glasbruch aus jeder Ursache gedeckt. Für gewöhnlich erfolgt hier nur Naturalersatz: Der Versicherer lässt die beschädigten Scheiben durch einen Handwerker wieder ersetzen. Bei der Sturmversicherung ist die Zerstörung oder Beschädigung der versicherten Sache, die regelmäßig ein Gebäude ist, durch unmittelbare Einwirkung des Sturms versichert, auch wenn sich das Gebäude in schlechtem Zustand befand (OLG Düsseldorf VersR 1984, 1035). Löst der Sturm eine Lawine aus, die ein Auto zerstört, so handelt es sich nicht um eine unmittelbare Einwirkung des Sturms (BGH VersR 1984, 28).

4. Hagelversicherung

357 Die Hagelversicherung ist im VVG nicht mehr geregelt. Es gelten die AVB. Daher sind Bodenerzeugnisse gegen die Einwirkung von Hagelschlag versichert. Es ist gleichgültig, ob die Erzeugnisse noch ungetrennt auf dem Halm stehen oder bereits abgeerntet sind. Die Versicherung betrifft nicht nur den Sachschaden, sondern auch den entgangenen Gewinn.

Der VN hat binnen vier Tagen nach Eintritt des Versicherungsfalls die Anzeige abzusenden. Ihn trifft grundsätzlich ein Veränderungsverbot. Innerhalb der gleichen Versicherungsperiode haftet der Versicherer für einen neuen Versicherungsfall nur noch bis zur Höhe des Restbetrags der Versicherungssumme. Diese Regeln gelten jetzt aufgrund der AVB, früher waren sie im VVG a. F. geregelt. Die Hagelversicherung hat allerdings an Bedeutung verloren, jedenfalls soweit die Ernte erfolgt ist. Diese erfolgt heute mit dem Mähdrescher.

5. Tierversicherung

358 Die Tierversicherung ist im VVG nicht mehr geregelt. Sie erfasst jede Art des Todes des Tieres, die durch den Tod, also das Verenden oder die Nottötung, des versicherten Tieres entsteht. Allerdings kann auch die Versicherung dafür genommen werden, dass durch Krankheit oder Unfall ein Schaden an dem Tier entsteht. Die AVB enthalten Haftungsausschlüsse für Seuchen und Krankheiten, die einen gesetzlichen Anspruch auf Entschädigung aus öffentlichen Mitteln vorsehen, und den Schaden, der durch Krieg oder ähnliche Maßnahmen eintritt. Gewährleistungsansprüche gehen auf den Versicherer über. Der Versicherer ist befugt, eine Besichtigung und Untersuchung des versicherten Tieres vorzunehmen. Den VN trifft die Pflicht, jede erhebliche Krankheit sowie jeden erheblichen Unfall eines versicherten Tieres mitzuteilen. Er hat als Rettungsobliegenheit einen Tierarzt zuzuziehen. Der Versicherer ist frei, wenn der VN vorsätzlich oder aus grober Fahrlässigkeit das Tier schwer misshandelt oder schwer vernachlässigt hat. Eine Ausnahme tritt dann ein, wenn der Schaden nicht durch die Misshandlung oder Vernachlässigung entstanden ist, wofür der VN die Beweislast trägt. Die Vernachlässigung ist stets schwer, wenn bei einer Erkrankung oder einem Unfall ein Tierarzt oder ein Sachkundiger nicht zugezogen worden ist. Mit Zustimmung des Versicherers kann eine Nottötung vorgenommen werden; wenn die Erklärung des Versicherers nicht abgewartet werden kann, so genügt das Gutachten eines Tierarztes. Nach den AVB ist die Nottötung nur zulässig, wenn infolge Krankheit oder Unfalls der Tod mit Sicherheit in kürzester Frist zu erwarten ist. Wenn man 5 Monate nach Ausbruch der Krankheit verstreichen lässt, handelt es sich um keine kurze Frist (OLG Köln VersR 1983, 631). Die Tierkrankenversicherung kann nach dem Versicherungsfall analog § 111 VVG innerhalb der dort genannten Frist gekündigt werden. Diese Regelungen bringen einen allgemeinen Rechtsgrundsatz zum Ausdruck, der auch auf die Tierversicherung Anwendung findet.

6. Kreditversicherung

Als Kreditversicherung wird die Übernahme des Risikos für eine Kaufpreis- **359**
forderung bezeichnet. Gewährt etwa ein Exporteur bei einer Lieferung ins Ausland dem Käufer einen Warenkredit oder finanziert eine Bank diesen Kredit, so kann das darin gelaufene Risiko von einem Versicherer als Forderungsversicherung übernommen werden. Die Kreditversicherung unterfällt nicht den Beschränkungen der Vertragsfreiheit, da die Beteiligten im Allgemeinen geschäftsgewandt sind.

7. Kautions-, Vertrauensschadens- und Garantieversicherung

Die Kautionsversicherung ermöglicht es, dass der VN die Zahlung einer Kauti- **360**
onssumme nicht zu erbringen braucht, die er normalerweise leisten müsste. Bei der Kautionsversicherung ist der Empfänger einer Kaution der Drittbegünstigte. Eine Sonderregelung gilt hier für die schuldhafte Herbeiführung des Versicherungsfalls durch den VN. § 81 VVG wird regelmäßig abbedungen: der Dritte soll durch die Kautionssicherung geschützt werden, auch vor einem Fehlverhalten des VN, das sonst den Versicherungsschutz entfallen ließe. Demgegenüber soll die Vertrauensschadensversicherung den VN gegen eine Vermögensschädigung durch Dritte schützen. Solche Dritte können etwa Arbeitnehmer des VN sein oder auch Außenstehende. Als Sonderform dieser Versicherung ist die Computermissbrauchsversicherung entstanden.

Die Garantieversicherung dient etwa dazu, die Gewährleistungspflicht des Bau- **361**
unternehmers gegenüber dem Bauherrn aus Verträgen zu decken. Dabei erscheint der Bauherr als Dritter, zu dessen Gunsten die Versicherung abgeschlossen ist.

11. Kapitel: Summenversicherung

Literatur:

Wolfgang Gitter, Unfallversicherung, in der Festschrift zum 25-jährigen Bestehen des Bundessozialgerichts, Band 1, Köln 1979, S. 2 51–272;

Hans-Peter Goll, W. Gilbert, Handbuch der Lebensversicherung, 11. Auflage, Karlsruhe 1992;

Claus Helfring, Das System der drittbezogenen Ansprüche bei der Lebensversicherung, NJW 2004, 483;

Wolfgang Grimm, Allgemeine Unfallversicherung, München 1987;

Knut Hohlfeld, Die deutsche Lebensversicherung im EG-Binnenmarkt unter aufsichtsrechtlichen Gesichtspunkten, FS Egon Lorenz, Karlsruhe 1994, S. 295;

Egon Lorenz, Die Auskunftsansprüche des Versicherten zur Überschußbeteiligung in der Lebensversicherung, Karlsruhe 1983;

Egon Lorenz, Eine neue Gesamtrichtlinie Leben – Richtlinie 2002/83 EG des Europäischen Parlaments und des Rats vom 5.11.2002 über Lebensversicherungen, VersR 2003, 175;

Sven Marlow, Voraussetzungen und Fallgruppen der Kostenerstattung für Maßnahmen künstlicher Befruchtung in der privaten Krankheitskostenversicherung, VersR 2002, 144;

Ulrich Meyer, Gesetzliche Regelungen zu den Berechnungsgrundlagen der privaten Krankenversicherung, in Schwintowski, Deregulierung …, Baden-Baden 1994, S. 86;

Horst Peters, Handbuch der Krankenversicherung, 19. Auflage, Stuttgart, Berlin 1989ff., Loseblattausgabe;

Jochen Plagemann, Hermann Plagemann, Gesetzliche Unfallversicherung, München 1981;

Peter Präve, Lebensversicherung im Umbruch, FS Egon Lorenz, Karlsruhe 2004, S. 517;

Herfried Schlude, Die Regelung der Krankenversicherung im Gemeinschaftsrecht, in Schwintowski, Deregulierung ..., Baden-Baden 1994, S. 80;

Wolfgang Schünemann, Überschußbeteiligung und Synallagma in der Kapitallebensversicherung, BB 1995, 417;

Hans-Peter Schwintowski, Informationspflichten in der Lebensversicherung, VuR 1996, 223;

Hans-Joachim Steinhaus, Rechtsgrundsätze der privaten Personenversicherung, ZVersWiss 72 (1983), 41f.;

Jannpeter Zopfs, Der Beweis des Versicherungsfalls, VersR 1993, 140f.

§ 32 Lebensversicherung

I. Wirtschaftliche Bedeutung

Die Bedeutung der Lebensversicherung in wirtschaftlicher Hinsicht sowohl für den VN als auch für die Volkswirtschaft allgemein ist hoch anzusetzen. Sie dient im Wesentlichen dem Zweck, Familien, Geschäftsunternehmen oder Einzelpersonen vor den wirtschaftlichen Folgen eines frühen Todes zu bewahren. Außerdem beinhaltet die Lebensversicherung sehr oft ein langfristiges Sparverhältnis, das dem Versicherer ermöglicht, die angesparten Gelder wirtschaftlich ertragreich einzusetzen und zusätzlich zu der Versicherungssumme eine Dividende zu bezahlen. Auf die Gewinnbeteiligung hat der VN oder Berechtigte einen Anspruch. Freilich wird der im Jahresbericht ausgewiesene Gewinn zugrunde gelegt. Der VN hat gegen den Lebensversicherer regelmäßig keinen Anspruch auf Einzelauskünfte über Höhe, Art, Ermittlung und Verteilung des Gewinns. Diese Kontrolle wird im Interesse der VN vom BaFin ausgeübt (BGH VersR 1983, 746). Die Lebensversicherung erscheint oft als Zusatzaltersversicherung freier Berufe, aber auch abhängig Angestellter. Sie wird vom Gesetzgeber dadurch begünstigt, dass im Rahmen von gewissen Höchstgrenzen manche Prämien teilweise steuerlich absetzbar sind. 362

Zu manchen Zeiten besteht auch ein Alternativverhältnis zwischen privater Lebensversicherung und öffentlich-rechtlicher Sozialversicherung. Personen, die am Grenzbereich der Sozialversicherungspflicht angesiedelt sind, können sich dann durch Abschluss einer Lebensversicherung von der Sozialversicherung freistellen lassen.

II. Arten der Lebensversicherung

1. Todesfallversicherung und Erlebensversicherung

Bei der Todesfallversicherung (Risikolebensversicherung) hat der Versicherer zu leisten, wenn die Person stirbt, auf deren Leben die Versicherung ausgestellt ist. Anders kommt es dagegen bei der Erlebensversicherung darauf an, dass der Versicherte einen bestimmten Zeitpunkt erlebt. Durchaus geläufig ist eine Verbindung von Todesfall- und Erlebensversicherung: Die Versicherungssumme wird dann fällig sowohl beim Tode als auch bei Erleben eines Datums. Oft wird auch im Falle des Todes die Erlebensversicherung beitragsfrei fortgeführt. 363

2. Versicherung mit bedingter und unbedingter Leistungspflicht

Bei der Lebensversicherung mit bedingter Leistungspflicht steht nicht von vornherein fest, ob der Versicherer im Ergebnis eine Summe leisten muss oder nicht. So 364 steht es bei der temporären Todesfallversicherung, bei der es darauf ankommt, ob der Tod des Versicherten innerhalb eines bestimmten Zeitraums eintritt. Diese Form wird häufig gewählt, um das Überlebens- und fortgesetzte Einkommensrisiko eher kurzfristiger Art zu decken, etwa die Rückzahlung eines Kredits einer Bausparkasse. Umgekehrt sagt die Bezeichnung „Versicherung mit unbedingter Leistungspflicht" aus, dass der Versicherer in jedem Falle leisten muss. Inhalt des Vertrags ist, dass die Leistung des Versicherers spätestens zu einem bestimmten Termin fällig ist, gleichgültig ob der Versicherte noch lebt oder nicht. Dabei sind die laufenden Prämien meistens nur bis zum Tode zu entrichten.

3. Kapital- und Rentenversicherung

365 Lebensversicherungen können im Leistungsfall auf Zahlung einer Gesamtsumme oder eine Rentenleistung gehen. Die Kapitalversicherung lautet dahin, dass bei Eintritt des Versicherungsfalles eine im Voraus fixierte Summe und nicht mehr gezahlt wird. Dagegen ist die Rentenversicherung darauf gerichtet, im Erlebensfall regelmäßig wiederkehrende Leistungen zu erbringen. Die Rentenversicherung enthält im Allgemeinen ein weiteres Risiko, das darin besteht, dass die Gefahrperson sehr alt wird.

366 Zwei Sonderformen der Rentenversicherung bilden die Pensionsversicherung und die Überlebensrente. Bei der Pensionsversicherung wird die Rente von einem bestimmten Alter ab bezahlt, etwa beginnend mit dem 65. Lebensjahr. Tritt die Arbeitsunfähigkeit des VN früher ein, so beginnt auch die Versicherungsleistung eher. Bei der Überlebensrente ist der Beginn der Leistung auf den Tod der Gefahrperson abgestellt. Die Rente wird an bezugsberechtigte Überlebende, etwa den Ehegatten oder die Kinder, bezahlt.

4. Sonderformen

367 Die verbundene Lebensversicherung wird auf das Leben mehrerer Personen abgeschlossen. Sie kann fällig werden beim Tode des zuerst Versterbenden oder mit dem Eintritt eines bestimmten Termins. Diese Form der Lebensversicherung ist bei Eheleuten oder Lebensgemeinschaften sowie Handelsgesellschaftern üblich.

368 Die Kollektivlebensversicherung fasst eine Reihe von Personen eines bestimmten Kreises in einem Versicherungsvertrag zusammen. Die Gruppenlebensversicherung ist gelegentlich üblich bei Mitgliedern eines Vereins oder bei der Belegschaft eines kleineren Betriebes. Die Kollektivlebensversicherung weist besonders günstige Prämien auf, da die Verwaltungs- und Akquirierungskosten meist gering sind.

369 Die fondsgebundene Lebensversicherung bindet die Versicherungssumme entweder im Todesfall oder nur im Überlebensfall an das Ergebnis eines Fonds, m. a. W. der Wert der Lebensversicherung beim Todesfall oder beim Erlebensfall ist vom Fondswert abhängig.

III. Verfassungsrechtliche Vorgaben für die Regelung der Lebensversicherung

Das BVerfG hat in den Jahren 2005 und 2006 in drei Entscheidungen in die Praxis der Lebensversicherung entscheidend eingegriffen. Es hat dabei Regeln aufgestellt und dem Gesetzgeber auferlegt, diese bis zum 31.12.2007 zu erfüllen. Es handelt sich um die folgenden Urteile: 370

1. Überschussermittlung bei kapitalbildenden Lebensversicherungen (BVerfG VersR 2005, 1127 = NJW 2005, 2376)

Der Gesetzgeber ist verpflichtet, hinreichende rechtliche Vorkehrungen dafür vorzusehen, dass bei der Ermittlung eines bei Vertragsende zuzuteilenden Schlussüberschusses die Vermögenswerte angemessen berücksichtigt werden, die durch die Prämienzahlungen im Bereich der kapitalbildenden Lebensversicherung mit Überschussbeteiligung geschaffen worden sind. Insbesondere seien die stillen Reserven in die Überschussbeteiligung aufzunehmen. Es ergäbe sich aus der Privatautonomie und der Garantie des Eigentums nach den Art. 2 Abs. 1, 14 Abs. 1 GG. Deshalb müssten die beigetragenen und erworbenen Vermögenswerte bei der Schlussabrechnung angemessen berücksichtigt werden. 371

2. Übertragung des Bestands von Lebensversicherungsverträgen (BVerfG VersR 2005, 1109 = NJW 2005, 2363)

Es war die Frage vorgelegt worden, ob bei der vom Aufsichtsamt genehmigten Übertragung des Bestands einer Lebensversicherung Sicherungen vorgenommen werden, dass der VN die beim Versicherer geschaffenen Vermögenswerte in Fällen für die Erwirtschaftung von Überschüssen erhalten bleiben, den Versicherten im gleichen Umfang zugute kommen wie ohne Austausch des Schuldners. Die hier vorgesehene Übertragung des Bestands auf eine andere Gesellschaft erfolgte ohne volle Übertragung des Kapitalstocks. Dadurch wurde die Aussicht des Versicherten auf spätere angemessene Beteiligung am Überschuss geschmälert. Das BVerfG sieht das als Verstoß gegen die verfassungsrechtlichen Schutzpflichten an, welche von den Art. 2 Abs. 1, 14 Abs. 1 GG aufgestellt werden. 372

3. Rückkaufswert bei der Lebensversicherung (BVerfG VersR 2006, 489)

Die Praxis der Versicherer, die Abschlusskosten der Lebensversicherung auf das erste Jahr des Versicherungsverhältnisses zu legen, wurde vom BVerfG (VersR 2006, 489) beanstandet. Die in Art. 2 Abs. 1 und Art. 14 Abs. 1 GG enthaltenen objektivrechtlichen Schutzaufträge erfordern Vorkehrungen dafür, dass dem VN mitgeteilt werden, welche Abschlussgebühren in welcher Höhe entstanden sind und auf welche Weise sie mit der Prämie verrechnet werden. Art. 14 Abs. 1 GG verlangt darüber hinaus, dass der VN oder Versicherte bei der frühzeitigen Kündigung des Versicherungsvertrags angemessen beteiligt wird. Die Abschlusskos- 373 ten müssen in angemessener Weise die Interessen der verschiedenen Gruppen von Versicherten berücksichtigen. Dem widerspricht es, wenn die Abschlusskosten in überproportionaler Weise den Neu-VN auferlegt werden, die ihren Vertrag vorzeitig beenden.

IV. Besonderer Schutz des Versicherungsnehmers bei langfristigem Lebensversicherungsverhältnis

374 Das Recht der Lebensversicherung hat den Versicherten und den VN vor den besonderen Gefahren dieses Versicherungstyps zu schützen. Dazu gehört die schon früher hervorgehobene Bestimmung des § 150 VVG, wonach die Lebensversicherung zwar auf die Person des VN oder eines anderen genommen werden kann, aber im letzteren Falle nur die gewöhnlichen Beerdigungskosten als Versicherungsleistung vereinbart werden können. Soll mehr gezahlt werden, so ist die schriftliche Einwilligung der geschäftsfähigen Gefahrperson erforderlich. Diese Bestimmung wird auch ausgedehnt: Wenn der Versicherte, der zugleich VN ist, den Antrag auf Abschluss einer Lebensversicherung blanko unterschreibt und die weitere Ausfüllung Dritten überlässt, kommt ein wirksamer Lebensversicherungsvertrag nicht zustande (BGHZ 140, 167 = VersR 1999, 347). Die Versicherung für den Fall des Todes eines anderen hängt ausschließlich von dessen Einwilligung ab, auch bei einem hoch Gefährdeten, etwa einem Alkoholiker, ist der Vertrag nicht sittenwidrig (OLG Celle VersR 1995, 405). Dabei wird für den Bereich der Obliegenheitsverletzung die Kenntnis und das Verhalten des Dritten, nämlich der Gefahrperson, der Kenntnis und dem Verhalten des VN gleichgestellt, § 156 VVG. Das gilt für Anzeigen ebenso wie für die Herbeiführung des Versicherungsfalls, §§ 161 f. VVG. Diese Regelungen werden auch entsprechend angewendet, dann nämlich, wenn der Versicherte zugleich VN ist und den Antrag auf Abschluss einer Lebensversicherung blanko unterschrieben und die weitere Ausfüllung Dritten überlassen hat. Es kommt ein wirksamer Lebensversicherungsvertrag nicht zustande (BGH VersR 1999, 347).

Die besondere soziale Bedeutung des Lebensversicherungsvertrags und die Langfristigkeit dieses Schuldverhältnisses machen eine Einschränkung der Möglichkeiten des Versicherers notwendig, den Vertrag zuungunsten des VN oder sonst Berechtigten aufzuheben.

1. Unrichtige Altersangabe

375 Die unrichtige Angabe des Alters der Gefahrperson führt regelmäßig nur dazu, dass sich die Leistung des Versicherers nach dem Verhältnis mindert, in welchem die dem wirklichen Alter entsprechende Prämie zu der vereinbarten Prämie steht, § 157 VVG. Ein Rücktrittsrecht ist dem Versicherer nur gegeben, wenn eine Person dieses Alters nach dem Geschäftsplan überhaupt nicht versichert worden wäre.

2. Gefahrerhöhung

Nur solche Änderungen der Gefahrumstände, welche ausdrücklich als Gefahrerhöhung vereinbart worden sind, führen zu den Rechtsfolgen der Risikosteigerung. Der VN hat in dem schriftlich zu stellenden Versicherungsantrag alles anzugeben, was für die Gefahr, die der Versicherer übernehmen soll, erheblich ist. So heißt es weiter in § 1 ALB a. F.: Tritt zwischen der Antragstellung und der Annahme des Antrags eine Erhöhung der Gefahr ein, so hat der VN, soweit er von der Gefahrerhöhung Kenntnis erlangt, dem Versicherer unverzüglich Anzeige zu machen. Als Erhöhung der Gefahr gilt insbesondere eine erhebliche Erkrankung oder Verletzung der zu versichernden Person. Auch hier kann sich der Versicherer nach dem Ablauf erheblicher Zeit nicht auf die Gefahrerhöhung berufen, es sei denn, dass Arglist gegeben ist. Allerdings beträgt die Frist nur drei Jahre, § 8 ALB a. F. Weiß der VN oder erfährt er vor Annahme des Antrags, dass der Lebensversicherte HIV-positiv ist, so hat er dem Versicherer davon Anzeige zu machen (LG Frankfurt VersR 1992, 563). Allerdings wird der Versicherte geschützt, wenn er die spätere Todesursache im Antrag angegeben hat (BGH VersR 2001, 489). Die Erhöhung der Gefahr zwischen Antrag und Abschluss der Lebensversicherung ist dem Versicherer mitzuteilen, etwa eine HIV-Infektion, § 23 VVG. 376

Als Erhöhung der Gefahrumstände gelten solche, die zwischen beiden als Gefahrumstände in Textform vereinbart worden sind, § 158 Abs. 1 VVG. Eine Erhöhung der Gefahr darf der Versicherer allerdings nur innerhalb von fünf Jahren seine Grundrechte geltend machen.

3. Kündigungsrecht des Versicherungsnehmers

Gemäß § 168 VVG kann der VN das Versicherungsverhältnis jederzeit für den Schluss der laufenden Versicherungsperiode kündigen, wenn laufende Prämien zu entrichten sind oder sonst die Verpflichtung des Versicherers zur Zahlung des vereinbarten Kapitals gewiss ist. Der Begünstigte ist dann in der Lage, den Rückkaufswert der Versicherung zurückzuerlangen. Begünstigter ist der VN oder der unwiderruflich Bezugsberechtigte. Es kann auch sein, dass ein anderer jeweils für den Todes- oder Erlebensfall begünstigt ist, etwa die Ehefrau bei vorzeitigem Ableben, der VN bei Endtermin. Dann steht der Ehefrau der Rückkaufswert bis zum Eintritt des Erlebensfalls zu. Das schließt aus, dass Gläubiger des versicherungnehmenden Mannes den Anspruch auf den Rückkaufswert sich vorher pfänden und überweisen lassen können (BGHZ 45, 162 = VersR 1966, 359). 377

Der Rückkaufswert ist aufgrund der Entscheidung des BVerfG in § 169 VVG besonders geregelt. Die Regelung ist unübersichtlich und wird später aufgeschlüsselt. Jedenfalls ist der VN oder der Versicherte jetzt wesentlich günstiger gestellt als nach altem Recht. Ein Beispiel dafür bildet, dass Abschluss- und Vertriebskosten auf die ersten fünf Jahre gelegt werden können und nicht mehr auf das erste Jahr, § 169 Abs. 3 VVG. 378

4. Bezugsberechtigung

379 Die Lebensversicherung kann als Vertrag zugunsten eines Dritten (§§ 328ff. BGB) ausgestaltet sein. § 159 VVG gibt dem VN ein Weisungsrecht, das durch einseitige Erklärung den Vertrag zugunsten eines Dritten ausrichtet. Diese Weisung und ihr Widerruf erfolgen durch eine empfangsbedürftige Willenserklärung, die erst wirksam wird, wenn sie dem Versicherer zugeht. Im Zweifel hat der VN die Befugnis, ohne Zustimmung des Versicherers einen Dritten als Bezugsberechtigten zu bezeichnen, sowie anstelle des so Bezeichneten einen anderen zu setzen. Das gilt sogar dann, wenn die Bezeichnung des Dritten im Vertrag erfolgt ist. Der bezeichnete Dritte erwirbt nämlich das Recht auf die Leistung des Versicherers erst mit dem Eintritt des Versicherungsfalls, § 331 Abs. 1 BGB. Die Bestimmung wird noch einmal in § 159 VVG wiederholt. Allerdings erlangt ein unwiderruflich als bezugsberechtigt bezeichneter Dritter das Recht auf die Leistung des Versicherers bereits mit der Bezeichnung als Bezugsberechtigter. Mit der Regelung des Erwerbs beim Todesfall wird die Anwendung des Erbrechts auf Verträge zugunsten Dritter, hier auf Lebensverträge, nicht dem Erbrecht unterstellt. Die Bezeichnung der Bezugsberechtigung und der Abschluss des Vertrags bedürfen nicht der Förmlichkeiten des Erbrechts. Andere Regeln des Erbrechts, wie etwa das Verlangen des Pflichtteils vom Erben, kommen gegenüber der Versicherungsleistung nicht in Betracht. Der Widerruf der Bezeichnung und die Neubezeichnung des Bezugsberechtigten kann auch durch Testament erfolgen, § 332 BGB. Zur Wirksamkeit bedarf es jedoch der Mitteilung an den Versicherer zu Lebzeiten des VN (BGH VersR 1993, 1219 = NJW 1993, 3133). Bei einem unwiderruflichen Bezugsrecht erwirbt der Bezugsberechtigte die Ansprüche aus dem Versicherungsvertrag grundsätzlich sofort. Nur so kann der mit dem Verzicht auf den Widerruf verfolgte Zweck erreicht werden, die Ansprüche auf die Versicherungsleistung aus dem Vermögen des VN auszusondern und sie damit dem Zugriff der Gläubiger zu entziehen. Das gilt nicht nur hinsichtlich der Versicherung für den Todesfall, sondern auch für die auf den Erlebensfall (BGH VersR 2003, 1021).

380 Sind mehrere Personen als Begünstigte bezeichnet, so haben sie im Zweifel gleiche Anteile. Weist einer von ihnen den Erwerb zurück, so wächst er den übrigen Bezugsberechtigten zu, § 160 Abs. 1 VVG. Ist die Versicherungssumme nach dem Tode des VN an seinen Ehegatten oder an seinen Erben bedungen, so sind diejenigen berechtigt, die im Todesfalle als Erben oder Ehegatte anzusehen sind (BGHZ 79, 295 = VersR 1981, 326). Wird der Ehegatte vom VN als Bezugsberechtigter benannt, so bleibt er auch bei Scheidung der Ehe bis zur Wiederverheiratung weiterhin berechtigt. Die Einsetzung des Ehegatten ist nicht ohne besondere Erklärung durch die Scheidung der Ehe auflösend bedingt (BGH MDR 1976, 33). Jedoch bedarf der frühere Ehegatte im Verhältnis zu dem VN eines Rechtsgrundes, um die Versicherungssumme behalten zu dürfen. Mit dem Scheitern der Ehe fällt die Geschäftsgrundlage im Zuwendungsverhältnis regelmäßig weg, so dass die Versicherungssumme an die Erben herauszugeben ist (OLG Karlsruhe VersR 1998, 219). Anders steht es nur, wenn ein anderer Be-

haltensgrund besteht, etwa eine Vereinbarung anlässlich der Scheidung (BGH VersR 1987, 659). Lautet die Bezugsberechtigung „Ehefrau oder Kinder", ist die Ehefrau bei Lebzeiten allein begünstigt. Erst nach ihrem Tode werden die Kinder berechtigt (LG Saarbrücken NJW 1983, 180).

Für die Praxis erheblich ist die Bestimmung, dass bei Bezeichnung der Erben als **381** Bezugsberechtigte die Ausschlagung der Erbschaft auf die Berechtigung keinen Einfluss hat. Daraus wird hergeleitet, dass sich der Erwerb der Lebensversicherung neben dem Nachlass vollzieht. Weist der Begünstigte gemäß § 333 BGB den Rechtserwerb zurück, so erlangt der VN die Berechtigung, § 160 Abs. 3. Der unwiderruflich Bezugsberechtigte kann das Recht, wenn er es nicht gegenüber dem Versicherer angenommen hat, vor oder nach dem Versicherungsfall zurückweisen, der widerruflich Bezugsberechtigte erst nach dem Erwerb (RGZ 101, 304). Übrigens wird das Recht vom Begünstigten nicht erworben, wenn er vor oder gleichzeitig mit dem VN stirbt (BGH VersR 1967, 795). Das ist insbesondere für den Fall der Kommorientenvermutung wichtig, dann nämlich, wenn zwei Personen in der gleichen Gefahr verschollen sind und nach § 11 VerschG angenommen wird, dass sie gleichzeitig gestorben sind. Hatte allerdings der Berechtigte bereits das Recht unwiderruflich erworben, so geht es, falls nichts anderes vereinbart oder sonst anzunehmen ist, auf seine Erben über.

Besonders wichtig für den Bezugsberechtigten ist, dass seine Befugnis finalisiert **382** worden ist. Dazu sind Schenkungsversprechen, testamentarische Erklärung und Sicherungsabtretung allein nicht genügend, vielmehr müssen sie dem Versicherer vom VN mitgeteilt werden. Zwei Urteile machen das deutlich:

BGH VersR 1975, 706 = NJW 1975, 1360: Ehefrau und Geliebte des verstorbenen VN streiten um die Lebensversicherungssumme. Der VN hatte die Ehefrau als Bezugsberechtigte benannt und ihr versprochen, die Bezugsberechtigung unwiderruflich einzuräumen. Später widerrief der VN die Berechtigung der Ehefrau und benannte die Geliebte. Sofern das Versprechen schenkweise erteilt war, ist es mangels Vereinbarung mit dem Versicherer und mangels notarieller Beurkundung gemäß § 518 BGB formnichtig.

BGHZ 81, 95 = VersR 1981, 926: Die VN hatte den Beklagten widerruflich als bezugsberechtigt bezeichnet. In ihrem Testament hieß es: „Mittelschnauzerhündin zu Händen der Klägerin bekommt DM 15.000,– von der Lebensversicherung mit der Bitte, der Hündin Elissa das Gnadenbrot zu erteilen." Da der Versicherer die ganze Summe dem Beklagten ausgezahlt hatte, bevor jenem die letztwillige Verfügung mitgeteilt wurde, war der Widerruf der Bezugsberechtigung mangels Zugang an den Versicherer unwirksam.

V. Selbstmord oder vorsätzliche Tötung durch den Versicherungsnehmer oder den Berechtigten

1. Gesetzliche Regelung

383 Bei der Todesfallversicherung verspricht der Versicherer Leistung für den Fall des Todes der Gefahrperson. Gemeint ist damit der natürliche Tod, nicht der Selbstmord. Gemäß § 162 BGB gilt der Eintritt der Bedingung dann nicht als erfolgt, wenn er von der Partei, zu deren Vorteil er gereichen würde, wider Treu und Glauben herbeigeführt wurde. Das ist im Falle der Lebensversicherung der Selbstmord.

384 §§ 161f. VVG enthalten eine Reihe von Sonderregeln für Selbsttötung und Totschlag, die noch zugunsten der Berechtigten von den AVB ergänzt werden. Zwei Grundgedanken treten hervor: Prinzipiell soll der manipulierte Tod der Gefahrperson zu keiner Leistung führen. Selbsttötung bei der Versicherung für den Todesfall und Totschlag durch den Begünstigten stellen den Versicherer frei. Andererseits hat der VN mit der Zeit ein Kapital angesammelt, das dem Berechtigten irgendwie zusteht. Ist der Berechtigte an der Manipulation unbeteiligt, sollte er das Kapital erlangen, jedenfalls wenn ein längerer Zeitraum seit Abschluss des Vertrags verstrichen ist. Deshalb ist die Versicherung nur frei gestellt, wenn der VN vorsätzlich durch eine widerrechtliche Handlung den Tod des Versicherten herbeiführt, § 162 Abs. 1 VVG. Was die Selbsttötung angeht, so hat das Gesetz einen Teil der AVB übernommen. Leistungsfreiheit des Versicherers tritt nur ein, wenn die versicherte Person sich vor dem Ablauf von drei Jahren nach dem Abschluss des Versicherungsvertrags vorsätzlich selbst getötet hat. Dies gilt nicht, wenn die Tat in einem die freie Willensbestimmung ausschließenden Zustand krankhafter Störung der Geistestätigkeit begangen worden ist, § 161 Abs. 1 VVG. Die Frist von drei Jahren kann nur durch Einzelvereinbarung erhöht werden. Durch die Leistungsfreiheit des Versicherers hat er den Rückkaufswert einschließlich dieser Überschussanteile zu zahlen, § 161 Abs. 2f. VVG. Zugunsten des Versicherten übernimmt § 161 VVG die Regelung des § 9 KLV: Die Lebensversicherung bleibt bei Selbstmord oder vorsätzlicher Tötung des Versicherten weiterhin verpflichtet, wenn seit Einlösung des Versicherungsscheins oder seit Wiederherstellung der erloschenen Versicherung drei Jahre verstrichen sind.

Auch wenn der Versicherer nicht zur Leistung verpflichtet ist, ist vorhandenes Deckungskapital zu erstatten, § 161 VVG. Insoweit wird dem Charakter der Versicherung als Sparvertrag Rechnung getragen. Nach § 169 VVG a. F. war bei Selbstmord oder vorsätzlicher Tötung jede Leistung ausgeschlossen. Deshalb wurden die meisten Prozesse um die Tatsache der Selbsttötung geführt, wobei nicht einmal der Anscheinsbeweis Anwendung finden sollte (BGHZ 100, 214 = VersR 1987, 503). Heute ist die Situation durch den späteren Selbstmord entschärft.

Die Herabsetzung des Rückkaufswerts nach § 169 Abs. 6 VVG wird damit begründet, „dass die Neuregelung bei einem Versicherer wirtschaftliche Schwierigkeiten verursachen kann. So könnte ein Versicherer von einer Welle von Kündigungen weit über die nach seiner bisherigen Erfahrung zu erwartende Quote hinaus überrascht werden. Dann würde ihn die Belastung in besonderer Härte treffen. Das Deckungskapital wäre dann wegen der Veräußerung wirtschaftlich nicht mehr voll vorhanden und jedenfalls sei die Chance einer späteren Erhebung der Vermögenswerte vertan." (Begründung zum VVG-E S. 261)

Selbsttötung ist jede Handlung des zivilrechtlich verantwortlichen Versicherten, **385**
die mit dem Bewusstsein ausgeführt wird, nunmehr in den Tod zu gehen. Tötung auf Verlangen fällt ebenso darunter wie gemeinsame Tötung einer Gruppe von Personen. Nicht genügend ist dolus eventualis (Sprung aus dem Fenster zur Rettung aus einer Gefahr, KG JRPV 30, 206), Hinrichtung (RGZ 157, 6) oder grobe Fahrlässigkeit. War die Gefahrperson zur Zeit der Begehung des Selbstmordes zurechnungsunfähig, ist die Versicherung weiterhin zur Leistung verpflichtet. Zwar reichen Kurzschlusshandlungen nicht aus, es genügt aber, dass die Bewusstseinsstörung nur zur Zeit der Selbsttötung vorliegt. Im Falle der actio libera in causa ist die Tat noch im zurechnungsfähigen Zeitraum angelegt und die Versicherung frei, also etwa, wenn jemand sich betrinkt, um in diesem Zustand Selbsttötung zu begehen. Es ist nicht notwendig, dass eine echte Geisteskrankheit gegeben ist. Es genügt, dass es sich um schwere Psychopathie handelt. Auch sonstige Störungen mit Krankheitswert fallen darunter, etwa die Tötung aus Anlass eines äußerst intensiven Schmerzerlebnisses (a. A. LG Saarbrücken VersR 1983, 723). Auch insoweit fehlt es an der Manipulation.

Hinsichtlich der Beweislast steht es so, dass der Versicherer die vorsätzliche **386**
Tötung von eigener Hand beweisen muss. Entgegen BGHZ 100, 214 (= VersR 1987, 503) reicht der Anscheinsbeweis aus. Auch ein individueller Willensentschluss kann aufgrund eines typischen Geschehensablaufs angenommen werden. Wegen der höchstrichterlichen Rechtsprechung, welche den Anscheinsbeweis bei der vorsätzlichen Selbsttötung nicht zulässt, nehmen die Gerichte jetzt auf Grundlage der gleichen Tatsachen an, dass der Indizienbeweis geführt ist (vgl. OLG Köln VersR 1992, 562: Abschiedsbrief; OLG Hamm VersR 1995, 33: Überrollen des Versicherten durch Zug, wenn rechte Halsseite auf Gleisstrang aufgelegen hat). Der m. E. zulässige Anscheinsbeweis ist etwa geführt, wenn die Gefahrperson durch einen Schuss aus einer Waffe getötet worden ist, die auf den Körper aufgesetzt war (BGH VersR 1955, 99) oder wenn mehrere Gashähne geöffnet waren (OLG Düsseldorf VersR 1953, 58). Hingegen ist ein einzelner geöffneter Gashahn kein typisches Geschehen, das auf eine Selbsttötung hinweist (OLG Oldenburg VA 52, 142). Ebenso wenig reicht der Aufenthalt in einer Garage bei laufendem Motor für den Anschein aus (OLG München VersR 1984, 576). Wie die Fassung des § 161 S. 2 VVG zeigt, trägt dann der Anspruchssteller die Beweislast für die Zurechnungsunfähigkeit des Selbstmörders. Auch hier genügt der Anscheinsbeweis, etwa höchst irrationales Vorgehen, sei es in der Zeit vor dem Selbstmord, sei es beim Selbstmord selbst.

387 Ist die Versicherung für den Fall des Todes eines anderen genommen, so ist der Versicherer von der Verpflichtung zur Leistung frei, wenn der VN vorsätzlich durch eine widerrechtliche Handlung den Tod des anderen herbeiführt, § 162 Abs. 1 VVG. Hat der Bezugsberechtigte den Versicherten vorsätzlich getötet, gilt die Bezeichnung als nicht erfolgt, § 162 Abs. 2 VVG. Jetzt erwirbt der VN die Summe. Ebenso steht es, wenn ein Gläubiger, der den Anspruch gepfändet und auf sich übergeleitet hat, die Gefahrperson vorsätzlich tötet; dann wird die Zwangsvollstreckung hinweggedacht. Bei zulässiger passiver – in seltenen Fällen auch aktiver – Sterbehilfe ist der Versicherungsfall nicht durch eine widerrechtliche Handlung herbeigeführt worden. Der Versicherungsschutz besteht also fort.

2. Regelung der AVB

388 Zugunsten des Versicherten stimmt § 9 KLV mit der Regelung des § 161 VVG überein. Die Versicherung bleibt bei Selbstmord des Versicherten verpflichtet, wenn seit Einlösung des Versicherungsscheins oder seit Wiederherstellung der erloschenen Versicherung drei Jahre verstrichen sind. Jedenfalls ist ein etwa vorhandenes Deckungskapital zu erstatten, § 161 Abs. 3 VVG. Insoweit wird dem Charakter der Versicherung als Sparvertrag Rechnung getragen, § 9 KLV verbessert die Situation des Versicherten gegenüber § 169 VVG a. F., der jede Leistung bei Selbstmord ausschloss..

VI. Rückkauf, Umwandlung, Kreditgewährung und Prämienerhöhung

Besondere Regeln gelten, wenn die Prämie bei der Lebensversicherung für einen Zeitraum bezahlt worden ist und ein Deckungskapital angesammelt ist.

1. Umwandlung in eine prämienfreie Versicherung

389 Der VN kann zum Schluss der laufenden Versicherungsperiode Umwandlung in eine prämienfreie Versicherung verlangen, sofern die dafür vereinbarte Mindestversicherungssumme oder Mindestrente erreicht wird. Wird der entsprechende Mindestbetrag nicht erreicht, so hat der Versicherer den auf die Versicherung entfallenden Rückkaufswert zu erstatten. Dann wird die vorhandene Prämienreserve als einmalige Prämie angesehen, § 165 VVG.

2. Rückkauf

390 Ist der Lebensversicherer unbedingt leistungspflichtig, so hat der VN durch seine Leistungen ein Kapital gebildet. Dieses ist ihm im Falle der Beendigung des Versicherungsverhältnisses herauszugeben. Es kommt dabei nicht darauf an, ob das Versicherungsverhältnis durch Kündigung von Seiten des Versicherers oder des VN beendet worden ist. Allerdings gibt § 168 VVG dem VN ein besonderes

Kündigungsrecht: man spricht hier von Rückkauf der Versicherung. Der Rückkaufswert ist das nach den anerkannten Regeln der Versicherungsmathematik mit den Rechnungsgrundlagen der Prämienkalkulation zum Schluss der laufenden Versicherungsperiode berechnete Deckungskapital der Versicherungen, das sich bei gleichmäßiger Verteilung der angesetzten Abschluss- und Vertriebskosten auf die ersten fünf Vertragsjahre ergibt. Der Rückkaufswert ist im Vertrag für jedes Vertragsjahr anzugeben. Das Gleiche gilt bei fondsgebundenen Versicherungen und anderen Versicherungen, die ähnliche Leistungen vorsehen. Der Rückkaufswert ist nach den anerkannten Regeln der Versicherungsmathematik als Zeitwert der Versicherung zu berechnen, soweit nicht der Versicherer eine bestimmte Leistung garantiert. Hier sind die Grundsätze der Berechnung im Vertrag anzugeben. Der Versicherer ist zu einem Abzug von dem Betrag nur berechtigt, wenn dieser vereinbart, beziffert und angemessen ist. Die Vereinbarung eines Abzugs für noch nicht getilgte Abschluss- und Vertriebskosten ist unwirksam.

Erstaunlicherweise kann der Versicherer den aus dem Verkaufswert berechneten **391** Betrag angemessen herabsetzen, soweit dies erforderlich ist, um eine Gefährdung der Belange der VN, insbesondere durch eine Gefährdung der dauernden Erfüllbarkeit der sich aus den Versicherungsverträgen ergebenden Verpflichtungen, auszuschließen. Die Herabsetzung ist jeweils auf ein Jahr befristet, § 169 Abs. 6 VVG. In der Begründung (S. 261) wird dazu ausgeführt, dass die neue Regelung der Rückkaufswerte Versicherer in wirtschaftliche Schwierigkeiten bringen könnte, wenn in solchen Fällen die Auszahlung des Deckungskapitals erfolge, das wirtschaftlich schon nicht mehr voll vorhanden ist.

Der Versicherer hat dem VN zusätzlich zu dem neu berechneten Rückkaufswert **392** die bereits diesem zugeteilten Überschussanteile wie nach den AVB der Kündigung vorgesehene Schlussüberschussanteile zu zahlen, § 169 Abs. 7 VVG. Der Rückkaufswert wird am Zeitwert der Versicherung bemessen.

Kündigungsrecht und Rückkauf ermöglichen auch einen Zugriff des Gläubigers **393** auf das angehäufte Kapital. Lässt sich der Gläubiger im Wege der Pfändung und Überweisung die Rechte des VN zuweisen, so kann er, eventuell nach Änderung der Bezugsberechtigung, die Versicherung kündigen und in den Rückkaufswert vollstrecken. Auf diese Weise wird der Vermögenswert der laufenden Lebensversicherung der Vollstreckung durch die Gläubiger zugeführt. Das ist durchaus nachvollziehbar, da in der Lebensversicherung erhebliche Vermögenswerte des Schuldners vorhanden sind. Das gilt allerdings nur dann, wenn die Bezugsberechtigung nicht unwiderruflich geworden ist. Kann der VN die Bezugsberechtigung nicht mehr widerrufen oder ändern, ist der Anspruch auf die Lebensversicherung bereits aus seinem Vermögen ausgeschieden und unterliegt nicht mehr der Zwangsvollstreckung.

3. Kreditgewährung

Wenn eine Versicherung rückkaufsfähig ist, kann der Versicherer dem VN gegen **394** Verpfändung der Versicherungsansprüche und Hinterlegung des Versicherungsscheins ein verzinsliches Darlehen gewähren, vgl. § 5 ALB a. F. Ein Anspruch auf Darlehensgewährung besteht nicht. Die Höchstgrenze des Darlehens ist am Rückkaufswert der Versicherung orientiert. Es handelt sich dabei in Wirklichkeit um eine vorweggenommene Leistung des Versicherers, so dass eine vormundschaftliche Genehmigung nach §§ 1822 Nr. 8, 1643 BGB nicht erforderlich ist.

4. Prämien- und Leistungsänderung

395 Der Versicherer ist nach § 163 VVG zu einer Neufestsetzung der vereinbarten Prämie berechtigt, also im Allgemeinen zu einer Erhöhung, wenn sich der Leistungsbedarf nicht nur vorübergehend und nicht voraussehbar gegenüber den Rechnungsgrundlagen der vereinbarten Prämie geändert hat und die festgesetzte Prämie erforderlich ist, um die dauernde Erfüllbarkeit der Versicherungsleistung zu gewährleisten und schließlich ein unabhängiger Treuhänder die Rechnungsgrundlagen und die Voraussetzungen der beiden anderen Bedingungen geprüft hat. Das Ganze gilt nicht, wenn die Versicherungsprämien unzureichend kalkuliert waren und ein gewissenhafter Aktuar dies hätte erkennen können. Der VN kann demgegenüber verlangen, dass anstelle der Erhöhung der Prämie die Versicherungsleistung entsprechend herabgesetzt wird. Die Neufestsetzung der Prämie bzw. die Herabsetzung der Versicherungsleistung werden zu Beginn des zweiten Monats wirksam, der auf die Mitteilung der Neufestsetzung oder der Herabsetzung und der hierfür maßgeblichen Gründe an den VN folgt.

5. Bedingungsanpassung

396 Es kann sein, dass eine Bestimmung der AVB durch höchstrichterliche Entscheidung oder bestandskräftigen Verwaltungsakt für unwirksam erklärt worden ist. Nun erlaubt § 164 Abs. 1 VVG die Ersetzung durch eine neue Regelung, wenn dies zur Fortführung des Vertrags notwendig ist oder wenn das Festhalten am Vertrag ohne neue Regelung für eine Vertragspartei auch unter Berücksichtigung der Interessen der anderen Vertragspartei eine unzumutbare Härte darstellen würde. Die neue Regelung ist nur wirksam, wenn sie unter Wahrung des Vertragsziels die Belange der VN angemessen berücksichtigt. Ein gutes Beispiel hierfür ist die Wissenschaftsklausel in der Krankenversicherung. Im Jahre 1993 hatte der BGH die Klausel des § 5 Abs. 1 f MB/KK 76 für nichtig erklärt, der keine Leistungspflicht vorsah: für wissenschaftlich nicht allgemein anerkannte Untersuchungen oder Behandlungsmethoden und Arzneimittel (BGHZ 123, 83 = VersR 1993, 957); das Gericht sah diese Klausel als Verstoß gegen die Angemessenheit allgemeiner Geschäftsbedingungen. Daraufhin wurde eine neue Klausel in die MB/KK 94 § 1 Abs. 6 eingefügt, in der auf die überwiegende Anerkennung in der Schulmedizin abgestellt wird und weiterhin für Methoden und Arzneimittel geleistet wird, die sich in der Praxis als ebenso erfolgversprechend bewährt haben und die angewandt werden, weil keine schulmedizinische Methode oder Arznei zur Verfügung steht. Der BGH hat diese Klausel als angemessen bestätigt (BGHZ 152, 262 = VersR 2002, 1546). Dabei handelt es sich um den beinahe Schulfall der Bedingungsanpassung des § 164 Abs. 1 VVG.

6. Gefahrerhöhung

Die Erhöhung einer Gefahr durch Änderung benannter Gefahrumstände ist dem Versicherer in Textform mitzuteilen, § 158 Abs. 1 VVG. Im Falle von Vorsatz oder arglistiger Verschweigung beläuft sich die Frist auf zehn Jahre. 397

Kommt es zu einer Minderung der Gefahrumstände, die nach ausdrücklicher Vereinbarung als Gefahrminderung angesehen werden, so kann die Prämie insoweit angemessen herabgesetzt werden, §§ 41, 158 Abs. 3 VVG.

VI. Eintrittsrecht

Eine gesetzlich vorgesehene und rechtsgeschäftlich durchgeführte Form der Vertragsänderung enthält das sog. Eintrittsrecht nach § 170 VVG. Vorausgesetzt ist, dass in die Versicherungsforderung vollstreckt wird oder das Insolvenzverfahren über das Vermögen des VN eröffnet wird. Dann kann der namentlich bezeichnete Bezugsberechtigte mit Zustimmung des VN an seiner Stelle in den Versicherungsvertrag eintreten. Tritt der Bezugsberechtigte ein, hat er die Forderungen des betreibenden Gläubigers oder der Insolvenzmasse bis zur Höhe des Betrags zu befriedigen, dessen Zahlung der VN im Falle der Kündigung des Versicherungsverhältnisses vom Versicherer verlangen könnte. Eine Zustimmung des Versicherers, des Gläubigers oder des Insolvenzverwalters ist nicht vorgesehen. Mit der gesetzlichen Ermächtigung können Bezugsberechtigter und VN das Vertragsverhältnis ändern. 398

Es kann sein, dass ein Bezugsberechtiger namentlich nicht bezeichnet worden ist, so nur ein allgemeiner Hinweis erfolgt ist, dann gibt es ein Eintrittsrecht nahestehender Personen. Ehegatte oder Lebenspartner ebenso wie die Kinder des VN können in den Versicherungsvertrag eintreten. Sie treffen die gleichen Verpflichtungen. 399

Der Eintritt erfolgt durch Anzeige an den Versicherer. Diese Anzeige ist eine rechtsgeschäftliche Erklärung, die abgegeben dem Versicherer zugehen muss. In welcher Form hat § 170 Abs. 3 VVG nicht bestimmt. Die Abgabe der Anzeige ist aber zeitlich beschränkt. Sie kann nur innerhalb eines Monats erfolgen, nachdem der Eintrittsberechtigte von der Pfändung Kenntnis erlangt hat oder das Insolvenzverfahren eröffnet worden ist.

Ungeregelt geblieben ist das Verhältnis der Eintrittsberechtigten untereinander. Solange ein namentlich benannter Bezugsberechtigter eintritt, ist dies kein Problem und er hat das Vortrittsrecht. Ehegatten, Lebenspartner und Kinder kommen erst an zweiter Stelle. Wenn diese allerdings das Eintrittsrecht haben, so steht es dem Ehegatten oder Lebenspartner und den Kindern zu. Wenn sie gemeinschaftlich in den Versicherungsvertrag eintreten, dann tun sie das mit dem Anteil, den sie dem Gläubiger bezahlen, sie werden also Mitberechtigte nach Anteilen. Auf diese Weise sind sie auch zur weiteren Zahlung der Prämien anteilig verpflichtet. 400

VII. Unterrichtung und Information des Versicherungsnehmers

1. Jährliche Unterrichtung

401 Bei der Versicherung mit Überschussbeteiligung hat nach § 155 VVG der Versicherer den VN jährlich in Textform über die Entwicklung seiner Ansprüche unter Einbeziehung der Überschussbeteiligung zu unterrichten. Ferner hat der Versicherer, wenn er bezifferte Angaben zur möglichen zukünftigen Entwicklung der Überschussbeteiligung gemacht hat, den VN auf Abweichungen der tatsächlichen Entwicklung von den anfänglichen Angaben hinzuweisen. Diese Regelung passt sich gut in die Grundhaltung des VVG 2008 ein, wonach der VN besondere Informationsrechte hat. Diese im Allgemeinen Teil in den §§ 6f. VVG zum Ausdruck kommende Grundhaltung hat für die Lebensversicherung dazu geführt, dass eine jährliche Unterrichtung erforderlich ist. Das bedeutet auch, dass nicht nur die Entwicklung der Ansprüche unter Einbeziehung der Überschussbeteilung mitzuteilen ist, sondern es müssen auch mögliche frühere Mitteilungen, deren Grundlage entfallen ist, korrigiert werden. Insgesamt wird dadurch die Stellung des VN gestärkt. Falls die Entwicklung nachteilig ist, kann er den Versicherungsvertrag kündigen.

2. Informationspflichten beim Rückkaufswert

402 § 169 Abs. 3 VVG verlangt, dass der Rückkaufswert im Vertrag für jedes Versicherungsjahr anzugeben ist. Im Übrigen ist dem VN die Rechnung des Rückkaufswertes mitzuteilen. Das ergibt sich schon aus der allgemeinen Treuepflicht des Versicherungsverhältnisses. Bei Beendigung oder Umwandlung der Versicherung ist über die Umstände und ihre Einbeziehung nach Treu und Glauben die andere Partei zu unterrichten.

VIII. Halbzwingendes Recht

403 Nach § 171 VVG ist ein Großteil der Bestimmungen über die Lebensversicherung nicht zum Nachteil des VN, der versicherten Person oder des Eintrittsberechtigten abzuändern. Dieses gilt sowohl für AVB als auch für Einzelabänderungen. Insbesondere sind die Bestimmungen zugunsten des VN, den Versicherungsvertrag zu beenden, in eine prämienfreie Versicherung umzuwandeln und einen angemessenen Anteil als Rückkaufswert zu erhalten, nicht abänderbar.

§ 33 Berufsunfähigkeitsversicherung

I. Beschreibung des Risikos

Diese neu in das VVG aufgenommene Regelung betrifft eine nicht mehr selten gewordene Form der Versicherung. Nach § 172 VVG ist der Versicherer verpflichtet, für eine nach Beginn der Versicherung eingetretene Berufsunfähigkeit die vereinbarten Leistungen zu erbringen. Die Berufsunfähigkeit wird aber besonders umschrieben. Berufsunfähig ist, wer seinen zuletzt ausgeübten Beruf, so wie er ohne gesundheitliche Beeinträchtigung ausgestaltet war, infolge Krankheit, Körperverletzung oder mehr als altersentsprechendem Kräfteverfall ganz oder teilweise voraussichtlich auf Dauer nicht mehr ausüben kann. Wer danach im Einzelnen berufsunfähig ist, wird weitgehend durch die AVB bestimmt, denn wie die Begründung zum Entwurf (S. 263) hervorhebt, sind die Berufstypen gänzlich unterschiedlich, wobei der selbstständige Unternehmer und der Handwerker genannt werden. Nicht leicht zu deuten ist der Halbsatz „so wie er ohne gesundheitliche Beeinträchtigung ausgestaltet war“, bezieht sich dieser Satz auf die spätere Berufsunfähigkeit? Oder soll es sich dabei um einen Beruf handeln, der etwa auch in der Ausübung zu einer gesundheitlichen Beeinträchtigung führt? 404

Es ist jetzt richtig, dass in § 172 Abs. 3 VVG die Vereinbarung möglich ist, dass die versicherte Person auch keine andere Tätigkeit ausübt oder ausüben kann, die zu übernehmen sie aufgrund ihrer Ausbildung und Fähigkeiten in der Lage ist und ihrer bisherigen Lebensstellung entspricht. Die Berufsunfähigkeitsversicherung soll nicht nur die Unmöglichkeit der Ausübung des Berufs versichern, sondern auch die Möglichkeit anderweitiger Beschäftigungen. Aus diesem Grunde kann die Leistungspflicht entfallen, wenn eine solche andere Tätigkeit zumutbar und erträglich ist. Die Einzelheiten werden auch hier besondere Schwierigkeiten machen und vielleicht durch die AVB ausgestaltet werden können. 405

II. Abwicklung der Berufsunfähigkeitsversicherung

Nach dem Leistungsantrag hat der Versicherer in Textform zu erklären, ob er seine Leistungspflicht anerkennt. Er kann also seine Verpflichtung nach § 173 VVG entweder anerkennen oder nicht anerkennen, beides hat in Textform zu geschehen. Das Anerkenntnis kann zeitlich begrenzt sein. Wenn es zeitlich begrenzt ist, ist es bis zum Ablauf der Frist bindend, allerdings darf es nur einmal zeitlich begrenzt werden, § 173 Abs. 2 VVG. 406

Stellt der Versicherer fest, dass die Voraussetzungen der Leistungspflicht entfallen sind, wird er nur leistungsfrei, wenn er dem VN diese Veränderung in Textform darlegt, § 174 Abs. 1 VVG. Dies ist eine Sonderregelung des Wegfalls der Geschäftsgrundlage, also der Möglichkeit, den Beruf oder einen anderen zumutbaren Beruf auszuüben. Allerdings tritt die Leistungsfreiheit erst nach einer Weile ein. Drei Monate müssen abgelaufen sein seit der Darlegung in Textform, bevor die Leistungsfreiheit des Versicherers eintritt. Das ist offenbar deswegen vorgesehen, damit der VN sich nach einer passenden Beschäftigung umsehen kann. In dieser Zeit soll er noch die Leistungen der Versicherung erhalten.

Von beiden Regeln über das Anerkenntnis und die spätere Leistungsfreiheit kann nicht zum Nachteil des VN abgewichen werden, sie sind also halbzwingend.

III. Verweisungen

407 Das neue Gebiet der Berufsunfähigkeitsversicherung verweist in § 176 VVG auf die Regeln der Lebensversicherung. Diese sind entsprechend anzuwenden, wenn sie auf die Berufsunfähigkeitsversicherung passen. Wenn die Besonderheiten der Berufsunfähigkeitsversicherung dem entgegenstehen, sind sie nicht anwendbar.

Ähnliche Versicherungsverträge, bei denen der Versicherer eine dauerhafte Beeinträchtigung der Arbeitsfähigkeit zur Grundlage des Leistungsversprechens macht, sind gleichfalls in den §§ 173 ff. VVG zu behandeln. Allerdings ist auf die Unfallversicherung und Krankenversicherung, die das Risiko der Beeinträchtigung der Arbeitsfähigkeit mit zum Gegenstand haben, diese entsprechende Anwendung nicht vorgesehen. Vielmehr folgen sie eigenen Regeln, § 177 VVG.

§ 34 Unfallversicherung

I. Unfall

1. Der Unfallbegriff

408 Das VVG übernimmt in § 178 Abs. 2 die Definition des Unfalls, wie es schon in den AVB geschehen ist. Danach gilt: „Ein Unfall liegt vor, wenn der Versicherte durch ein plötzlich von außen auf seinen Körper wirkendes Ereignis unfreiwillig eine Gesundheitsbeschädigung erleidet.“ Wesentliche Merkmale des Unfalls sind danach, dass das Ereignis von außen kommt, dass es sich um ein plötzliches Ereignis handelt, dass eine Gesundheitsbeschädigung vorliegt und dass die Gesundheitsbeschädigung unfreiwillig eingetreten ist.

409 Die Ursache des Unfalls muss außerhalb der Gefahrperson liegen. Wie bei der Definition der höheren Gewalt nach der objektiven Theorie hat es sich um ein von außen kommendes Ereignis zu handeln. Die Ursache des Unfalls darf also nicht ein innerer Körpervorgang sein. Regelmäßig wird ein Unfall im Wortsinne durch aktive Einwirkung einer anderen Person oder durch ein Naturereignis hervorgerufen. Allerdings kann der Unfall auch durch das Verhalten der Gefahrperson selbst eintreten, vorausgesetzt ist nur, dass die Gefahrperson durch eine äußere Handlung die Gesundheitsbeschädigung herbeiführt. Im Einzelnen ist die Abgrenzung zwischen Unfall und Krankheit undeutlich und schwierig nachzuvollziehen.

Eine äußere Einwirkung stellt dar: der Tod durch Ertrinken (OLG Celle JRPV 34, 236); der Verlust der Bewegungsfreiheit durch Verhängen eines Kletterseils mit nachfolgendem Tod durch Erschöpfung und Erfrieren (BGH VersR 1962, 341); die witterungsbedingte Sichtverschlechterung, die den Bergsteiger daran hindert, den Weg zu seiner zurückgelassenen Ausrüstung zu finden, die ihm ein Überleben ermöglicht hätte (OLG Karlsruhe VersR 1995, 36); das Ersticken an einem Stück Wurst (OLG Düsseldorf JRPV 35, 380); das Erschießen des Versicherten bei der polizeilichen Festnahme (RG JRPV 34, 119); ein Furunkel infolge eines Insektenstichs (OLG Braunschweig VersR 1995, 823); Bandscheibenschaden durch Abrutschen während des Hebens eines 40 kg schweren Gegenstands (OLG Schleswig VersR 1970, 1048); Aufstieg eines Segelfliegers in extreme Höhe, Bewusstseinsstörung wegen sauerstoffarmer Luft und Absturz (OLG München VersR 1983, 127); Bandscheibenschaden nach einem Sprung von einer 50 cm hohen Bank auf den Boden (BGH VersR 1985, 177). Eine äußere Einwirkung wurde verneint bei Infektionskrankheiten, die nicht mit einer Verletzung verbunden sind (OLG Bremen VersR 1951, 18), bei Tod durch Überarbeitung (KG JRPV 34, 90) oder bei Überanstrengung auf einem Ritt (LG München JRPV 36, 31); Gehirnschlag infolge übermäßiger Kraftanstrengung nach Festhalten eines schweren Rohres (LG Heidelberg VersR 1984, 651); Tod infolge Aortaverschlusses durch eine abgebrochene künstliche Herzklappe (OLG Stuttgart VersR 1987, 355). **410**

Plötzlich ist das Ereignis, das den Unfall auslöst, wenn es mit einer gewissen Schnelligkeit eintritt und unerwartet bzw. unvorhergesehen ist. Die Vorhersehbarkeit, also die bloße Möglichkeit des Vorhersehens, reicht nicht aus, sonst würde schon leichte Fahrlässigkeit schaden, obwohl sogar der auf grobe Fahrlässigkeit abstellende § 81 VVG für die Unfallversicherung nicht gilt (RGZ 171, 368). Entgegen der Rechtsprechung wird man die Unentrinnbarkeit nicht zum Plötzlichen rechnen müssen, das widerspricht dem Wortsinn. Als plötzlich ist z. B. auch ein Verkehrsunfall oder das Austreten von giftigen Gasen anzusehen, nicht aber ein Schlaganfall infolge einer Höhenkrankheit bei Aufenthalt innerhalb mehrerer Tage in Höhenlagen über 3.000 m (OLG Koblenz VersR 1997, 1136). **411**

Die Gesundheit ist dann beschädigt, wenn nach der ärztlichen Wissenschaft ein nachteiliger, behandlungsbedürftiger, jedenfalls das positive Menschsein beeinträchtigender Zustand gegeben ist. Die Gesundheitsschädigung braucht weder gefühlt zu werden, noch stark zu sein. **412**

Die Gesundheitsbeschädigung ist dann unfreiwillig eingetreten, wenn sie der Verletzte nicht, auch nicht bedingt gewollt hat. Die Freiwilligkeit bezieht sich also **413** nicht auf das Ereignis, sondern auf die Gesundheitsbeschädigung. Das Bewusstsein eines Risikos schließt die Unfreiwilligkeit nicht aus, der verunglückte Bergsteiger oder Segelflieger genießt Versicherungsschutz, nicht aber der Kranke, der durch eine Überdosis Schlafmittel verstirbt (OLG Karlsruhe VersR 1994, 81). Wenn man sich freilich an anderer Stelle eine Gesundheitsbeschädigung zufügen wollte als eingetreten, dann handelt es sich um einen versicherungsschädlichen *error in objecto*. Beispiele sind die Tötung des VN im Rahmen einer sadomasochistischen sexuellen Betätigung (OLG Saarbrücken VersR 1997, 949) und der Tod wegen Sauerstoffmangels durch Einatmen von Propan- und Butangas als autoerotische Handlung (OLG Oldenburg VersR 1997, 1128). Schlafwandeln als Bewusstseinstörung ist unfreiwillig (LG Memmingen VersR 2003, 1525).

2. Kausalität

414 Für die Versicherung des Unfalls genügt ein mitwirkendes Ereignis. Allerdings soll nach der Literatur adäquate Kausalität erforderlich sein, d. h., völlig unwahrscheinliche Entwicklungen sollen ausscheiden. Das mag für den weiteren Verlauf richtig sein. Für das Ereignis selbst kann Adäquanz nicht gefordert werden, was doch gerade der „Plötzlichkeit" widersprechen könnte. Kausalität ist allerdings nicht gegeben, wenn der Kausalzusammenhang oder Zurechnungszusammenhang wirksam unterbrochen ist. Das ist dort der Fall, wo ein ganz und gar auf einen Dritten oder auf den Versicherten zurückzuführendes Ereignis den Verlauf verfälscht. Total auf einen Dritten zurückzuführen ist etwa der grobe Kunstfehler eines Arztes, der erst aus einer banalen Verletzung einen Gesundheitsschaden gemacht hat. Ein eher einfacher Fehler des Arztes lässt aber den Versicherungsschutz bestehen (RG JRPV 32, 136). Ganz auf den Versicherten zurückzuführen ist die Rentenneurose, eine auf Erhalt der Versicherungsleistung gerichtete krankhafte Einstellung. Sie als Gesundheitsbeschädigung anzuerkennen, würde aus dem Schutzbereich des Versicherungsvertrags herausfallen.

3. Beweislast

415 Der VN trägt die Beweislast dafür, dass ein Unfall eingetreten ist. Er hat also die Kriterien des Unfalls, mit Ausnahme der Unfreiwilligkeit, darzutun. Dazu gehört nicht, dass er die Vorursachen des Unfalls aufklärt, wohl aber dass er darlegt, dass der Unfall für die Gesundheitsbeschädigung kausal war. Auch hier kommt dem VN der Anscheinsbeweis zugute. Ob Tod oder Invalidität auf dieses Geschehen zurückzuführen ist, kann vom Richter nach § 287 ZPO geschätzt werden (BGH VersR 1992, 1503). Wenn allerdings nach einem Badeunfall während der Wiederbelebungsversuche sich kein Schaumpilz vor dem Mund des Verunglückten bildet, so spricht kein erster Anschein für Tod durch Ertrinken oder durch Intoxikation (LG Stuttgart VersR 1986, 1236). Gemäß § 178 Abs. 2 S. 2 VVG wird die Unfreiwilligkeit der Gesundheitsbeschädigung bis zum Beweis des Gegenteils vermutet. Die Beweislast wird dennoch durch den Anscheinsbeweis erleichtert: typische Selbstmord- oder Verstümmelungsverletzungen können auf Freiwilligkeit hindeuten und den VN dann damit belasten, die Möglichkeit eines atypischen Geschehens darzutun. Ist etwa der tödliche Schuss aus einer auf den Körper aufgesetzten Waffe abgegeben worden und kann die Gefahrperson nach der Richtung des Schusskanals die Waffe selbst geführt haben, so wird *prima facie* auf Freiwilligkeit geschlossen (BGH VersR 1955, 99).

II. Abgrenzungen des Risikos und Ausschlüsse der Haftung

1. Abgrenzungen des Risikos

Nach § 1 Abs. 4 AUB gilt als Unfall auch, wenn durch eine erhöhte Kraftanstren- **416**
gung an Gliedmaßen oder Wirbelsäule ein Gelenk verrenkt wird oder Muskeln, Bänder, Sehnen oder Kapseln gezerrt oder zerrissen werden. Auch eine Vergiftung ist in ihren Folgen noch versichert, wenn sie nicht das erste Glied der Kausalkette ist, etwa wenn eine im Laufe einer Heilbehandlung geschehene Vergiftung später Wirkungen hat (RG JW 30, 1586).

2. Gesetzliche Ausschlüsse

Eine Unfallversicherung für einen anderen, die auf eigene Rechnung genommen **417**
wird, ist nur wirksam, wenn die schriftliche Einwilligung des anderen gegeben ist. Eine Vertretung, auch durch einen Betreuer, führte zu keinem wirksamen Vertrag. Damit soll der Möglichkeit der vorsätzlichen Herbeiführung des Unfalls vorgebeugt werden. Übrigens steht bei der Versicherung eines Dritten dessen Kenntnis und dessen Verhalten der des VN gleich, § 179 Abs. 3 VVG.

Der VN hat eine Gefahrerhöhung anzuzeigen. Die Erhöhung der Gefahr besteht, **418**
wenn eine Änderung der Umstände nach ausdrücklicher Vereinbarung als Gefahrerhöhung angesehen werden soll. Die Vereinbarung bedarf der Textform, § 181 VVG. Ergeben sich im Falle der erhöhten Gefahr nach dem geltenden Tarif des Versicherers bei unveränderter Prämie niedrigere Versicherungsleistungen, so gelten diese mit Ablauf eines Monats nach der Gefahrerhöhung als vereinbart. Weitergehende Rechte kann der Versicherer nur geltend machen bei arglistiger Nichtanzeige.

Auch mitwirkende Ursachen können den Versicherungsschutz beeinträchtigen. **419**
Dazu ist eine Vereinbarung erforderlich, dass der Anspruch entfällt oder sich mindert, wenn Krankheiten oder Gebrechen bei der durch den Versicherungsfall verursachten Gesundheitsschädigung oder deren Folgen mitgewirkt haben. Allerdings hat der Versicherer diese Voraussetzungen, nämlich die des Wegfalls oder der Minderung des Anspruchs, nachzuweisen, § 182 VVG. Bei vorsätzlicher widerrechtlicher Handlung, die den Versicherungsfall herbeiführt, wird der Versicherer leistungsfrei, § 183 Abs. 1 VVG. Dasselbe gilt, wenn der Bezugsberechtigte in der Versicherung vorsätzlich und widerrechtlich den Versicherungsfall herbeiführt. Dann gilt jedenfalls die Bezugsberechtigung nicht als erfolgt.

420 Soweit im Versicherungsvertrag eine Bezugsberechtigung vorgesehen ist, gelten die Regeln der Lebensversicherung. Es kommt also darauf an, ob die Bezugsberechtigung widerruflich oder unwiderruflich ist, anstelle eines früheren Bezugsberechtigten eintritt und durch die Bezugsberechtigung widerrufen werden kann, etwa durch Testament.

Was die Fristversäumnis angeht, so hat der Versicherer auf die vertraglichen Anspruchs- und Fälligkeitsvoraussetzungen sowie einzuhaltende Fristen in Textform hinzuweisen. Unterbleibt dieser Hinweis, kann sich der Versicherer auf die Fristversäumnis nicht berufen.

421 Auch das Anerkenntnis des Versicherers bei der Unfallversicherung ist gestaltet wie Berufsunfähigkeitsversicherung. Der Versicherer hat nach einem Leistungsantrag innerhalb eines Monats nach Vorlage der zu dessen Beurteilung erforderlichen Unterlagen in Textform zu erklären, ob und in welchem Umfang er seine Leistungspflicht anerkennt oder ablehnt. Wird eine Invaliditätsleistung beantragt, beträgt diese Frist sogar drei Monate, § 187 VVG. Liegt eine Einigung zwischen VN und Versicherer über Grund und Höhe vor, dann ist der Anspruch innerhalb von zwei Wochen fällig. Es kann aber auch sein, dass die Leistungspflicht nur dem Grunde nach feststeht und die Höhe noch ermittelt werden muss. Dann hat der Versicherer einen angemessenen Vorschuss zu leisten.

422 Bei der Invalidität wird der Grad der Invalidität jährlich, längstens bis zu drei Jahren nach dem Eintritt des Unfalls neu bemessen. Der Versicherer hat auch bei der Erklärung der Leistungspflicht den VN über sein Recht zu unterrichten, den Grad der Invalidität neu bemessen zu lassen. Es kann vereinbart werden, dass nach dem Vertrag ein Sachverständigenverfahren nach § 84 VVG erfolgt, bei dem der Grund und die Höhe des Anspruchs festgestellt werden. Die Feststellung ist nicht verbindlich, wenn sie offenbar von der wirklichen Sachlage erheblich abweicht. Der Versicherer hat auch dem VN die Kosten der Feststellung des Unfalls und seines Schadens insoweit zu erstatten, als ihre Aufwendung den Umständen nach geboten war, §§ 189, 84, 85 VVG.

3. Ausschlüsse der Haftung durch AVB

423 Ausgeschlossen sind Unfälle, die durch Kriegsereignisse oder innere Unruhen, sofern der Versicherte auf Seiten der Unruhestifter teilgenommen hat, verursacht werden, vorsätzliche Teilnahme an einer Straftat, Gesundheitsschädigungen durch Heilmaßnahmen und schließlich Unfälle infolge von Schlaganfällen sowie Bewusstseinsstörungen, wobei auch die Trunkenheit mit eingeschlossen ist. Allerdings muss die Trunkenheit so hoch sein, dass das Bewusstsein gestört ist. Das ist regelmäßig bei einem Autofahrer ab 1,3 ‰ der Fall; bei einem Radfahrer liegt eine Bewusstseinsstörung typischerweise ab 1,7 ‰ vor (BGH VersR 1986, 141; 1987, 1006). Auch wenn die Blutalkoholkonzentration geringer ist, entfällt der Versicherungsschutz, wenn äußere Anzeichen für eine alkoholbedingte Fahruntüchtigkeit sprechen, wie Ausfallerscheinungen oder typisch alkoholbedingte Fahrfehler. Es ist noch fraglich, inwieweit die jeweiligen Promille-Grenzen (Kfz 1,3 ‰, Rad 1,5 ‰) aus dem Strafrecht hier durchschlagen.

III. Leistungen der Versicherung

Die Unfallversicherung ist regelmäßig eine Summenversicherung. Es kommt deshalb nicht auf einen eingetretenen Schaden an, sondern bei Eintritt des Versicherungsfalls wird eine vorher bestimmte Summe geschuldet. Nur soweit zusätzlich zur Unfallversicherung Heilungskosten versichert werden, handelt es sich um eine Schadensversicherung. **424**

Die Leistungen des Versicherers sind in § 7 AUB umschrieben. Es handelt sich einmal um die Todesfallentschädigung, um die Invaliditätsentschädigung, um Tagegeld bei Beeinträchtigung der Arbeitsfähigkeit und um Krankenhaustagegeld, um Genesungsgeld und schließlich um Heilkosten. Die Invaliditätsentschädigung setzt voraus, dass die Arbeitsfähigkeit dauernd beeinträchtigt ist. Sie muss innerhalb eines Jahres vom Unfalltag an gerechnet eingetreten sein und spätestens vor Ablauf einer Frist von weiteren drei Monaten ärztlich festgestellt und geltend gemacht sein. Besteht volle Invalidität, so ist 100 % der Versicherungssumme zu zahlen. Im Übrigen gibt es eine sog. Gliedertaxe, die in § 7 I Abs. 2 AUB festgeschrieben ist. Diese Gliedertaxe ist bisweilen unklar und nach § 305 c Abs. 2 BGB zugunsten des Versicherten oder VN auszulegen (BGH VersR 2003, 1163). Die Gliedertaxe reicht vom Verlust eines Armes im Schultergelenk (70 %) bis zum Verlust eines Fingers (5 %), vom Verlust eines Auges (50 %) bis zum gänzlichen Verlust des Geschmacks (5 %). Die Invalidität ist auch gegeben, wenn die Gefahrperson in akuter Todesgefahr schwebt. Erleidet jemand eine Querschnittslähmung, ist dauernd erwerbsunfähig und stirbt nach Entlassung aus der Klinik, so hat die Unfallversicherung voll einzutreten (OLG Hamm VersR 1983, 530). **425**

Es gibt auch eine Unfallversicherung, die sog. Probandenversicherung, die auf den Ersatz der körperlichen Leiden oder des Todes gerichtet ist. Diese finden sich in den §§ 84 Abs. 3 AMG, 20 Abs. 3 MPG. Hier handelt es sich jeweils um eine Unfallversicherung zugunsten des Dritten, den nämlich der Sponsor zugunsten der Probanden abschließt. Der Umfang muss in einem angemessenen Verhältnis zu den mit der klinischen Prüfung verbundenen Risiken stehen und auf Grundlage der Risikoabschätzung so festgelegt werden, dass sie jeden Fall des Todes oder der dauernden Erwerbsunfähigkeit einer von der klinischen Prüfung betroffenen Person mindestens € 500.000 zur Verfügung stehen. Es ist der Schaden zu ersetzen, der freilich von den AVB auf den Vermögensschaden begrenzt worden ist. Dort finden sich auch andere nicht durch das Gesetz vorgesehene Beschränkungen, etwa was den Ausschluss genetischer Schäden angeht, innerhalb deren die Schädigung nach der klinischen Prüfung eingetreten sein muss usw. **426**

Dort finden sich auch andere, nicht vom Gesetz vorgesehene Beschränkungen, etwa der Ausschluss genetischer Schäden und solcher, welche innerhalb einer Frist von drei Jahren nach dem Zwischenfall auftreten. Sie sind im Gesetz nicht vorgesehen und deshalb wohl unwirksam. **427**

Auch die Aufteilung der Versicherungssummen auf mehrere Verletzte unter Herabsetzung von dem Höchstbetrag ist nicht vorgesehen. Das zeigt der Fall TeGenero deutlich: Der Versicherer des ersten Herstellers des erprobten monoclonalen Antikörpers hat jedem Opfer des grotesk ausgegangenen Pase-I-Versuch in London € 10.000 überwiesen. Angesichts des eindeutigen Wortlauts der der Gefahr entsprechenden Versicherung in § 40 AMG ist diese angebliche Höchstsumme lächerlich gering. Es wäre wünschenswert, wenn diese Zahlung auch der Höhe nach einmal vor Gericht gebracht würde.

IV. Insassenunfallversicherung

428 Die Unfallversicherung kann auch gegen Unfälle, die einem anderen zustoßen, abgeschlossen werden. Dann gilt sie im Zweifel als für Rechnung des anderen genommen, § 179 Abs. 1 VVG. Versichert man die Gesundheit eines anderen für eigene Rechnung, so ist die schriftliche Einwilligung des anderen erforderlich, § 179 Abs. 2 VVG.

429 In der Praxis spielt die Versicherung für fremde Rechnung insofern eine erhebliche Rolle, als oft eine Unfallversicherung für Insassen eines Kraftfahrzeugs abgeschlossen wird. Im Zweifel ist anzunehmen, dass von der Insassenunfallversicherung jeder berechtigte Insasse des Fahrzeugs mit Ausnahme der Berufsfahrer ergriffen wird. Dabei gibt es zwei Systeme. Im Bereich des Pauschalsystems, das vorherrscht, sind alle Insassen versichert. Die Versicherungssumme wird durch die Zahl der im Zeitpunkt des Unfalls vorhandenen Insassen geteilt, wobei als Versicherungssumme der Betrag in Betracht kommt, der auf die verletzte oder getötete Person entfällt. Sind zwei oder mehr berechtigte Insassen verletzt, so kann sich die Versicherung nach dem Pauschalsystem auf 50 % erhöhen. Sind einige der Insassen nicht verletzt worden, so werden sie dennoch mitgerechnet, d. h., ihr Anteil wächst nicht etwa den Verletzten zu. Andere Systeme kommen daneben vor. Hier soll nur das Platzsystem genannt werden, bei dem jeder Platz eines Fahrzeugs mit einem bestimmten Betrag als Versicherungssumme belegt wird. Es findet etwa bei der Versicherung von Insassen eines Omnibusses Anwendung.

430 Die Insassenunfallversicherung wird vom Gesetz, den AVB und der Rechtsprechung gestaltet. Es gelten die Vorschriften der Schadensversicherung. Dabei sind das Außenverhältnis und das Innenverhältnis zu trennen. Das Innenverhältnis zwischen dem Halter und Fahrer des Fahrzeugs und dem Verletzten ist nicht gesetzlich geregelt; jedoch können, etwa bei entgeltlicher Beförderung, bestimmte Vertragsregeln Anwendung finden. Im Außenverhältnis gegenüber dem Versicherer ist grundsätzlich der VN zur Geltendmachung der Ansprüche befugt; bisweilen dürfen aber ausnahmsweise namentlich versicherte Personen ihre Versicherungsansprüche selbstständig geltend machen. Zu diesen Regelungen durch Gesetz und AVB hat die Rechtsprechung wertvolle, dem Gewohnheitsrecht nahestehende Regelungen geschaffen. Die Entwicklung der Rechtsprechung über die Jahrzehnte liefert ein gutes Beispiel für praktische Interessenjurisprudenz. Zuerst hat der BGH vor allem das Interesse des Verletzten betont: Neben der Versicherungssumme steht ihm ein Haftungsanspruch zu (BGHZ 19, 94 = VersR 1956, 48). Die Versicherungssumme fällt grundsätzlich in den Nachlass des getöteten Fahrgasts (BGHZ 32, 44 = VersR 1960, 339). Der Kfz-Halter kann in der Regel nicht verlangen, dass sich der Verletzte die Versicherungsleistung auf den Schadensersatzanspruch anrechnen lässt (BGH LM § 179 VVG Nr. 3). Seit den siebziger Jahren wird der Akzent anders gesetzt. Der BGH stellt jetzt das Interesse des VN in den Vordergrund. Er hat die Versicherung genommen, wozu er regelmäßig nicht verpflichtet war und ist an schonender Inanspruchnahme schon wegen der zukünftigen Prämiengestaltung interessiert. Nach BGHZ 64, 260 (= VersR 1975, 703) ist regelmäßig bei der Insassenunfallversicherung für transportierte Personen ein „gesetzliches" Treuhandverhältnis gegeben, kraft dessen der VN die Ansprüche des Versicherten gegenüber dem Versicherer erheben und auch über sie verfügen kann. Daraus folgt, dass der Verletzte den VN nicht zur Geltendmachung des Anspruchs zwingen kann, wenn nicht eine Abrede besteht. Der Verletzte wird oft Schadensersatz von einem Dritten erhalten. Der VN kann die Anrechnung einer Versicherungsleistung auf einen Haftpflichtanspruch anordnen, wenn er selbst oder ein naher Angehöriger haftbar ist. Das hat er spätestens bei Auszahlung der Versicherungssumme zu tun oder sich vorzubehalten (BGHZ 80, 8 = VersR 1981,447). Es ist verwunderlich, dass das VVG 2008 das „gesetzliche" Treuhandverhältnis nicht aufgenommen hat. Es ist eben doch nicht gesetzlich, sondern ergibt sich aus der Interessenlage der Parteien. Heute ist es übrigens Gewohnheitsrecht geworden.

§ 35 Krankenversicherung

I. Allgemeines

1. Entwicklung und Rechtsgrundlage

431 Bis zum Jahre 1994 gab es für die Krankenversicherung in Deutschland keine gesetzliche Grundlage. Die Krankenversicherung selbst ist erst in den zwanziger Jahren des vergangenen Jahrhunderts entstanden. Es wurden zunächst einzelne Bestimmungen des VVG betreffend die Schadens- und Lebensversicherung auf die Krankenversicherung angewendet. Die rechtliche Regelung der Krankenversicherung beruhte aber im wesentlichen auf den MB/KK (= Allgemeine Versicherungsbedingungen für die Krankheitskosten- und Krankenhaustagegeldversicherung) und den MB/KT (= Allgemeine Versicherungsbedingungen für die Krankentagegeldversicherung). Hinzu getreten sind die MBPV (= Musterbedingungen für die Pflegekrankenversicherung) und MB/PPV (= Allgemeine Versicherungsbedingungen für die private Pflegepflichtversicherung. Die Vorschriften des PflegeVG (SGB XI) über die Verpflichtung privater Krankenversicherter zum Abschluss und zur Aufrechterhaltung privater Pflegeversicherungsverträge und über deren nähere inhaltliche Ausgestaltung sind verfassungsrechtlich durch Art. 7 4 Abs. 1 Nr. 11 GG als privatrechtliches Versicherungswesen gedeckt (BVerfG VersR 2001, 627).

432 Mit der Umsetzung der EG-Richtlinie zur Deregulierung hat die Krankenversicherung zunächst eine gesetzliche Grundlage in den §§ 178 a–o VVG gefunden, wobei auf die Regelungen der MB/KK und MB/KT zurückgegriffen wurde, die in der aktualisierten Form (MB/KK 94 ff. und MB/KT 94 ff.) immer noch zur Auslegung der gesetzlichen Regelung hinzugezogen werden. Heute ist die Krankenversicherung insgesamt und begrüßenswert in den §§ 192 ff. VVG geregelt. Als Verbesserung für den VN erscheinen nunmehr im Gesetz: Die substitutive private Krankenversicherung ist unbefristet, ebenso wenig besteht in diesem Bereich ein ordentliches Kündigungsrecht. Der Zwang, Kinder der VN in das Versicherungsverhältnis aufzunehmen, gilt jetzt auch für Adoptivkinder; der VN hat ein Einsichtsrecht in vom Versicherer durch Ärzte erstellte Gesundheitsgutachten. Neu ist auch der Anspruch eines Mitversicherten auf Fortsetzung des Vertrags, wenn das Versicherungsverhältnis durch den Tod des VN oder seine Kündigung endet. Fast alle diese Bestimmungen gelten als halb zwingend, d. h., sie können nicht zum Nachteil des VN geändert werden.

2. Die Krankenversicherung als Schadens- und Summenversicherung

433 Die Krankenversicherung ist vielschichtig, was ihre Einordnung unter die Versicherungstypen und die versicherte Gefahr angeht. Zum einen erfasst die Krankenversicherung mehrere Gefahrereignisse: Krankheit (soweit Vermögen-

saufwendungen für die Krankenpflege und ein typisierter Einkommensausfall in Betracht kommen), Wochenhilfe (bei der Geburt) und schließlich Tod (wenn ein Sterbegeld vereinbart ist). Gemäß der allgemeinen Unterscheidung des § 1 VVG ist die Krankenversicherung Personenversicherung. Als solche ist sie Schadensversicherung, soweit nämlich bestimmte Aufwendungen infolge der Krankheit oder der Geburt ersetzt werden. Als Schadensversicherung unterliegt sie dem versicherungsrechtlichen Bereicherungsverbot. Ein Preisnachlass des behandelnden Zahnarztes gegenüber dem VN ist daher bei der Erstattungsberechtigung zu berücksichtigen (LG Nürnberg-Fürth VersR 1987, 353). Um eine Summenversicherung handelt es sich bei der Krankenversicherung dann, wenn bestimmte pauschalisierte Beträge, etwa Krankenhaustagegeld oder Sterbegeld, zu bezahlen sind.

II. Grundsätze

1. Der Krankheitsbegriff

Die Krankenversicherung schließt an eine Krankheit an. Als Krankheit wird im **434**
Versicherungsfall eine behandlungsfähige und eine behandlungsbedürftige Abweichung von der Gesundheit verstanden. Die Krankheit stellt ein objektives Geschehen dar: Vorausgesetzt sind die Erkenntnisse der Medizin und der Sprachgebrauch des täglichen Lebens. Zu weit gehend ist aber der Krankheitsbegriff der WHO, der sogar das fehlende Wohlbefinden als Krankheit umfasst. Entscheidend für das Vorliegen einer Krankheit ist, dass nach medizinischer Anschauung der „normale" Stand der Gesundheit nicht vorhanden ist und eine Behandlungsbedürftigkeit vorliegt. Das subjektive Befinden des VN, also ob er sich krank „fühlt", ist nicht ausschlaggebend. So gelten als Krankheiten schwere oder leichte Gesundheitsstörungen, mögen sie dauernd oder vorübergehend sein, also etwa ein Karzinom, Nieren- oder Gallensteine, ein Ekzem und eine TBC. Auch Folgen von Unfällen oder sonstige Anomalien sind als Krankheiten anzusehen, vgl. § 1 Abs. 2 MB/KK 94 ff.

Unklar und umstritten sind immer noch manche Bereiche der modernen sexu- **435**
almedizinischen Behandlung, sei es dass weitere Schwangerschaften ausgeschlossen werden, sei es dass Schwangerschaften überhaupt erst durch medizinische Eingriffe ermöglicht werden. Da die Empfängnisfähigkeit nicht als Krankheit anzusehen ist, wird die Sterilisation nicht als Heilbehandlung betrachtet (AG Emden VersR 1984, 1086). Ebenso wenig erscheint ihr Gegenteil, nämlich die Refertilisierung nach früherer Sterilisierung, als Heilmaßnahme (OLG Köln VersR 1994, 208; OLG Celle VersR 1988, 31; BSG NJW 1986, 1572). Die künstliche Insemination unter Eheleuten ist hingegen Heilbehandlung, da die Zeugungsbeschränkung vom Leitbild des gesunden Menschen abweicht (BGH VersR 2004, 1123; LG Stuttgart VersR 1985, 776). Auch die Kosten einer erneuten künstlichen Befruchtung für ein zweites Kind können erstattungsfähig sein (OLG Düsseldorf

VersR 2004, 1546). Die extrakorporale Befruchtung, nämlich die In-vitro-Fertilisation mit Sperma des Ehemannes, hat der BGH als medizinisch notwendige Heilbehandlung wegen Krankheit angesehen (BGHZ 99, 228 = VersR 1987, 278). Das gilt auch für den zweiten und dritten Versuch der In-vitro-Fertilisation, deren Erfolgschance noch nicht groß ist (BGH VersR 1987, 1107), jedoch nicht für den fünften Versuch (AG Charlottenburg VersR 1989, 1255). Auch wenn die organischen Ursachen der Unfruchtbarkeit allein beim Ehepartner des VN liegen, hat der Krankenversicherer die Kosten einer In-vitro-Fertilisation seinem Mitglied zu erstatten (OLG Köln VersR 1997, 564). Der Privatversicherer eines unfruchtbaren Mannes muss die Kosten der homologen In-vitro-Fertilisation übernehmen, da diese als ärztliche Maßnahme der Linderung der Krankheit des Versicherten dient und daher eine Heilbehandlung darstellt (BGH VersR 2004, 588).

436 Das Einfrieren und Lagern von Samen eines Mannes auf unbestimmte Zeit ist keine Leistung der Krankenpflege, auch nicht, wenn damit psychischen Störungen entgegengewirkt werden soll (BSG NJW 1991, 733). Der Krankheitswert von Transsexualität ist nach dem Einzelfall zu bestimmen (OLG Köln VersR 1995, 447). Von einer Krankheit muss dann ausgegangen werden, wenn der Betroffene gemäß §§ 8 ff. Transsexuellengesetz als dem anderen Geschlecht anzusehen ist. Nicht als Krankheiten angesehen werden ungünstige Dispositionen infolge einer früher ausgeheilten Krankheit, etwa eine Anlage zum Leistenbruch, Röntgenhaut, Arterienverkalkung und die normalen Beschwerden der Wechseljahre.

437 Der erektilen Dysfunktion allein wird Krankheitswert nicht beigemessen. Viagra wird auch nicht als Medikament im eigentlichen Sinne, sondern allgemein eher als Stärkungsmittel angesehen (LG Köln VersR 2003, 1434). Allerdings ist die fehlende Erektionsfähigkeit eines Mannes aufgrund einer Nervenschädigung im Unterbauch nach einer Darmoperation eine nicht unerhebliche Krankheit und die Behandlung mit „Viagra" ist eine medizinisch notwendige Heilbehandlung (AG Mannheim VersR 2003, 1434). Jedenfalls, wenn die erektile Dysfunktion eine Folgeerscheinung einer beim VN vorliegenden koronaren Grunderkrankung ist, handelt es sich um eine erstattungsfähige Krankheit. Die Risikoabwägung bei einer Heilbehandlung mit Viagra obliegt dem Patienten, hieran ist der Versicherer gebunden (OLG Karlsruhe VersR 2003, 1432).

2. Der Versicherungsfall

438 Der Versicherungsfall tritt ein, wenn die Gesundheit durch ein krankhaftes Geschehen beeinträchtigt wird. Auch Verschlechterungen von Krankheiten oder Fortbestehen des krankhaften Zustands löst die Versicherung aus, sofern es sich nicht um ein sog. altes oder sonst ausgeschlossenes Leiden handelt, vgl. § 2 Abs. 1 MB/KK 94 ff. Um ein „altes" Leiden handelt es sich dann, wenn der Versicherungsfall schon vor Beginn des Versicherungsschutzes oder vor Beendigung der Wartezeit eingetreten war. Der Versicherer darf keine Klauseln benutzen, nach denen seine Leistungspflicht entfällt, wenn Krankheiten oder Unfallfolgen vorliegen, die bereits vor dem Beginn des Versicherungsschutzes akut behandlungsbedürftig waren. Damit würden dem VN beiderseitige Fehleinschätzungen angelastet, obwohl sie den Grundzügen der gesetzlichen Regelung des Versicherungsvertrags nach dem Versicherer aufgebürdet sind (BGH VersR 1994, 549). Sofern im Rahmen eines Grundleidens akute Krankheitszustände auftreten, gelten auch diese als Versicherungsfall. Auch Unfälle lösen den Versicherungsschutz aus, vgl. § 1 Abs. 1 MB/KK 94 ff. Der durch die Inanspruchnahme eines Arztes eingetretene Vermögensaufwand ist, obwohl als Schaden sekundärer Natur, ersatzfähig. Die Vermögensaufwendung muss aber während der Versicherungsdauer geschehen sein, § 2 MB/KK 94 ff.

3. Notwendige Heilbehandlung

Versichert sind die Aufwendungen für die notwendige Heilbehandlung, § 192 **439**
Abs. 1 VVG. Auch hier ist ein objektiver Maßstab anzulegen. Allerdings ist § 5 Abs. 1 f MB/KK 76 über den Ausschluss wissenschaftlich nicht allgemein anerkannter Methoden und Arzneimittel nicht wirksam (BGHZ 123, 83 = VersR 1993, 957), da eine unangemessene Benachteiligung. Die Schulmedizinklausel des § 4 VI MB/KK 94 ff. ist hingegen wirksam (BGH VersR 2002, 1546). Danach ist es wirksam zu vereinbaren „der Versicherer leistet im vertraglichen Umfang für Untersuchungs- oder Behandlungsmethoden und Arzneimitteln, die von der Schulmedizin überwiegend anerkannt sind. Dazu gehören auch die Laboruntersuchungen bei Verdacht auf Chronic Fatigue Syndrome (OLG Hamm VersR 2004, 1255). Er leistet darüber hinaus für Methoden und Arzneimittel, die sich in der Praxis als ebenso erfolgversprechend bewährt haben oder die angewandt werden, weil keine schulmedizinischen Methoden oder Arzneimittel zur Verfügung stehen." Typische Kosten sind zu erstatten. Als „Heilbehandlung" gilt nicht in erster Linie die pflegerische Betreuung, sondern vor allem die Krankheitsbehandlung, also die Diagnose ebenso wie die Therapie. Auch wenn durch die Behandlung nur eine zeitweise Linderung der Beschwerden erreicht wird, stellt dies eine notwendige Heilbehandlung dar, weil es bei der Heilbehandlung nicht zu einem messbaren Erfolg in Form einer Heilung kommen muss (OLG Hamm VersR 1999, 611). Die Behandlungskosten auch unheilbarer Krankheiten fallen unter die Versicherung, wenn wenigstens eine vorübergehende Besserung oder Linderung der Beschwerden bezweckt ist (BGH VersR 1996, 1224). Plastische Operationen sind Heilbehandlung, wenn sie medizinisch, nicht nur kosmetisch indiziert sind. Allerdings ist es unbedeutend, wenn mit dem Heilerfolg zugleich kosmetische Zwecke verfolgt werden, beispielsweise bei der Verkleinerung abnorm großer weiblicher Brüste (OLG Karlsruhe VersR 1995, 692). Die operative Korrektur tief durchhängender sackartiger Hautfalten an den Augenliedern begegnet keiner Erkrankung (LG Köln VersR 1983, 388). Eine schon der Art nach nicht als Krankheit einzustufende Refertilisation kann ausnahmsweise dann als notwendige Heilbehandlung angesehen werden, wenn sich durch die vorherige freiwillige Sterilisation eine psychische oder physische Erkrankung einstellt, die sich nicht nur als späterer Sinneswandel darstellt (OLG Köln VersR 1994, 1170; OLG Köln VersR 1995, 408).

440 Die psychotherapeutische Behandlung wird heute noch nicht stets als medizinisch notwendige stationäre Heilbehandlung angesehen (OLG Celle VersR 1985, 682). Eine Ausnahme gilt dann, wenn nur das Zusammenwirken psychischer und physischer Maßnahmen unter Ausschaltung häuslicher Einflüsse einen Erfolg verspricht (OLG Hamm VersR 1992, 222 = r+s 1991, 280). Eine Beschränkung der Versicherung für psychotherapeutische Behandlungen auf 30 Sitzungen (oder 30 Behandlungstage) für die gesamte Dauer des Krankenversicherungsvertrags ist aber unwirksam, weil der Versicherte u. U. sein Leben lang einen Krankenversicherungsvertrag behält und ihm dann nicht, bloß weil er einmal 30 Tage psychotherapeutisch behandelt worden ist, eine weitere oder neue Behandlung versagt werden kann. Dies würde den Bestimmungen des Gesetzes entgegenstehen (BGH VersR 1999, 745).

441 Eine teilstationäre Behandlung in einer Tagesklinik gilt als stationäre Behandlung und lässt den Anspruch auf Krankenhaustagegeld entstehen (OLG Hamm VersR 1986, 883). Krankenhaustagegeld ist nicht geschuldet, wenn der VN vom behandelnden Arzt beurlaubt worden war, jedoch wohl für die Tage, an denen er sich teilweise im Krankenhaus, teilweise aufgrund der Beurlaubung außerhalb des Krankenhauses aufgehalten hatte (BGH VersR 1984, 677). Im Falle der Berufsunfähigkeit ist ein Krankentagegeld nicht zu zahlen (BGHZ 117, 92 = VersR 1992, 477).

442 Allerdings ist die stationäre Behandlung von Fettsucht durch Nulldiät im Jahre 1978 als angemessene Behandlung angesehen worden (OLG Köln VersR 1983, 387), heute wird die ambulante Behandlung durch kalorienreduzierte Kost vorgezogen (OLG Hamm VersR 1984, 132). Wenn jedoch die Gewichtsverringerung für eine gebotene Behandlung einer schweren Herzerkrankung Voraussetzung ist, sind die stationären Kosten zu ersetzen (OLG Düsseldorf VersR 1993, 41).

443 Während § 5 MB/KK 66 Entziehungsmaßnahmen einschließlich Entziehungskuren gänzlich aus dem Versicherungsschutz herausnahm, stellt § 5 MB/KK 94 ff. insoweit eine Neuerung dar. Es besteht nur für Entziehungsmaßnahmen kein Versicherungsschutz. Für die Entziehungsmaßnahme ist die Entwöhnung eines Patienten vom Suchtmittel wesentlich. Vom Versicherungsschutz eingeschlossen sind demnach Gesundheitsschäden, die der VN infolge seines Suchtverhaltens herbeigeführt hat, wenn die Sucht Folge eines im Bereich des „Normalen" liegenden Verhaltens ist (OLG Oldenburg VersR 1997, 952). Insoweit kann dem VN also nicht vorgeworfen werden, er habe die durch die Sucht bedingten Krankheiten bedingt vorsätzlich herbeigeführt, vgl. § 201 VVG i. V. m. § 5 Abs. 1 b MB/KK 94 ff. Daher besteht für die Behandlung von Leiden, die beim VN infolge der Abstinenz auftreten, Versicherungsschutz (BGH VersR 1988, 573; OLG Hamm VersR 1992, 222). Auch die Entgiftung zählt hierzu, selbst wenn sie eine Entziehung einleitet, denn sie stellt eine Behandlung eines akuten Krankheitszustands dar, wobei es nicht darauf ankommt, ob anschließend eine Suchtbekämpfung durchgeführt wird oder nicht (LG Münster VersR 1991, 1096).

Neuerdings kommt häufiger die Frage vor die Gerichte, inwieweit Außenseitermethoden, insbesondere bei unheilbaren Krankheiten oder chronischen Leiden, von der Versicherung erfasst werden. Grundsätzlich ist dabei abzugrenzen, ob es sich bei der Methode um eine solche handelt, die der Schulmedizin oder einer etablierten Richtung der alternativen Medizin zuzurechnen ist. Nur wenn es innerhalb dieser Zweige keine anderen Methoden zur Behandlung der Krankheit gibt, werden Außenseitermethoden anerkannt. Handelt es sich um Methoden außerhalb dieser beiden Bereiche, kommt es darauf an, ob die Methode auf einem ernsthaften, für Vertreter der betreffenden Richtung nachvollziehbaren Ansatz beruht und sich noch nicht als untauglich erwiesen hat. Es kommt dabei grundsätzlich auf eine vor der Behandlung bestehende Sicht an (sog. Ex-ante-Einschätzung). Wenn schon vor der Behandlung eine Untauglichkeit anzunehmen ist, dann muss die Versicherung für die Behandlungskosten nicht einstehen, es sei denn, dass tatsächlich ein messbarer Erfolg herbeigeführt wird. Auch eine nur geringe Erfolgsaussicht führt nicht zu einer Versagung der Versicherungsleistung. Würde man dieses als Voraussetzung annehmen, würden Außenseitermethoden ganz aus dem Versicherungsschutz herausfallen. So gilt es im Falle von AIDS und HIV-Erkrankungen, dass auch die Kosten für eine experimentelle Therapie zu erstatten sind, es sei denn es handelt sich um Quacksalberei oder Scharlatanerie (LG München I VersR 1997, 996). Seitdem der BGH aber die Wissenschaftlichkeitsklausel des § 5 Nr. 1 f MB/KK a. F. aus dem gleichen Grund verworfen hat, kann durch überzogene Erfolgsaussichten diese nicht durch die Hintertür wieder eingeführt werden. So wurde im Rahmen der Diskussion um Außenseitermethoden eine Vertretbarkeit bezüglich einer Autovakziantionstherapie bei HIV-Infektion verneint (BGH VersR 1996, 1224), ebenso eine Ozontherapie bei der gleichen Erkrankung (OLG München VersR 1992, 1125). **444**

Die sog. Wissenschaftsklausel gibt heute auch verfassungsrechtliche Vorgaben zu beachten. Nach dem Beschluss des BVerfG vom 6.12.2000 gelten bestimmte Außenseitermethoden sogar in der Sozialversicherung als ersatzpflichtig. Wenn bei einer lebensbedrohlichen oder regelmäßig tödlichen Erkrankung eine dem anerkannten medizinischen Standard entsprechende Behandlung nicht zur Verfügung steht, darf er nicht von der Leistung einer von ihm gewählten ärztlich angewandten Behandlungsmethode ausgeschlossen werden, wenn eine nicht ganz entfernt liegende Aussicht auf Heilung oder auf eine spürbare positive Einwirkung auf den Krankheitsverlauf besteht. Die dort eingeschlagene Richtung gilt auch für das private Versicherungsrecht. **445**

446 In BGHZ 123, 83 (=VersR 1993, 957) ging es um die sog. Erste Wissenschaftsklausel. Sie lautete

> Keine Leistungspflicht besteht ... für wissenschaftlich nicht allgemein anerkannte Untersuchungs- oder Behandlungsmethoden und Arzneimittel

Der BGH sieht diese Klausel als Verstoß gegen die Angemessenheit des Rechts der AGB an. Die Klausel schränkt den VN in seinen sich aus dem Vertrag ergebenden Rechten zu weit ein. Er erwartet mit Recht, von den Kosten entlastet zu werden, die ihm durch die notwendige Heilbehandlung entstehen. Ein verständiger VN gehe auch davon aus, dass im Interesse der Versichertengemeinschaft nur Kosten für diejenigen Behandlungsmethoden erstattet werden, die sich in der Praxis als erfolgversprechend bewährt haben. Wenn solche Methoden für die zu behandelnde Krankheit nicht zur Verfügung stehen, dann gilt der Ausschluss der wissenschaftlich nicht allgemein anerkannten Behandlungsmethoden nicht mehr Der VN erwarte, dass ihm bei Versagen der Schulmedizin mit nicht ganz ungewöhnlichen Methoden der Alternativmedizin geholfen wird.

447 In BGHZ 152, 262 (= VersR 2002, 1546) stand die Zweite Wissenschaftsklausel zur Debatte. Es handelte sich um die Regel in § 4 Abs. 6 MB/KK 94

> Der Versicherer leistet im vertraglichen Umfang für Untersuchungs- oder Behandlungsmethoden und Arzneimittel, die von der Schulmedizin überwiegend anerkannt sind, er leistet darüber hinaus für Methoden und Arzneimittel, die sich in der Praxis als ebenso erfolgversprechend bewährt haben oder die angewandt werden, weil keine schulmedizinischen Methoden oder Arzneimittel zur Verfügung stehen; der Versicherer kann jedoch seine Leistungen auf den Betrag herabsetzen, der bei der Anwendung vorhandener schulmedizinischer Methoden oder Arzneimittel angefallen wäre.

Der BGH hat diese Klausel für angemessen gehalten und wird sie wohl auch im Lichte des Verfassungsrechts weiterhin für angemessen halten. In Wirklichkeit steht es so, dass das BVerfG den zivilrechtlichen Urteilen gefolgt ist.

448 Die durch einen Heilpraktiker verursachten Kosten der Behandlung sind nur zu erstatten, wenn deren medizinische Notwendigkeit sich aus einer Betrachtung von der Schulmedizin her rechtfertigt (OLG Düsseldorf VersR 1995, 773). Nach § 5 MB/KK 94 darf der Krankenversicherer auch bei Ärzten seine Leistungen auf einen angemessenen Betrag herabsetzen, wenn die Heilbehandlung das medizinisch notwendige Maß übersteigt. Das wird auch angewendet, wenn zwar nicht das Ausmaß der Heilbehandlung, wohl aber Höhe der Vergütung das angemessene Maß übersteigt. Wird aufgrund einer Vereinbarung über eine Nagelentfernung der 12fache Satz der GOÄ berechnet, während nach der Gebührenordnung der 3½fache Satz der Höchstsatz gewesen wäre, so ist der Versicherer nicht zur Mehrleistung verpflichtet (OLG Köln VersR 1986, 378). Es ist auch möglich,

dass sich der Ausschluss gegen einen Arzt richtet, der in einer Mehrzahl von Patientenfällen seine Leistungen unangemessen erhöht hat, weil eine medizinisch nicht vertretbare Überdiagnostik und Therapie betrieben wird, § 5 Abs. 1 c MB/KK (OLG Köln VersR 1996, 490). Mit der Wendung „medizinisch notwendige Heilbehandlung“ hat der Versicherer keine Beschränkung seiner Leistungspflicht auf die kostengünstigste Behandlung erklärt (BGHZ 154, 154 = VersR 2003, 581). Heute sagt § 192 Abs. 2 VVG, dass der Versicherer zur Leistung insoweit nicht verpflichtet ist, als die Aufwendungen für die Heilbehandlung oder sonstigen Leistungen in einem auffälligen Missverhältnis zu den erbrachten Leistungen stehen.

III. Ausschlüsse

1. Zeitliche Begrenzung

Fraglich ist der Versicherungsschutz für sog. alte Leiden. Ein AIDS-Kranker, der bei Abschluss der Krankenversicherung bereits HIV-positiv war, hat ein altes Leiden, da die Infektion schon Krankheitswert besaß und sich jetzt nur das Vollbild der Krankheit herausgestellt hat (OLG Düsseldorf VersR 1992, 849). Gemäß § 2 Abs. 1 MB/KK 94 sind – anders als früher gemäß § 15 Ziff. 1 AVK – alte Leiden vom Versicherungsschutz nur insoweit ausgeschlossen, als der Versicherungsfall bereits vor Beginn des Versicherungsschutzes eingetreten war. Die meisten Altkrankheiten sind jedoch nach fünfjährigem Bestehen des Versicherungsvertrags ohnehin voll versichert. **449**

Die Krankenversicherung enthält auch nicht selten die Abrede sog. Wartezeiten, wobei die allgemeine Wartezeit drei Monate beträgt, § 3 Abs. 1 MB/KK 94, in besonderen Fällen auch acht Monate, § 197 VVG. **450**

2. Sachliche Ausschlüsse

Die Krankenversicherung tritt nicht ein für Krankheiten, Unfälle und für Todesfälle, die durch Kriegsereignisse verursacht oder als Wehrdienstbeschädigung anerkannt sind, sowie für auf Vorsatz beruhende Erkrankungen und Unfälle einschließlich deren Folgen sowie für Entziehungskuren, § 5 Abs. 1 MB/KK 94. Auch wenn der Arzt vom Versicherer wegen wichtigen Grundes von der Erstattung der Rechnungen ausgeschlossen ist, besteht keine Leistungspflicht, § 5 Abs. 1 c MB/KK. So sind Rechnungen eines Arztes von der Erstattung aus wichtigem Grunde ausgeschlossen, wenn in der Mehrzahl von Patientenfällen Rechnungen unangemessen erhöht werden, weil medizinisch nicht vertretbare, ungerechtfertigte Überdiagnostik und -therapie betrieben wurde (OLG Köln VersR 1996, 490). Die Klausel in den MB/KK „Keine Leistungspflicht besteht für die Behandlung durch Ehegatten, Eltern oder Kinder“ ist nicht unangemessen (BGH VersR 2001, 576 = NJW 2001, 3406). **451**

452 Die Krankheiten sind in den beiden AVB durchaus unterschiedlich abgegrenzt. Während § 1 MB/KT 94 ff. Schwangerschaften nicht nennt, wird die Behandlung wegen Schwangerschaft und die Entbindung von § 1 MB/KK 94 grundsätzlich als versicherungsfähig anerkannt. Der Ausschluss der Schwangerschaft von der Krankentagegeldversicherung ist verfassungsgemäß (BVerfG VersR 1993, 733). Die Zahnbehandlung ist entweder ausgeschlossen oder wird gegen besondere Prämien versichert. Siechtum und Pflegebedürftigkeit werden jetzt von der Pflegeversicherung abgedeckt. Nach untergerichtlicher Rechtsprechung ist die private Krankenversicherung nicht verpflichtet, die Aufwendungen für die stationäre Unterbringung in einem Sterbehospiz zu erstatten, eine eher zweifelhafte Entscheidung (LG Köln VersR 2002, 47).

453 Grundsätzlich nicht versichert sind Kur- und Sanatoriumsbehandlung sowie Rehabilitationsmaßnahmen, § 5 Abs. 1 d MB/KK 94 ff. Bei Beantwortung der Frage, ob es sich um eine Maßnahme der Rehabilitation handelt, kommt es auf den Gesamtzuschnitt der Unterbringung und Behandlung, nicht auf den Namen oder die landschaftliche Lage der Anstalt an (BGH VersR 1993, 679). Bei sog. gemischten Anstalten, also Kliniken, die ebenso Behandlung wie Kuren usw. durchführen, hat der VN die Zusage der Leistung durch den Versicherer zu beantragen. Erst die Zusage löst die Leistungspflicht aus, § 4 Abs. 5 MB/KK 94 ff. Die Leistungszusage kann nur erfolgen oder nicht erfolgen, nicht aber befristet werden (BGH VersR 2003, 952). Fehlt es an der Zusage, nützt dem VN auch der Nachweis nichts, dass er nur wie in einem Krankenhaus behandelt worden sei (BGH VersR 1971, 949). Wenn jedoch die medizinisch notwendige Heilbehandlung nur in einer gemischten Anstalt und nicht in einem reinen Krankenhaus durchgeführt werden kann, wäre die Berufung des Versicherers auf die mangelnde Zusage unzulässige Rechtsausübung (BGH VersR 1983, 677). Entziehungskuren werden heute regelmäßig in den AVB vom Versicherungsschutz ausgeschlossen. Dieser Ausschluss ist eine Reaktion darauf, dass die Behandlung von auf Sucht beruhenden Erkrankungen nunmehr vom Versicherungsschutz umfasst ist. Wenn also diagnostische Untersuchungen nur in stationärer Behandlung möglich sind, um strikte Alkoholabstinenz zu gewährleisten, greift der Ausschluss nicht ein (OLG Karlsruhe VersR 1986, 81). Für den Begriff der Entziehungsmaßnahmen ist die Zielrichtung auf die Entwöhnung des Patienten von dem Suchtmittel wesentlich. Daran fehlt es, wenn die Behandlung auf krankhafte Erscheinungen ausgerichtet ist, die als Folge der Alkoholabstinenz aufgetreten sind, etwa das Abstinenzdelirium (BGH VersR 1988, 573).

IV. Erstreckung der Versicherung auf andere

1. Kindernachversicherung

Besteht am Tag der Geburt für mindestens einen Elternteil eine Krankenversicherung, ist der Versicherer verpflichtet, das neugeborene Kind ab Vollendung der Geburt ohne Risikozuschläge und Wartezeiten zu versichern. Voraussetzung ist freilich, dass die Anmeldung des Kindes zur Versicherung spätestens zwei Monate nach dem Tag der Geburt rückwirkend erfolgt. Versicherungsschutz besteht jedoch nur insoweit, als der beantragte Versicherungsschutz des Neugeborenen nicht höher und nicht umfassender als der des versicherten Elternteils ist. Es kommt also nicht darauf an, dass beide Eltern versichert sind, sondern es genügt die Versicherung eines Elternteils, sei es die Mutter, sei es der Vater. Die eheliche Beziehung zwischen beiden ist nicht vorausgesetzt, jedenfalls wird sie von § 198 Abs. 1 VVG nicht verlangt. 454

Der Geburt eines Kindes steht die Adoption gleich, sofern das Kind im Zeitpunkt der Adoption noch minderjährig ist. Bei einer höheren Gefahr ist die Vereinbarung eines Risikozuschlags höchstens bis zur einfachen Prämienhöhe zulässig, § 198 Abs. 2 VVG. Bei der Adoptionsregelung ist ein Wunsch aus der Wissenschaft in Erfüllung gegangen. 455

2. Fortsetzung des Versicherungsverhältnisses

Endet das Versicherungsverhältnis durch den Tod des VN oder kündigt dieser das Versicherungsverhältnis, so sind die versicherten Personen berechtigt, binnen zwei Monaten die Fortsetzung des Versicherungsverhältnisses unter Benennung des künftigen VN zu erklären. 456

Verlegt der VN oder der Versicherte den gewöhnlichen Aufenthalt in einen anderen Mitgliedstaat der EU, setzt sich das Versicherungsverhältnis mit der Maßgabe fort, dass der Versicherer höchstens zu denjenigen Leistungen verpflichtet bleibt, die er bei einem Aufenthalt im Inland zu erbringen hätte, § 207 Abs. 3 VVG. Das Fortsetzungsrecht ist eine wichtige soziale Maßnahme. Wird durch den Tod des VN oder durch die Kündigung, etwa infolge einer Scheidung, der Versichertenstatus von Angehörigen beeinträchtigt, so sollen diese in die Versicherung eintreten können. Tun sie das zur rechten Zeit, dann werden sie als VN betrachtet. Sie müssen dann die tariflichen Leistungen an den Versicherer erbringen. Auf der anderen Seite sind sie jedoch genau so versichert, wie sie es vorher waren. 457

V. Beendigung des Krankenversicherungsvertrags

1. Beendigung des Krankenversicherungsvertrags durch den Versicherungsnehmer

a) Ordentliche Kündigung

458 Der VN kann das Versicherungsverhältnis nach Maßgabe des § 205 VVG kündigen. Sowohl die Krankheitskostenversicherung als auch die Krankenhaustagegeldversicherung kann der VN, wenn die Versicherung für mehr als ein Jahr Dauer eingegangen worden ist, zum Ende des ersten Jahres oder zum Ende jedes darauffolgenden Jahres mit einer Frist von drei Monaten kündigen. Dies gilt nur, wenn nicht eine Mindestversicherungsdauer vereinbart worden ist. Ist dies der Fall, dann kann eine Kündigung erst zum Ablauf der Vertragsfrist erfolgen.

459 Der VN kann gemäß § 205 Abs. 3 VVG die Versicherung auch kündigen, wenn sich wegen des Eintritts bestimmter Gegebenheiten (z. B. eines bestimmten Lebensalters) aus den Vertragsbestimmungen Prämienerhöhungen ergeben. Diese Bestimmung dient dazu, dem VN einen Versicherungswechsel zu ermöglichen, wenn sich bei seinem bisherigen Versicherungsvertrag die Prämien erhöhen würden. Beruht eine Prämienänderung auf einer Anpassungsklausel oder macht der Versicherer von seinem Recht zur Prämienerhöhung gemäß § 203 VVG Gebrauch, so kann der VN den Versicherungsvertrag innerhalb eines Monats nach Zugang der Änderungsmitteilung durch den Versicherer kündigen, vgl. § 205 Abs. 4 VVG.

b) Außerordentliche Kündigung

460 Der VN hat ein Recht zur außerordentlichen Kündigung, wenn eine versicherte Person bzw. der VN selbst krankenversicherungspflichtig wird, § 205 Abs. 2 VVG. Der VN hat dann die Möglichkeit, binnen zwei Monaten nach Eintritt der Versicherungspflicht den bisherigen Versicherungsvertrag zu kündigen, wobei die Kündigung dann auf den Eintritt der Versicherungspflicht zurückwirkt.

461 Die Kündigung ist unwirksam, wenn der VN dem Versicherer den Eintritt der Versicherungspflicht nicht innerhalb von zwei Monaten nachweist, nachdem der Versicherer ihn hierzu in Textform aufgefordert hat, es sei denn, der VN hat die Versäumung dieser Frist nicht zu vertreten. Zu vertreten hat er diese Versäumung, wenn er weder vorsätzlich noch fahrlässig gehandelt hat, § 276 Abs. 1 BGB. Macht der VN von seinem Kündigungsrecht Gebrauch, steht dem Versicherer die Prämie bis zu dem Zeitpunkt zu. Später kann der VN das Versicherungsverhältnis zum Ende des Monats kündigen, in dem er den Eintritt der Versicherungspflicht nachweist, § 205 Abs. 2 VVG.

2. Beendigung durch den Versicherer

a) Ordentliche Kündigung

Die Möglichkeiten des Versicherers, sich von dem Versicherungsvertrag zu lösen, sind erheblich eingeschränkt. So ist es dem Versicherer gemäß § 206 Abs. 1 VVG nicht möglich, eine substitutive Krankheitskosten-, Krankentagegeld- oder Pflegekrankenversicherung zu kündigen. Das Gesetz erstreckt dann das Verbot der ordentlichen Kündigung auch auf eine nicht substitutive Krankenversicherung, die nach Art der Lebensversicherung betrieben wird, § 206 Abs. 2 VVG. Dies gilt auch für eine Krankenhaustagegeldversicherung, es sei denn, dass es sich um eine solche handelt, für die kein gesetzlicher Anspruch auf einen Beitragszuschuss des Arbeitgebers besteht. Wenn die Voraussetzungen des § 206 VVG nicht vorliegen, kann der Versicherer seine Krankheitskosten- bzw. Krankenhaustagegeldversicherung kündigen, allerdings nur innerhalb der ersten drei Jahre zum Ende eines Versicherungsjahres. Auch in Bezug auf sein Kündigungsrecht wegen Obliegenheitsverletzungen durch den VN kann der Versicherer nur in den ersten drei Jahren zurücktreten. **462**

Beim Bezug auf sein Kündigungsrecht wegen Obliegenheitsverletzung durch den VN, kann der Versicherer erst nach Fortsetzung von wenigstens zwei Monaten die Kündigung ..., § 194 Abs. 2 VVG. Allerdings sind die versicherten Personen berechtigt, die Fortsetzung des Versicherungsverhältnisses unter Benennung eines künftigen VN zu erklären, § 206 Abs. 4 VVG. Sie haben dann die Prämie ab Fortsetzung des Versicherungsverhältnisses zu leisten. Die versicherten Personen sind übrigens über die Kündigung und das Eintrittsrecht in Textform zu informieren. Das Eintrittsrecht besteht aber nur zwei Monate nach Kenntniserlangung, § 206 Abs. 4 VVG. **463**

b) Außerordentliche Kündigung

Die außerordentliche Kündigung des Versicherungsverhältnisses durch den Versicherer richtet sich nach den allgemeinen Regeln, wobei allerdings hohe Anforderungen an das Erfordernis des wichtigen Grundes zu stellen sind. Der VN muss aus Eigennutz die Interessen des Versicherers besonders schwerwiegend verletzt haben, z. B. durch das Erschleichen von Leistungen (OLG Köln VersR 1991, 410). Aber dann sollten analog § 206 Abs. 4 VVG die versicherten Personen das Recht haben, in den Vertrag einzutreten. **464**

c) Anfechtung wegen arglistiger Täuschung

Der Versicherer kann stets, wenn er über wesentliche Tatsachen vom VN arglistig getäuscht worden ist, das Verhältnis nach § 123 BGB anfechten. Dieses Anfechtungsrecht unterliegt nicht den Beschränkungen bei Kündigungen. **465**

VI. Neufestsetzung der Prämie

466 Ähnlich wie im Bereich der Lebensversicherung sieht nunmehr auch § 203 VVG vor, dass die Prämie angepasst werden kann. Voraussetzung ist, dass es sich um ein Versicherungsverhältnis handelt, bei dem die ordentliche Kündigung des Versicherers gesetzlich oder vertraglich ausgeschlossen ist. Sodann muss der tatsächliche Schadensbedarf gegenüber der technischen Berechnungsgrundlage und der daraus errechneten Prämie eine solche Veränderung ergeben, dass entsprechend den berichtigten Berechnungsgrundlagen die Prämie auch für bestehende Versicherungsverhältnisse neu festgesetzt wird. Freilich hat ein unabhängiger Treuhänder die Berechnungsgrundlagen zu überprüfen und der Prämienanpassung zuzustimmen. Ähnlich, aber noch eingeschränkter in seinen Voraussetzungen ist die Anpassung der Prämie im Bereich der substitutiven Krankenversicherung vorgesehen, § 203 Abs. 1 VVG. Auch hier sind Veränderungen der Verhältnisse, insbesondere des Gesundheitswesens, entscheidend, wenn die Änderungen zur hinreichenden Wahrung der Belange des Versicherten erforderlich sind und ein unabhängiger Treuhänder die Voraussetzung für die Änderung überprüft und die Angemessenheit bestätigt hat. Eine vom Krankenversicherer mit Zustimmung des Treuhänders vorgenommene Erhöhung der Prämien für bestehende Versicherungsverhältnisse nach § 203 Abs. 2 VVG unterliegt einer umfassenden tatsächlichen und rechtlichen Überprüfung durch die Zivilgerichte (BGH VersR 2004, 991 = NJW 2004, 2679). Dabei haben die Zivilgerichte das Interesse des VN an einer sachlichen Überprüfung der Berechnung der Prämienerhöhung mit einem schutzwürdigen Interesse des Krankenversicherers an der Geheimhaltung der Berechnungsgrundlagen zum Ausgleich zu bringen (BVerfG VersR 2000, 214).

VII. Verbot der abweichenden vertraglichen Regelung

467 Gemäß § 208 VVG ist es untersagt, von den gesetzlichen Regelungen der Kündigung zu Lasten des VN abzuweichen. Diese stellen insoweit halbzwingende Vorschriften dar, denn zugunsten des VN kann eine Abweichung erfolgen. Von der abweichenden Vereinbarung nutzen auch die sonstigen versicherten Personen. Für die Kündigung des VN nach § 205 VVG, kann die Schrift- oder Textform vereinbart werden. Diese Vereinbarung ist nicht zum Nachteil des VN.

12. Kapitel: Versicherungsaufsicht

Literatur:

August Angerer, Aufsichtsrechtliche Ausgangspunkte der Dienstleistungsfreiheit für Versicherungsunternehmen im gemeinsamen Markt, VersR 1987, 325;

Attila Fenyves u. Stephan Korinek, Das österr. Versicherungsaufsichtsrecht im Überblick, in: Zeitschrift für Verwaltung (Wien), 1999, 158;

Ralph Fogelgesang, Aufsicht über Rückversicherungsunternehmen, FS Egon Lorenz, Karlsruhe 2004, S. 845;

Alfred Goldberg, Helmut Müller, Versicherungsaufsichtsgesetz, Berlin, New York 1980;

Knut Hohlfeld, Die Zukunft der Versicherungsaufsicht nach Vollendung des Binnenmarktes, VersR 1993, 144;

Knut Hohlfeld, Internationale Harmonisierung der Versicherungsaufsicht, FS Egon Lorenz, Karlsruhe 2004, S. 333;

Ingo Möllhoff, Die Zukunft der Versicherungsaufsicht in Deutschland, in Schwintowski, Deregulierung ..., Baden-Baden 1994, S. 59;

Peter Präve, Versicherungsaufsicht, Treuhänder und Verantwortlicher Aktuar, VersR 1995, 733;

Erich R. Prölss, Reimer Schmidt, Versicherungsaufsichtsgesetz, 11. Auflage, München 1997;

Wolf-Rüdiger Schenke, Schadensersatzansprüche des VN bei der Verletzung staatlicher Versicherungsaufsichtspflichten – Zur Frage der Drittgerichtetheit von Versicherungsaufsichtspflichten, FS Egon Lorenz, Karlsruhe 1994, S. 473;

Eberhard Schwark, Die Ersetzung der materiellen Staatsaufsicht durch Normativsystem, in: Schwintowski, Deregulierung ..., Baden-Baden 1994, S. 10;

Michael Tigges, Geschichte und Entwicklung der Versicherungsaufsicht, Karlsruhe 1985;

Ralf Tönnies, Staatshaftung für Versicherungsaufsicht, Karlsruhe 1987

§ 36 Rechtsquellen und Funktion der Versicherungsaufsicht

I. Europäische und nationale Rechtsquellen

468 Die Versicherungsaufsicht beruht im Wesentlichen auf drei Grundlagen. Es handelt sich einmal um das Gesetz über die privaten Versicherungsunternehmungen von 1901, auch Versicherungsaufsichtsgesetz genannt. Es enthält die Rechtsgrundlagen und Einzelregelungen der staatlichen Aufsicht über private Versicherungsunternehmungen. Als zweites ist das Gesetz über die Errichtung eines Bundesaufsichtsamts für das Versicherungswesen von 1951 oder Bundesaufsichtsgesetz zu nennen. Es grenzt die aufsichtsrechtliche Zuständigkeit zwischen Bund und Ländern ab und schafft eine bundeseigene Verwaltung zur Durchführung der Aufsicht anstelle der an sich zuständigen Verwaltungsbehörden der Länder. Die dritte Grundlage bilden Rechtsakte der EU, die im Wesentlichen als Richtlinien erlassen worden sind.

II. Funktion der Versicherungsaufsicht

469 Die Begründung des Entwurfs des VAG von 1901 geht mit Recht davon aus, dass dem Staat die Pflicht besonderer Fürsorge auf dem Gebiet des Versicherungswesens obliegt. Maßgebend ist dafür insbesondere die Rücksicht auf die große wirtschaftliche, soziale und ethische Bedeutung des Versicherungswesens, dem erhebliche Gefahr von Missbräuchen droht. Wesentlich ist weiter, dass die Institution „Versicherung" auf das Vertrauen der Bevölkerung angewiesen ist. Das Versicherungswesen wird nur dort auf die Dauer akzeptiert, wo es eine gute Tradition hat und seine Versprechungen geglaubt werden. Neuere Umfragen haben ergeben, dass die Mehrheit der Bevölkerung in der Bundesrepublik eine positive Einstellung zur Versicherung hat.

470 Kraft europäischen Rechts ist nunmehr die Deregulierung des Versicherungsmarktes erfolgt. Der VN soll nicht mehr so sehr in Schutz genommen werden, sondern er soll, auch durch Erweiterung der Informationspflichten selbst entscheiden, mit welcher Versicherung und zu welchen Bedingungen er abschließen will.

471 Das durch Gesetz errichtete (früher Reichs-, dann) Bundesaufsichtsamt für das Versicherungswesen (BAV) erfüllte im Wesentlichen zwei Funktionen. Es sollte den einzelnen VN vor Übervorteilung schützen. Sodann sollte es die andauernde Leistungsfähigkeit des Versicherungsunternehmens sichern. Zur Erreichung dieser Funktionen hatten die deutschen Gesetze das System der materiellen Staatsaufsicht gewählt, welches auf folgenden Prinzipien beruhte: Konzessionszwang, gelegentlich Kautionszwang, Verpflichtung zur sorgfältigen Rechnungslegung, Publizität und laufende Überwachung der Geschäftsführung, Möglichkeit des Ein-

griffs in den Geschäftsbetrieb durch Weisungen, Auflagen und schließlich Entzug der Konzession bzw. Schließung des Versicherungsunternehmens. An die Stelle der materiellen Aufsicht ist nunmehr ein System von Normativbestimmungen getreten. Dadurch werden die Versicherungsunternehmen zu einem bestimmten, meist aus dem Gesetz, jedenfalls mittelbar entnehmbaren Verhalten veranlasst. Die Versicherungsaufsicht im strengen Sinne gibt es heute nur noch für die substitutive Krankenversicherung, also für die Krankenversicherung, die geeignet ist, die gesetzliche Krankenversicherung ganz oder teilweise zu ersetzen, § 12 VAG.

Seit Mai 2002 ist das Bundesaufsichtsamt für das Versicherungswesen in die **472**
neue Allfinanz-Aufsichtsbehörde „Bundesanstalt für Finanzdienstleistungsaufsicht" aufgegangen. Diese Bundesanstalt wird als BaFin abgekürzt. Sie beaufsichtigt die privaten Versicherungsunternehmen. Sie ist dem Bundesministerium der Finanzen unterstellt. Regional tätige Versicherungsgesellschaften werden nicht vom BaFin, sondern von einer Behörde des Bundeslandes nach dem VAG beaufsichtigt.

III. Entwicklung des Versicherungsaufsichtswesens

Das Versicherungsaufsichtsgesetz aus dem Jahre 1901 wirkte damals wie eine **473**
Ergänzung der Gewerbeordnung, welche die Versicherungsunternehmer ausgespart hatte. Den gewerbe- und wirtschaftspolizeirechtlichen Charakter hat das Gesetz heute weitgehend verloren.

Eine Novelle versuchte im Jahre 1937, dem Reichsaufsichtsamt für die Privatver- **474**
sicherung eine autoritäre Stellung zu geben. Damals wurde auch die Bedürfnisprüfung bei Zulassung neuer Unternehmen und bei Erweiterung des bisherigen Geschäftsplans eingefügt. Daran lässt sich erkennen, dass man die Versicherungsaufsicht zu einem Instrument der staatlichen Wirtschaftslenkung machen wollte.

Danach wurde der Versicherungsaufsicht wieder die Schutztheorie zugrunde **475**
gelegt. Das Wesen der Aufsicht verbietet wirtschaftslenkende Maßnahmen. Der Verhältnismäßigkeitsgrundsatz greift auch in das Versicherungsaufsichtswesen ein. Nicht die Versicherer untereinander sollten geschützt werden, vielmehr stand der Gedanke des Konsumentenschutzes im Vordergrund. Man konnte deshalb sagen, dass die Versicherungsaufsicht auch öffentlich-rechtliche Pflichten zugunsten der VN zu erfüllen hat. Die BaFin könnte danach die Bundesrepublik durchaus schadensersatzpflichtig machen, wenn sie eine Amtspflicht verletzt, die ihr dem einzelnen VN gegenüber obliegt, Art. 3 4 GG, § 839 BGB. Noch im Jahr 1972 ist vom BGH in Abrede gestellt worden, dass das BAV im Bereich der Pflichtverletzung Amtspflichten gegenüber einzelnen Versicherten oder Verkehrsopfern zu erfüllen habe (BGHZ 58, 96 = VersR 1972, 361). Obwohl das BAV in einer Pressemitteilung vom 9.6.1983 seine Funktion als „Einrichtung zum Schutze der Versicherten" betont hat (FAZ vom 10.6.1983, S. 13), hat der Gesetzgeber nun-

mehr klargestellt, dass die Versicherungsaufsicht „nur im öffentlichen Interesse" erfolgt. § 81 Abs. 1 S. 2 VAG ist im Jahre 1985 in Kraft getreten und versagt jeden Amtshaftungsanspruch gegen die Bundesrepublik bei Pflichtverletzungen der BaFin. Die Verfassungsmäßigkeit dieser Bestimmung ist in Frage gestellt worden.

476 Da die vorhergehende Aufsicht der BaFin weitgehend entfallen ist, ist die heutige häufigste Kontrolle der AVB durch Klagen aufgrund der §§ 305ff. BGB gegeben. Insbesondere überraschende und unangemessene Klauseln werden immer wieder von den Gerichten für gesetzwidrig erklärt. So hat noch z. B. die Rechtsprechung die Bedingungsanpassungsklauseln in § 10 a ARB 94, also bei der Rechtsschutzversicherung, für unwirksam erklärt (BGH VersR 1999, 967). Umgekehrt hat die Rechtsprechung die formularmäßige Bestimmung über eine fünfjährige Laufzeit eines Rechtsschutzversicherungsvertrags für wirksam gehalten, selbst wenn eine Beitragsangleichungsklausel vereinbart ist, die eine Kündigung erst bei einer Beitragserhöhung von mehr als 15 % vorsieht (BGH MDR 1997, 641). Heute regelt § 11 VVG die Verlängerung und die Kündigung. Danach ist ein Versicherungsvertrag, der für die Dauer von mehr als drei Jahren geschlossen worden ist, vom VN zum Schluss des dritten und jedes darauffolgenden Jahres unter Einhaltung einer Frist von drei Monaten zu kündigen, § 11 Abs. 4 VVG.

477 Heute handelt es sich also im Wesentlichen um eine nachwirkende Kontrolle, die aufgrund der §§ 305ff. BGB durch die Gerichte stattfindet. Allerdings hat die BaFin immer noch eine Missbrauchsaufsicht. Auch nach dem Wegfall der präventiven Kontrolle von Versicherungsbedingungen ist die BaFin befugt, im Wege anlassbezogener nachträglicher Missstandsaufsicht eine Klausel zu untersagen, deren Verwendung die Versicherten unangemessen benachteiligt (BVerwG VersR 1998, 1137).

IV. Versicherungsaufsicht in der EU

Ab 1994 hat sich das Versicherungsaufsichtswesen in der EU grundlegend geändert. Für die Aufsicht über einen Versicherer ist nur noch das Land zuständig, in dem das Unternehmen seinen Sitz hat. Eine Vorabgenehmigung von Versicherungsbedingungen und Tarifen ist nicht mehr vorgesehen, nur bei der substitutiven Krankenversicherung und bei Pflichtversicherungen kann verlangt werden, dass die Bedingungen mitgeteilt werden. Des Weiteren ist die Finanzaufsicht liberalisiert worden, allerdings sind bestimmte Mindeststandards aufgestellt worden. Vor allem sind Monopolrechte, insbesondere zugunsten öffentlich-rechtlicher Versicherungen, aufgehoben worden. Seitdem gibt es in Deutschland keine Feuerversicherungsmonopole mehr. **478**

Jetzt besteht nur noch eine Missbrauchsaufsicht, welche die Aufgabe hat, Verstöße gegen zwingendes Recht aufzudecken und abzustellen. Allerdings sollen als Ausdruck der Deregulierung die Einheitlichkeit der Versicherungsbedingungen und der Begriffsbestimmungen nicht mehr erzwungen werden. Da keine Genehmigung der Versicherungsbedingungen gefordert wird, sind auch geschäftsplanmäßige Erklärungen oder ihre Auferlegung durch die Aufsichtsbehörde nicht mehr möglich. Die gerichtliche Nachprüfung der Versicherungsbedingungen nach den §§ 305 ff. BGB fällt insbesondere den Verbraucherschutzverbänden zu, die eine sog. Verbandsklage erheben können. **479**

§ 37 Bundesanstalt für Finanzdienstleistungsaufsicht (BaFin)

I. Errichtung und Rechtsquellen

480 Als Nachfolger des alten Reichsaufsichtsamts für das Versicherungswesen ist das BAV durch das Gesetz über die Errichtung eines Bundesaufsichtsamts für das Versicherungswesen vom 31. 7. 1951 geschaffen worden. Das Gesetz befasste sich im Wesentlichen mit der Zuständigkeitsverteilung zwischen dem Bundesaufsichtsamt und den Landesbehörden, welche die Versicherungsaufsicht wahrnehmen. Zu dem Gesetz sind mehrere Durchführungsverordnungen ergangen, von denen die wichtigste die 3. DVO, die sog. Verfahrens- und Geschäftsordnung von 1953 ist. Seit Mai 2002 ist das Bundesaufsichtsamt für das Versicherungswesen in die neue Allfinanz-Aufsichtsbehörde „Bundesanstalt für Finanzdienstleistungsaufsicht" aufgegangen.

II. Zuständigkeit der BaFin und der Länderbehörden

1. Ursprüngliche Zuständigkeit der BaFin

481 Gemäß § 1 VAG beaufsichtigt die BaFin die privaten Versicherungsunternehmen, die im Bundesgebiet ihren Sitz, eine Niederlassung oder eine Geschäftsstelle haben oder auf andere Weise das Versicherungsgeschäft betreiben. Sämtliche privat betriebenen Versicherungsunternehmen fallen also unter die ursprüngliche Zuständigkeit der BaFin. Ebenso besteht die Aufsicht der BaFin über öffentlich-rechtliche Wettbewerbsversicherungsunternehmen. Nicht unter die Aufsicht fallen etwa Körperschaften und Anstalten des öffentlichen Rechts, bei denen Versicherungsverhältnisse unmittelbar kraft Gesetzes entstehen, sowie Zusammenschlüsse von Industrie- und Handelskammern, welche Versorgungsaufgaben wahrnehmen, und Zusammenschlüsse von Gemeinden und Gemeindeverbänden, welche Schäden umlegen, § 1 Abs. 3 VAG.

2. Abgeleitete Zuständigkeiten des Bundes und der Länder

482 Die Regelungen der §§ 3f. VAG über abgeleitete Zuständigkeiten sind 1994 weggefallen. Man wird aber wohl dennoch den Landesbehörden zugestehen müssen, einzelne Aufgaben von der BaFin übertragen zu bekommen. Das kann z. B. nach § 4 BAG hinsichtlich einer öffentlich-rechtlichen Wettbewerbsversicherung geschehen, deren Tätigkeit sich auf den Bereich eines Landes beschränkt. Die Aufsicht über private Versicherungsunternehmen von geringerer wirtschaftlicher Bedeutung oder über öffentlich-rechtliche Wettbewerbsversicherungsunternehmen kann der Bundesminister der Finanzen auf Antrag die BaFin auf die zuständigen Landesbehörden mit Zustimmung der Landesregierung übertragen, § 3 BAG.

III. Ausnahmen von der Versicherungsaufsicht

Die Versicherungsaufsicht ergreift zwei wesentliche Bereiche der Versicherung grundsätzlich nicht: Die durch Aktiengesellschaften gewährte Rückversicherung und die selbstständige Versicherungsvermittlung. Die Rückversicherung, die ohnehin kaum einer gesetzlichen Regelung unterliegt, ist auch aufsichtsrechtlich nur beschränkt erfasst, § 1 Abs. 2 VAG. Als Grund dafür wird im Allgemeinen angegeben, dass der Rückversicherungsvertrag zwischen Erstversicherer und Rückversicherer, also zwischen Aktiengesellschaften und damit Vollkaufleuten abgeschlossen wird, deren Interessen nicht im Wege der Versicherungsaufsicht vom Staat wahrgenommen werden müssen. Sodann ist darauf zu verweisen, dass die Rückversicherer oft im internationalen Bereich operieren und deshalb durch staatliche Regeln nur schwer zu binden sind. Immerhin ist es bedauerlich, dass das Rückversicherungsgeschäft sich auf diese Weise dem Einfluss staatlicher Regelbildung in nicht geringem Maße entzieht und von einer kleinen Gruppe von Beteiligten aufgrund der Marktstellung in Einzelverträgen festgelegt wird. 483

Dass die selbstständige Versicherungsvermittlung von der Aufsicht ausgenommen ist, ist gleichfalls zu bedauern. Einflussreiche Vermittler, unter deren Klienten Großabnehmer sind, befinden sich oft in der Lage, Versicherungsbedingungen und Prämien deutlich zu beeinflussen. Allerdings wird man auch hier sagen müssen, dass der Versicherungsvermittler und der Großkunde kaum der Kontrolle bedürfen, da beide nicht schutzbedürftig sind. Soweit allerdings normale VN vom Vermittler betreut werden, also nicht nur Großkunden, sollte die Versicherungsaufsicht unter dem Aspekt des Konsumentenschutzes eingreifen. Dies ist jetzt durch die §§ 59ff. VVG und die Regelung über die Zulassung eines Versicherungsmaklers bzw. Versicherungsvertreters durch die Industrie- und Handelskammer geschehen. 484

IV. Organisation und Geschäftsverteilung der BaFin

Der BaFin steht ein Präsident und ein Vizepräsident vor. Es besteht aus einer Reihe von Abteilungen. Die Zentralabteilung ist für Personal, Organisation, Haushalt, allgemeine Verwaltung usw. zuständig. Ferner gibt es Abteilungen für einzelne Geschäftsbereiche. Die Abteilungen sind zuständig für Lebensversicherungsunternehmen, Krankenversicherungsunternehmen sowie Pensions- und Sterbekassen, für Haftpflicht-, Unfall- und Rechtsschutzversicherungsunternehmen, für Sach-, Transport- und sonstige Vermögensschadensversicherungsunternehmen, für Kraftfahrtversicherungsunternehmen, für Personenversicherungsunternehmen sowie Vermögensanlagen und Deckungsstocksangelegenheiten und für Schadensunfall- sowie Rückversicherungsunternehmen. Die BaFin hat einen Versicherungsbeirat, der aus 60 Mitgliedern besteht. Sie sollen aus dem Bereich der Versicherer ebenso wie der VN, aus den Kreisen der Industrie, des Handels, des Handwerks, des Verkehrsgewerbes, der Landwirtschaft, des Hausbesitzes, 485 der freien Berufe und Beamten kommen, Angehörige von Gewerkschaften, Versicherungsvermittler, Versicherungsangestellte sowie Versicherungswissenschaftler sein.

486 Die BaFin entscheidet im Wesentlichen durch Beschlusskammern, sofern nicht der Präsident, meistens nur in Eilsachen, zuständig ist. Die Zuständigkeit der Beschlusskammern besteht gemäß § 7 der 3. DVO für die Frage, ob ein Unternehmen der Aufsicht unterliegt, sowie für die Erlaubnis zum Geschäftsbetrieb, die Genehmigung von Bestandsübertragungen, die Genehmigung der Auflösung von Versicherungsvereinen auf Gegenseitigkeit, die Bestellung eines Sonderbeauftragten zur Wahrung der Belange der Versicherten, die Untersagung der Fortsetzung von Beteiligungen, die Untersagung des Geschäftsbetriebs, den Antrag auf Eröffnung des Insolvenzverfahrens und die Herabsetzung von Verpflichtungen von Lebensversicherungsunternehmen.

487 Die Geschäfts- und Verfahrensordnung enthält die Grundsätze über die Zusammensetzung der Beschlusskammern und das Verfahren. Wesentlich ist, dass die Entscheidungen der BaFin vor dem Bundesverwaltungsgericht im ersten und letzten Rechtszug anfechtbar sind; das Gleiche gilt für Untätigkeitsklagen. Der Zweck dieser Einzelzuständigkeit besteht darin, den Rechtsschutz in der Versicherungsaufsicht zu beschleunigen, da Verwaltungsakten in diesem Bereich regelmäßig eine über den Einzelfall hinausgehende Bedeutung zukommt. Für Feststellungsklagen (§ 43 VwGO) gilt dies nicht. Hier wie bei Klagen gegen den Bundesminister für Wirtschaft ist der ganze Verwaltungsrechtszug gegeben.

Als Beispiele seien folgende Entscheidungen des BVerwG genannt:

BVerwG VersR 1984, 877: Ein Versicherer wollte Kraftfahrtversicherungen genehmigen lassen, wonach die Deckungssumme unbegrenzt und auch hinsichtlich der Personenschäden unbeschränkt war. Das BAV wollte die Genehmigung nur mit der Maßgabe erteilen, dass die Deckungssumme für Personenschäden den Betrag von 7,5 Mio. DM je geschädigte Person nicht übersteigt. Mangels gesetzlicher Ermächtigung hat das BVerwG der Klage stattgegeben. **488**

BVerwG VersR 1984, 1033: Ein Versicherungsverein auf Gegenseitigkeit darf den Anspruch auf Beitragsrückerstattung oder auch einen Überschussanteil davon abhängig machen, dass die Versicherung schadensfrei geblieben ist. Das gilt insbesondere auch für Beschlüsse der Mitgliederversammlung eines Krankenversicherungsvereins auf Gegenseitigkeit.

BVerwG VersR 1985, 953: Ein Versicherungsunternehmen klagt auf Erteilung der Erlaubnis zum Geschäftsbetrieb. Versicherungsschutz sollte nur dadurch geboten werden, dass bei stationärer Behandlung wegen einer Krebserkrankung ein Krankenhaustagegeld gewährt wird. Die Klage wird abgewiesen, da die Belange der Versicherten nicht ausreichend gewahrt sind. Gerade Krebskranken wird nicht selten die Diagnose aus humanitären Gründen verschwiegen. Sie wissen dann nicht, dass sie einen Anspruch gegen den Versicherer haben.

BVerwG VersR 1999, 1001: In der substitutiven Krankenversicherung umfasst die Pflicht des Versicherungsunternehmens, dem BAV neue oder geänderte AVB oder Grundsätze vor deren Verwendung einzureichen sowie neben den zur Prämienermittlung erforderlichen Rechnungsgrundlagen auch die zu ihrer Beurteilung nötigen statistischen Herleitungen und Nachweise vorzulegen.

§ 38 Beaufsichtigung des Versicherungswesens

I. Art, Funktion und Umfang der Aufsicht

489 Die durch die BaFin ausgeübte Versicherungsaufsicht ist weitgehend eine Rechtsaufsicht, d. h., sie erstreckt sich darauf, Rechtsverstöße festzustellen, zu rügen und auf Abstellung zu drängen. Eine Fachaufsicht wird nur noch in geringem Maße, insbesondere bei der substitutiven Krankenversicherung, vorgenommen, also bei der Versicherung, die ganz oder zum Teil anstelle einer gesetzlichen Krankenversicherung tritt. Das Aufsichtsbedürfnis ist jeweils aus den Normativbestimmungen des Gesetzes zu entnehmen.

490 Früher war die Versicherungsaufsicht eine Einzelaufsicht, aber oft auch eine Gesamtaufsicht über eine ganze Sparte. Es konnten Sammelverfügungen und Rundschreiben zu gleich lautenden Aufsichtsbedürfnissen ergehen. Heute gibt es keine Vorabgenehmigung der Versicherungsbedingungen und Tarife mehr. Die Finanzaufsicht ist zwar noch vorhanden, wird aber durch die Normativbestimmungen festgesetzt. Das Versicherungswesen soll auf diese Weise nicht mehr durch die Aufsichtsbehörden, sondern vor allem durch den Markt gestaltet werden.

II. Erlaubnis zum Geschäftsbetrieb

491 Versicherungsunternehmen bedürfen zum Geschäftsbetrieb der Erlaubnis der Aufsichtsbehörde, § 5 VAG. Die Erlaubnis wird nur erteilt, wenn zu gleicher Zeit auch der Geschäftsplan eingereicht wird, der den Zweck und die Einrichtung der Unternehmung sowie den Bezirk des beabsichtigten Geschäftsbetriebs darlegen muss. Als Bestandteil des Geschäftsplans gelten auch die Satzung und Angaben darüber, welche Versicherungssparten betrieben und welche Risiken einer Versicherungssparte gedeckt werden sollen. Die Erlaubnis wird grundsätzlich ohne zeitliche und räumliche Beschränkung erteilt. Sie darf nur versagt werden, wenn Bedenken gegen Inhaber oder Geschäftsleiter des Versicherungsunternehmens bestehen, nach dem Geschäftsplan die Belange der Versicherten nicht ausreichend gewahrt oder die Verpflichtungen aus den Versicherungen nicht genügend als dauernd erfüllbar dargetan sind, § 8 VAG. Die Belange der Versicherten sind z. B. gefährdet bei einer Versicherung nur für Karzinomerkrankungen, da nicht allen Kranken die Diagnose eröffnet wird. Zusätzlich sind einzureichen Angaben über eine beabsichtigte Rückversicherung, die Schätzung der Aufwendungen für die Verwaltung sowie Angaben über gehaltene Beteiligungen an anderen Gesellschaften, § 5 VAG.

III. Rechnungslegung und Bilanzprüfung

In den §§ 53 c VAG sind einzelne Regeln über Rechnungslegung und Bilanzprüfung enthalten. Sie betreffen einmal den Vermögenserwerb, welcher genau reguliert ist und den das Unternehmen bisweilen der Aufsichtsbehörde mitteilen muss. Die Bücher des Versicherungsunternehmens sind jährlich abzuschließen und es ist ein Rechnungsabschluss und ein Jahresbericht anzufertigen, welcher der Aufsichtsbehörde einzureichen ist. Der einzelne VN hat keinen Anspruch auf Einzelauskunft (BGH VersR 1983, 746), soweit es sich nicht um die Lebensversicherung handelt, bei der nach § 155 VVG eine jährliche Unterrichtung stattzufinden hat. Diese hat in Textform über die Entwicklung der Ansprüche des VN unter Einbeziehung der Überschussbeteiligung Mitteilung zu machen. Frühere Mitteilungen, deren Erwartungen sich nicht verwirklicht haben, sollten in der nächsten jährlichen Unterrichtung korrigiert werden. Auch kann der Aktionär einer Versicherungsholding-AG über deren Beteiligung an anderen Gesellschaften Auskunft verlangen, soweit diese Beteiligung am Bilanzstichtag mindestens 10 % des Grundkapitals oder der Stimmrechte umfasst und einen börsennotierten Wert von mindestens 100 Mio. DM darstellt (KG VersR 1994, 1108). Der VN hat einen Anspruch auf Beteiligung an den stillen Reserven und kann von der Lebensversicherung bei vorzeitigem Ausscheiden oder Übernahme des Versicherungsbestandes durch einen anderen Versicherer verlangen, dass Reserven mit eingerechnet werden, § 169 VVG (BVerfG VersR 2006, 489 – Rückkaufswert; VersR 2005, 1109 = NJW 2005, 2363 – Bestandsübertragung). 492

Für die Lebensversicherung ist eine Deckungsrücklage (Prämienreserve) zu bilden, die der Sache nach eine Rückstellung und keine Rücklage ist, § 65 VAG. Schon im Laufe des Geschäftsjahres sind Beträge in solcher Höhe dem Prämienreservefonds zuzuführen, wie es dem voraussichtlichen Anwachsen der Deckungsrücklage entspricht. Die Anlagen für den Deckungsstock, z. B. in mündelsicheren Papieren oder inländischen Grundstücken, können von der BaFin überwacht werden. Es ist sogar ein Treuhänder zur Überwachung des Deckungsstocks zu bestellen, § 70 VAG. Er hat den Deckungsstock zu überwachen und darauf zu achten und zu bestätigen, dass die eingestellten Deckungsrücklagen vorschriftsmäßig angelegt und aufbewahrt sind, § 73 VAG. Aus dem Deckungsstock dürfen außer bei Änderung der Kapitalanlage nur Beträge entnommen werden, die durch Eintritt des Versicherungsfalls, durch Rückkauf oder dadurch frei werden, dass ein Versicherungsverhältnis beendigt oder der Geschäftsplan geändert wird, § 77 VAG. Zwangsvollstreckung und Konkurseröffnung betreffen den Deckungsstock nur insoweit, als es um Ansprüche von am Deckungsstock Berechtigten geht. Die Insolvenz des Lebensversicherers wird also die VN nicht voll treffen, da die VN oder Berechtigten ein Recht auf bevorzugte Befriedigung aus den Werten haben, die in das Deckungsstockverzeichnis eingetragen sind. Ähnliches gilt für die Krankenversicherung und die Unfallversicherung, §§ 78 f. VAG. 493

IV. Laufende Aufsicht der BaFin

494 Die Aufsichtsbehörde überwacht den gesamten Geschäftsbetrieb der Versicherungsunternehmen im Rahmen einer rechtlichen Aufsicht allgemein und einer Finanzaufsicht im Besonderen, § 81 VAG. Darunter fällt etwa die unzulässige Rabattgewährung. Die BaFin hat auch beanstandet, dass ein Versicherungsunternehmen aus seinen Überschüssen die Verluste einer Tochtergesellschaft ausgleicht, die als Rückversicherer tätig ist. Dieses Geld sei der Rückstellung für Beitragsrückerstattungen verloren gegangen (FAZ vom 16.2.1983, S. 13). Gemäß § 82 VAG kann die Aufsichtsbehörde die Fortsetzung einer Beteiligung an einem Unternehmen untersagen, das nicht der Aufsicht unterliegt, wenn durch diese Beteiligung die Versicherungsunternehmung gefährdet wird. Die BaFin hat ein jederzeitiges Prüfungs- und Aufsichtsrecht, das in regelmäßigen Zeitabständen ausgeübt werden soll, §§ 83ff. VAG. Zur Abwendung eines Insolvenzverfahrens kann dem Versicherungsunternehmen ein Zahlungsverbot auferlegt werden, auch kann die BaFin die Verpflichtungen aus der Lebensversicherung herabsetzen, § 89 VAG. Die differenzierte Verzinsung für Lebensversicherungen je nach dem Jahr des Abschlusses der Versicherung, die sog. „Spreizung" ist von der Finanzaufsicht beanstandet worden (FAZ vom 8.6.2004).

V. Europäische Versicherungsunternehmen

495 Versicherungsunternehmen mit Sitz in einem anderen Vertragsstaat des EWR-Abkommens dürfen Direktversicherungsgeschäfte im Inland durch eine Niederlassung oder im Dienstleistungsverkehr durch Mittelspersonen betreiben. Dieses setzt voraus, dass die Aufsichtsbehörde des Herkunftsmitgliedstaates der Aufsichtsbehörde darüber Mitteilungen macht, insbesondere dass im Falle der substitutiven Krankenversicherung die Versicherungsbedingungen eingereicht werden. Die Finanzaufsicht über die Geschäftstätigkeit obliegt allein der Aufsichtsbehörde des Herkunftslandes, die Aufsicht im Übrigen auch der BaFin, § 110 a VAG. Beanstandungen sind an die Aufsichtsbehörde des Herkunftslandes zu richten, die ihrerseits Maßnahmen trifft. Die Dienstleistungen der Versicherer sind also im EWR-Raum weitgehend liberalisiert. Die Aufsicht wird regelmäßig von den Behörden des Herkunftslandes geführt.

VI. Ausländische Versicherungsunternehmen

Ausländische Versicherungsunternehmen, die ihren Sitz nicht im EWR haben **496** und im Inland durch Vertreter, bevollmächtigte Agenten oder andere Vermittler das Direktversicherungsgeschäft betreiben wollen, bedürfen der Erlaubnis, § 105 VAG. Die Unternehmen haben im Geltungsbereich dieses Gesetzes eine Niederlassung zu errichten und dort die Geschäftsunterlagen zur Verfügung zu halten. Dazu gehört insbesondere der Jahresabschluss und der Lagebericht der Hauptniederlassung in deutscher Sprache, die jedem Versicherten auf Verlangen übersandt werden müssen. Die Erlaubniserteilung erfolgt im Übrigen durch den Bundesminister der Finanzen.

Der Antrag ist aber bei der BaFin zu stellen. Es besteht kein Anspruch auf Ertei- **497** lung der Erlaubnis, vielmehr besteht nur die Möglichkeit, wenn gewisse Voraussetzungen eingehalten werden, etwa eine Kaution gestellt wird, § 106 b Abs. 4 VAG. Die Aufsichtsbehörde kann die Erlaubnis bei Wegfall der Voraussetzungen widerrufen, etwa wenn das Unternehmen im Sitzland die Erlaubnis zum Geschäftsbetrieb verliert. Ausländische Unternehmungen, die eine Lebensversicherung zugleich mit anderen Versicherungssparten anbieten, haben im Geltungsbereich des Gesetzes die Lebensversicherung auszugliedern, § 106 c VAG. Einschränkungen bestehen auch hinsichtlich der Bestandsübertragung einer inländischen Niederlassung auf ein Unternehmen mit Sitz außerhalb der EU oder des EWR, § 108 VAG.

Gesetz über den Versicherungsvertrag (Versicherungsvertragsgesetz – VVG)

Vom 23. November 2007 (BGBl. I S. 2631)

Zuletzt geändert durch Artikel 2 des Gesetzes vom 1. August 2014 (BGBl. I S. 1330)

Inhaltsübersicht*[1]

Teil 1 Allgemeiner Teil

Kapitel 1 Vorschriften für alle Versicherungszweige

Abschnitt 1 Allgemeine Vorschriften

§ 1 Vertragstypische Pflichten

Der Versicherer verpflichtet sich mit dem Versicherungsvertrag, ein bestimmtes Risiko des Versicherungsnehmers oder eines Dritten durch eine Leistung abzusichern, die er bei Eintritt des vereinbarten Versicherungsfalles zu erbringen hat. Der Versicherungsnehmer ist verpflichtet, an den Versicherer die vereinbarte Zahlung (Prämie) zu leisten.

§ 2 Rückwärtsversicherung

(1) Der Versicherungsvertrag kann vorsehen, dass der Versicherungsschutz vor dem Zeitpunkt des Vertragsschlusses beginnt (Rückwärtsversicherung).

(2) Hat der Versicherer bei Abgabe seiner Vertragserklärung davon Kenntnis, dass der Eintritt eines Versicherungsfalles ausgeschlossen ist, steht ihm ein Anspruch auf die Prämie nicht zu. Hat der Versicherungsnehmer bei Abgabe seiner Vertragserklärung davon Kenntnis, dass ein Versicherungsfall schon eingetreten ist, ist der Versicherer nicht zur Leistung verpflichtet.

(3) Wird der Vertrag von einem Vertreter geschlossen, ist in den Fällen des Absatzes 2 sowohl die Kenntnis des Vertreters als auch die Kenntnis des Vertretenen zu berücksichtigen. (4) § 37 Abs. 2 ist auf die Rückwärtsversicherung nicht anzuwenden.

1 * Von der Darstellung der einzelnen Paragraphen der amtlichen Inhaltsübersicht wurde abgesehen.

§ 3 Versicherungsschein

(1) Der Versicherer hat dem Versicherungsnehmer einen Versicherungsschein in Textform, auf dessen Verlangen als Urkunde, zu übermitteln.

(2) Wird der Vertrag nicht durch eine Niederlassung des Versicherers im Inland geschlossen, ist im Versicherungsschein die Anschrift des Versicherers und der Niederlassung, über die der Vertrag geschlossen worden ist, anzugeben.

(3) Ist ein Versicherungsschein abhandengekommen oder vernichtet, kann der Versicherungsnehmer vom Versicherer die Ausstellung eines neuen Versicherungsscheins verlangen. Unterliegt der Versicherungsschein der Kraftloserklärung, ist der Versicherer erst nach der Kraftloserklärung zur Ausstellung verpflichtet.

(4) Der Versicherungsnehmer kann jederzeit vom Versicherer Abschriften der Erklärungen verlangen, die er mit Bezug auf den Vertrag abgegeben hat. Benötigt der Versicherungsnehmer die Abschriften für die Vornahme von Handlungen gegenüber dem Versicherer, die an eine bestimmte Frist gebunden sind, und sind sie ihm nicht schon früher vom Versicherer übermittelt worden, ist der Lauf der Frist vom Zugang des Verlangens beim Versicherer bis zum Eingang der Abschriften beim Versicherungsnehmer gehemmt.

(5) Die Kosten für die Erteilung eines neuen Versicherungsscheins nach Absatz 3 und der Abschriften nach Absatz 4 hat der Versicherungsnehmer zu tragen und auf Verlangen vorzuschießen.

§ 4 Versicherungsschein auf den Inhaber

(1) Auf einen als Urkunde auf den Inhaber ausgestellten Versicherungsschein ist § 808 des Bürgerlichen Gesetzbuchs anzuwenden.

(2) Ist im Vertrag bestimmt, dass der Versicherer nur gegen Rückgabe eines als Urkunde ausgestellten Versicherungsscheins zu leisten hat, genügt, wenn der Versicherungsnehmer erklärt, zur Rückgabe außerstande zu sein, das öffentlich beglaubigte Anerkenntnis, dass die Schuld erloschen sei. Satz 1 ist nicht anzuwenden, wenn der Versicherungsschein der Kraftloserklärung unterliegt.

§ 5 Abweichender Versicherungsschein

(1) Weicht der Inhalt des Versicherungsscheins von dem Antrag des Versicherungsnehmers oder den getroffenen Vereinbarungen ab, gilt die Abweichung als genehmigt, wenn die Voraussetzungen des Absatzes 2 erfüllt sind und der Versicherungsnehmer nicht innerhalb eines Monats nach Zugang des Versicherungsscheins in Textform widerspricht.

(2) Der Versicherer hat den Versicherungsnehmer bei Übermittlung des Versicherungsscheins darauf hinzuweisen, dass Abweichungen als genehmigt gelten, wenn der Versicherungsnehmer nicht innerhalb eines Monats nach Zugang des

Versicherungsscheins in Textform widerspricht. Auf jede Abweichung und die hiermit verbundenen Rechtsfolgen ist der Versicherungsnehmer durch einen auffälligen Hinweis im Versicherungsschein aufmerksam zu machen.

(3) Hat der Versicherer die Verpflichtungen nach Absatz 2 nicht erfüllt, gilt der Vertrag als mit dem Inhalt des Antrags des Versicherungsnehmers geschlossen.

(4) Eine Vereinbarung, durch die der Versicherungsnehmer darauf verzichtet, den Vertrag wegen Irrtums anzufechten, ist unwirksam.

§ 6 Beratung des Versicherungsnehmers

(1) Der Versicherer hat den Versicherungsnehmer, soweit nach der Schwierigkeit, die angebotene Versicherung zu beurteilen, oder der Person des Versicherungsnehmers und dessen Situation hierfür Anlass besteht, nach seinen Wünschen und Bedürfnissen zu befragen und, auch unter Berücksichtigung eines angemessenen Verhältnisses zwischen Beratungsaufwand und der vom Versicherungsnehmer zu zahlenden Prämien, zu beraten sowie die Gründe für jeden zu einer bestimmten Versicherung erteilten Rat anzugeben. Er hat dies unter Berücksichtigung der Komplexität des angebotenen Versicherungsvertrags zu dokumentieren.

(2) Der Versicherer hat dem Versicherungsnehmer den erteilten Rat und die Gründe hierfür klar und verständlich vor dem Abschluss des Vertrags in Textform zu übermitteln. Die Angaben dürfen mündlich übermittelt werden, wenn der Versicherungsnehmer dies wünscht oder wenn und soweit der Versicherer vorläufige Deckung gewährt. In diesen Fällen sind die Angaben unverzüglich nach Vertragsschluss dem Versicherungsnehmer in Textform zu übermitteln; dies gilt nicht, wenn ein Vertrag nicht zustande kommt und für Verträge über vorläufige Deckung bei Pflichtversicherungen.

(3) Der Versicherungsnehmer kann auf die Beratung und Dokumentation nach den Absätzen 1 und 2 durch eine gesonderte schriftliche Erklärung verzichten, in der er vom Versicherer ausdrücklich darauf hingewiesen wird, dass sich ein Verzicht nachteilig auf seine Möglichkeit auswirken kann, gegen den Versicherer einen Schadensersatzanspruch nach Absatz 5 geltend zu machen.

(4) Die Verpflichtung nach Absatz 1 Satz 1 besteht auch nach Vertragsschluss während der Dauer des Versicherungsverhältnisses, soweit für den Versicherer ein Anlass für eine Nachfrage und Beratung des Versicherungsnehmers erkennbar ist. Der Versicherungsnehmer kann im Einzelfall auf eine Beratung durch schriftliche Erklärung verzichten.

(5) Verletzt der Versicherer eine Verpflichtung nach Absatz 1, 2 oder 4, ist er dem Versicherungsnehmer zum Ersatz des hierdurch entstehenden Schadens verpflichtet. Dies gilt nicht, wenn der Versicherer die Pflichtverletzung nicht zu vertreten hat.

(6) Die Absätze 1 bis 5 sind auf Versicherungsverträge über ein Großrisiko im Sinn des § 210 Absatz 2 nicht anzuwenden, ferner dann nicht, wenn der Vertrag mit dem Versicherungsnehmer von einem Versicherungsmakler vermittelt wird oder wenn es sich um einen Vertrag im Fernabsatz im Sinn des § 312c des Bürgerlichen Gesetzbuchs handelt.

§ 7 Information des Versicherungsnehmers

(1) Der Versicherer hat dem Versicherungsnehmer rechtzeitig vor Abgabe von dessen Vertragserklärung seine Vertragsbestimmungen einschließlich der Allgemeinen Versicherungsbedingungen sowie die in einer Rechtsverordnung nach Absatz 2 bestimmten Informationen in Textform mitzuteilen. Die Mitteilungen sind in einer dem eingesetzten Kommunikationsmittel entsprechenden Weise klar und verständlich zu übermitteln. Wird der Vertrag auf Verlangen des Versicherungsnehmers telefonisch oder unter Verwendung eines anderen Kommunikationsmittels geschlossen, das die Information in Textform vor der Vertragserklärung des Versicherungsnehmers nicht gestattet, muss die Information unverzüglich nach Vertragsschluss nachgeholt werden; dies gilt auch, wenn der Versicherungsnehmer durch eine gesonderte schriftliche Erklärung auf eine Information vor Abgabe seiner Vertragserklärung ausdrücklich verzichtet.

(2) Das Bundesministerium der Justiz und für Verbraucherschutz wird ermächtigt, im Einvernehmen mit dem Bundesministerium der Finanzen und durch Rechtsverordnung ohne Zustimmung des Bundesrates zum Zweck einer umfassenden Information des Versicherungsnehmers festzulegen,

1. welche Einzelheiten des Vertrags, insbesondere zum Versicherer, zur angebotenen Leistung und zu den Allgemeinen Versicherungsbedingungen sowie zum Bestehen eines Widerrufsrechts, dem Versicherungsnehmer mitzuteilen sind,

2. welche weiteren Informationen dem Versicherungsnehmer bei der Lebensversicherung, insbesondere über die zu erwartenden Leistungen, ihre Ermittlung und Berechnung, über eine Modellrechnung sowie über die Abschluss- und Vertriebskosten und die Verwaltungskosten, soweit eine Verrechnung mit Prämien erfolgt, und über sonstige Kosten mitzuteilen sind,

3. welche weiteren Informationen bei der Krankenversicherung, insbesondere über die Prämienentwicklung und -gestaltung sowie die Abschluss- und Vertriebskosten und die Verwaltungskosten, mitzuteilen sind,

4. was dem Versicherungsnehmer mitzuteilen ist, wenn der Versicherer mit ihm telefonisch Kontakt aufgenommen hat und

5. in welcher Art und Weise die Informationen zu erteilen sind.

Bei der Festlegung der Mitteilungen nach Satz 1 sind die vorgeschriebenen Angaben nach der Richtlinie 92/49/EWG des Rates vom 18. Juni 1992 zur Koordinierung der Rechts- und Verwaltungsvorschriften für die Direktversicherung (mit

Ausnahme der Lebensversicherung) sowie zur Änderung der Richtlinien 73/239/EWG und 88/357/EWG (ABl. EG Nr. L 228 S. 1), der Richtlinie 2002/65/EG des Europäischen Parlaments und des Rates vom 23. September 2002 über den Fernabsatz von Finanzdienstleistungen an Verbraucher und zur Änderung der Richtlinie 90/619/EWG des Rates und der Richtlinien 97/7/EG und 98/27/EG (ABl. EG Nr. L 271 S. 16) sowie der Richtlinie 2002/83/EG des Europäischen Parlaments und des Rates vom 5. November 2002 über Lebensversicherungen (ABl. EG Nr. L 345 S. 1) zu beachten.

(3) In der Rechtsverordnung nach Absatz 2 ist ferner zu bestimmen, was der Versicherer während der Laufzeit des Vertrags in Textform mitteilen muss; dies gilt insbesondere bei Änderungen früherer Informationen, ferner bei der Krankenversicherung bei Prämienerhöhungen und hinsichtlich der Möglichkeit eines Tarifwechsels sowie bei der Lebensversicherung mit Überschussbeteiligung hinsichtlich der Entwicklung der Ansprüche des Versicherungsnehmers.

(4) Der Versicherungsnehmer kann während der Laufzeit des Vertrags jederzeit vom Versicherer verlangen, dass ihm dieser die Vertragsbestimmungen einschließlich der Allgemeinen Versicherungsbedingungen in einer Urkunde übermittelt; die Kosten für die erste Übermittlung hat der Versicherer zu tragen.

(5) Die Absätze 1 bis 4 sind auf Versicherungsverträge über ein Großrisiko im Sinn des § 210 Absatz 2 nicht anzuwenden. Ist bei einem solchen Vertrag der Versicherungsnehmer eine natürliche Person, hat ihm der Versicherer vor Vertragsschluss das anwendbare Recht und die zuständige Aufsichtsbehörde in Textform mitzuteilen.

§ 8 Widerrufsrecht des Versicherungsnehmers

(1) Der Versicherungsnehmer kann seine Vertragserklärung innerhalb von 14 Tagen widerrufen. Der Widerruf ist in Textform gegenüber dem Versicherer zu erklären und muss keine Begründung enthalten; zur Fristwahrung genügt die rechtzeitige Absendung.

(2) Die Widerrufsfrist beginnt zu dem Zeitpunkt, zu dem folgende Unterlagen dem Versicherungsnehmer in Textform zugegangen sind:

1. der Versicherungsschein und die Vertragsbestimmungen einschließlich der Allgemeinen Versicherungsbedingungen sowie die weiteren Informationen nach § 7 Abs. 1 und 2 und
2. eine deutlich gestaltete Belehrung über das Widerrufsrecht und über die Rechtsfolgen des Widerrufs, die dem Versicherungsnehmer seine Rechte entsprechend den Erfordernissen des eingesetzten Kommunikationsmittels deutlich macht und die den Namen und die ladungsfähige Anschrift desjenigen, gegenüber dem der Widerruf zu erklären ist, sowie einen Hinweis auf den Fristbeginn und auf die Regelungen des Absatzes 1 Satz 2 enthält.

Der Nachweis über den Zugang der Unterlagen nach Satz 1 obliegt dem Versicherer.

(3) Das Widerrufsrecht besteht nicht

1. bei Versicherungsverträgen mit einer Laufzeit von weniger als einem Monat,
2. bei Versicherungsverträgen über vorläufige Deckung, es sei denn, es handelt sich um einen Fernabsatzvertrag im Sinn des § 312c des Bürgerlichen Gesetzbuchs,
3. bei Versicherungsverträgen bei Pensionskassen, die auf arbeitsvertraglichen Regelungen beruhen, es sei denn, es handelt sich um einen Fernabsatzvertrag im Sinn des § 312c des Bürgerlichen Gesetzbuchs,
4. bei Versicherungsverträgen über ein Großrisiko im Sinn des § 210 Absatz 2.

Das Widerrufsrecht erlischt, wenn der Vertrag von beiden Seiten auf ausdrücklichen Wunsch des Versicherungsnehmers vollständig erfüllt ist, bevor der Versicherungsnehmer sein Widerrufsrecht ausgeübt hat.

(4) Im elektronischen Geschäftsverkehr beginnt die Widerrufsfrist abweichend von Absatz 2 Satz 1 nicht vor Erfüllung auch der in § 312i Absatz 1 Satz 1 des Bürgerlichen Gesetzbuchs geregelten Pflichten.

(5) Die nach Absatz 2 Satz 1 Nr. 2 zu erteilende Belehrung genügt den dort genannten Anforderungen, wenn das Muster der Anlage zu diesem Gesetz in Textform verwendet wird. Der Versicherer darf unter Beachtung von Absatz 2 Satz 1 Nr. 2 in Format und Schriftgröße von dem Muster abweichen und Zusätze wie die Firma oder ein Kennzeichen des Versicherers anbringen.

§ 9 Rechtsfolgen des Widerrufs

(1) Übt der Versicherungsnehmer das Widerrufsrecht nach § 8 Abs. 1 aus, hat der Versicherer nur den auf die Zeit nach Zugang des Widerrufs entfallenden Teil der Prämien zu erstatten, wenn der Versicherungsnehmer in der Belehrung nach § 8 Abs. 2 Satz 1 Nr. 2 auf sein Widerrufsrecht, die Rechtsfolgen des Widerrufs und den zu zahlenden Betrag hingewiesen worden ist und zugestimmt hat, dass der Versicherungsschutz vor Ende der Widerrufsfrist beginnt; die Erstattungspflicht ist unverzüglich, spätestens 30 Tage nach Zugang des Widerrufs zu erfüllen. Ist der in Satz 1 genannte Hinweis unterblieben, hat der Versicherer zusätzlich die für das erste Jahr des Versicherungsschutzes gezahlten Prämien zu erstatten; dies gilt nicht, wenn der Versicherungsnehmer Leistungen aus dem Versicherungsvertrag in Anspruch genommen hat.

(2) Hat der Versicherungsnehmer sein Widerrufsrecht nach § 8 wirksam ausgeübt, ist er auch an einen mit dem Versicherungsvertrag zusammenhängenden Vertrag nicht mehr gebunden. Ein zusammenhängender Vertrag liegt vor, wenn er einen Bezug zu dem widerrufenen Vertrag aufweist und eine Dienstleistung des Versicherers oder eines Dritten auf der Grundlage einer Vereinbarung zwi-

schen dem Dritten und dem Versicherer betrifft. Eine Vertragsstrafe darf weder vereinbart noch verlangt werden.

§ 10 Beginn und Ende der Versicherung

Ist die Dauer der Versicherung nach Tagen, Wochen, Monaten oder einem mehrere Monate umfassenden Zeitraum bestimmt, beginnt die Versicherung mit Beginn des Tages, an dem der Vertrag geschlossen wird; er endet mit Ablauf des letzten Tages der Vertragszeit.

§ 11 Verlängerung, Kündigung

(1) Wird bei einem auf eine bestimmte Zeit eingegangenen Versicherungsverhältnis im Voraus eine Verlängerung für den Fall vereinbart, dass das Versicherungsverhältnis nicht vor Ablauf der Vertragszeit gekündigt wird, ist die Verlängerung unwirksam, soweit sie sich jeweils auf mehr als ein Jahr erstreckt.

(2) Ist ein Versicherungsverhältnis auf unbestimmte Zeit eingegangen, kann es von beiden Vertragsparteien nur für den Schluss der laufenden Versicherungsperiode gekündigt werden. Auf das Kündigungsrecht können sie einvernehmlich bis zur Dauer von zwei Jahren verzichten.

(3) Die Kündigungsfrist muss für beide Vertragsparteien gleich sein; sie darf nicht weniger als einen Monat und nicht mehr als drei Monate betragen.

(4) Ein Versicherungsvertrag, der für die Dauer von mehr als drei Jahren geschlossen worden ist, kann vom Versicherungsnehmer zum Schluss des dritten oder jedes darauf folgenden Jahres unter Einhaltung einer Frist von drei Monaten gekündigt werden.

§ 12 Versicherungsperiode

Als Versicherungsperiode gilt, falls nicht die Prämie nach kürzeren Zeitabschnitten bemessen ist, der Zeitraum eines Jahres.

§ 13 Änderung von Anschrift und Name

(1) Hat der Versicherungsnehmer eine Änderung seiner Anschrift dem Versicherer nicht mitgeteilt, genügt für eine dem Versicherungsnehmer gegenüber abzugebende Willenserklärung die Absendung eines eingeschriebenen Briefes an die letzte dem Versicherer bekannte Anschrift des Versicherungsnehmers. Die Erklärung gilt drei Tage nach der Absendung des Briefes als zugegangen. Die Sätze 1 und 2 sind im Fall einer Namensänderung des Versicherungsnehmers entsprechend anzuwenden.

(2) Hat der Versicherungsnehmer die Versicherung in seinem Gewerbebetrieb genommen, ist bei einer Verlegung der gewerblichen Niederlassung Absatz 1 Satz 1 und 2 entsprechend anzuwenden.

§ 14 Fälligkeit der Geldleistung

(1) Geldleistungen des Versicherers sind fällig mit der Beendigung der zur Feststellung des Versicherungsfalles und des Umfanges der Leistung des Versicherers notwendigen Erhebungen.

(2) Sind diese Erhebungen nicht bis zum Ablauf eines Monats seit der Anzeige des Versicherungsfalles beendet, kann der Versicherungsnehmer Abschlagszahlungen in Höhe des Betrags verlangen, den der Versicherer voraussichtlich mindestens zu zahlen hat. Der Lauf der Frist ist gehemmt, solange die Erhebungen infolge eines Verschuldens des Versicherungsnehmers nicht beendet werden können.

(3) Eine Vereinbarung, durch die der Versicherer von der Verpflichtung zur Zahlung von Verzugszinsen befreit wird, ist unwirksam.

§ 15 Hemmung der Verjährung

Ist ein Anspruch aus dem Versicherungsvertrag beim Versicherer angemeldet worden, ist die Verjährung bis zu dem Zeitpunkt gehemmt, zu dem die Entscheidung des Versicherers dem Anspruchsteller in Textform zugeht.

§ 16 Insolvenz des Versicherers

(1) Wird über das Vermögen des Versicherers das Insolvenzverfahren eröffnet, endet das Versicherungsverhältnis mit Ablauf eines Monats seit der Eröffnung; bis zu diesem Zeitpunkt bleibt es der Insolvenzmasse gegenüber wirksam.

(2) Die Vorschriften des Versicherungsaufsichtsgesetzes über die Wirkungen der Insolvenzeröffnung bleiben unberührt.

§ 17 Abtretungsverbot bei unpfändbaren Sachen

Soweit sich die Versicherung auf unpfändbare Sachen bezieht, kann eine Forderung aus der Versicherung nur auf solche Gläubiger des Versicherungsnehmers übertragen werden, die diesem zum Ersatz der zerstörten oder beschädigten Sachen andere Sachen geliefert haben.

§ 18 Abweichende Vereinbarungen

Von § 3 Abs. 1 bis 4, § 5 Abs. 1 bis 3, den §§ 6 bis 9 und 11 Abs. 2 bis 4, § 14 Abs. 2 Satz 1 und § 15 kann nicht zum Nachteil des Versicherungsnehmers abgewichen werden.

Abschnitt 2 Anzeigepflicht, Gefahrerhöhung, andere Obliegenheiten

§ 19 Anzeigepflicht

(1) Der Versicherungsnehmer hat bis zur Abgabe seiner Vertragserklärung die ihm bekannten Gefahrumstände, die für den Entschluss des Versicherers, den

Vertrag mit dem vereinbarten Inhalt zu schließen, erheblich sind und nach denen der Versicherer in Textform gefragt hat, dem Versicherer anzuzeigen. Stellt der Versicherer nach der Vertragserklärung des Versicherungsnehmers, aber vor Vertragsannahme Fragen im Sinn des Satzes 1, ist der Versicherungsnehmer auch insoweit zur Anzeige verpflichtet.

(2) Verletzt der Versicherungsnehmer seine Anzeigepflicht nach Absatz 1, kann der Versicherer vom Vertrag zurücktreten.

(3) Das Rücktrittsrecht des Versicherers ist ausgeschlossen, wenn der Versicherungsnehmer die Anzeigepflicht weder vorsätzlich noch grob fahrlässig verletzt hat. In diesem Fall hat der Versicherer das Recht, den Vertrag unter Einhaltung einer Frist von einem Monat zu kündigen.

(4) Das Rücktrittsrecht des Versicherers wegen grob fahrlässiger Verletzung der Anzeigepflicht und sein Kündigungsrecht nach Absatz 3 Satz 2 sind ausgeschlossen, wenn er den Vertrag auch bei Kenntnis der nicht angezeigten Umstände, wenn auch zu anderen Bedingungen, geschlossen hätte. Die anderen Bedingungen werden auf Verlangen des Versicherers rückwirkend, bei einer vom Versicherungsnehmer nicht zu vertretenden Pflichtverletzung ab der laufenden Versicherungsperiode Vertragsbestandteil.

(5) Dem Versicherer stehen die Rechte nach den Absätzen 2 bis 4 nur zu, wenn er den Versicherungsnehmer durch gesonderte Mitteilung in Textform auf die Folgen einer Anzeigepflichtverletzung hingewiesen hat. Die Rechte sind ausgeschlossen, wenn der Versicherer den nicht angezeigten Gefahrumstand oder die Unrichtigkeit der Anzeige kannte.

(6) Erhöht sich im Fall des Absatzes 4 Satz 2 durch eine Vertragsänderung die Prämie um mehr als 10 Prozent oder schließt der Versicherer die Gefahrabsicherung für den nicht angezeigten Umstand aus, kann der Versicherungsnehmer den Vertrag innerhalb eines Monats nach Zugang der Mitteilung des Versicherers ohne Einhaltung einer Frist kündigen. Der Versicherer hat den Versicherungsnehmer in der Mitteilung auf dieses Recht hinzuweisen.

§ 20 Vertreter des Versicherungsnehmers

Wird der Vertrag von einem Vertreter des Versicherungsnehmers geschlossen, sind bei der Anwendung des § 19 Abs. 1 bis 4 und des § 21 Abs. 2 Satz 2 sowie Abs. 3 Satz 2 sowohl die Kenntnis und die Arglist des Vertreters als auch die Kenntnis und die Arglist des Versicherungsnehmers zu berücksichtigen. Der Versicherungsnehmer kann sich darauf, dass die Anzeigepflicht nicht vorsätzlich oder grob fahrlässig verletzt worden ist, nur berufen, wenn weder dem Vertreter noch dem Versicherungsnehmer Vorsatz oder grobe Fahrlässigkeit zur Last fällt.

§ 21 Ausübung der Rechte des Versicherers

(1) Der Versicherer muss die ihm nach § 19 Abs. 2 bis 4 zustehenden Rechte innerhalb eines Monats schriftlich geltend machen. Die Frist beginnt mit dem Zeitpunkt, zu dem der Versicherer von der Verletzung der Anzeigepflicht, die das von ihm geltend gemachte Recht begründet, Kenntnis erlangt. Der Versicherer hat bei der Ausübung seiner Rechte die Umstände anzugeben, auf die er seine Erklärung stützt; er darf nachträglich weitere Umstände zur Begründung seiner Erklärung angeben, wenn für diese die Frist nach Satz 1 nicht verstrichen ist.

(2) Im Fall eines Rücktrittes nach § 19 Abs. 2 nach Eintritt des Versicherungsfalles ist der Versicherer nicht zur Leistung verpflichtet, es sei denn, die Verletzung der Anzeigepflicht bezieht sich auf einen Umstand, der weder für den Eintritt oder die Feststellung des Versicherungsfalles noch für die Feststellung oder den Umfang der Leistungspflicht des Versicherers ursächlich ist. Hat der Versicherungsnehmer die Anzeigepflicht arglistig verletzt, ist der Versicherer nicht zur Leistung verpflichtet.

(3) Die Rechte des Versicherers nach § 19 Abs. 2 bis 4 erlöschen nach Ablauf von fünf Jahren nach Vertragsschluss; dies gilt nicht für Versicherungsfälle, die vor Ablauf dieser Frist eingetreten sind. Hat der Versicherungsnehmer die Anzeigepflicht vorsätzlich oder arglistig verletzt, beläuft sich die Frist auf zehn Jahre.

§ 22 Arglistige Täuschung

Das Recht des Versicherers, den Vertrag wegen arglistiger Täuschung anzufechten, bleibt unberührt.

§ 23 Gefahrerhöhung

(1) Der Versicherungsnehmer darf nach Abgabe seiner Vertragserklärung ohne Einwilligung des Versicherers keine Gefahrerhöhung vornehmen oder deren Vornahme durch einen Dritten gestatten.

(2) Erkennt der Versicherungsnehmer nachträglich, dass er ohne Einwilligung des Versicherers eine Gefahrerhöhung vorgenommen oder gestattet hat, hat er die Gefahrerhöhung dem Versicherer unverzüglich anzuzeigen.

(3) Tritt nach Abgabe der Vertragserklärung des Versicherungsnehmers eine Gefahrerhöhung unabhängig von seinem Willen ein, hat er die Gefahrerhöhung, nachdem er von ihr Kenntnis erlangt hat, dem Versicherer unverzüglich anzuzeigen.

§ 24 Kündigung wegen Gefahrerhöhung

(1) Verletzt der Versicherungsnehmer seine Verpflichtung nach § 23 Abs. 1, kann der Versicherer den Vertrag ohne Einhaltung einer Frist kündigen, es sei denn, der Versicherungsnehmer hat die Verpflichtung weder vorsätzlich noch grob fahr-

lässig verletzt. Beruht die Verletzung auf einfacher Fahrlässigkeit, kann der Versicherer unter Einhaltung einer Frist von einem Monat kündigen.

(2) In den Fällen einer Gefahrerhöhung nach § 23 Abs. 2 und 3 kann der Versicherer den Vertrag unter Einhaltung einer Frist von einem Monat kündigen.

(3) Das Kündigungsrecht nach den Absätzen 1 und 2 erlischt, wenn es nicht innerhalb eines Monats ab der Kenntnis des Versicherers von der Erhöhung der Gefahr ausgeübt wird oder wenn der Zustand wiederhergestellt ist, der vor der Gefahrerhöhung bestanden hat.

§ 25 Prämienerhöhung wegen Gefahrerhöhung

(1) Der Versicherer kann an Stelle einer Kündigung ab dem Zeitpunkt der Gefahrerhöhung eine seinen Geschäftsgrundsätzen für diese höhere Gefahr entsprechende Prämie verlangen oder die Absicherung der höheren Gefahr ausschließen. Für das Erlöschen dieses Rechtes gilt § 24 Abs. 3 entsprechend.

(2) Erhöht sich die Prämie als Folge der Gefahrerhöhung um mehr als 10 Prozent oder schließt der Versicherer die Absicherung der höheren Gefahr aus, kann der Versicherungsnehmer den Vertrag innerhalb eines Monats nach Zugang der Mitteilung des Versicherers ohne Einhaltung einer Frist kündigen. Der Versicherer hat den Versicherungsnehmer in der Mitteilung auf dieses Recht hinzuweisen.

§ 26 Leistungsfreiheit wegen Gefahrerhöhung

(1) Tritt der Versicherungsfall nach einer Gefahrerhöhung ein, ist der Versicherer nicht zur Leistung verpflichtet, wenn der Versicherungsnehmer seine Verpflichtung nach § 23 Abs. 1 vorsätzlich verletzt hat. Im Fall einer grob fahrlässigen Verletzung ist der Versicherer berechtigt, seine Leistung in einem der Schwere des Verschuldens des Versicherungsnehmers entsprechenden Verhältnis zu kürzen; die Beweislast für das Nichtvorliegen einer groben Fahrlässigkeit trägt der Versicherungsnehmer.

(2) In den Fällen einer Gefahrerhöhung nach § 23 Abs. 2 und 3 ist der Versicherer nicht zur Leistung verpflichtet, wenn der Versicherungsfall später als einen Monat nach dem Zeitpunkt eintritt, zu dem die Anzeige dem Versicherer hätte zugegangen sein müssen, es sei denn, dem Versicherer war die Gefahrerhöhung zu diesem Zeitpunkt bekannt. Er ist zur Leistung verpflichtet, wenn die Verletzung der Anzeigepflicht nach § 23 Abs. 2 und 3 nicht auf Vorsatz beruht; im Fall einer grob fahrlässigen Verletzung gilt Absatz 1 Satz 2.

(3) Abweichend von den Absätzen 1 und 2 Satz 1 ist der Versicherer zur Leistung verpflichtet,

1. soweit die Gefahrerhöhung nicht ursächlich für den Eintritt des Versicherungsfalles oder den Umfang der Leistungspflicht war oder
2. wenn zur Zeit des Eintrittes des Versicherungsfalles die Frist für die Kündigung des Versicherers abgelaufen und eine Kündigung nicht erfolgt war.

§ 27 Unerhebliche Gefahrerhöhung

Die §§ 23 bis 26 sind nicht anzuwenden, wenn nur eine unerhebliche Erhöhung der Gefahr vorliegt oder wenn nach den Umständen als vereinbart anzusehen ist, dass die Gefahrerhöhung mitversichert sein soll.

§ 28 Verletzung einer vertraglichen Obliegenheit

(1) Bei Verletzung einer vertraglichen Obliegenheit, die vom Versicherungsnehmer vor Eintritt des Versicherungsfalles gegenüber dem Versicherer zu erfüllen ist, kann der Versicherer den Vertrag innerhalb eines Monats, nachdem er von der Verletzung Kenntnis erlangt hat, ohne Einhaltung einer Frist kündigen, es sei denn, die Verletzung beruht nicht auf Vorsatz oder auf grober Fahrlässigkeit.

(2) Bestimmt der Vertrag, dass der Versicherer bei Verletzung einer vom Versicherungsnehmer zu erfüllenden vertraglichen Obliegenheit nicht zur Leistung verpflichtet ist, ist er leistungsfrei, wenn der Versicherungsnehmer die Obliegenheit vorsätzlich verletzt hat. Im Fall einer grob fahrlässigen Verletzung der Obliegenheit ist der Versicherer berechtigt, seine Leistung in einem der Schwere des Verschuldens des Versicherungsnehmers entsprechenden Verhältnis zu kürzen; die Beweislast für das Nichtvorliegen einer groben Fahrlässigkeit trägt der Versicherungsnehmer.

(3) Abweichend von Absatz 2 ist der Versicherer zur Leistung verpflichtet, soweit die Verletzung der Obliegenheit weder für den Eintritt oder die Feststellung des Versicherungsfalles noch für die Feststellung oder den Umfang der Leistungspflicht des Versicherers ursächlich ist. Satz 1 gilt nicht, wenn der Versicherungsnehmer die Obliegenheit arglistig verletzt hat.

(4) Die vollständige oder teilweise Leistungsfreiheit des Versicherers nach Absatz 2 hat bei Verletzung einer nach Eintritt des Versicherungsfalles bestehenden Auskunfts- oder Aufklärungsobliegenheit zur Voraussetzung, dass der Versicherer den Versicherungsnehmer durch gesonderte Mitteilung in Textform auf diese Rechtsfolge hingewiesen hat.

(5) Eine Vereinbarung, nach welcher der Versicherer bei Verletzung einer vertraglichen Obliegenheit zum Rücktritt berechtigt ist, ist unwirksam.

§ 29 Teilrücktritt, Teilkündigung, teilweise Leistungsfreiheit

(1) Liegen die Voraussetzungen, unter denen der Versicherer nach den Vorschriften dieses Abschnittes zum Rücktritt oder zur Kündigung berechtigt ist, nur bezüglich eines Teils der Gegenstände oder Personen vor, auf die sich die Versicherung bezieht, steht dem Versicherer das Recht zum Rücktritt oder zur Kündigung für den übrigen Teil nur zu, wenn anzunehmen ist, dass für diesen allein der Versicherer den Vertrag unter den gleichen Bedingungen nicht geschlossen hätte.

(2) Macht der Versicherer von dem Recht zum Rücktritt oder zur Kündigung bezüglich eines Teils der Gegenstände oder Personen Gebrauch, ist der Versiche-

rungsnehmer berechtigt, das Versicherungsverhältnis bezüglich des übrigen Teils zu kündigen. Die Kündigung muss spätestens zum Schluss der Versicherungsperiode erklärt werden, in welcher der Rücktritt oder die Kündigung des Versicherers wirksam wird.

(3) Liegen die Voraussetzungen, unter denen der Versicherer wegen einer Verletzung der Vorschriften über die Gefahrerhöhung ganz oder teilweise leistungsfrei ist, nur bezüglich eines Teils der Gegenstände oder Personen vor, auf die sich die Versicherung bezieht, ist auf die Leistungsfreiheit Absatz 1 entsprechend anzuwenden.

§ 30 Anzeige des Versicherungsfalles

(1) Der Versicherungsnehmer hat den Eintritt des Versicherungsfalles, nachdem er von ihm Kenntnis erlangt hat, dem Versicherer unverzüglich anzuzeigen. Steht das Recht auf die vertragliche Leistung des Versicherers einem Dritten zu, ist auch dieser zur Anzeige verpflichtet.

(2) Auf eine Vereinbarung, nach welcher der Versicherer im Fall der Verletzung der Anzeigepflicht nach Absatz 1 Satz 1 nicht zur Leistung verpflichtet ist, kann sich der Versicherer nicht berufen, wenn er auf andere Weise vom Eintritt des Versicherungsfalles rechtzeitig Kenntnis erlangt hat.

§ 31 Auskunftspflicht des Versicherungsnehmers

(1) Der Versicherer kann nach dem Eintritt des Versicherungsfalles verlangen, dass der Versicherungsnehmer jede Auskunft erteilt, die zur Feststellung des Versicherungsfalles oder des Umfanges der Leistungspflicht des Versicherers erforderlich ist. Belege kann der Versicherer insoweit verlangen, als deren Beschaffung dem Versicherungsnehmer billigerweise zugemutet werden kann.

(2) Steht das Recht auf die vertragliche Leistung des Versicherers einem Dritten zu, hat auch dieser die Pflichten nach Absatz 1 zu erfüllen.

§ 32 Abweichende Vereinbarungen

Von den §§ 19 bis 28 Abs. 4 und § 31 Abs. 1 Satz 2 kann nicht zum Nachteil des Versicherungsnehmers abgewichen werden. Für Anzeigen nach diesem Abschnitt, zu denen der Versicherungsnehmer verpflichtet ist, kann jedoch die Schrift- oder die Textform vereinbart werden.

Abschnitt 3 Prämie

§ 33 Fälligkeit

(1) Der Versicherungsnehmer hat eine einmalige Prämie oder, wenn laufende Prämien vereinbart sind, die erste Prämie unverzüglich nach Ablauf von 14 Tagen nach Zugang des Versicherungsscheins zu zahlen.

(2) Ist die Prämie zuletzt vom Versicherer eingezogen worden, ist der Versicherungsnehmer zur Übermittlung der Prämie erst verpflichtet, wenn er vom Versicherer hierzu in Textform aufgefordert worden ist.

§ 34 Zahlung durch Dritte

(1) Der Versicherer muss fällige Prämien oder sonstige ihm auf Grund des Vertrags zustehende Zahlungen vom Versicherten bei einer Versicherung für fremde Rechnung, von einem Bezugsberechtigten, der ein Recht auf die Leistung des Versicherers erworben hat, sowie von einem Pfandgläubiger auch dann annehmen, wenn er die Zahlung nach den Vorschriften des Bürgerlichen Gesetzbuchs zurückweisen könnte.

(2) Ein Pfandrecht an der Versicherungsforderung kann auch wegen der Beträge einschließlich ihrer Zinsen geltend gemacht werden, die der Pfandgläubiger zur Zahlung von Prämien oder zu sonstigen dem Versicherer auf Grund des Vertrags zustehenden Zahlungen verwendet hat.

§ 35 Aufrechnung durch den Versicherer

Der Versicherer kann eine fällige Prämienforderung oder eine andere ihm aus dem Vertrag zustehende fällige Forderung gegen eine Forderung aus der Versicherung auch dann aufrechnen, wenn diese Forderung nicht dem Versicherungsnehmer, sondern einem Dritten zusteht.

§ 36 Leistungsort

(1) Leistungsort für die Zahlung der Prämie ist der jeweilige Wohnsitz des Versicherungsnehmers. Der Versicherungsnehmer hat jedoch auf seine Gefahr und seine Kosten die Prämie dem Versicherer zu übermitteln.

(2) Hat der Versicherungsnehmer die Versicherung in seinem Gewerbebetrieb genommen, tritt, wenn er seine gewerbliche Niederlassung an einem anderen Ort hat, der Ort der Niederlassung an die Stelle des Wohnsitzes.

§ 37 Zahlungsverzug bei Erstprämie

(1) Wird die einmalige oder die erste Prämie nicht rechtzeitig gezahlt, ist der Versicherer, solange die Zahlung nicht bewirkt ist, zum Rücktritt vom Vertrag berechtigt, es sei denn, der Versicherungsnehmer hat die Nichtzahlung nicht zu vertreten.

(2) Ist die einmalige oder die erste Prämie bei Eintritt des Versicherungsfalles nicht gezahlt, ist der Versicherer nicht zur Leistung verpflichtet, es sei denn, der Versicherungsnehmer hat die Nichtzahlung nicht zu vertreten. Der Versicherer ist nur leistungsfrei, wenn er den Versicherungsnehmer durch gesonderte Mitteilung in Textform oder durch einen auffälligen Hinweis im Versicherungsschein auf diese Rechtsfolge der Nichtzahlung der Prämie aufmerksam gemacht hat.

§ 38 Zahlungsverzug bei Folgeprämie

(1) Wird eine Folgeprämie nicht rechtzeitig gezahlt, kann der Versicherer dem Versicherungsnehmer auf dessen Kosten in Textform eine Zahlungsfrist bestimmen, die mindestens zwei Wochen betragen muss. Die Bestimmung ist nur wirksam, wenn sie die rückständigen Beträge der Prämie, Zinsen und Kosten im Einzelnen beziffert und die Rechtsfolgen angibt, die nach den Absätzen 2 und 3 mit dem Fristablauf verbunden sind; bei zusammengefassten Verträgen sind die Beträge jeweils getrennt anzugeben.

(2) Tritt der Versicherungsfall nach Fristablauf ein und ist der Versicherungsnehmer bei Eintritt mit der Zahlung der Prämie oder der Zinsen oder Kosten in Verzug, ist der Versicherer nicht zur Leistung verpflichtet.

(3) Der Versicherer kann nach Fristablauf den Vertrag ohne Einhaltung einer Frist kündigen, sofern der Versicherungsnehmer mit der Zahlung der geschuldeten Beträge in Verzug ist. Die Kündigung kann mit der Bestimmung der Zahlungsfrist so verbunden werden, dass sie mit Fristablauf wirksam wird, wenn der Versicherungsnehmer zu diesem Zeitpunkt mit der Zahlung in Verzug ist; hierauf ist der Versicherungsnehmer bei der Kündigung ausdrücklich hinzuweisen. Die Kündigung wird unwirksam, wenn der Versicherungsnehmer innerhalb eines Monats nach der Kündigung oder, wenn sie mit der Fristbestimmung verbunden worden ist, innerhalb eines Monats nach Fristablauf die Zahlung leistet; Absatz 2 bleibt unberührt.

§ 39 Vorzeitige Vertragsbeendigung

(1) Im Fall der Beendigung des Versicherungsverhältnisses vor Ablauf der Versicherungsperiode steht dem Versicherer für diese Versicherungsperiode nur derjenige Teil der Prämie zu, der dem Zeitraum entspricht, in dem Versicherungsschutz bestanden hat. Wird das Versicherungsverhältnis durch Rücktritt auf Grund des § 19 Abs. 2 oder durch Anfechtung des Versicherers wegen arglistiger Täuschung beendet, steht dem Versicherer die Prämie bis zum Wirksamwerden der Rücktritts- oder Anfechtungserklärung zu. Tritt der Versicherer nach § 37 Abs. 1 zurück, kann er eine angemessene Geschäftsgebühr verlangen.

(2) Endet das Versicherungsverhältnis nach § 16, kann der Versicherungsnehmer den auf die Zeit nach der Beendigung des Versicherungsverhältnisses entfallenden Teil der Prämie unter Abzug der für diese Zeit aufgewendeten Kosten zurückfordern.

§ 40 Kündigung bei Prämienerhöhung

(1) Erhöht der Versicherer auf Grund einer Anpassungsklausel die Prämie, ohne dass sich der Umfang des Versicherungsschutzes entsprechend ändert, kann der Versicherungsnehmer den Vertrag innerhalb eines Monats nach Zugang der Mitteilung des Versicherers mit sofortiger Wirkung, frühestens jedoch zum Zeitpunkt des Wirksamwerdens der Erhöhung, kündigen. Der Versicherer hat den

Versicherungsnehmer in der Mitteilung auf das Kündigungsrecht hinzuweisen. Die Mitteilung muss dem Versicherungsnehmer spätestens einen Monat vor dem Wirksamwerden der Erhöhung der Prämie zugehen.

(2) Absatz 1 gilt entsprechend, wenn der Versicherer auf Grund einer Anpassungsklausel den Umfang des Versicherungsschutzes vermindert, ohne die Prämie entsprechend herabzusetzen.

§ 41 Herabsetzung der Prämie

Ist wegen bestimmter gefahrerhöhender Umstände eine höhere Prämie vereinbart und sind diese Umstände nach Antragstellung des Versicherungsnehmers oder nach Vertragsschluss weggefallen oder bedeutungslos geworden, kann der Versicherungsnehmer verlangen, dass die Prämie ab Zugang des Verlangens beim Versicherer angemessen herabgesetzt wird. Dies gilt auch, wenn die Bemessung der höheren Prämie durch unrichtige, auf einem Irrtum des Versicherungsnehmers beruhende Angaben über einen solchen Umstand veranlasst worden ist.

§ 42 Abweichende Vereinbarungen

Von § 33 Abs. 2 und den §§ 37 bis 41 kann nicht zum Nachteil des Versicherungsnehmers abgewichen werden.

Abschnitt 4 Versicherung für fremde Rechnung

§ 43 Begriffsbestimmung

(1) Der Versicherungsnehmer kann den Versicherungsvertrag im eigenen Namen für einen anderen, mit oder ohne Benennung der Person des Versicherten, schließen (Versicherung für fremde Rechnung).

(2) Wird der Versicherungsvertrag für einen anderen geschlossen, ist, auch wenn dieser benannt wird, im Zweifel anzunehmen, dass der Versicherungsnehmer nicht als Vertreter, sondern im eigenen Namen für fremde Rechnung handelt.

(3) Ergibt sich aus den Umständen nicht, dass der Versicherungsvertrag für einen anderen geschlossen werden soll, gilt er als für eigene Rechnung geschlossen.

§ 44 Rechte des Versicherten

(1) Bei der Versicherung für fremde Rechnung stehen die Rechte aus dem Versicherungsvertrag dem Versicherten zu. Die Übermittlung des Versicherungsscheins kann jedoch nur der Versicherungsnehmer verlangen.

(2) Der Versicherte kann ohne Zustimmung des Versicherungsnehmers nur dann über seine Rechte verfügen und diese Rechte gerichtlich geltend machen, wenn er im Besitz des Versicherungsscheins ist.

§ 45 Rechte des Versicherungsnehmers

(1) Der Versicherungsnehmer kann über die Rechte, die dem Versicherten aus dem Versicherungsvertrag zustehen, im eigenen Namen verfügen.

(2) Ist ein Versicherungsschein ausgestellt, ist der Versicherungsnehmer ohne Zustimmung des Versicherten zur Annahme der Leistung des Versicherers und zur Übertragung der Rechte des Versicherten nur befugt, wenn er im Besitz des Versicherungsscheins ist.

(3) Der Versicherer ist zur Leistung an den Versicherungsnehmer nur verpflichtet, wenn der Versicherte seine Zustimmung zu der Versicherung erteilt hat.

§ 46 Rechte zwischen Versicherungsnehmer und Versichertem

Der Versicherungsnehmer ist nicht verpflichtet, dem Versicherten oder, falls über dessen Vermögen das Insolvenzverfahren eröffnet ist, der Insolvenzmasse den Versicherungsschein auszuliefern, bevor er wegen seiner Ansprüche gegen den Versicherten in Bezug auf die versicherte Sache befriedigt ist. Er kann sich für diese Ansprüche aus der Entschädigungsforderung gegen den Versicherer und nach deren Einziehung aus der Entschädigungssumme vor dem Versicherten und dessen Gläubigern befriedigen.

§ 47 Kenntnis und Verhalten des Versicherten

(1) Soweit die Kenntnis und das Verhalten des Versicherungsnehmers von rechtlicher Bedeutung sind, sind bei der Versicherung für fremde Rechnung auch die Kenntnis und das Verhalten des Versicherten zu berücksichtigen.

(2) Die Kenntnis des Versicherten ist nicht zu berücksichtigen, wenn der Vertrag ohne sein Wissen geschlossen worden ist oder ihm eine rechtzeitige Benachrichtigung des Versicherungsnehmers nicht möglich oder nicht zumutbar war. Der Versicherer braucht den Einwand, dass der Vertrag ohne Wissen des Versicherten geschlossen worden ist, nicht gegen sich gelten zu lassen, wenn der Versicherungsnehmer den Vertrag ohne Auftrag des Versicherten geschlossen und bei Vertragsschluss dem Versicherer nicht angezeigt hat, dass er den Vertrag ohne Auftrag des Versicherten schließt.

§ 48 Versicherung für Rechnung „wen es angeht"

Ist die Versicherung für Rechnung „wen es angeht" genommen oder ist dem Vertrag in sonstiger Weise zu entnehmen, dass unbestimmt bleiben soll, ob eigenes oder fremdes Interesse versichert ist, sind die §§ 43 bis 47 anzuwenden, wenn sich aus den Umständen ergibt, dass fremdes Interesse versichert ist.

Abschnitt 5 Vorläufige Deckung

§ 49 Inhalt des Vertrags

(1) Bei einem Versicherungsvertrag, dessen wesentlicher Inhalt die Gewährung einer vorläufigen Deckung durch den Versicherer ist, kann vereinbart werden, dass dem Versicherungsnehmer die Vertragsbestimmungen und die Informationen nach § 7 Abs. 1 in Verbindung mit einer Rechtsverordnung nach § 7 Abs. 2 nur auf Anforderung und spätestens mit dem Versicherungsschein vom Versicherer zu übermitteln sind. Auf einen Fernabsatzvertrag im Sinn des § 312c des Bürgerlichen Gesetzbuchs ist Satz 1 nicht anzuwenden.

(2) Werden die Allgemeinen Versicherungsbedingungen dem Versicherungsnehmer bei Vertragsschluss nicht übermittelt, werden die vom Versicherer zu diesem Zeitpunkt für den vorläufigen Versicherungsschutz üblicherweise verwendeten Bedingungen, bei Fehlen solcher Bedingungen die für den Hauptvertrag vom Versicherer verwendeten Bedingungen auch ohne ausdrücklichen Hinweis hierauf Vertragsbestandteil. Bestehen Zweifel, welche Bedingungen für den Vertrag gelten sollen, werden die zum Zeitpunkt des Vertragsschlusses vom Versicherer verwendeten Bedingungen, die für den Versicherungsnehmer am günstigsten sind, Vertragsbestandteil.

§ 50 Nichtzustandekommen des Hauptvertrags

Ist der Versicherungsnehmer verpflichtet, im Fall des Nichtzustandekommens des Hauptvertrags eine Prämie für die vorläufige Deckung zu zahlen, steht dem Versicherer ein Anspruch auf einen der Laufzeit der vorläufigen Deckung entsprechenden Teil der Prämie zu, die beim Zustandekommen des Hauptvertrags für diesen zu zahlen wäre.

§ 51 Prämienzahlung

(1) Der Beginn des Versicherungsschutzes kann von der Zahlung der Prämie abhängig gemacht werden, sofern der Versicherer den Versicherungsnehmer durch gesonderte Mitteilung in Textform oder durch einen auffälligen Hinweis im Versicherungsschein auf diese Voraussetzung aufmerksam gemacht hat.

(2) Von Absatz 1 kann nicht zum Nachteil des Versicherungsnehmers abgewichen werden.

§ 52 Beendigung des Vertrags

(1) Der Vertrag über vorläufige Deckung endet spätestens zu dem Zeitpunkt, zu dem nach einem vom Versicherungsnehmer geschlossenen Hauptvertrag oder einem weiteren Vertrag über vorläufige Deckung ein gleichartiger Versicherungsschutz beginnt. Ist der Beginn des Versicherungsschutzes nach dem Hauptvertrag oder dem weiteren Vertrag über vorläufige Deckung von der Zahlung der Prämie durch den Versicherungsnehmer abhängig, endet der Vertrag

über vorläufige Deckung bei Nichtzahlung oder verspäteter Zahlung der Prämie abweichend von Satz 1 spätestens zu dem Zeitpunkt, zu dem der Versicherungsnehmer mit der Prämienzahlung in Verzug ist, vorausgesetzt, dass der Versicherer den Versicherungsnehmer durch gesonderte Mitteilung in Textform oder durch einen auffälligen Hinweis im Versicherungsschein auf diese Rechtsfolge aufmerksam gemacht hat.

(2) Absatz 1 ist auch anzuwenden, wenn der Versicherungsnehmer den Hauptvertrag oder den weiteren Vertrag über vorläufige Deckung mit einem anderen Versicherer schließt. Der Versicherungsnehmer hat dem bisherigen Versicherer den Vertragsschluss unverzüglich mitzuteilen.

(3) Kommt der Hauptvertrag mit dem Versicherer, mit dem der Vertrag über vorläufige Deckung besteht, nicht zustande, weil der Versicherungsnehmer seine Vertragserklärung nach § 8 widerruft oder nach § 5 Abs. 1 und 2 einen Widerspruch erklärt, endet der Vertrag über vorläufige Deckung spätestens mit dem Zugang des Widerrufs oder des Widerspruchs beim Versicherer.

(4) Ist das Vertragsverhältnis auf unbestimmte Zeit eingegangen, kann jede Vertragspartei den Vertrag ohne Einhaltung einer Frist kündigen. Die Kündigung des Versicherers wird jedoch erst nach Ablauf von zwei Wochen nach Zugang wirksam.

(5) Von den Absätzen 1 bis 4 kann nicht zum Nachteil des Versicherungsnehmers abgewichen werden.

Abschnitt 6 Laufende Versicherung

§ 53 Anmeldepflicht

Wird ein Vertrag in der Weise geschlossen, dass das versicherte Interesse bei Vertragsschluss nur der Gattung nach bezeichnet und erst nach seiner Entstehung dem Versicherer einzeln aufgegeben wird (laufende Versicherung), ist der Versicherungsnehmer verpflichtet, entweder die versicherten Risiken einzeln oder, wenn der Versicherer darauf verzichtet hat, die vereinbarte Prämiengrundlage unverzüglich anzumelden oder, wenn dies vereinbart ist, jeweils Deckungszusage zu beantragen.

§ 54 Verletzung der Anmeldepflicht

(1) Hat der Versicherungsnehmer die Anmeldung eines versicherten Risikos oder der vereinbarten Prämiengrundlage oder die Beantragung der Deckungszusage unterlassen oder fehlerhaft vorgenommen, ist der Versicherer nicht zur Leistung verpflichtet. Dies gilt nicht, wenn der Versicherungsnehmer die Anmelde- oder Antragspflicht weder vorsätzlich noch grob fahrlässig verletzt hat und die Anmeldung oder den Antrag unverzüglich nach Kenntniserlangung von dem Fehler nachholt oder berichtigt.

(2) Verletzt der Versicherungsnehmer die Anmelde- oder Antragspflicht vorsätzlich, kann der Versicherer den Vertrag fristlos kündigen. Die Versicherung von Einzelrisiken, für die der Versicherungsschutz begonnen hat, bleibt, wenn anderes nicht vereinbart ist, über das Ende der laufenden Versicherung hinaus bis zu dem Zeitpunkt bestehen, zu dem die vereinbarte Dauer der Versicherung dieser Einzelrisiken endet. Der Versicherer kann ferner die Prämie verlangen, die bis zum Wirksamwerden der Kündigung zu zahlen gewesen wäre, wenn der Versicherungsnehmer die Anmeldepflicht erfüllt hätte.

§ 55 Einzelpolice

(1) Ist bei einer laufenden Versicherung ein Versicherungsschein für ein einzelnes Risiko (Einzelpolice) oder ein Versicherungszertifikat ausgestellt worden, ist der Versicherer nur gegen Vorlage der Urkunde zur Leistung verpflichtet. Durch die Leistung an den Inhaber der Urkunde wird er befreit.

(2) Ist die Urkunde abhandengekommen oder vernichtet, ist der Versicherer zur Leistung erst verpflichtet, wenn die Urkunde für kraftlos erklärt oder Sicherheit geleistet ist; eine Sicherheitsleistung durch Bürgen ist ausgeschlossen. Dies gilt auch für die Verpflichtung des Versicherers zur Ausstellung einer Ersatzurkunde.

(3) Der Inhalt der Einzelpolice oder eines Versicherungszertifikats gilt abweichend von § 5 als vom Versicherungsnehmer genehmigt, wenn dieser nicht unverzüglich nach der Übermittlung widerspricht. Das Recht des Versicherungsnehmers, die Genehmigung wegen Irrtums anzufechten, bleibt unberührt.

§ 56 Verletzung der Anzeigepflicht

(1) Abweichend von § 19 Abs. 2 ist bei Verletzung der Anzeigepflicht der Rücktritt des Versicherers ausgeschlossen; der Versicherer kann innerhalb eines Monats von dem Zeitpunkt an, zu dem er Kenntnis von dem nicht oder unrichtig angezeigten Umstand erlangt hat, den Vertrag kündigen und die Leistung verweigern. Der Versicherer bleibt zur Leistung verpflichtet, soweit der nicht oder unrichtig angezeigte Umstand nicht ursächlich für den Eintritt des Versicherungsfalles oder den Umfang der Leistungspflicht war.

(2) Verweigert der Versicherer die Leistung, kann der Versicherungsnehmer den Vertrag kündigen. Das Kündigungsrecht erlischt, wenn es nicht innerhalb eines Monats von dem Zeitpunkt an ausgeübt wird, zu welchem dem Versicherungsnehmer die Entscheidung des Versicherers, die Leistung zu verweigern, zugeht.

§ 57 Gefahränderung

(1) Der Versicherungsnehmer hat dem Versicherer eine Änderung der Gefahr unverzüglich anzuzeigen.

(2) Hat der Versicherungsnehmer eine Gefahrerhöhung nicht angezeigt, ist der Versicherer nicht zur Leistung verpflichtet, wenn der Versicherungsfall nach dem

Zeitpunkt eintritt, zu dem die Anzeige dem Versicherer hätte zugehen müssen. Er ist zur Leistung verpflichtet,

1. wenn ihm die Gefahrerhöhung zu dem Zeitpunkt bekannt war, zu dem ihm die Anzeige hätte zugehen müssen,
2. wenn die Anzeigepflicht weder vorsätzlich noch grob fahrlässig verletzt worden ist oder
3. soweit die Gefahrerhöhung nicht ursächlich für den Eintritt des Versicherungsfalles oder den Umfang der Leistungspflicht war.

(3) Der Versicherer ist abweichend von § 24 nicht berechtigt, den Vertrag wegen einer Gefahrerhöhung zu kündigen.

§ 58 Obliegenheitsverletzung

(1) Verletzt der Versicherungsnehmer bei einer laufenden Versicherung schuldhaft eine vor Eintritt des Versicherungsfalles zu erfüllende Obliegenheit, ist der Versicherer in Bezug auf ein versichertes Einzelrisiko, für das die verletzte Obliegenheit gilt, nicht zur Leistung verpflichtet.

(2) Bei schuldhafter Verletzung einer Obliegenheit kann der Versicherer den Vertrag innerhalb eines Monats, nachdem er Kenntnis von der Verletzung erlangt hat, mit einer Frist von einem Monat kündigen.

Abschnitt 7 Versicherungsvermittler, Versicherungsberater

Unterabschnitt 1 Mitteilungs- und Beratungspflichten

§ 59 Begriffsbestimmungen

(1) Versicherungsvermittler im Sinn dieses Gesetzes sind Versicherungsvertreter und Versicherungsmakler.

(2) Versicherungsvertreter im Sinn dieses Gesetzes ist, wer von einem Versicherer oder einem Versicherungsvertreter damit betraut ist, gewerbsmäßig Versicherungsverträge zu vermitteln oder abzuschließen.

(3) Versicherungsmakler im Sinn dieses Gesetzes ist, wer gewerbsmäßig für den Auftraggeber die Vermittlung oder den Abschluss von Versicherungsverträgen übernimmt, ohne von einem Versicherer oder von einem Versicherungsvertreter damit betraut zu sein. Als Versicherungsmakler gilt, wer gegenüber dem Versicherungsnehmer den Anschein erweckt, er erbringe seine Leistungen als Versicherungsmakler nach Satz 1.

(4) Versicherungsberater im Sinn dieses Gesetzes ist, wer gewerbsmäßig Dritte bei der Vereinbarung, Änderung oder Prüfung von Versicherungsverträgen oder bei der Wahrnehmung von Ansprüchen aus Versicherungsverträgen im Versicherungsfall berät oder gegenüber dem Versicherer außergerichtlich vertritt, ohne

von einem Versicherer einen wirtschaftlichen Vorteil zu erhalten oder in anderer Weise von ihm abhängig zu sein.

§ 60 Beratungsgrundlage des Versicherungsvermittlers

(1) Der Versicherungsmakler ist verpflichtet, seinem Rat eine hinreichende Zahl von auf dem Markt angebotenen Versicherungsverträgen und von Versicherern zu Grunde zu legen, so dass er nach fachlichen Kriterien eine Empfehlung dahin abgeben kann, welcher Versicherungsvertrag geeignet ist, die Bedürfnisse des Versicherungsnehmers zu erfüllen. Dies gilt nicht, soweit er im Einzelfall vor Abgabe der Vertragserklärung des Versicherungsnehmers diesen ausdrücklich auf eine eingeschränkte Versicherer- und Vertragsauswahl hinweist.

(2) Der Versicherungsmakler, der nach Absatz 1 Satz 2 auf eine eingeschränkte Auswahl hinweist, und der Versicherungsvertreter haben dem Versicherungsnehmer mitzuteilen, auf welcher Markt- und Informationsgrundlage sie ihre Leistung erbringen, und die Namen der ihrem Rat zu Grunde gelegten Versicherer anzugeben. Der Versicherungsvertreter hat außerdem mitzuteilen, für welche Versicherer er seine Tätigkeit ausübt und ob er für diese ausschließlich tätig ist.

(3) Der Versicherungsnehmer kann auf die Mitteilungen und Angaben nach Absatz 2 durch eine gesonderte schriftliche Erklärung verzichten.

§ 61 Beratungs- und Dokumentationspflichten des Versicherungsvermittlers

(1) Der Versicherungsvermittler hat den Versicherungsnehmer, soweit nach der Schwierigkeit, die angebotene Versicherung zu beurteilen, oder der Person des Versicherungsnehmers und dessen Situation hierfür Anlass besteht, nach seinen Wünschen und Bedürfnissen zu befragen und, auch unter Berücksichtigung eines angemessenen Verhältnisses zwischen Beratungsaufwand und der vom Versicherungsnehmer zu zahlenden Prämien, zu beraten sowie die Gründe für jeden zu einer bestimmten Versicherung erteilten Rat anzugeben. Er hat dies unter Berücksichtigung der Komplexität des angebotenen Versicherungsvertrags nach § 62 zu dokumentieren.

(2) Der Versicherungsnehmer kann auf die Beratung oder die Dokumentation nach Absatz 1 durch eine gesonderte schriftliche Erklärung verzichten, in der er vom Versicherungsvermittler ausdrücklich darauf hingewiesen wird, dass sich ein Verzicht nachteilig auf die Möglichkeit des Versicherungsnehmers auswirken kann, gegen den Versicherungsvermittler einen Schadensersatzanspruch nach § 63 geltend zu machen.

§ 62 Zeitpunkt und Form der Information

(1) Dem Versicherungsnehmer sind die Informationen nach § 60 Abs. 2 vor Abgabe seiner Vertragserklärung, die Informationen nach § 61 Abs. 1 vor dem Abschluss des Vertrags klar und verständlich in Textform zu übermitteln.

(2) Die Informationen nach Absatz 1 dürfen mündlich übermittelt werden, wenn der Versicherungsnehmer dies wünscht oder wenn und soweit der Versicherer vorläufige Deckung gewährt. In diesen Fällen sind die Informationen unverzüglich nach Vertragsschluss, spätestens mit dem Versicherungsschein dem Versicherungsnehmer in Textform zu übermitteln; dies gilt nicht für Verträge über vorläufige Deckung bei Pflichtversicherungen.

§ 63 Schadensersatzpflicht

Der Versicherungsvermittler ist zum Ersatz des Schadens verpflichtet, der dem Versicherungsnehmer durch die Verletzung einer Pflicht nach § 60 oder § 61 entsteht. Dies gilt nicht, wenn der Versicherungsvermittler die Pflichtverletzung nicht zu vertreten hat.

§ 64 Zahlungssicherung zugunsten des Versicherungsnehmers

Eine Bevollmächtigung des Versicherungsvermittlers durch den Versicherungsnehmer zur Annahme von Leistungen des Versicherers, die dieser auf Grund eines Versicherungsvertrags an den Versicherungsnehmer zu erbringen hat, bedarf einer gesonderten schriftlichen Erklärung des Versicherungsnehmers.

§ 65 Großrisiken

Die §§ 60 bis 63 gelten nicht für die Vermittlung von Versicherungsverträgen über Großrisiken im Sinn des § 210 Absatz 2.

§ 66 Sonstige Ausnahmen

Die §§ 60 bis 64, 69 Abs. 2 und § 214 gelten nicht für Versicherungsvermittler im Sinn von § 34d Abs. 9 Nr. 1 der Gewerbeordnung.

§ 67 Abweichende Vereinbarungen

Von den §§ 60 bis 66 kann nicht zum Nachteil des Versicherungsnehmers abgewichen werden.

§ 68 Versicherungsberater

Die für Versicherungsmakler geltenden Vorschriften des § 60 Abs. 1 Satz 1, des § 61 Abs. 1 und der §§ 62 bis 65 und 67 sind auf Versicherungsberater entsprechend anzuwenden. Weitergehende Pflichten des Versicherungsberaters aus dem Auftragsverhältnis bleiben unberührt.

Unterabschnitt 2 Vertretungsmacht

§ 69 Gesetzliche Vollmacht

(1) Der Versicherungsvertreter gilt als bevollmächtigt,

1. Anträge, die auf den Abschluss eines Versicherungsvertrags gerichtet sind, und deren Widerruf sowie die vor Vertragsschluss abzugebenden Anzeigen und sonstigen Erklärungen vom Versicherungsnehmer entgegenzunehmen,
2. Anträge auf Verlängerung oder Änderung eines Versicherungsvertrags und deren Widerruf, die Kündigung, den Rücktritt und sonstige das Versicherungsverhältnis betreffende Erklärungen sowie die während der Dauer des Versicherungsverhältnisses zu erstattenden Anzeigen vom Versicherungsnehmer entgegenzunehmen und
3. die vom Versicherer ausgefertigten Versicherungsscheine oder Verlängerungsscheine dem Versicherungsnehmer zu übermitteln.

(2) Der Versicherungsvertreter gilt als bevollmächtigt, Zahlungen, die der Versicherungsnehmer im Zusammenhang mit der Vermittlung oder dem Abschluss eines Versicherungsvertrags an ihn leistet, anzunehmen. Eine Beschränkung dieser Vollmacht muss der Versicherungsnehmer nur gegen sich gelten lassen, wenn er die Beschränkung bei der Vornahme der Zahlung kannte oder infolge grober Fahrlässigkeit nicht kannte.

(3) Der Versicherungsnehmer trägt die Beweislast für die Abgabe oder den Inhalt eines Antrags oder einer sonstigen Willenserklärung nach Absatz 1 Nr. 1 und 2. Die Beweislast für die Verletzung der Anzeigepflicht oder einer Obliegenheit durch den Versicherungsnehmer trägt der Versicherer.

§ 70 Kenntnis des Versicherungsvertreters

Soweit nach diesem Gesetz die Kenntnis des Versicherers erheblich ist, steht die Kenntnis des Versicherungsvertreters der Kenntnis des Versicherers gleich. Dies gilt nicht für die Kenntnis des Versicherungsvertreters, die er außerhalb seiner Tätigkeit als Vertreter und ohne Zusammenhang mit dem betreffenden Versicherungsvertrag erlangt hat.

§ 71 Abschlussvollmacht

Ist der Versicherungsvertreter zum Abschluss von Versicherungsverträgen bevollmächtigt, ist er auch befugt, die Änderung oder Verlängerung solcher Verträge zu vereinbaren sowie Kündigungs- und Rücktrittserklärungen abzugeben.

§ 72 Beschränkung der Vertretungsmacht

Eine Beschränkung der dem Versicherungsvertreter nach den §§ 69 und 71 zustehenden Vertretungsmacht durch Allgemeine Versicherungsbedingungen ist gegenüber dem Versicherungsnehmer und Dritten unwirksam.

§ 73 Angestellte und nicht gewerbsmäßig tätige Vermittler

Die §§ 69 bis 72 sind auf Angestellte eines Versicherers, die mit der Vermittlung oder dem Abschluss von Versicherungsverträgen betraut sind, und auf Personen, die als Vertreter selbständig Versicherungsverträge vermitteln oder abschließen, ohne gewerbsmäßig tätig zu sein, entsprechend anzuwenden.

Kapitel 2 Schadensversicherung

Abschnitt 1 Allgemeine Vorschriften

§ 74 Überversicherung

(1) Übersteigt die Versicherungssumme den Wert des versicherten Interesses (Versicherungswert) erheblich, kann jede Vertragspartei verlangen, dass die Versicherungssumme zur Beseitigung der Überversicherung unter verhältnismäßiger Minderung der Prämie mit sofortiger Wirkung herabgesetzt wird.

(2) Schließt der Versicherungsnehmer den Vertrag in der Absicht, sich aus der Überversicherung einen rechtswidrigen Vermögensvorteil zu verschaffen, ist der Vertrag nichtig; dem Versicherer steht die Prämie bis zu dem Zeitpunkt zu, zu dem er von den die Nichtigkeit begründenden Umständen Kenntnis erlangt.

§ 75 Unterversicherung

Ist die Versicherungssumme erheblich niedriger als der Versicherungswert zur Zeit des Eintrittes des Versicherungsfalles, ist der Versicherer nur verpflichtet, die Leistung nach dem Verhältnis der Versicherungssumme zu diesem Wert zu erbringen.

§ 76 Taxe

Der Versicherungswert kann durch Vereinbarung auf einen bestimmten Betrag (Taxe) festgesetzt werden. Die Taxe gilt auch als der Wert, den das versicherte Interesse bei Eintritt des Versicherungsfalles hat, es sei denn, sie übersteigt den wirklichen Versicherungswert zu diesem Zeitpunkt erheblich. Ist die Versicherungssumme niedriger als die Taxe, hat der Versicherer, auch wenn die Taxe erheblich übersetzt ist, den Schaden nur nach dem Verhältnis der Versicherungssumme zur Taxe zu ersetzen.

§ 77 Mehrere Versicherer

(1) Wer bei mehreren Versicherern ein Interesse gegen dieselbe Gefahr versichert, ist verpflichtet, jedem Versicherer die andere Versicherung unverzüglich mitzuteilen. In der Mitteilung sind der andere Versicherer und die Versicherungssumme anzugeben.

(2) Wird bezüglich desselben Interesses bei einem Versicherer der entgehende Gewinn, bei einem anderen Versicherer der sonstige Schaden versichert, ist Absatz 1 entsprechend anzuwenden.

§ 78 Haftung bei Mehrfachversicherung

(1) Ist bei mehreren Versicherern ein Interesse gegen dieselbe Gefahr versichert und übersteigen die Versicherungssummen zusammen den Versicherungswert

oder übersteigt aus anderen Gründen die Summe der Entschädigungen, die von jedem Versicherer ohne Bestehen der anderen Versicherung zu zahlen wären, den Gesamtschaden (Mehrfachversicherung), haften die Versicherer in der Weise als Gesamtschuldner, dass jeder Versicherer den von ihm nach dem Vertrag zu leistenden Betrag zu zahlen hat, der Versicherungsnehmer aber insgesamt nicht mehr als den Betrag des Schadens verlangen kann.

(2) Die Versicherer sind im Verhältnis zueinander zu Anteilen nach Maßgabe der Beträge verpflichtet, die sie dem Versicherungsnehmer nach dem jeweiligen Vertrag zu zahlen haben. Ist auf eine der Versicherungen ausländisches Recht anzuwenden, kann der Versicherer, für den das ausländische Recht gilt, gegen den anderen Versicherer einen Anspruch auf Ausgleichung nur geltend machen, wenn er selbst nach dem für ihn maßgeblichen Recht zur Ausgleichung verpflichtet ist.

(3) Hat der Versicherungsnehmer eine Mehrfachversicherung in der Absicht vereinbart, sich dadurch einen rechtswidrigen Vermögensvorteil zu verschaffen, ist jeder in dieser Absicht geschlossene Vertrag nichtig; dem Versicherer steht die Prämie bis zu dem Zeitpunkt zu, zu dem er von den die Nichtigkeit begründenden Umständen Kenntnis erlangt.

§ 79 Beseitigung der Mehrfachversicherung

(1) Hat der Versicherungsnehmer den Vertrag, durch den die Mehrfachversicherung entstanden ist, ohne Kenntnis von dem Entstehen der Mehrfachversicherung geschlossen, kann er verlangen, dass der später geschlossene Vertrag aufgehoben oder die Versicherungssumme unter verhältnismäßiger Minderung der Prämie auf den Teilbetrag herabgesetzt wird, der durch die frühere Versicherung nicht gedeckt ist.

(2) Absatz 1 ist auch anzuwenden, wenn die Mehrfachversicherung dadurch entstanden ist, dass nach Abschluss der mehreren Versicherungsverträge der Versicherungswert gesunken ist. Sind in diesem Fall die mehreren Versicherungsverträge gleichzeitig oder im Einvernehmen der Versicherer geschlossen worden, kann der Versicherungsnehmer nur die verhältnismäßige Herabsetzung der Versicherungssummen und der Prämien verlangen.

§ 80 Fehlendes versichertes Interesse

(1) Der Versicherungsnehmer ist nicht zur Zahlung der Prämie verpflichtet, wenn das versicherte Interesse bei Beginn der Versicherung nicht besteht; dies gilt auch, wenn das Interesse bei einer Versicherung, die für ein künftiges Unternehmen oder für ein anderes künftiges Interesse genommen ist, nicht entsteht. Der Versicherer kann jedoch eine angemessene Geschäftsgebühr verlangen.

(2) Fällt das versicherte Interesse nach dem Beginn der Versicherung weg, steht dem Versicherer die Prämie zu, die er hätte beanspruchen können, wenn die

Versicherung nur bis zu dem Zeitpunkt beantragt worden wäre, zu dem der Versicherer vom Wegfall des Interesses Kenntnis erlangt hat.

(3) Hat der Versicherungsnehmer ein nicht bestehendes Interesse in der Absicht versichert, sich dadurch einen rechtswidrigen Vermögensvorteil zu verschaffen, ist der Vertrag nichtig; dem Versicherer steht die Prämie bis zu dem Zeitpunkt zu, zu dem er von den die Nichtigkeit begründenden Umständen Kenntnis erlangt.

§ 81 Herbeiführung des Versicherungsfalles

(1) Der Versicherer ist nicht zur Leistung verpflichtet, wenn der Versicherungsnehmer vorsätzlich den Versicherungsfall herbeiführt.

(2) Führt der Versicherungsnehmer den Versicherungsfall grob fahrlässig herbei, ist der Versicherer berechtigt, seine Leistung in einem der Schwere des Verschuldens des Versicherungsnehmers entsprechenden Verhältnis zu kürzen.

§ 82 Abwendung und Minderung des Schadens

(1) Der Versicherungsnehmer hat bei Eintritt des Versicherungsfalles nach Möglichkeit für die Abwendung und Minderung des Schadens zu sorgen.

(2) Der Versicherungsnehmer hat Weisungen des Versicherers, soweit für ihn zumutbar, zu befolgen sowie Weisungen einzuholen, wenn die Umstände dies gestatten. Erteilen mehrere an dem Versicherungsvertrag beteiligte Versicherer unterschiedliche Weisungen, hat der Versicherungsnehmer nach pflichtgemäßem Ermessen zu handeln.

(3) Bei Verletzung einer Obliegenheit nach den Absätzen 1 und 2 ist der Versicherer nicht zur Leistung verpflichtet, wenn der Versicherungsnehmer die Obliegenheit vorsätzlich verletzt hat. Im Fall einer grob fahrlässigen Verletzung ist der Versicherer berechtigt, seine Leistung in einem der Schwere des Verschuldens des Versicherungsnehmers entsprechenden Verhältnis zu kürzen; die Beweislast für das Nichtvorliegen einer groben Fahrlässigkeit trägt der Versicherungsnehmer.

(4) Abweichend von Absatz 3 ist der Versicherer zur Leistung verpflichtet, soweit die Verletzung der Obliegenheit weder für die Feststellung des Versicherungsfalles noch für die Feststellung oder den Umfang der Leistungspflicht ursächlich ist. Satz 1 gilt nicht, wenn der Versicherungsnehmer die Obliegenheit arglistig verletzt hat.

§ 83 Aufwendungsersatz

(1) Der Versicherer hat Aufwendungen des Versicherungsnehmers nach § 82 Abs. 1 und 2, auch wenn sie erfolglos bleiben, insoweit zu erstatten, als der Versicherungsnehmer sie den Umständen nach für geboten halten durfte. Der Versicherer hat den für die Aufwendungen erforderlichen Betrag auf Verlangen des Versicherungsnehmers vorzuschießen.

(2) Ist der Versicherer berechtigt, seine Leistung zu kürzen, kann er auch den Aufwendungsersatz nach Absatz 1 entsprechend kürzen.

(3) Aufwendungen des Versicherungsnehmers, die er gemäß den Weisungen des Versicherers macht, sind auch insoweit zu erstatten, als sie zusammen mit der sonstigen Entschädigung die Versicherungssumme übersteigen.

(4) Bei der Tierversicherung gehören die Kosten der Fütterung und der Pflege sowie die Kosten der tierärztlichen Untersuchung und Behandlung nicht zu den vom Versicherer nach den Absätzen 1 bis 3 zu erstattenden Aufwendungen.

§ 84 Sachverständigenverfahren

(1) Sollen nach dem Vertrag einzelne Voraussetzungen des Anspruchs aus der Versicherung oder die Höhe des Schadens durch Sachverständige festgestellt werden, ist die getroffene Feststellung nicht verbindlich, wenn sie offenbar von der wirklichen Sachlage erheblich abweicht. Die Feststellung erfolgt in diesem Fall durch gerichtliche Entscheidung. Dies gilt auch, wenn die Sachverständigen die Feststellung nicht treffen können oder wollen oder sie verzögern.

(2) Sind nach dem Vertrag die Sachverständigen durch das Gericht zu ernennen, ist für die Ernennung das Amtsgericht zuständig, in dessen Bezirk der Schaden entstanden ist. Durch eine ausdrückliche Vereinbarung der Beteiligten kann die Zuständigkeit eines anderen Amtsgerichts begründet werden. Die Verfügung, durch die dem Antrag auf Ernennung der Sachverständigen stattgegeben wird, ist nicht anfechtbar.

§ 85 Schadensermittlungskosten

(1) Der Versicherer hat dem Versicherungsnehmer die Kosten, die durch die Ermittlung und Feststellung des von ihm zu ersetzenden Schadens entstehen, insoweit zu erstatten, als ihre Aufwendung den Umständen nach geboten war. Diese Kosten sind auch insoweit zu erstatten, als sie zusammen mit der sonstigen Entschädigung die Versicherungssumme übersteigen.

(2) Kosten, die dem Versicherungsnehmer durch die Zuziehung eines Sachverständigen oder eines Beistandes entstehen, hat der Versicherer nicht zu erstatten, es sei denn, der Versicherungsnehmer ist zu der Zuziehung vertraglich verpflichtet oder vom Versicherer aufgefordert worden.

(3) Ist der Versicherer berechtigt, seine Leistung zu kürzen, kann er auch den Kostenersatz entsprechend kürzen.

§ 86 Übergang von Ersatzansprüchen

(1) Steht dem Versicherungsnehmer ein Ersatzanspruch gegen einen Dritten zu, geht dieser Anspruch auf den Versicherer über, soweit der Versicherer den Schaden ersetzt. Der Übergang kann nicht zum Nachteil des Versicherungsnehmers geltend gemacht werden.

(2) Der Versicherungsnehmer hat seinen Ersatzanspruch oder ein zur Sicherung dieses Anspruchs dienendes Recht unter Beachtung der geltenden Form- und Fristvorschriften zu wahren und bei dessen Durchsetzung durch den Versicherer soweit erforderlich mitzuwirken. Verletzt der Versicherungsnehmer diese Obliegenheit vorsätzlich, ist der Versicherer zur Leistung insoweit nicht verpflichtet, als er infolgedessen keinen Ersatz von dem Dritten erlangen kann. Im Fall einer grob fahrlässigen Verletzung der Obliegenheit ist der Versicherer berechtigt, seine Leistung in einem der Schwere des Verschuldens des Versicherungsnehmers entsprechenden Verhältnis zu kürzen; die Beweislast für das Nichtvorliegen einer groben Fahrlässigkeit trägt der Versicherungsnehmer.

(3) Richtet sich der Ersatzanspruch des Versicherungsnehmers gegen eine Person, mit der er bei Eintritt des Schadens in häuslicher Gemeinschaft lebt, kann der Übergang nach Absatz 1 nicht geltend gemacht werden, es sei denn, diese Person hat den Schaden vorsätzlich verursacht.

§ 87 Abweichende Vereinbarungen

Von den §§ 74, 78 Abs. 3, den §§ 80, 82 bis 84 Abs. 1 Satz 1 und § 86 kann nicht zum Nachteil des Versicherungsnehmers abgewichen werden.

Abschnitt 2 Sachversicherung

§ 88 Versicherungswert

Soweit nichts anderes vereinbart ist, gilt als Versicherungswert, wenn sich die Versicherung auf eine Sache oder einen Inbegriff von Sachen bezieht, der Betrag, den der Versicherungsnehmer zur Zeit des Eintrittes des Versicherungsfalles für die Wiederbeschaffung oder Wiederherstellung der versicherten Sache in neuwertigem Zustand unter Abzug des sich aus dem Unterschied zwischen alt und neu ergebenden Minderwertes aufzuwenden hat.

§ 89 Versicherung für Inbegriff von Sachen

(1) Eine Versicherung, die für einen Inbegriff von Sachen genommen ist, umfasst die jeweils dem Inbegriff zugehörigen Sachen.

(2) Ist die Versicherung für einen Inbegriff von Sachen genommen, erstreckt sie sich auf die Sachen der Personen, mit denen der Versicherungsnehmer bei Eintritt des Schadens in häuslicher Gemeinschaft lebt oder die zu diesem Zeitpunkt in einem Dienstverhältnis zum Versicherungsnehmer stehen und ihre Tätigkeit an dem Ort ausüben, für den die Versicherung gilt. Die Versicherung gilt insoweit als für fremde Rechnung genommen.

§ 90 Erweiterter Aufwendungsersatz

Macht der Versicherungsnehmer Aufwendungen, um einen unmittelbar bevorstehenden Versicherungsfall abzuwenden oder in seinen Auswirkungen zu mindern, ist § 83 Abs. 1 Satz 1, Abs. 2 und 3 entsprechend anzuwenden.

§ 91 Verzinsung der Entschädigung

Die vom Versicherer zu zahlende Entschädigung ist nach Ablauf eines Monats seit der Anzeige des Versicherungsfalles für das Jahr mit 4 Prozent zu verzinsen, soweit nicht aus einem anderen Rechtsgrund höhere Zinsen verlangt werden können. Der Lauf der Frist ist gehemmt, solange der Schaden infolge eines Verschuldens des Versicherungsnehmers nicht festgestellt werden kann.

§ 92 Kündigung nach Versicherungsfall

(1) Nach dem Eintritt des Versicherungsfalles kann jede Vertragspartei das Versicherungsverhältnis kündigen.

(2) Die Kündigung ist nur bis zum Ablauf eines Monats seit dem Abschluss der Verhandlungen über die Entschädigung zulässig. Der Versicherer hat eine Kündigungsfrist von einem Monat einzuhalten. Der Versicherungsnehmer kann nicht für einen späteren Zeitpunkt als den Schluss der laufenden Versicherungsperiode kündigen.

(3) Bei der Hagelversicherung kann der Versicherer nur für den Schluss der Versicherungsperiode kündigen, in welcher der Versicherungsfall eingetreten ist. Kündigt der Versicherungsnehmer für einen früheren Zeitpunkt als den Schluss dieser Versicherungsperiode, steht dem Versicherer gleichwohl die Prämie für die laufende Versicherungsperiode zu.

§ 93 Wiederherstellungsklausel

Ist der Versicherer nach dem Vertrag verpflichtet, einen Teil der Entschädigung nur bei Wiederherstellung oder Wiederbeschaffung der versicherten Sache zu zahlen, kann der Versicherungsnehmer die Zahlung eines über den Versicherungswert hinausgehenden Betrags erst verlangen, wenn die Wiederherstellung oder Wiederbeschaffung gesichert ist. Der Versicherungsnehmer ist zur Rückzahlung der vom Versicherer geleisteten Entschädigung abzüglich des Versicherungswertes der Sache verpflichtet, wenn die Sache infolge eines Verschuldens des Versicherungsnehmers nicht innerhalb einer angemessenen Frist wiederhergestellt oder wiederbeschafft worden ist.

§ 94 Wirksamkeit der Zahlung gegenüber Hypothekengläubigern

(1) Im Fall des § 93 Satz 1 ist eine Zahlung, die ohne die Sicherung der Wiederherstellung oder Wiederbeschaffung geleistet wird, einem Hypothekengläubiger gegenüber nur wirksam, wenn ihm der Versicherer oder der Versicherungsneh-

mer mitgeteilt hat, dass ohne die Sicherung geleistet werden soll und seit dem Zugang der Mitteilung mindestens ein Monat verstrichen ist.

(2) Soweit die Entschädigungssumme nicht zu einer den Vertragsbestimmungen entsprechenden Wiederherstellung oder Wiederbeschaffung verwendet werden soll, kann der Versicherer mit Wirkung gegen einen Hypothekengläubiger erst zahlen, wenn er oder der Versicherungsnehmer diese Absicht dem Hypothekengläubiger mitgeteilt hat und seit dem Zugang der Mitteilung mindestens ein Monat verstrichen ist.

(3) Der Hypothekengläubiger kann bis zum Ablauf der Frist von einem Monat dem Versicherer gegenüber der Zahlung widersprechen. Die Mitteilungen nach den Absätzen 1 und 2 dürfen unterbleiben, wenn sie einen unangemessenen Aufwand erfordern würden; in diesem Fall läuft die Frist ab dem Zeitpunkt der Fälligkeit der Entschädigungssumme.

(4) Hat der Hypothekengläubiger seine Hypothek dem Versicherer angemeldet, ist eine Zahlung, die ohne die Sicherung der Wiederherstellung oder Wiederbeschaffung geleistet wird, dem Hypothekengläubiger gegenüber nur wirksam, wenn dieser in Textform der Zahlung zugestimmt hat.

(5) Die Absätze 1 bis 4 sind entsprechend anzuwenden, wenn das Grundstück mit einer Grundschuld, Rentenschuld oder Reallast belastet ist.

§ 95 Veräußerung der versicherten Sache

(1) Wird die versicherte Sache vom Versicherungsnehmer veräußert, tritt an dessen Stelle der Erwerber in die während der Dauer seines Eigentums aus dem Versicherungsverhältnis sich ergebenden Rechte und Pflichten des Versicherungsnehmers ein.

(2) Der Veräußerer und der Erwerber haften für die Prämie, die auf die zur Zeit des Eintrittes des Erwerbers laufende Versicherungsperiode entfällt, als Gesamtschuldner.

(3) Der Versicherer muss den Eintritt des Erwerbers erst gegen sich gelten lassen, wenn er hiervon Kenntnis erlangt hat.

§ 96 Kündigung nach Veräußerung

(1) Der Versicherer ist berechtigt, dem Erwerber einer versicherten Sache das Versicherungsverhältnis unter Einhaltung einer Frist von einem Monat zu kündigen. Das Kündigungsrecht erlischt, wenn es nicht innerhalb eines Monats ab der Kenntnis des Versicherers von der Veräußerung ausgeübt wird.

(2) Der Erwerber ist berechtigt, das Versicherungsverhältnis mit sofortiger Wirkung oder für den Schluss der laufenden Versicherungsperiode zu kündigen. Das Kündigungsrecht erlischt, wenn es nicht innerhalb eines Monats nach dem

Erwerb, bei fehlender Kenntnis des Erwerbers vom Bestehen der Versicherung innerhalb eines Monats ab Erlangung der Kenntnis, ausgeübt wird.

(3) Im Fall der Kündigung des Versicherungsverhältnisses nach Absatz 1 oder Absatz 2 ist der Veräußerer zur Zahlung der Prämie verpflichtet; eine Haftung des Erwerbers für die Prämie besteht nicht.

§ 97 Anzeige der Veräußerung

(1) Die Veräußerung ist dem Versicherer vom Veräußerer oder Erwerber unverzüglich anzuzeigen. Ist die Anzeige unterblieben, ist der Versicherer nicht zur Leistung verpflichtet, wenn der Versicherungsfall später als einen Monat nach dem Zeitpunkt eintritt, zu dem die Anzeige dem Versicherer hätte zugehen müssen, und der Versicherer den mit dem Veräußerer bestehenden Vertrag mit dem Erwerber nicht geschlossen hätte.

(2) Abweichend von Absatz 1 Satz 2 ist der Versicherer zur Leistung verpflichtet, wenn ihm die Veräußerung zu dem Zeitpunkt bekannt war, zu dem ihm die Anzeige hätte zugehen müssen, oder wenn zur Zeit des Eintrittes des Versicherungsfalles die Frist für die Kündigung des Versicherers abgelaufen war und er nicht gekündigt hat.

§ 98 Schutz des Erwerbers

Der Versicherer kann sich auf eine Bestimmung des Versicherungsvertrags, durch die von den §§ 95 bis 97 zum Nachteil des Erwerbers abgewichen wird, nicht berufen. Jedoch kann für die Kündigung des Erwerbers nach § 96 Abs. 2 und die Anzeige der Veräußerung die Schriftform oder die Textform bestimmt werden.

§ 99 Zwangsversteigerung, Erwerb des Nutzungsrechts

Geht das Eigentum an der versicherten Sache im Wege der Zwangsversteigerung über oder erwirbt ein Dritter auf Grund eines Nießbrauchs, eines Pachtvertrags oder eines ähnlichen Verhältnisses die Berechtigung, versicherte Bodenerzeugnisse zu beziehen, sind die §§ 95 bis 98 entsprechend anzuwenden.

Teil 2 Einzelne Versicherungszweige

Kapitel 1 Haftpflichtversicherung

Abschnitt 1 Allgemeine Vorschriften

§ 100 Leistung des Versicherers

Bei der Haftpflichtversicherung ist der Versicherer verpflichtet, den Versicherungsnehmer von Ansprüchen freizustellen, die von einem Dritten auf Grund der Verantwortlichkeit des Versicherungsnehmers für eine während der Versicherungszeit eintretende Tatsache geltend gemacht werden, und unbegründete Ansprüche abzuwehren.

§ 101 Kosten des Rechtsschutzes

(1) Die Versicherung umfasst auch die gerichtlichen und außergerichtlichen Kosten, die durch die Abwehr der von einem Dritten geltend gemachten Ansprüche entstehen, soweit die Aufwendung der Kosten den Umständen nach geboten ist. Die Versicherung umfasst ferner die auf Weisung des Versicherers aufgewendeten Kosten der Verteidigung in einem Strafverfahren, das wegen einer Tat eingeleitet wurde, welche die Verantwortlichkeit des Versicherungsnehmers gegenüber einem Dritten zur Folge haben könnte. Der Versicherer hat die Kosten auf Verlangen des Versicherungsnehmers vorzuschießen.

(2) Ist eine Versicherungssumme bestimmt, hat der Versicherer die Kosten eines auf seine Veranlassung geführten Rechtsstreits und die Kosten der Verteidigung nach Absatz 1 Satz 2 auch insoweit zu ersetzen, als sie zusammen mit den Aufwendungen des Versicherers zur Freistellung des Versicherungsnehmers die Versicherungssumme übersteigen. Dies gilt auch für Zinsen, die der Versicherungsnehmer infolge einer vom Versicherer veranlassten Verzögerung der Befriedigung des Dritten diesem schuldet.

(3) Ist dem Versicherungsnehmer nachgelassen, die Vollstreckung einer gerichtlichen Entscheidung durch Sicherheitsleistung oder Hinterlegung abzuwenden, hat der Versicherer die Sicherheitsleistung oder Hinterlegung zu bewirken. Diese Verpflichtung besteht nur bis zum Betrag der Versicherungssumme; ist der Versicherer nach Absatz 2 über diesen Betrag hinaus verpflichtet, tritt der Versicherungssumme der Mehrbetrag hinzu. Der Versicherer ist von der Verpflichtung nach Satz 1 frei, wenn er den Anspruch des Dritten dem Versicherungsnehmer gegenüber als begründet anerkennt.

§ 102 Betriebshaftpflichtversicherung

(1) Besteht die Versicherung für ein Unternehmen, erstreckt sie sich auf die Haftpflicht der zur Vertretung des Unternehmens befugten Personen sowie der Per-

sonen, die in einem Dienstverhältnis zu dem Unternehmen stehen. Die Versicherung gilt insoweit als für fremde Rechnung genommen.

(2) Wird das Unternehmen an einen Dritten veräußert oder auf Grund eines Nießbrauchs, eines Pachtvertrags oder eines ähnlichen Verhältnisses von einem Dritten übernommen, tritt der Dritte an Stelle des Versicherungsnehmers in die während der Dauer seiner Berechtigung sich aus dem Versicherungsverhältnis ergebenden Rechte und Pflichten ein. § 95 Abs. 2 und 3 sowie die §§ 96 und 97 sind entsprechend anzuwenden.

§ 103 Herbeiführung des Versicherungsfalles

Der Versicherer ist nicht zur Leistung verpflichtet, wenn der Versicherungsnehmer vorsätzlich und widerrechtlich den bei dem Dritten eingetretenen Schaden herbeigeführt hat.

§ 104 Anzeigepflicht des Versicherungsnehmers

(1) Der Versicherungsnehmer hat dem Versicherer innerhalb einer Woche die Tatsachen anzuzeigen, die

seine Verantwortlichkeit gegenüber einem Dritten zur Folge haben könnten. Macht der Dritte seinen Anspruch gegenüber dem Versicherungsnehmer geltend, ist der Versicherungsnehmer zur Anzeige innerhalb einer Woche nach der Geltendmachung verpflichtet.

(2) Wird gegen den Versicherungsnehmer ein Anspruch gerichtlich geltend gemacht, Prozesskostenhilfe beantragt oder wird ihm gerichtlich der Streit verkündet, hat er dies dem Versicherer unverzüglich anzuzeigen. Dies gilt auch, wenn gegen den Versicherungsnehmer wegen des den Anspruch begründenden Schadensereignisses ein Ermittlungsverfahren eingeleitet wird.

(3) Zur Wahrung der Fristen nach den Absätzen 1 und 2 genügt die rechtzeitige Absendung der Anzeige. § 30 Abs. 2 ist entsprechend anzuwenden.

§ 105 Anerkenntnis des Versicherungsnehmers

Eine Vereinbarung, nach welcher der Versicherer nicht zur Leistung verpflichtet ist, wenn ohne seine Einwilligung der Versicherungsnehmer den Dritten befriedigt oder dessen Anspruch anerkennt, ist unwirksam.

§ 106 Fälligkeit der Versicherungsleistung

Der Versicherer hat den Versicherungsnehmer innerhalb von zwei Wochen von dem Zeitpunkt an, zu dem der Anspruch des Dritten mit bindender Wirkung für den Versicherer durch rechtskräftiges Urteil, Anerkenntnis oder Vergleich festgestellt worden ist, vom Anspruch des Dritten freizustellen. Ist der Dritte von dem Versicherungsnehmer mit bindender Wirkung für den Versicherer befriedigt worden, hat der Versicherer die Entschädigung innerhalb von zwei Wochen nach der Befriedigung des Dritten an den Versicherungsnehmer zu zahlen. Kosten, die nach § 101 zu ersetzen sind, hat der Versicherer innerhalb von zwei Wochen nach der Mitteilung der Berechnung zu zahlen.

§ 107 Rentenanspruch

(1) Ist der Versicherungsnehmer dem Dritten zur Zahlung einer Rente verpflichtet, ist der Versicherer, wenn die Versicherungssumme den Kapitalwert der Rente nicht erreicht, nur zur Zahlung eines verhältnismäßigen Teils der Rente verpflichtet.

(2) Hat der Versicherungsnehmer für die von ihm geschuldete Rente dem Dritten kraft Gesetzes Sicherheit zu leisten, erstreckt sich die Verpflichtung des Versicherers auf die Leistung der Sicherheit. Absatz 1 gilt entsprechend.

§ 108 Verfügung über den Freistellungsanspruch

(1) Verfügungen des Versicherungsnehmers über den Freistellungsanspruch gegen den Versicherer sind dem Dritten gegenüber unwirksam. Der rechtsgeschäftlichen Verfügung steht eine Verfügung im Wege der Zwangsvollstreckung oder Arrestvollziehung gleich.

(2) Die Abtretung des Freistellungsanspruchs an den Dritten kann nicht durch Allgemeine Versicherungsbedingungen ausgeschlossen werden.

§ 109 Mehrere Geschädigte

Ist der Versicherungsnehmer gegenüber mehreren Dritten verantwortlich und übersteigen deren Ansprüche die Versicherungssumme, hat der Versicherer diese Ansprüche nach dem Verhältnis ihrer Beträge zu erfüllen. Ist hierbei die Versicherungssumme erschöpft, kann sich ein bei der Verteilung nicht berücksichtigter Dritter nachträglich auf § 108 Abs. 1 nicht berufen, wenn der Versicherer mit der Geltendmachung dieser Ansprüche nicht gerechnet hat und auch nicht rechnen musste.

§ 110 Insolvenz des Versicherungsnehmers

Ist über das Vermögen des Versicherungsnehmers das Insolvenzverfahren eröffnet, kann der Dritte wegen des ihm gegen den Versicherungsnehmer zustehenden Anspruchs abgesonderte Befriedigung aus dem Freistellungsanspruch des Versicherungsnehmers verlangen.

§ 111 Kündigung nach Versicherungsfall

(1) Hat der Versicherer nach dem Eintritt des Versicherungsfalles den Anspruch des Versicherungsnehmers auf Freistellung anerkannt oder zu Unrecht abgelehnt, kann jede Vertragspartei das Versicherungsverhältnis kündigen. Dies gilt auch, wenn der Versicherer dem Versicherungsnehmer die Weisung erteilt, es zum Rechtsstreit über den Anspruch des Dritten kommen zu lassen.

(2) Die Kündigung ist nur innerhalb eines Monats seit der Anerkennung oder Ablehnung des Freistellungsanspruchs oder seit der Rechtskraft des im Rechtsstreit mit dem Dritten ergangenen Urteils zulässig. § 92 Abs. 2 Satz 2 und 3 ist anzuwenden.

§ 112 Abweichende Vereinbarungen

Von den §§ 104 und 106 kann nicht zum Nachteil des Versicherungsnehmers abgewichen werden.

Abschnitt 2 Pflichtversicherung

§ 113 Pflichtversicherung

(1) Eine Haftpflichtversicherung, zu deren Abschluss eine Verpflichtung durch Rechtsvorschrift besteht (Pflichtversicherung), ist mit einem im Inland zum Geschäftsbetrieb befugten Versicherungsunternehmen abzuschließen.

(2) Der Versicherer hat dem Versicherungsnehmer unter Angabe der Versicherungssumme zu bescheinigen, dass eine der zu bezeichnenden Rechtsvorschrift entsprechende Pflichtversicherung besteht.

(3) Die Vorschriften dieses Abschnittes sind auch insoweit anzuwenden, als der Versicherungsvertrag eine über die vorgeschriebenen Mindestanforderungen hinausgehende Deckung gewährt.

§ 114 Umfang des Versicherungsschutzes

(1) Die Mindestversicherungssumme beträgt bei einer Pflichtversicherung, soweit durch Rechtsvorschrift nichts anderes bestimmt ist, 250.000 Euro je Versicherungsfall und eine Million Euro für alle Versicherungsfälle eines Versicherungsjahres.

(2) Der Versicherungsvertrag kann Inhalt und Umfang der Pflichtversicherung näher bestimmen, soweit dadurch die Erreichung des jeweiligen Zwecks der Pflichtversicherung nicht gefährdet wird und durch Rechtsvorschrift nicht ausdrücklich etwas anderes bestimmt ist. Ein Selbstbehalt des Versicherungsnehmers kann dem Dritten nicht entgegengehalten und gegenüber einer mitversicherten Person nicht geltend gemacht werden.

§ 115 Direktanspruch

(1) Der Dritte kann seinen Anspruch auf Schadensersatz auch gegen den Versicherer geltend machen,

1. wenn es sich um eine Haftpflichtversicherung zur Erfüllung einer nach dem Pflichtversicherungsgesetz bestehenden Versicherungspflicht handelt oder
2. wenn über das Vermögen des Versicherungsnehmers das Insolvenzverfahren eröffnet oder der Eröffnungsantrag mangels Masse abgewiesen worden ist oder ein vorläufiger Insolvenzverwalter bestellt worden ist oder
3. wenn der Aufenthalt des Versicherungsnehmers unbekannt ist.

Der Anspruch besteht im Rahmen der Leistungspflicht des Versicherers aus dem Versicherungsverhältnis und, soweit eine Leistungspflicht nicht besteht, im Rahmen des § 117 Abs. 1 bis 4. Der Versicherer hat den Schadensersatz in Geld zu leisten. Der Versicherer und der ersatzpflichtige Versicherungsnehmer haften als Gesamtschuldner.

(2) Der Anspruch nach Absatz 1 unterliegt der gleichen Verjährung wie der Schadensersatzanspruch gegen den ersatzpflichtigen Versicherungsnehmer. Die Verjährung beginnt mit dem Zeitpunkt, zu dem die Verjährung des Schadensersatzanspruchs gegen den ersatzpflichtigen Versicherungsnehmer beginnt; sie endet jedoch spätestens nach zehn Jahren von dem Eintritt des Schadens an. Ist der Anspruch des Dritten bei dem Versicherer angemeldet worden, ist die Verjährung bis zu dem Zeitpunkt gehemmt, zu dem die Entscheidung des Versicherers dem Anspruchsteller in Textform zugeht. Die Hemmung, die Ablaufhemmung und der Neubeginn der Verjährung des Anspruchs gegen den Versicherer wirken auch gegenüber dem ersatzpflichtigen Versicherungsnehmer und umgekehrt.

§ 116 Gesamtschuldner

(1) Im Verhältnis der Gesamtschuldner nach § 115 Abs. 1 Satz 4 zueinander ist der Versicherer allein verpflichtet, soweit er dem Versicherungsnehmer aus dem Versicherungsverhältnis zur Leistung verpflichtet ist. Soweit eine solche Verpflichtung nicht besteht, ist in ihrem Verhältnis zueinander der Versicherungsnehmer allein verpflichtet. Der Versicherer kann Ersatz der Aufwendungen verlangen, die er den Umständen nach für erforderlich halten durfte.

(2) Die Verjährung der sich aus Absatz 1 ergebenden Ansprüche beginnt mit dem Schluss des Jahres, in dem der Anspruch des Dritten erfüllt wird.

§ 117 Leistungspflicht gegenüber Dritten

(1) Ist der Versicherer von der Verpflichtung zur Leistung dem Versicherungsnehmer gegenüber ganz oder teilweise frei, so bleibt gleichwohl seine Verpflichtung in Ansehung des Dritten bestehen.

(2) Ein Umstand, der das Nichtbestehen oder die Beendigung des Versicherungsverhältnisses zur Folge hat, wirkt in Ansehung des Dritten erst mit dem Ablauf eines Monats, nachdem der Versicherer diesen Umstand der hierfür zuständigen Stelle angezeigt hat. Dies gilt auch, wenn das Versicherungsverhältnis durch Zeitablauf endet. Der Lauf der Frist beginnt nicht vor Beendigung des Versicherungsverhältnisses. Ein in den Sätzen 1 und 2 bezeichneter Umstand kann dem Dritten auch dann entgegengehalten werden, wenn vor dem Zeitpunkt des Schadensereignisses der hierfür zuständigen Stelle die Bestätigung einer entsprechend den Rechtsvorschriften abgeschlossenen neuen Versicherung zugegangen ist. Die vorstehenden Vorschriften dieses Absatzes gelten nicht, wenn eine zur Entgegennahme der Anzeige nach Satz 1 zuständige Stelle nicht bestimmt ist.

(3) In den Fällen der Absätze 1 und 2 ist der Versicherer nur im Rahmen der vorgeschriebenen Mindestversicherungssumme und der von ihm übernommenen Gefahr zur Leistung verpflichtet. Er ist leistungsfrei, soweit der Dritte Ersatz seines Schadens von einem anderen Schadensversicherer oder von einem Sozialversicherungsträger erlangen kann.

(4) Trifft die Leistungspflicht des Versicherers nach Absatz 1 oder Absatz 2 mit einer Ersatzpflicht auf Grund fahrlässiger Amtspflichtverletzung zusammen, wird die Ersatzpflicht nach § 839 Abs. 1 des Bürgerlichen Gesetzbuchs im Verhältnis zum Versicherer nicht dadurch ausgeschlossen, dass die Voraussetzungen für die Leistungspflicht des Versicherers vorliegen. Satz 1 gilt nicht, wenn der Beamte nach § 839 des Bürgerlichen Gesetzbuchs persönlich haftet.

(5) Soweit der Versicherer den Dritten nach den Absätzen 1 bis 4 befriedigt und ein Fall des § 116 nicht vorliegt, geht die Forderung des Dritten gegen den Versicherungsnehmer auf ihn über. Der Übergang kann nicht zum Nachteil des Dritten geltend gemacht werden.

(6) Wird über das Vermögen des Versicherers das Insolvenzverfahren eröffnet, endet das Versicherungsverhältnis abweichend von § 16 erst mit dem Ablauf eines Monats, nachdem der Insolvenzverwalter diesen Umstand der hierfür zuständigen Stelle angezeigt hat; bis zu diesem Zeitpunkt bleibt es der Insolvenzmasse gegenüber wirksam. Ist eine zur Entgegennahme der Anzeige nach Satz 1 zuständige Stelle nicht bestimmt, endet das Versicherungsverhältnis einen Monat nach der Benachrichtigung des Versicherungsnehmers von der Eröffnung des Insolvenzverfahrens; die Benachrichtigung bedarf der Textform.

§ 118 Rangfolge mehrerer Ansprüche

(1) Übersteigen die Ansprüche auf Entschädigung, die auf Grund desselben Schadensereignisses zu leisten ist, die Versicherungssumme, wird die Versicherungssumme nach folgender Rangfolge, bei gleichem Rang nach dem Verhältnis ihrer Beträge, an die Ersatzberechtigten ausgezahlt:

1. für Ansprüche wegen Personenschäden, soweit die Geschädigten nicht vom Schädiger, von einem anderen Versicherer als dessen Haftpflichtversicherer, einem Sozialversicherungsträger oder einem sonstigen Dritten Ersatz ihrer Schäden erlangen können;
2. für Ansprüche wegen sonstiger Schäden natürlicher und juristischer Personen des Privatrechts, soweit die Geschädigten nicht vom Schädiger, einem anderen Versicherer als dessen Haftpflichtversicherer oder einem Dritten Ersatz ihrer Schäden erlangen können;
3. für Ansprüche, die nach Privatrecht auf Versicherer oder sonstige Dritte wegen Personen- und sonstiger Schäden übergegangen sind;
4. für Ansprüche, die auf Sozialversicherungsträger übergegangen sind;
5. für alle sonstigen Ansprüche.

(2) Ist die Versicherungssumme unter Berücksichtigung nachrangiger Ansprüche erschöpft, kann sich ein vorrangig zu befriedigender Anspruchsberechtigter, der bei der Verteilung nicht berücksichtigt worden ist, nachträglich auf Absatz 1 nicht berufen, wenn der Versicherer mit der Geltendmachung dieses Anspruchs nicht gerechnet hat und auch nicht rechnen musste.

§ 119 Obliegenheiten des Dritten

(1) Der Dritte hat ein Schadensereignis, aus dem er einen Anspruch gegen den Versicherungsnehmer oder nach § 115 Abs. 1 gegen den Versicherer herleiten will, dem Versicherer innerhalb von zwei Wochen, nachdem er von dem Schadensereignis Kenntnis erlangt hat, in Textform anzuzeigen; zur Fristwahrung genügt die rechtzeitige Absendung.

(2) Macht der Dritte den Anspruch gegen den Versicherungsnehmer gerichtlich geltend, hat er dies dem Versicherer unverzüglich in Textform anzuzeigen.

(3) Der Versicherer kann von dem Dritten Auskunft verlangen, soweit sie zur Feststellung des Schadensereignisses und der Höhe des Schadens erforderlich ist. Belege kann der Versicherer insoweit verlangen, als deren Beschaffung dem Dritten billigerweise zugemutet werden kann.

§ 120 Obliegenheitsverletzung des Dritten

Verletzt der Dritte schuldhaft die Obliegenheit nach § 119 Abs. 2 oder 3, beschränkt sich die Haftung des Versicherers nach den §§ 115 und 117 auf den Betrag, den er auch bei gehöriger Erfüllung der Obliegenheit zu leisten gehabt hätte, sofern der Dritte vorher ausdrücklich und in Textform auf die Folgen der Verletzung hingewiesen worden ist.

§ 121 Aufrechnung gegenüber Dritten

§ 35 ist gegenüber Dritten nicht anzuwenden.

§ 122 Veräußerung der von der Versicherung erfassten Sache

Die §§ 95 bis 98 über die Veräußerung der versicherten Sache sind entsprechend anzuwenden.

§ 123 Rückgriff bei mehreren Versicherten

(1) Ist bei einer Versicherung für fremde Rechnung der Versicherer dem Versicherungsnehmer gegenüber nicht zur Leistung verpflichtet, kann er dies einem Versicherten, der zur selbständigen Geltendmachung seiner Rechte aus dem Versicherungsvertrag befugt ist, nur entgegenhalten, wenn die der Leistungsfreiheit zu Grunde liegenden Umstände in der Person dieses Versicherten vorliegen oder wenn diese Umstände dem Versicherten bekannt oder infolge grober Fahrlässigkeit nicht bekannt waren.

(2) Der Umfang der Leistungspflicht nach Absatz 1 bestimmt sich nach § 117 Abs. 3 Satz 1; § 117 Abs. 3 Satz 2 ist nicht anzuwenden. § 117 Abs. 4 ist entsprechend anzuwenden.

(3) Soweit der Versicherer nach Absatz 1 leistet, kann er beim Versicherungsnehmer Rückgriff nehmen.

(4) Die Absätze 1 bis 3 sind entsprechend anzuwenden, wenn die Frist nach § 117 Abs. 2 Satz 1 und 2 noch nicht abgelaufen ist oder der Versicherer die Beendigung des Versicherungsverhältnisses der hierfür zuständigen Stelle nicht angezeigt hat.

§ 124 Rechtskrafterstreckung

(1) Soweit durch rechtskräftiges Urteil festgestellt wird, dass dem Dritten ein Anspruch auf Ersatz des Schadens nicht zusteht, wirkt das Urteil, wenn es zwischen dem Dritten und dem Versicherer ergeht, auch zugunsten des Versicherungsnehmers, wenn es zwischen dem Dritten und dem Versicherungsnehmer ergeht, auch zugunsten des Versicherers.

(2) Ist der Anspruch des Dritten gegenüber dem Versicherer durch rechtskräftiges Urteil, Anerkenntnis oder Vergleich festgestellt worden, muss der Versicherungsnehmer, gegen den von dem Versicherer Ansprüche auf Grund des § 116 Abs. 1 Satz 2 geltend gemacht werden, diese Feststellung gegen sich gelten lassen, es sei denn, der Versicherer hat die Pflicht zur Abwehr unbegründeter Entschädigungsansprüche sowie zur Minderung oder zur sachgemäßen Feststellung des Schadens schuldhaft verletzt.

(3) Die Absätze 1 und 2 sind nicht anzuwenden, soweit der Dritte seinen Anspruch auf Schadensersatz nicht nach § 115 Abs. 1 gegen den Versicherer geltend machen kann.

Kapitel 2 Rechtsschutzversicherung

§ 125 Leistung des Versicherers

Bei der Rechtsschutzversicherung ist der Versicherer verpflichtet, die für die Wahrnehmung der rechtlichen Interessen des Versicherungsnehmers oder des Versicherten erforderlichen Leistungen im vereinbarten Umfang zu erbringen.

§ 126 Schadensabwicklungsunternehmen

(1) Werden Gefahren aus dem Bereich der Rechtsschutzversicherung neben anderen Gefahren versichert, müssen im Versicherungsschein der Umfang der Deckung in der Rechtsschutzversicherung und die hierfür zu entrichtende Prämie gesondert ausgewiesen werden. Beauftragt der Versicherer mit der Leistungsbearbeitung ein selbständiges Schadensabwicklungsunternehmen, ist dieses im Versicherungsschein zu bezeichnen.

(2) Ansprüche auf die Versicherungsleistung aus einem Vertrag über eine Rechtsschutzversicherung können, wenn ein selbständiges Schadensabwicklungsunternehmen mit der Leistungsbearbeitung beauftragt ist, nur gegen dieses geltend gemacht werden. Der Titel wirkt für und gegen den Rechtsschutzversicherer. § 727 der Zivilprozessordnung ist entsprechend anzuwenden.

§ 127 Freie Anwaltswahl

(1) Der Versicherungsnehmer ist berechtigt, zu seiner Vertretung in Gerichts- und Verwaltungsverfahren den Rechtsanwalt, der seine Interessen wahrnehmen soll, aus dem Kreis der Rechtsanwälte, deren Vergütung der Versicherer nach dem Versicherungsvertrag trägt, frei zu wählen. Dies gilt auch, wenn der Versicherungsnehmer Rechtsschutz für die sonstige Wahrnehmung rechtlicher Interessen in Anspruch nehmen kann.

(2) Rechtsanwalt ist auch, wer berechtigt ist, unter einer der in der Anlage zu § 1 des Gesetzes über die Tätigkeit europäischer Rechtsanwälte in Deutschland vom 9. März 2000 (BGBl. I S. 182, 1349), das zuletzt durch Artikel 1 des Gesetzes vom 26. Oktober 2003 (BGBl. I S. 2074) geändert worden ist, in der jeweils geltenden Fassung genannten Bezeichnungen beruflich tätig zu werden.

§ 128 Gutachterverfahren

Für den Fall, dass der Versicherer seine Leistungspflicht verneint, weil die Wahrnehmung der rechtlichen Interessen keine hinreichende Aussicht auf Erfolg biete oder mutwillig sei, hat der Versicherungsvertrag ein Gutachterverfahren oder ein anderes Verfahren mit vergleichbaren Garantien für die Unparteilichkeit vorzusehen, in dem Meinungsverschiedenheiten zwischen den Vertragsparteien über die Erfolgsaussichten oder die Mutwilligkeit einer Rechtsverfolgung entschieden werden. Der Versicherer hat den Versicherungsnehmer bei Verneinung seiner

Leistungspflicht hierauf hinzuweisen. Sieht der Versicherungsvertrag kein derartiges Verfahren vor oder unterlässt der Versicherer den Hinweis, gilt das Rechtsschutzbedürfnis des Versicherungsnehmers im Einzelfall als anerkannt.

§ 129 Abweichende Vereinbarungen

Von den §§ 126 bis 128 kann nicht zum Nachteil des Versicherungsnehmers abgewichen werden.

Kapitel 3 Transportversicherung

§ 130 Umfang der Gefahrtragung

(1) Bei der Versicherung von Gütern gegen die Gefahren der Beförderung zu Lande oder auf Binnengewässern sowie der damit verbundenen Lagerung trägt der Versicherer alle Gefahren, denen die Güter während der Dauer der Versicherung ausgesetzt sind.

(2) Bei der Versicherung eines Schiffes gegen die Gefahren der Binnenschifffahrt trägt der Versicherer alle Gefahren, denen das Schiff während der Dauer der Versicherung ausgesetzt ist. Der Versicherer haftet auch für den Schaden, den der Versicherungsnehmer infolge eines Zusammenstoßes von Schiffen oder eines Schiffes mit festen oder schwimmenden Gegenständen dadurch erleidet, dass er den einem Dritten zugefügten Schaden zu ersetzen hat.

(3) Die Versicherung gegen die Gefahren der Binnenschifffahrt umfasst die Beiträge zur großen Haverei, soweit durch die Haverei-Maßnahme ein vom Versicherer zu ersetzender Schaden abgewendet werden sollte.

§ 131 Verletzung der Anzeigepflicht

(1) Abweichend von § 19 Abs. 2 ist bei Verletzung der Anzeigepflicht der Rücktritt des Versicherers ausgeschlossen; der Versicherer kann innerhalb eines Monats von dem Zeitpunkt an, zu dem er Kenntnis von dem nicht oder unrichtig angezeigten Umstand erlangt hat, den Vertrag kündigen und die Leistung verweigern. Der Versicherer bleibt zur Leistung verpflichtet, soweit der nicht oder unrichtig angezeigte Umstand nicht ursächlich für den Eintritt des Versicherungsfalles oder den Umfang der Leistungspflicht war.

(2) Verweigert der Versicherer die Leistung, kann der Versicherungsnehmer den Vertrag kündigen. Das Kündigungsrecht erlischt, wenn es nicht innerhalb eines Monats von dem Zeitpunkt an ausgeübt wird, zu welchem dem Versicherungsnehmer die Entscheidung des Versicherers, die Leistung zu verweigern, zugeht.

§ 132 Gefahränderung

(1) Der Versicherungsnehmer darf abweichend von § 23 die Gefahr erhöhen oder in anderer Weise ändern und die Änderung durch einen Dritten gestatten. Die Änderung hat er dem Versicherer unverzüglich anzuzeigen.

(2) Hat der Versicherungsnehmer eine Gefahrerhöhung nicht angezeigt, ist der Versicherer nicht zur Leistung verpflichtet, wenn der Versicherungsfall nach dem Zeitpunkt eintritt, zu dem die Anzeige dem Versicherer hätte zugehen müssen. Er ist zur Leistung verpflichtet,

1. wenn ihm die Gefahrerhöhung zu dem Zeitpunkt bekannt war, zu dem ihm die Anzeige hätte zugehen müssen,

2. wenn die Anzeigepflicht weder vorsätzlich noch grob fahrlässig verletzt worden ist oder
3. soweit die Gefahrerhöhung nicht ursächlich für den Eintritt des Versicherungsfalles oder den Umfang der Leistungspflicht war.

(3) Der Versicherer ist abweichend von § 24 nicht berechtigt, den Vertrag wegen einer Gefahrerhöhung zu kündigen.

§ 133 Vertragswidrige Beförderung

(1) Werden die Güter mit einem Beförderungsmittel anderer Art befördert als vereinbart oder werden sie umgeladen, obwohl direkter Transport vereinbart ist, ist der Versicherer nicht zur Leistung verpflichtet. Dies gilt auch, wenn ausschließlich ein bestimmtes Beförderungsmittel oder ein bestimmter Transportweg vereinbart ist.

(2) Der Versicherer bleibt zur Leistung verpflichtet, wenn nach Beginn der Versicherung die Beförderung ohne Zustimmung des Versicherungsnehmers oder infolge eines versicherten Ereignisses geändert oder aufgegeben wird. § 132 ist anzuwenden.

(3) Die Versicherung umfasst in den Fällen des Absatzes 2 die Kosten der Umladung oder der einstweiligen Lagerung sowie die Mehrkosten der Weiterbeförderung.

§ 134 Ungeeignete Beförderungsmittel

(1) Ist für die Beförderung der Güter kein bestimmtes Beförderungsmittel vereinbart, ist der Versicherungsnehmer, soweit er auf dessen Auswahl Einfluss hat, verpflichtet, Beförderungsmittel einzusetzen, die für die Aufnahme und Beförderung der Güter geeignet sind.

(2) Verletzt der Versicherungsnehmer diese Obliegenheit vorsätzlich oder grob fahrlässig, ist der Versicherer nicht zur Leistung verpflichtet, es sei denn, die Verletzung war nicht ursächlich für den Eintritt des Versicherungsfalles oder den Umfang der Leistungspflicht.

(3) Erlangt der Versicherungsnehmer Kenntnis von der mangelnden Eignung des Beförderungsmittels, hat er diesen Umstand dem Versicherer unverzüglich anzuzeigen. § 132 ist anzuwenden.

§ 135 Aufwendungsersatz

(1) Aufwendungen, die dem Versicherungsnehmer zur Abwendung oder Minderung des Schadens entstehen, sowie die Kosten für die Ermittlung und Feststellung des Schadens hat der Versicherer auch insoweit zu erstatten, als sie zusammen mit der übrigen Entschädigung die Versicherungssumme übersteigen.

(2) Sind Aufwendungen zur Abwendung oder Minderung oder zur Ermittlung und Feststellung des Schadens oder zur Wiederherstellung oder Ausbesserung der durch einen Versicherungsfall beschädigten Sache gemacht oder Beiträge zur großen Haverei geleistet oder ist eine persönliche Verpflichtung des Versicherungsnehmers zur Entrichtung solcher Beiträge entstanden, hat der Versicherer den Schaden, der durch einen späteren Versicherungsfall verursacht wird, ohne Rücksicht auf die von ihm zu erstattenden früheren Aufwendungen und Beiträge zu ersetzen.

§ 136 Versicherungswert

(1) Als Versicherungswert der Güter gilt der gemeine Handelswert und in dessen Ermangelung der gemeine Wert, den die Güter am Ort der Absendung bei Beginn der Versicherung haben, zuzüglich der Versicherungskosten, der Kosten, die bis zur Annahme der Güter durch den Beförderer entstehen, und der endgültig bezahlten Fracht.

(2) Der sich nach Absatz 1 ergebende Wert gilt auch bei Eintritt des Versicherungsfalles als Versicherungswert.

(3) Bei Gütern, die beschädigt am Ablieferungsort ankommen, ist der Wert, den sie dort in beschädigtem Zustand haben, von dem Wert abzuziehen, den sie an diesem Ort in unbeschädigtem Zustand hätten. Der dem Verhältnis der Wertminderung zu ihrem Wert in unbeschädigtem Zustand entsprechende Bruchteil des Versicherungswertes gilt als Betrag des Schadens.

§ 137 Herbeiführung des Versicherungsfalles

(1) Der Versicherer ist nicht zur Leistung verpflichtet, wenn der Versicherungsnehmer vorsätzlich oder grob fahrlässig den Versicherungsfall herbeiführt.

(2) Der Versicherungsnehmer hat das Verhalten der Schiffsbesatzung bei der Führung des Schiffes nicht zu vertreten.

§ 138 Haftungsausschluss bei Schiffen

Bei der Versicherung eines Schiffes ist der Versicherer nicht zum Ersatz eines Schadens verpflichtet, der daraus entsteht, dass das Schiff in einem nicht fahrtüchtigen Zustand oder nicht ausreichend ausgerüstet oder personell ausgestattet die Reise antritt. Dies gilt auch für einen Schaden, der nur eine Folge der Abnutzung des Schiffes in gewöhnlichem Gebrauch ist.

§ 139 Veräußerung der versicherten Sache oder Güter

(1) Ist eine versicherte Sache, für die eine Einzelpolice oder ein Versicherungszertifikat ausgestellt worden ist, veräußert worden, haftet der Erwerber abweichend von § 95 nicht für die Prämie. Der Versicherer kann sich gegenüber dem Erwerber nicht auf Leistungsfreiheit wegen Nichtzahlung der Prämie oder wegen

Nichtleistung einer Sicherheit berufen, es sei denn, der Erwerber kannte den Grund für die Leistungsfreiheit oder hätte ihn kennen müssen.

(2) Der Versicherer ist abweichend von § 96 nicht berechtigt, das Versicherungsverhältnis wegen Veräußerung der versicherten Güter zu kündigen.

(3) Der Versicherungsnehmer ist abweichend von § 97 nicht verpflichtet, dem Versicherer die Veräußerung anzuzeigen.

§ 140 Veräußerung des versicherten Schiffes

Wird ein versichertes Schiff veräußert, endet abweichend von § 95 die Versicherung mit der Übergabe des Schiffes an den Erwerber, für unterwegs befindliche Schiffe mit der Übergabe an den Erwerber im Bestimmungshafen.

§ 141 Befreiung durch Zahlung der Versicherungssumme

(1) Der Versicherer ist nach Eintritt des Versicherungsfalles berechtigt, sich durch Zahlung der Versicherungssumme von allen weiteren Verbindlichkeiten zu befreien. Der Versicherer bleibt zum Ersatz der Kosten verpflichtet, die zur Abwendung oder Minderung des Schadens oder zur Wiederherstellung oder Ausbesserung der versicherten Sache aufgewendet worden sind, bevor seine Erklärung, dass er sich durch Zahlung der Versicherungssumme befreien wolle, dem Versicherungsnehmer zugegangen ist.

(2) Das Recht des Versicherers, sich durch Zahlung der Versicherungssumme zu befreien, erlischt, wenn die Erklärung dem Versicherungsnehmer nicht innerhalb einer Woche nach dem Zeitpunkt, zu dem der Versicherer Kenntnis von dem Versicherungsfall und seinen unmittelbaren Folgen erlangt hat, zugeht.

Kapitel 4 Gebäudefeuerversicherung

§ 142 Anzeigen an Hypothekengläubiger

(1) Bei der Gebäudefeuerversicherung hat der Versicherer einem Hypothekengläubiger, der seine Hypothek angemeldet hat, unverzüglich in Textform anzuzeigen, wenn die einmalige oder die erste Prämie nicht rechtzeitig gezahlt oder wenn dem Versicherungsnehmer für die Zahlung einer Folgeprämie eine Frist bestimmt wird. Dies gilt auch, wenn das Versicherungsverhältnis nach Ablauf der Frist wegen unterbliebener Zahlung der Folgeprämie gekündigt wird.

(2) Der Versicherer hat den Eintritt des Versicherungsfalles innerhalb einer Woche, nachdem er von ihm Kenntnis erlangt hat, einem Hypothekengläubiger, der seine Hypothek angemeldet hat, in Textform anzuzeigen, es sei denn, der Schaden ist unbedeutend.

§ 143 Fortdauer der Leistungspflicht gegenüber Hypothekengläubigern

(1) Bei nicht rechtzeitiger Zahlung einer Folgeprämie bleibt der Versicherer gegenüber einem Hypothekengläubiger, der seine Hypothek angemeldet hat, bis zum Ablauf eines Monats ab dem Zeitpunkt zur Leistung verpflichtet, zu welchem dem Hypothekengläubiger die Bestimmung der Zahlungsfrist oder, wenn diese Mitteilung unterblieben ist, die Kündigung mitgeteilt worden ist.

(2) Die Beendigung des Versicherungsverhältnisses wird gegenüber einem Hypothekengläubiger, der seine Hypothek angemeldet hat, erst mit dem Ablauf von zwei Monaten wirksam, nachdem ihm die Beendigung und, sofern diese noch nicht eingetreten war, der Zeitpunkt der Beendigung durch den Versicherer mitgeteilt worden ist oder er auf andere Weise hiervon Kenntnis erlangt hat. Satz 1 gilt nicht, wenn das Versicherungsverhältnis wegen unterbliebener Prämienzahlung durch Rücktritt oder Kündigung des Versicherers oder durch Kündigung des Versicherungsnehmers, welcher der Hypothekengläubiger zugestimmt hat, beendet wird.

(3) Absatz 2 Satz 1 gilt entsprechend für die Wirksamkeit einer Vereinbarung zwischen dem Versicherer und dem Versicherungsnehmer, durch die der Umfang des Versicherungsschutzes gemindert wird oder nach welcher der Versicherer nur verpflichtet ist, die Entschädigung zur Wiederherstellung des versicherten Gebäudes zu zahlen.

(4) Die Nichtigkeit des Versicherungsvertrags kann gegenüber einem Hypothekengläubiger, der seine Hypothek angemeldet hat, nicht geltend gemacht werden. Das Versicherungsverhältnis endet jedoch ihm gegenüber nach Ablauf von zwei Monaten, nachdem ihm die Nichtigkeit durch den Versicherer mitgeteilt worden ist oder er auf andere Weise von der Nichtigkeit Kenntnis erlangt hat.

§ 144 Kündigung des Versicherungsnehmers

Hat ein Hypothekengläubiger seine Hypothek angemeldet, ist eine Kündigung des Versicherungsverhältnisses durch den Versicherungsnehmer unbeschadet des § 92 Abs. 1 und des § 96 Abs. 2 nur wirksam, wenn der Versicherungsnehmer mindestens einen Monat vor Ablauf des Versicherungsvertrags nachgewiesen hat, dass zu dem Zeitpunkt, zu dem die Kündigung spätestens zulässig war, das Grundstück nicht mit der Hypothek belastet war oder dass der Hypothekengläubiger der Kündigung zugestimmt hat. Die Zustimmung darf nicht ohne ausreichenden Grund verweigert werden.

§ 145 Übergang der Hypothek

Soweit der Versicherer den Hypothekengläubiger nach § 143 befriedigt, geht die Hypothek auf ihn über. Der Übergang kann nicht zum Nachteil eines gleich- oder nachstehenden Hypothekengläubigers geltend gemacht werden, dem gegenüber die Leistungspflicht des Versicherers bestehen geblieben ist.

§ 146 Bestätigungs- und Auskunftspflicht des Versicherers

Der Versicherer ist verpflichtet, einem Hypothekengläubiger, der seine Hypothek angemeldet hat, die Anmeldung zu bestätigen und auf Verlangen Auskunft über das Bestehen von Versicherungsschutz sowie über die Höhe der Versicherungssumme zu erteilen.

§ 147 Änderung von Anschrift und Name des Hypothekengläubigers

Hat der Hypothekengläubiger dem Versicherer eine Änderung seiner Anschrift oder seines Namens nicht mitgeteilt, ist § 13 Abs. 1 auf die Anzeigen und Mitteilungen des Versicherers nach den §§ 142 und 143 entsprechend anzuwenden.

§ 148 Andere Grundpfandrechte

Ist das Grundstück mit einer Grundschuld, Rentenschuld oder Reallast belastet, sind die §§ 142 bis 147 entsprechend anzuwenden.

§ 149 Eigentümergrundpfandrechte

Die durch die §§ 142 bis 148 begründeten Rechte können nicht zugunsten von Hypotheken, Grundschulden oder Rentenschulden, die dem Versicherungsnehmer zustehen, geltend gemacht werden.

Kapitel 5 Lebensversicherung

§ 150 Versicherte Person

(1) Die Lebensversicherung kann auf die Person des Versicherungsnehmers oder eines anderen genommen werden.

(2) Wird die Versicherung für den Fall des Todes eines anderen genommen und übersteigt die vereinbarte Leistung den Betrag der gewöhnlichen Beerdigungskosten, ist zur Wirksamkeit des Vertrags die schriftliche Einwilligung des anderen erforderlich; dies gilt nicht bei Kollektivlebensversicherungen im Bereich der betrieblichen Altersversorgung. Ist der andere geschäftsunfähig oder in der Geschäftsfähigkeit beschränkt oder ist für ihn ein Betreuer bestellt und steht die Vertretung in den seine Person betreffenden Angelegenheiten dem Versicherungsnehmer zu, kann dieser den anderen bei der Erteilung der Einwilligung nicht vertreten.

(3) Nimmt ein Elternteil die Versicherung auf die Person eines minderjährigen Kindes, bedarf es der Einwilligung des Kindes nur, wenn nach dem Vertrag der Versicherer auch bei Eintritt des Todes vor der Vollendung des siebenten Lebensjahres zur Leistung verpflichtet sein soll und die für diesen Fall vereinbarte Leistung den Betrag der gewöhnlichen Beerdigungskosten übersteigt.

(4) Soweit die Aufsichtsbehörde einen bestimmten Höchstbetrag für die gewöhnlichen Beerdigungskosten festgesetzt hat, ist dieser maßgebend.

§ 151 Ärztliche Untersuchung

Durch die Vereinbarung einer ärztlichen Untersuchung der versicherten Person wird ein Recht des Versicherers, die Vornahme der Untersuchung zu verlangen, nicht begründet.

§ 152 Widerruf des Versicherungsnehmers

(1) Abweichend von § 8 Abs. 1 Satz 1 beträgt die Widerrufsfrist 30 Tage.

(2) Der Versicherer hat abweichend von § 9 Satz 1 auch den Rückkaufswert einschließlich der Überschussanteile nach § 169 zu zahlen. Im Fall des § 9 Satz 2 hat der Versicherer den Rückkaufswert einschließlich der Überschussanteile oder, wenn dies für den Versicherungsnehmer günstiger ist, die für das erste Jahr gezahlten Prämien zu erstatten.

(3) Abweichend von § 33 Abs. 1 ist die einmalige oder die erste Prämie unverzüglich nach Ablauf von 30 Tagen nach Zugang des Versicherungsscheins zu zahlen.

§ 153 Überschussbeteiligung

(1) Dem Versicherungsnehmer steht eine Beteiligung an dem Überschuss und an den Bewertungsreserven (Überschussbeteiligung) zu, es sei denn, die Überschussbeteiligung ist durch ausdrückliche Vereinbarung ausgeschlossen; die Überschussbeteiligung kann nur insgesamt ausgeschlossen werden.

(2) Der Versicherer hat die Beteiligung an dem Überschuss nach einem verursachungsorientierten Verfahren durchzuführen; andere vergleichbare angemessene Verteilungsgrundsätze können vereinbart werden. Die Beträge im Sinn des § 268 Abs. 8 des Handelsgesetzbuchs bleiben unberücksichtigt.

(3) Der Versicherer hat die Bewertungsreserven jährlich neu zu ermitteln und nach einem verursachungsorientierten Verfahren rechnerisch zuzuordnen. Bei der Beendigung des Vertrags wird der für diesen Zeitpunkt zu ermittelnde Betrag zur Hälfte zugeteilt und an den Versicherungsnehmer ausgezahlt; eine frühere Zuteilung kann vereinbart werden. Aufsichtsrechtliche Regelungen zur Sicherstellung der dauernden Erfüllbarkeit der Verpflichtungen aus den Versicherungen, insbesondere § 53c, § 54 Absatz 1 und 2, § 56a Absatz 3 und 4 sowie § 81c Absatz 1 und 3 des Versicherungsaufsichtsgesetzes bleiben unberührt.

(4) Bei Rentenversicherungen ist die Beendigung der Ansparphase der nach Absatz 3 Satz 2 maßgebliche Zeitpunkt.

§ 154 Modellrechnung

(1) Macht der Versicherer im Zusammenhang mit dem Angebot oder dem Abschluss einer Lebensversicherung bezifferte Angaben zur Höhe von möglichen Leistungen über die vertraglich garantierten Leistungen hinaus, hat er dem Versicherungsnehmer eine Modellrechnung zu übermitteln, bei der die mögliche Ablaufleistung unter Zugrundelegung der Rechnungsgrundlagen für die Prämienkalkulation mit drei verschiedenen Zinssätzen dargestellt wird. Dies gilt nicht für Risikoversicherungen und Verträge, die Leistungen der in § 54b Abs. 1 und 2 des Versicherungsaufsichtsgesetzes bezeichneten Art vorsehen.

(2) Der Versicherer hat den Versicherungsnehmer klar und verständlich darauf hinzuweisen, dass es sich bei der Modellrechnung nur um ein Rechenmodell handelt, dem fiktive Annahmen zu Grunde liegen, und dass der Versicherungsnehmer aus der Modellrechnung keine vertraglichen Ansprüche gegen den Versicherer ableiten kann.

§ 155 Jährliche Unterrichtung

Bei Versicherungen mit Überschussbeteiligung hat der Versicherer den Versicherungsnehmer jährlich in Textform über die Entwicklung seiner Ansprüche unter Einbeziehung der Überschussbeteiligung zu unterrichten. Ferner hat der Versicherer, wenn er bezifferte Angaben zur möglichen zukünftigen Entwicklung der Überschussbeteiligung gemacht hat, den Versicherungsnehmer auf Abweichungen der tatsächlichen Entwicklung von den anfänglichen Angaben hinzuweisen.

§ 156 Kenntnis und Verhalten der versicherten Person

Soweit nach diesem Gesetz die Kenntnis und das Verhalten des Versicherungsnehmers von rechtlicher Bedeutung sind, ist bei der Versicherung auf die Person eines anderen auch deren Kenntnis und Verhalten zu berücksichtigen.

§ 157 Unrichtige Altersangabe

Ist das Alter der versicherten Person unrichtig angegeben worden, verändert sich die Leistung des Versicherers nach dem Verhältnis, in welchem die dem wirklichen Alter entsprechende Prämie zu der vereinbarten Prämie steht. Das Recht, wegen der Verletzung der Anzeigepflicht von dem Vertrag zurückzutreten, steht dem Versicherer abweichend von § 19 Abs. 2 nur zu, wenn er den Vertrag bei richtiger Altersangabe nicht geschlossen hätte.

§ 158 Gefahränderung

(1) Als Erhöhung der Gefahr gilt nur eine solche Änderung der Gefahrumstände, die nach ausdrücklicher Vereinbarung als Gefahrerhöhung angesehen werden soll; die Vereinbarung bedarf der Textform.

(2) Eine Erhöhung der Gefahr kann der Versicherer nicht mehr geltend machen, wenn seit der Erhöhung fünf Jahre verstrichen sind. Hat der Versicherungsnehmer seine Verpflichtung nach § 23 vorsätzlich oder arglistig verletzt, beläuft sich die Frist auf zehn Jahre.

(3) § 41 ist mit der Maßgabe anzuwenden, dass eine Herabsetzung der Prämie nur wegen einer solchen Minderung der Gefahrumstände verlangt werden kann, die nach ausdrücklicher Vereinbarung als Gefahrminderung angesehen werden soll.

§ 159 Bezugsberechtigung

(1) Der Versicherungsnehmer ist im Zweifel berechtigt, ohne Zustimmung des Versicherers einen Dritten als Bezugsberechtigten zu bezeichnen sowie an die Stelle des so bezeichneten Dritten einen anderen zu setzen.

(2) Ein widerruflich als bezugsberechtigt bezeichneter Dritter erwirbt das Recht auf die Leistung des Versicherers erst mit dem Eintritt des Versicherungsfalles.

(3) Ein unwiderruflich als bezugsberechtigt bezeichneter Dritter erwirbt das Recht auf die Leistung des Versicherers bereits mit der Bezeichnung als Bezugsberechtigter.

§ 160 Auslegung der Bezugsberechtigung

(1) Sind mehrere Personen ohne Bestimmung ihrer Anteile als Bezugsberechtigte bezeichnet, sind sie zu gleichen Teilen bezugsberechtigt. Der von einem Bezugsberechtigten nicht erworbene Anteil wächst den übrigen Bezugsberechtigten zu.

(2) Soll die Leistung des Versicherers nach dem Tod des Versicherungsnehmers an dessen Erben erfolgen, sind im Zweifel diejenigen, welche zur Zeit des Todes als Erben berufen sind, nach dem Verhältnis ihrer Erbteile bezugsberechtigt. Eine Ausschlagung der Erbschaft hat auf die Berechtigung keinen Einfluss.

(3) Wird das Recht auf die Leistung des Versicherers von dem bezugsberechtigten Dritten nicht erworben, steht es dem Versicherungsnehmer zu.

(4) Ist der Fiskus als Erbe berufen, steht ihm ein Bezugsrecht im Sinn des Absatzes 2 Satz 1 nicht zu.

§ 161 Selbsttötung

(1) Bei einer Versicherung für den Todesfall ist der Versicherer nicht zur Leistung verpflichtet, wenn die versicherte Person sich vor Ablauf von drei Jahren nach Abschluss des Versicherungsvertrags vorsätzlich selbst getötet hat. Dies gilt nicht, wenn die Tat in einem die freie Willensbestimmung ausschließenden Zustand krankhafter Störung der Geistestätigkeit begangen worden ist.

(2) Die Frist nach Absatz 1 Satz 1 kann durch Einzelvereinbarung erhöht werden.

(3) Ist der Versicherer nicht zur Leistung verpflichtet, hat er den Rückkaufswert einschließlich der Überschussanteile nach § 169 zu zahlen.

§ 162 Tötung durch Leistungsberechtigten

(1) Ist die Versicherung für den Fall des Todes eines anderen als des Versicherungsnehmers genommen, ist der Versicherer nicht zur Leistung verpflichtet, wenn der Versicherungsnehmer vorsätzlich durch eine widerrechtliche Handlung den Tod des anderen herbeiführt.

(2) Ist ein Dritter als Bezugsberechtigter bezeichnet, gilt die Bezeichnung als nicht erfolgt, wenn der Dritte vorsätzlich durch eine widerrechtliche Handlung den Tod der versicherten Person herbeiführt.

§ 163 Prämien- und Leistungsänderung

(1) Der Versicherer ist zu einer Neufestsetzung der vereinbarten Prämie berechtigt, wenn

1. sich der Leistungsbedarf nicht nur vorübergehend und nicht voraussehbar gegenüber den Rechnungsgrundlagen der vereinbarten Prämie geändert hat,
2. die nach den berichtigten Rechnungsgrundlagen neu festgesetzte Prämie angemessen und erforderlich ist, um die dauernde Erfüllbarkeit der Versicherungsleistung zu gewährleisten, und
3. ein unabhängiger Treuhänder die Rechnungsgrundlagen und die Voraussetzungen der Nummern 1 und 2 überprüft und bestätigt hat.

Eine Neufestsetzung der Prämie ist insoweit ausgeschlossen, als die Versicherungsleistungen zum Zeitpunkt der Erst- oder Neukalkulation unzureichend kalkuliert waren und ein ordentlicher und gewissenhafter Aktuar dies insbesondere anhand der zu diesem Zeitpunkt verfügbaren statistischen Kalkulationsgrundlagen hätte erkennen müssen.

(2) Der Versicherungsnehmer kann verlangen, dass an Stelle einer Erhöhung der Prämie nach Absatz 1 die Versicherungsleistung entsprechend herabgesetzt wird. Bei einer prämienfreien Versicherung ist der Versicherer unter den Voraussetzungen des Absatzes 1 zur Herabsetzung der Versicherungsleistung berechtigt.

(3) Die Neufestsetzung der Prämie und die Herabsetzung der Versicherungsleistung werden zu Beginn des zweiten Monats wirksam, der auf die Mitteilung der Neufestsetzung oder der Herabsetzung und der hierfür maßgeblichen Gründe an den Versicherungsnehmer folgt.

(4) Die Mitwirkung des Treuhänders nach Absatz 1 Satz 1 Nr. 3 entfällt, wenn die Neufestsetzung oder die Herabsetzung der Versicherungsleistung der Genehmigung der Aufsichtsbehörde bedarf.

§ 164 Bedingungsanpassung

(1) Ist eine Bestimmung in Allgemeinen Versicherungsbedingungen des Versicherers durch höchstrichterliche Entscheidung oder durch bestandskräftigen Verwaltungsakt für unwirksam erklärt worden, kann sie der Versicherer durch eine neue Regelung ersetzen, wenn dies zur Fortführung des Vertrags notwendig ist oder wenn das Festhalten an dem Vertrag ohne neue Regelung für eine Vertragspartei auch unter Berücksichtigung der Interessen der anderen Vertragspartei

eine unzumutbare Härte darstellen würde. Die neue Regelung ist nur wirksam, wenn sie unter Wahrung des Vertragsziels die Belange der Versicherungsnehmer angemessen berücksichtigt.

(2) Die neue Regelung nach Absatz 1 wird zwei Wochen, nachdem die neue Regelung und die hierfür maßgeblichen Gründe dem Versicherungsnehmer mitgeteilt worden sind, Vertragsbestandteil.

§ 165 Prämienfreie Versicherung

(1) Der Versicherungsnehmer kann jederzeit für den Schluss der laufenden Versicherungsperiode die Umwandlung der Versicherung in eine prämienfreie Versicherung verlangen, sofern die dafür vereinbarte Mindestversicherungsleistung erreicht wird. Wird diese nicht erreicht, hat der Versicherer den auf die Versicherung entfallenden Rückkaufswert einschließlich der Überschussanteile nach § 169 zu zahlen.

(2) Die prämienfreie Leistung ist nach anerkannten Regeln der Versicherungsmathematik mit den Rechnungsgrundlagen der Prämienkalkulation unter Zugrundelegung des Rückkaufswertes nach § 169 Abs. 3 bis 5 zu berechnen und im Vertrag für jedes Versicherungsjahr anzugeben.

(3) Die prämienfreie Leistung ist für den Schluss der laufenden Versicherungsperiode unter Berücksichtigung von Prämienrückständen zu berechnen. Die Ansprüche des Versicherungsnehmers aus der Überschussbeteiligung bleiben unberührt.

§ 166 Kündigung des Versicherers

(1) Kündigt der Versicherer das Versicherungsverhältnis, wandelt sich mit der Kündigung die Versicherung in eine prämienfreie Versicherung um. Auf die Umwandlung ist § 165 anzuwenden.

(2) Im Fall des § 38 Abs. 2 ist der Versicherer zu der Leistung verpflichtet, die er erbringen müsste, wenn sich mit dem Eintritt des Versicherungsfalles die Versicherung in eine prämienfreie Versicherung umgewandelt hätte.

(3) Bei der Bestimmung einer Zahlungsfrist nach § 38 Abs. 1 hat der Versicherer auf die eintretende Umwandlung der Versicherung hinzuweisen.

(4) Bei einer Lebensversicherung, die vom Arbeitgeber zugunsten seiner Arbeitnehmerinnen und Arbeitnehmer abgeschlossen worden ist, hat der Versicherer die versicherte Person über die Bestimmung der Zahlungsfrist nach § 38 Abs. 1 und die eintretende Umwandlung der Versicherung in Textform zu informieren und ihnen eine Zahlungsfrist von mindestens zwei Monaten einzuräumen.

§ 167 Umwandlung zur Erlangung eines Pfändungsschutzes

Der Versicherungsnehmer einer Lebensversicherung kann jederzeit für den Schluss der laufenden Versicherungsperiode die Umwandlung der Versicherung in eine Versicherung verlangen, die den Anforderungen des § 851c Abs. 1 der Zivilprozessordnung entspricht. Die Kosten der Umwandlung hat der Versicherungsnehmer zu tragen.

§ 168 Kündigung des Versicherungsnehmers

(1) Sind laufende Prämien zu zahlen, kann der Versicherungsnehmer das Versicherungsverhältnis jederzeit für den Schluss der laufenden Versicherungsperiode kündigen.

(2) Bei einer Versicherung, die Versicherungsschutz für ein Risiko bietet, bei dem der Eintritt der Verpflichtung des Versicherers gewiss ist, steht das Kündigungsrecht dem Versicherungsnehmer auch dann zu, wenn die Prämie in einer einmaligen Zahlung besteht.

(3) Die Absätze 1 und 2 sind nicht auf einen für die Altersvorsorge bestimmten Versicherungsvertrag anzuwenden, bei dem der Versicherungsnehmer mit dem Versicherer eine Verwertung vor dem Eintritt in den Ruhestand unwiderruflich ausgeschlossen hat; der Wert der vom Ausschluss der Verwertbarkeit betroffenen Ansprüche darf die in § 12 Abs. 2 Nr. 3 des Zweiten Buches Sozialgesetzbuch bestimmten Beträge nicht übersteigen. Entsprechendes gilt, soweit die Ansprüche nach § 851c oder § 851d der Zivilprozessordnung nicht gepfändet werden dürfen.

§ 169 Rückkaufswert

(1) Wird eine Versicherung, die Versicherungsschutz für ein Risiko bietet, bei dem der Eintritt der Verpflichtung des Versicherers gewiss ist, durch Kündigung des Versicherungsnehmers oder durch Rücktritt oder Anfechtung des Versicherers aufgehoben, hat der Versicherer den Rückkaufswert zu zahlen.

(2) Der Rückkaufswert ist nur insoweit zu zahlen, als dieser die Leistung bei einem Versicherungsfall zum Zeitpunkt der Kündigung nicht übersteigt. Der danach nicht gezahlte Teil des Rückkaufswertes ist für eine prämienfreie Versicherung zu verwenden. Im Fall des Rücktrittes oder der Anfechtung ist der volle Rückkaufswert zu zahlen.

(3) Der Rückkaufswert ist das nach anerkannten Regeln der Versicherungsmathematik mit den Rechnungsgrundlagen der Prämienkalkulation zum Schluss der laufenden Versicherungsperiode berechnete Deckungskapital der Versicherung, bei einer Kündigung des Versicherungsverhältnisses jedoch mindestens der Betrag des Deckungskapitals, das sich bei gleichmäßiger Verteilung der angesetzten Abschluss- und Vertriebskosten auf die ersten fünf Vertragsjahre ergibt; die aufsichtsrechtlichen Regelungen über Höchstzillmersätze bleiben unberührt. Der Rückkaufswert und das Ausmaß, in dem er garantiert ist, sind dem Versiche-

rungsnehmer vor Abgabe von dessen Vertragserklärung mitzuteilen; das Nähere regelt die Rechtsverordnung nach § 7 Abs. 2. Hat der Versicherer seinen Sitz in einem anderen Mitgliedstaat der Europäischen Union oder einem anderen Vertragsstaat des Abkommens über den Europäischen Wirtschaftsraum, kann er für die Berechnung des Rückkaufswertes an Stelle des Deckungskapitals den in diesem Staat vergleichbaren anderen Bezugswert zu Grunde legen.

(4) Bei fondsgebundenen Versicherungen und anderen Versicherungen, die Leistungen der in § 54b des Versicherungsaufsichtsgesetzes bezeichneten Art vorsehen, ist der Rückkaufswert nach anerkannten Regeln der Versicherungsmathematik als Zeitwert der Versicherung zu berechnen, soweit nicht der Versicherer eine bestimmte Leistung garantiert; im Übrigen gilt Absatz 3. Die Grundsätze der Berechnung sind im Vertrag anzugeben.

(5) Der Versicherer ist zu einem Abzug von dem nach Absatz 3 oder 4 berechneten Betrag nur berechtigt, wenn er vereinbart, beziffert und angemessen ist. Die Vereinbarung eines Abzugs für noch nicht getilgte Abschluss- und Vertriebskosten ist unwirksam.

(6) Der Versicherer kann den nach Absatz 3 berechneten Betrag angemessen herabsetzen, soweit dies erforderlich ist, um eine Gefährdung der Belange der Versicherungsnehmer, insbesondere durch eine Gefährdung der dauernden Erfüllbarkeit der sich aus den Versicherungsverträgen ergebenden Verpflichtungen, auszuschließen. Die Herabsetzung ist jeweils auf ein Jahr befristet.

(7) Der Versicherer hat dem Versicherungsnehmer zusätzlich zu dem nach den Absätzen 3 bis 6 berechneten Betrag die diesem bereits zugeteilten Überschussanteile, soweit sie nicht bereits in dem Betrag nach den Absätzen 3 bis 6 enthalten sind, sowie den nach den jeweiligen Allgemeinen Versicherungsbedingungen für den Fall der Kündigung vorgesehenen Schlussüberschussanteil zu zahlen; § 153 Abs. 3 Satz 2 bleibt unberührt.

§ 170 Eintrittsrecht

(1) Wird in die Versicherungsforderung ein Arrest vollzogen oder eine Zwangsvollstreckung vorgenommen oder wird das Insolvenzverfahren über das Vermögen des Versicherungsnehmers eröffnet, kann der namentlich bezeichnete Bezugsberechtigte mit Zustimmung des Versicherungsnehmers an seiner Stelle in den Versicherungsvertrag eintreten. Tritt der Bezugsberechtigte ein, hat er die Forderungen der betreibenden Gläubiger oder der Insolvenzmasse bis zur Höhe des Betrags zu befriedigen, dessen Zahlung der Versicherungsnehmer im Fall der Kündigung des Versicherungsverhältnisses vom Versicherer verlangen könnte.

(2) Ist ein Bezugsberechtigter nicht oder nicht namentlich bezeichnet, steht das gleiche Recht dem Ehegatten oder Lebenspartner und den Kindern des Versicherungsnehmers zu.

(3) Der Eintritt erfolgt durch Anzeige an den Versicherer. Die Anzeige kann nur innerhalb eines Monats erfolgen, nachdem der Eintrittsberechtigte von der Pfändung Kenntnis erlangt hat oder das Insolvenzverfahren eröffnet worden ist.

§ 171 Abweichende Vereinbarungen

Von § 152 Abs. 1 und 2 und den §§ 153 bis 155, 157, 158, 161 und 163 bis 170 kann nicht zum Nachteil des Versicherungsnehmers, der versicherten Person oder des Eintrittsberechtigten abgewichen werden. Für das Verlangen des Versicherungsnehmers auf Umwandlung nach § 165 und für seine Kündigung nach § 168 kann die Schrift- oder die Textform vereinbart werden.

Kapitel 6 Berufsunfähigkeitsversicherung

§ 172 Leistung des Versicherers

(1) Bei der Berufsunfähigkeitsversicherung ist der Versicherer verpflichtet, für eine nach Beginn der Versicherung eingetretene Berufsunfähigkeit die vereinbarten Leistungen zu erbringen.

(2) Berufsunfähig ist, wer seinen zuletzt ausgeübten Beruf, so wie er ohne gesundheitliche Beeinträchtigung ausgestaltet war, infolge Krankheit, Körperverletzung oder mehr als altersentsprechendem Kräfteverfall ganz oder teilweise voraussichtlich auf Dauer nicht mehr ausüben kann.

(3) Als weitere Voraussetzung einer Leistungspflicht des Versicherers kann vereinbart werden, dass die versicherte Person auch keine andere Tätigkeit ausübt oder ausüben kann, die zu übernehmen sie auf Grund ihrer Ausbildung und Fähigkeiten in der Lage ist und die ihrer bisherigen Lebensstellung entspricht.

§ 173 Anerkenntnis

(1) Der Versicherer hat nach einem Leistungsantrag bei Fälligkeit in Textform zu erklären, ob er seine Leistungspflicht anerkennt.

(2) Das Anerkenntnis darf nur einmal zeitlich begrenzt werden. Es ist bis zum Ablauf der Frist bindend.

§ 174 Leistungsfreiheit

(1) Stellt der Versicherer fest, dass die Voraussetzungen der Leistungspflicht entfallen sind, wird er nur leistungsfrei, wenn er dem Versicherungsnehmer diese Veränderung in Textform dargelegt hat.

(2) Der Versicherer wird frühestens mit dem Ablauf des dritten Monats nach Zugang der Erklärung nach Absatz 1 beim Versicherungsnehmer leistungsfrei.

§ 175 Abweichende Vereinbarungen

Von den §§ 173 und 174 kann nicht zum Nachteil des Versicherungsnehmers abgewichen werden.

§ 176 Anzuwendende Vorschriften

Die §§ 150 bis 170 sind auf die Berufsunfähigkeitsversicherung entsprechend anzuwenden, soweit die Besonderheiten dieser Versicherung nicht entgegenstehen.

§ 177 Ähnliche Versicherungsverträge

(1) Die §§ 173 bis 176 sind auf alle Versicherungsverträge, bei denen der Versicherer für eine dauerhafte Beeinträchtigung der Arbeitsfähigkeit eine Leistung verspricht, entsprechend anzuwenden.

(2) Auf die Unfallversicherung sowie auf Krankenversicherungsverträge, die das Risiko der Beeinträchtigung der Arbeitsfähigkeit zum Gegenstand haben, ist Absatz 1 nicht anzuwenden.

Kapitel 7 Unfallversicherung

§ 178 Leistung des Versicherers

(1) Bei der Unfallversicherung ist der Versicherer verpflichtet, bei einem Unfall der versicherten Person oder einem vertraglich dem Unfall gleichgestellten Ereignis die vereinbarten Leistungen zu erbringen.

(2) Ein Unfall liegt vor, wenn die versicherte Person durch ein plötzlich von außen auf ihren Körper wirkendes Ereignis unfreiwillig eine Gesundheitsschädigung erleidet. Die Unfreiwilligkeit wird bis zum Beweis des Gegenteils vermutet.

§ 179 Versicherte Person

(1) Die Unfallversicherung kann für den Eintritt eines Unfalles des Versicherungsnehmers oder eines anderen genommen werden. Eine Versicherung gegen Unfälle eines anderen gilt im Zweifel als für Rechnung des anderen genommen.

(2) Wird die Versicherung gegen Unfälle eines anderen von dem Versicherungsnehmer für eigene Rechnung genommen, ist zur Wirksamkeit des Vertrags die schriftliche Einwilligung des anderen erforderlich. Ist der andere geschäftsunfähig oder in der Geschäftsfähigkeit beschränkt oder ist für ihn ein Betreuer bestellt und steht die Vertretung in den seine Person betreffenden Angelegenheiten dem Versicherungsnehmer zu, kann dieser den anderen bei der Erteilung der Einwilligung nicht vertreten.

(3) Soweit im Fall des Absatzes 2 nach diesem Gesetz die Kenntnis und das Verhalten des Versicherungsnehmers von rechtlicher Bedeutung sind, sind auch die Kenntnis und das Verhalten des anderen zu berücksichtigen.

§ 180 Invalidität

Der Versicherer schuldet die für den Fall der Invalidität versprochenen Leistungen im vereinbarten Umfang, wenn die körperliche oder geistige Leistungsfähigkeit der versicherten Person unfallbedingt dauerhaft beeinträchtigt ist. Eine Beeinträchtigung ist dauerhaft, wenn sie voraussichtlich länger als drei Jahre bestehen wird und eine Änderung dieses Zustandes nicht erwartet werden kann.

§ 181 Gefahrerhöhung

(1) Als Erhöhung der Gefahr gilt nur eine solche Änderung der Umstände, die nach ausdrücklicher Vereinbarung als Gefahrerhöhung angesehen werden soll; die Vereinbarung bedarf der Textform.

(2) Ergeben sich im Fall einer erhöhten Gefahr nach dem geltenden Tarif des Versicherers bei unveränderter Prämie niedrigere Versicherungsleistungen, gelten diese mit Ablauf eines Monats nach Eintritt der Gefahrerhöhung als vereinbart.

Weitergehende Rechte kann der Versicherer nur geltend machen, wenn der Versicherungsnehmer die Gefahrerhöhung arglistig nicht angezeigt hat.

§ 182 Mitwirkende Ursachen

Ist vereinbart, dass der Anspruch auf die vereinbarten Leistungen entfällt oder sich mindert, wenn Krankheiten oder Gebrechen bei der durch den Versicherungsfall verursachten Gesundheitsschädigung oder deren Folgen mitgewirkt haben, hat der Versicherer die Voraussetzungen des Wegfalles oder der Minderung des Anspruchs nachzuweisen.

§ 183 Herbeiführung des Versicherungsfalles

(1) Der Versicherer ist nicht zur Leistung verpflichtet, wenn im Fall des § 179 Abs. 2 der Versicherungsnehmer vorsätzlich durch eine widerrechtliche Handlung den Versicherungsfall herbeiführt.

(2) Ist ein Dritter als Bezugsberechtigter bezeichnet, gilt die Bezeichnung als nicht erfolgt, wenn der Dritte vorsätzlich durch eine widerrechtliche Handlung den Versicherungsfall herbeiführt.

§ 184 Abwendung und Minderung des Schadens

Die §§ 82 und 83 sind auf die Unfallversicherung nicht anzuwenden.

§ 185 Bezugsberechtigung

Ist als Leistung des Versicherers die Zahlung eines Kapitals vereinbart, sind die §§ 159 und 160 entsprechend anzuwenden.

§ 186 Hinweispflicht des Versicherers

Zeigt der Versicherungsnehmer einen Versicherungsfall an, hat der Versicherer ihn auf vertragliche Anspruchs- und Fälligkeitsvoraussetzungen sowie einzuhaltende Fristen in Textform hinzuweisen. Unterbleibt dieser Hinweis, kann sich der Versicherer auf Fristversäumnis nicht berufen.

§ 187 Anerkenntnis

(1) Der Versicherer hat nach einem Leistungsantrag innerhalb eines Monats nach Vorlage der zu dessen Beurteilung erforderlichen Unterlagen in Textform zu erklären, ob und in welchem Umfang er seine Leistungspflicht anerkennt. Wird eine Invaliditätsleistung beantragt, beträgt die Frist drei Monate.

(2) Erkennt der Versicherer den Anspruch an oder haben sich Versicherungsnehmer und Versicherer über Grund und Höhe des Anspruchs geeinigt, wird die Leistung innerhalb von zwei Wochen fällig. Steht die Leistungspflicht nur dem Grunde nach fest, hat der Versicherer auf Verlangen des Versicherungsnehmers einen angemessenen Vorschuss zu leisten.

§ 188 Neubemessung der Invalidität

(1) Sind Leistungen für den Fall der Invalidität vereinbart, ist jede Vertragspartei berechtigt, den Grad der Invalidität jährlich, längstens bis zu drei Jahre nach Eintritt des Unfalles, neu bemessen zu lassen. In der Kinderunfallversicherung kann die Frist, innerhalb derer eine Neubemessung verlangt werden kann, verlängert werden.

(2) Mit der Erklärung des Versicherers über die Leistungspflicht ist der Versicherungsnehmer über sein Recht zu unterrichten, den Grad der Invalidität neu bemessen zu lassen. Unterbleibt diese Unterrichtung, kann sich der Versicherer auf eine Verspätung des Verlangens des Versicherungsnehmers, den Grad der Invalidität neu zu bemessen, nicht berufen.

§ 189 Sachverständigenverfahren, Schadensermittlungskosten

Die §§ 84 und 85 Abs. 1 und 3 sind entsprechend anzuwenden.

§ 190 Pflichtversicherung

Besteht für den Abschluss einer Unfallversicherung eine Verpflichtung durch Rechtsvorschrift, hat der Versicherer dem Versicherungsnehmer unter Angabe der Versicherungssumme zu bescheinigen, dass eine der zu bezeichnenden Rechtsvorschrift entsprechende Unfallversicherung besteht.

§ 191 Abweichende Vereinbarungen

Von § 178 Abs. 2 Satz 2 und den §§ 181, 186 bis 188 kann nicht zum Nachteil des Versicherungsnehmers oder der versicherten Person abgewichen werden.

Kapitel 8 Krankenversicherung

§ 192 Vertragstypische Leistungen des Versicherers

(1) Bei der Krankheitskostenversicherung ist der Versicherer verpflichtet, im vereinbarten Umfang die Aufwendungen für medizinisch notwendige Heilbehandlung wegen Krankheit oder Unfallfolgen und für sonstige vereinbarte Leistungen einschließlich solcher bei Schwangerschaft und Entbindung sowie für ambulante Vorsorgeuntersuchungen zur Früherkennung von Krankheiten nach gesetzlich eingeführten Programmen zu erstatten.

(2) Der Versicherer ist zur Leistung nach Absatz 1 insoweit nicht verpflichtet, als die Aufwendungen für die Heilbehandlung oder sonstigen Leistungen in einem auffälligen Missverhältnis zu den erbrachten Leistungen stehen.

(3) Als Inhalt der Krankheitskostenversicherung können zusätzliche Dienstleistungen, die in unmittelbarem Zusammenhang mit Leistungen nach Absatz 1 stehen, vereinbart werden, insbesondere

1. die Beratung über Leistungen nach Absatz 1 sowie über die Anbieter solcher Leistungen;
2. die Beratung über die Berechtigung von Entgeltansprüchen der Erbringer von Leistungen nach Absatz 1;
3. die Abwehr unberechtigter Entgeltansprüche der Erbringer von Leistungen nach Absatz 1;
4. die Unterstützung der versicherten Personen bei der Durchsetzung von Ansprüchen wegen fehlerhafter Erbringung der Leistungen nach Absatz 1 und der sich hieraus ergebenden Folgen;
5. die unmittelbare Abrechnung der Leistungen nach Absatz 1 mit deren Erbringern.

(4) Bei der Krankenhaustagegeldversicherung ist der Versicherer verpflichtet, bei medizinisch notwendiger stationärer Heilbehandlung das vereinbarte Krankenhaustagegeld zu leisten.

(5) Bei der Krankentagegeldversicherung ist der Versicherer verpflichtet, den als Folge von Krankheit oder Unfall durch Arbeitsunfähigkeit verursachten Verdienstausfall durch das vereinbarte Krankentagegeld zu ersetzen.

(6) Bei der Pflegekrankenversicherung ist der Versicherer verpflichtet, im Fall der Pflegebedürftigkeit im vereinbarten Umfang die Aufwendungen für die Pflege der versicherten Person zu erstatten (Pflegekostenversicherung) oder das vereinbarte Tagegeld zu leisten (Pflegetagegeldversicherung). Absatz 2 gilt für die Pflegekostenversicherung entsprechend. Die Regelungen des Elften Buches Sozialgesetzbuch über die private Pflegeversicherung bleiben unberührt.

(7) Bei der Krankheitskostenversicherung im Basistarif nach § 12 des Versicherungsaufsichtsgesetzes kann der Leistungserbringer seinen Anspruch auf Leistungserstattung auch gegen den Versicherer geltend machen, soweit der Versicherer aus dem Versicherungsverhältnis zur Leistung verpflichtet ist. Im Rahmen der Leistungspflicht des Versicherers aus dem Versicherungsverhältnis haften Versicherer und Versicherungsnehmer gesamtschuldnerisch.

(8) Der Versicherungsnehmer kann vor Beginn einer Heilbehandlung, deren Kosten voraussichtlich 2.000 Euro überschreiten werden, in Textform vom Versicherer Auskunft über den Umfang des Versicherungsschutzes für die beabsichtigte Heilbehandlung verlangen. Ist die Durchführung der Heilbehandlung dringlich, hat der Versicherer eine mit Gründen versehene Auskunft unverzüglich, spätestens nach zwei Wochen, zu erteilen, ansonsten nach vier Wochen; auf einen vom Versicherungsnehmer vorgelegten Kostenvoranschlag und andere Unterlagen ist dabei einzugehen. Die Frist beginnt mit Eingang des Auskunftsverlangens beim Versicherer. Ist die Auskunft innerhalb der Frist nicht erteilt, wird bis zum Beweis des Gegenteils durch den Versicherer vermutet, dass die beabsichtigte medizinische Heilbehandlung notwendig ist.

§ 193 Versicherte Person; Versicherungspflicht

(1) Die Krankenversicherung kann auf die Person des Versicherungsnehmers oder eines anderen genommen werden. Versicherte Person ist die Person, auf welche die Versicherung genommen wird.

(2) Soweit nach diesem Gesetz die Kenntnis und das Verhalten des Versicherungsnehmers von rechtlicher Bedeutung sind, ist bei der Versicherung auf die Person eines anderen auch deren Kenntnis und Verhalten zu berücksichtigen.

(3) Jede Person mit Wohnsitz im Inland ist verpflichtet, bei einem in Deutschland zum Geschäftsbetrieb zugelassenen Versicherungsunternehmen für sich selbst und für die von ihr gesetzlich vertretenen Personen, soweit diese nicht selbst Verträge abschließen können, eine Krankheitskostenversicherung, die mindestens eine Kostenerstattung für ambulante und stationäre Heilbehandlung umfasst und bei der die für tariflich vorgesehene Leistungen vereinbarten absoluten und prozentualen Selbstbehalte für ambulante und stationäre Heilbehandlung für jede zu versichernde Person auf eine betragsmäßige Auswirkung von kalenderjährlich 5.000 Euro begrenzt ist, abzuschließen und aufrechtzuerhalten; für Beihilfeberechtigte ergeben sich die möglichen Selbstbehalte durch eine sinngemäße Anwendung des durch den Beihilfesatz nicht gedeckten Vom-Hundert-Anteils auf den Höchstbetrag von 5.000 Euro. Die Pflicht nach Satz 1 besteht nicht für Personen, die

1. in der gesetzlichen Krankenversicherung versichert oder versicherungspflichtig sind oder
2. Anspruch auf freie Heilfürsorge haben, beihilfeberechtigt sind oder vergleichbare Ansprüche haben im Umfang der jeweiligen Berechtigung oder

3. Anspruch auf Leistungen nach dem Asylbewerberleistungsgesetz haben oder
4. Empfänger laufender Leistungen nach dem Dritten, Vierten, Sechsten und Siebten Kapitel des Zwölften Buches Sozialgesetzbuch sind für die Dauer dieses Leistungsbezugs und während Zeiten einer Unterbrechung des Leistungsbezugs von weniger als einem Monat, wenn der Leistungsbezug vor dem 1. Januar 2009 begonnen hat.

Ein vor dem 1. April 2007 vereinbarter Krankheitskostenversicherungsvertrag genügt den Anforderungen des Satzes 1.

(4) Wird der Vertragsabschluss später als einen Monat nach Entstehen der Pflicht nach Absatz 3 Satz 1 beantragt, ist ein Prämienzuschlag zu entrichten. Dieser beträgt einen Monatsbeitrag für jeden weiteren angefangenen Monat der Nichtversicherung, ab dem sechsten Monat der Nichtversicherung für jeden weiteren angefangenen Monat der Nichtversicherung ein Sechstel eines Monatsbeitrags. Kann die Dauer der Nichtversicherung nicht ermittelt werden, ist davon auszugehen, dass der Versicherte mindestens fünf Jahre nicht versichert war. Der Prämienzuschlag ist einmalig zusätzlich zur laufenden Prämie zu entrichten. Der Versicherungsnehmer kann vom Versicherer die Stundung des Prämienzuschlages verlangen, wenn den Interessen des Versicherers durch die Vereinbarung einer angemessenen Ratenzahlung Rechnung getragen werden kann. Der gestundete Betrag ist zu verzinsen. Wird der Vertragsabschluss bis zum 31. Dezember 2013 beantragt, ist kein Prämienzuschlag zu entrichten. Dies gilt für bis zum 31. Juli 2013 abgeschlossene Verträge für noch ausstehende Prämienzuschläge nach Satz 1 entsprechend.

(5) Der Versicherer ist verpflichtet,

1. allen freiwillig in der gesetzlichen Krankenversicherung Versicherten
   a. innerhalb von sechs Monaten nach Einführung des Basistarifes,
   b. innerhalb von sechs Monaten nach Beginn der im Fünften Buch Sozialgesetzbuch vorgesehenen Wechselmöglichkeit im Rahmen ihres freiwilligen Versicherungsverhältnisses,
2. allen Personen mit Wohnsitz in Deutschland, die nicht in der gesetzlichen Krankenversicherung versicherungspflichtig sind, nicht zum Personenkreis nach Nummer 1 oder Absatz 3 Satz 2 Nr. 3 und 4 gehören und die nicht bereits eine private Krankheitskostenversicherung mit einem in Deutschland zum Geschäftsbetrieb zugelassenen Versicherungsunternehmen vereinbart haben, die der Pflicht nach Absatz 3 genügt,
3. Personen, die beihilfeberechtigt sind oder vergleichbare Ansprüche haben, soweit sie zur Erfüllung der Pflicht nach Absatz 3 Satz 1 ergänzenden Versicherungsschutz benötigen,

4. allen Personen mit Wohnsitz in Deutschland, die eine private Krankheitskostenversicherung im Sinn des Absatzes 3 mit einem in Deutschland zum Geschäftsbetrieb zugelassenen Versicherungsunternehmen vereinbart haben und deren Vertrag nach dem 31. Dezember 2008 abgeschlossen wird,

Versicherung im Basistarif nach § 12 Abs. 1a des Versicherungsaufsichtsgesetzes zu gewähren. Ist der private Krankheitskostenversicherungsvertrag vor dem 1. Januar 2009 abgeschlossen, kann bei Wechsel oder Kündigung des Vertrags der Abschluss eines Vertrags im Basistarif beim eigenen oder einem anderen Versicherungsunternehmen unter Mitnahme der Alterungsrückstellungen gemäß § 204 Abs. 1 nur bis zum 30. Juni 2009 verlangt werden. Der Antrag muss bereits dann angenommen werden, wenn bei einer Kündigung eines Vertrags bei einem anderen Versicherer die Kündigung nach § 205 Abs. 1 Satz 1 noch nicht wirksam geworden ist. Der Antrag darf nur abgelehnt werden, wenn der Antragsteller bereits bei dem Versicherer versichert war und der Versicherer

1. den Versicherungsvertrag wegen Drohung oder arglistiger Täuschung angefochten hat oder

2. vom Versicherungsvertrag wegen einer vorsätzlichen Verletzung der vorvertraglichen Anzeigepflicht zurückgetreten ist.

(6) Ist der Versicherungsnehmer in einer der Pflicht nach Absatz 3 genügenden Versicherung mit einem Betrag in Höhe von Prämienanteilen für zwei Monate im Rückstand, hat ihn der Versicherer zu mahnen. Der Versicherungsnehmer hat für jeden angefangenen Monat eines Prämienrückstandes an Stelle von Verzugszinsen einen Säumniszuschlag in Höhe von 1 Prozent des Prämienrückstandes zu entrichten. Ist der Prämienrückstand einschließlich der Säumniszuschläge zwei Monate nach Zugang der Mahnung höher als der Prämienanteil für einen Monat, mahnt der Versicherer ein zweites Mal und weist auf die Folgen nach Satz 4 hin. Ist der Prämienrückstand einschließlich der Säumniszuschläge einen Monat nach Zugang der zweiten Mahnung höher als der Prämienanteil für einen Monat, ruht der Vertrag ab dem ersten Tag des nachfolgenden Monats. Das Ruhen des Vertrages tritt nicht ein oder endet, wenn der Versicherungsnehmer oder die versicherte Person hilfebedürftig im Sinne des Zweiten oder Zwölften Buches Sozialgesetzbuch ist oder wird; die Hilfebedürftigkeit ist auf Antrag des Versicherungsnehmers vom zuständigen Träger nach dem Zweiten oder dem Zwölften Buch Sozialgesetzbuch zu bescheinigen.

(7) Solange der Vertrag ruht, gilt der Versicherungsnehmer als im Notlagentarif nach § 12h des Versicherungsaufsichtsgesetzes versichert. Risikozuschläge, Leistungsausschlüsse und Selbstbehalte entfallen während dieser Zeit. Der Versicherer kann verlangen, dass Zusatzversicherungen ruhen, solange die Versicherung nach § 12h des Versicherungsaufsichtsgesetzes besteht. Ein Wechsel in den oder aus dem Notlagentarif nach § 12h des Versicherungsaufsichtsgesetzes ist ausgeschlossen. Ein Versicherungsnehmer, dessen Vertrag nur die Erstattung eines Prozentsatzes der entstandenen Aufwendungen vorsieht, gilt als in einer

Variante des Notlagentarifs nach § 12h des Versicherungsaufsichtsgesetzes versichert, die Leistungen in Höhe von 20, 30 oder 50 Prozent der versicherten Behandlungskosten vorsieht, abhängig davon, welcher Prozentsatz dem Grad der vereinbarten Erstattung am nächsten ist.

(8) Der Versicherer übersendet dem Versicherungsnehmer in Textform eine Mitteilung über die Fortsetzung des Vertrages im Notlagentarif nach § 12h des Versicherungsaufsichtsgesetzes und über die zu zahlende Prämie. Dabei ist der Versicherungsnehmer in herausgehobener Form auf die Folgen der Anrechnung der Alterungsrückstellung nach § 12h Absatz 2 Satz 6 des Versicherungsaufsichtsgesetzes für die Höhe der künftig zu zahlenden Prämie hinzuweisen. Angaben zur Versicherung im Notlagentarif nach § 12h des Versicherungsaufsichtsgesetzes kann der Versicherer auf einer elektronischen Gesundheitskarte nach § 291a Absatz 1a des Fünften Buches Sozialgesetzbuch vermerken.

(9) Sind alle rückständigen Prämienanteile einschließlich der Säumniszuschläge und der Beitreibungskosten gezahlt, wird der Vertrag ab dem ersten Tag des übernächsten Monats in dem Tarif fortgesetzt, in dem der Versicherungsnehmer vor Eintritt des Ruhens versichert war. Dabei ist der Versicherungsnehmer so zu stellen, wie er vor der Versicherung im Notlagentarif nach § 12h des Versicherungsaufsichtsgesetzes stand, abgesehen von den während der Ruhenszeit verbrauchten Anteilen der Alterungsrückstellung. Während der Ruhenszeit vorgenommene Prämienanpassungen und Änderungen der Allgemeinen Versicherungsbedingungen gelten ab dem Tag der Fortsetzung.

(10) Hat der Versicherungsnehmer die Krankenversicherung auf die Person eines anderen genommen, gelten die Absätze 6 bis 9 für die versicherte Person entsprechend.

(11) Bei einer Versicherung im Basistarif nach § 12 des Versicherungsaufsichtsgesetzes kann das Versicherungsunternehmen verlangen, dass Zusatzversicherungen ruhen, wenn und solange ein Versicherter auf die Halbierung des Beitrags nach § 12 Abs. 1c des Versicherungsaufsichtsgesetzes angewiesen ist.

Fußnote

§ 193 Abs. 5 Satz 1: Nach Maßgabe der Entscheidungsformel mit GG (100-1) Art. 9 Abs. 1 vereinbar gem. BVerfGE v. 10.6.2009 I 2127 - 1 BvR 825/08, 1 BvR 831/08 -

§ 194 Anzuwendende Vorschriften

(1) Soweit der Versicherungsschutz nach den Grundsätzen der Schadensversicherung gewährt wird, sind die §§ 74 bis 80 und 82 bis 87 anzuwenden. Die §§ 23 bis 27 und 29 sind auf die Krankenversicherung nicht anzuwenden. § 19 Abs. 4 ist auf die Krankenversicherung nicht anzuwenden, wenn der Versicherungsnehmer die Verletzung der Anzeigepflicht nicht zu vertreten hat. Abweichend von § 21 Abs. 3 Satz 1 beläuft sich die Frist für die Geltendmachung der Rechte des Versicherers auf drei Jahre.

(2) Steht dem Versicherungsnehmer oder einer versicherten Person ein Anspruch auf Rückzahlung ohne rechtlichen Grund gezahlter Entgelte gegen den Erbringer von Leistungen zu, für die der Versicherer auf Grund des Versicherungsvertrags Erstattungsleistungen erbracht hat, ist § 86 Abs. 1 und 2 entsprechend anzuwenden.

(3) Die §§ 43 bis 48 sind auf die Krankenversicherung mit der Maßgabe anzuwenden, dass ausschließlich die versicherte Person die Versicherungsleistung verlangen kann, wenn der Versicherungsnehmer sie gegenüber dem Versicherer in Textform als Empfangsberechtigten der Versicherungsleistung benannt hat; die Benennung kann widerruflich oder unwiderruflich erfolgen. Liegt diese Voraussetzung nicht vor, kann nur der Versicherungsnehmer die Versicherungsleistung verlangen. Einer Vorlage des Versicherungsscheins bedarf es nicht.

§ 195 Versicherungsdauer

(1) Die Krankenversicherung, die ganz oder teilweise den im gesetzlichen Sozialversicherungssystem vorgesehenen Kranken- oder Pflegeversicherungsschutz ersetzen kann (substitutive Krankenversicherung), ist vorbehaltlich der Absätze 2 und 3 und der §§ 196 und 199 unbefristet. Wird die nicht substitutive Krankenversicherung nach Art der Lebensversicherung betrieben, gilt Satz 1 entsprechend.

(2) Bei Ausbildungs-, Auslands-, Reise- und Restschuldkrankenversicherungen können Vertragslaufzeiten vereinbart werden.

(3) Bei der Krankenversicherung einer Person mit befristetem Aufenthaltstitel für das Inland kann vereinbart werden, dass sie spätestens nach fünf Jahren endet. Ist eine kürzere Laufzeit vereinbart, kann ein gleichartiger neuer Vertrag nur mit einer Höchstlaufzeit geschlossen werden, die unter Einschluss der Laufzeit des abgelaufenen Vertrags fünf Jahre nicht überschreitet; dies gilt auch, wenn der neue Vertrag mit einem anderen Versicherer geschlossen wird.

§ 196 Befristung der Krankentagegeldversicherung

(1) Bei der Krankentagegeldversicherung kann vereinbart werden, dass die Versicherung mit Vollendung des 65. Lebensjahres der versicherten Person endet. Der Versicherungsnehmer kann in diesem Fall vom Versicherer verlangen, dass dieser den Antrag auf Abschluss einer mit Vollendung des 65. Lebensjahres beginnenden neuen Krankentagegeldversicherung annimmt, die spätestens mit Vollendung des 70. Lebensjahres endet. Auf dieses Recht hat der Versicherer ihn frühestens sechs Monate vor dem Ende der Versicherung unter Beifügung des Wortlauts dieser Vorschrift in Textform hinzuweisen. Wird der Antrag bis zum Ablauf von zwei Monaten nach Vollendung des 65. Lebensjahres gestellt, hat der Versicherer den Versicherungsschutz ohne Risikoprüfung oder Wartezeiten zu gewähren, soweit der Versicherungsschutz nicht höher oder umfassender ist als im bisherigen Tarif.

(2) Hat der Versicherer den Versicherungsnehmer nicht nach Absatz 1 Satz 3 auf das Ende der Versicherung hingewiesen und wird der Antrag vor Vollendung des 66. Lebensjahres gestellt, gilt Absatz 1 Satz 4 entsprechend, wobei die Versicherung mit Zugang des Antrags beim Versicherer beginnt. Ist der Versicherungsfall schon vor Zugang des Antrags eingetreten, ist der Versicherer nicht zur Leistung verpflichtet.

(3) Absatz 1 Satz 2 und 4 gilt entsprechend, wenn in unmittelbarem Anschluss an eine Versicherung nach Absatz 1 Satz 4 oder Absatz 2 Satz 1 eine neue Krankentagegeldversicherung beantragt wird, die spätestens mit Vollendung des 75. Lebensjahres endet.

(4) Die Vertragsparteien können ein späteres Lebensjahr als in den vorstehenden Absätzen festgelegt vereinbaren.

§ 197 Wartezeiten

(1) Soweit Wartezeiten vereinbart werden, dürfen diese in der Krankheitskosten-, Krankenhaustagegeld- und Krankentagegeldversicherung als allgemeine Wartezeit drei Monate und als besondere Wartezeit für Entbindung, Psychotherapie, Zahnbehandlung, Zahnersatz und Kieferorthopädie acht Monate nicht überschreiten. Bei der Pflegekrankenversicherung darf die Wartezeit drei Jahre nicht überschreiten.

(2) Personen, die aus der gesetzlichen Krankenversicherung ausscheiden oder die aus einem anderen Vertrag über eine Krankheitskostenversicherung ausgeschieden sind, ist die dort ununterbrochen zurückgelegte Versicherungszeit auf die Wartezeit anzurechnen, sofern die Versicherung spätestens zwei Monate nach Beendigung der Vorversicherung zum unmittelbaren Anschluss daran beantragt wird. Dies gilt auch für Personen, die aus einem öffentlichen Dienstverhältnis mit Anspruch auf Heilfürsorge ausscheiden.

§ 198 Kindernachversicherung

(1) Besteht am Tag der Geburt für mindestens einen Elternteil eine Krankenversicherung, ist der Versicherer verpflichtet, dessen neugeborenes Kind ab Vollendung der Geburt ohne Risikozuschläge und Wartezeiten zu versichern, wenn die Anmeldung zur Versicherung spätestens zwei Monate nach dem Tag der Geburt rückwirkend erfolgt. Diese Verpflichtung besteht nur insoweit, als der beantragte Versicherungsschutz des Neugeborenen nicht höher und nicht umfassender als der des versicherten Elternteils ist.

(2) Der Geburt eines Kindes steht die Adoption gleich, sofern das Kind im Zeitpunkt der Adoption noch minderjährig ist. Besteht eine höhere Gefahr, ist die Vereinbarung eines Risikozuschlags höchstens bis zur einfachen Prämienhöhe zulässig.

(3) Als Voraussetzung für die Versicherung des Neugeborenen oder des Adoptivkindes kann eine Mindestversicherungsdauer des Elternteils vereinbart werden. Diese darf drei Monate nicht übersteigen.

(4) Die Absätze 1 bis 3 gelten für die Auslands- und die Reisekrankenversicherung nicht, soweit für das Neugeborene oder für das Adoptivkind anderweitiger privater oder gesetzlicher Krankenversicherungsschutz im Inland oder Ausland besteht.

§ 199 Beihilfeempfänger

(1) Bei der Krankheitskostenversicherung einer versicherten Person mit Anspruch auf Beihilfe nach den Grundsätzen des öffentlichen Dienstes kann vereinbart werden, dass sie mit der Versetzung der versicherten Person in den Ruhestand im Umfang der Erhöhung des Beihilfebemessungssatzes endet.

(2) Ändert sich bei einer versicherten Person mit Anspruch auf Beihilfe nach den Grundsätzen des öffentlichen Dienstes der Beihilfebemessungssatz oder entfällt der Beihilfeanspruch, hat der Versicherungsnehmer Anspruch darauf, dass der Versicherer den Versicherungsschutz im Rahmen der bestehenden Krankheitskostentarife so anpasst, dass dadurch der veränderte Beihilfebemessungssatz oder der weggefallene Beihilfeanspruch ausgeglichen wird. Wird der Antrag innerhalb von sechs Monaten nach der Änderung gestellt, hat der Versicherer den angepassten Versicherungsschutz ohne Risikoprüfung oder Wartezeiten zu gewähren.

(3) Absatz 2 gilt nicht bei Gewährung von Versicherung im Basistarif.

§ 200 Bereicherungsverbot

Hat die versicherte Person wegen desselben Versicherungsfalles einen Anspruch gegen mehrere Erstattungsverpflichtete, darf die Gesamterstattung die Gesamtaufwendungen nicht übersteigen.

§ 201 Herbeiführung des Versicherungsfalles

Der Versicherer ist nicht zur Leistung verpflichtet, wenn der Versicherungsnehmer oder die versicherte Person vorsätzlich die Krankheit oder den Unfall bei sich selbst herbeiführt.

§ 202 Auskunftspflicht des Versicherers; Schadensermittlungskosten

Der Versicherer ist verpflichtet, auf Verlangen des Versicherungsnehmers oder der versicherten Person Auskunft über und Einsicht in Gutachten oder Stellungnahmen zu geben, die er bei der Prüfung seiner Leistungspflicht über die Notwendigkeit einer medizinischen Behandlung eingeholt hat. Wenn der Auskunft an oder der Einsicht durch den Versicherungsnehmer oder die versicherte Person erhebliche therapeutische Gründe oder sonstige erhebliche Gründe entgegenstehen, kann nur verlangt werden, einem benannten Arzt oder Rechtsanwalt Auskunft oder Einsicht zu geben. Der Anspruch kann nur von der jeweils betroffenen Person oder ihrem gesetzlichen Vertreter geltend gemacht werden. Hat der Versicherungsnehmer das Gutachten oder die Stellungnahme auf Veranlassung des Versicherers eingeholt, hat der Versicherer die entstandenen Kosten zu erstatten.

§ 203 Prämien- und Bedingungsanpassung

(1) Bei einer Krankenversicherung, bei der die Prämie nach Art der Lebensversicherung berechnet wird, kann der Versicherer nur die entsprechend den technischen Berechnungsgrundlagen nach den §§ 12, 12a und 12e in Verbindung mit § 12c des Versicherungsaufsichtsgesetzes zu berechnende Prämie verlangen. Außer bei Verträgen im Basistarif nach § 12 des Versicherungsaufsichtsgesetzes kann der Versicherer mit Rücksicht auf ein erhöhtes Risiko einen angemessenen Risikozuschlag oder einen Leistungsausschluss vereinbaren. Im Basistarif ist eine Risikoprüfung nur zulässig, soweit sie für Zwecke des Risikoausgleichs nach § 12 g des Versicherungsaufsichtsgesetzes oder für spätere Tarifwechsel erforderlich ist.

(2) Ist bei einer Krankenversicherung das ordentliche Kündigungsrecht des Versicherers gesetzlich oder vertraglich ausgeschlossen, ist der Versicherer bei einer nicht nur als vorübergehend anzusehenden Veränderung einer für die Prämienkalkulation maßgeblichen Rechnungsgrundlage berechtigt, die Prämie entsprechend den berichtigten Rechnungsgrundlagen auch für bestehende Versicherungsverhältnisse neu festzusetzen, sofern ein unabhängiger Treuhänder die technischen Berechnungsgrundlagen überprüft und der Prämienanpassung zugestimmt hat. Dabei dürfen auch ein betragsmäßig festgelegter Selbstbehalt angepasst und ein vereinbarter Risikozuschlag entsprechend geändert werden, soweit dies vereinbart ist. Maßgebliche Rechnungsgrundlagen im Sinn der Sätze 1 und 2 sind die Versicherungsleistungen und die Sterbewahrscheinlichkeiten. Für die Änderung der Prämien, Prämienzuschläge und Selbstbehalte sowie ihre Überprüfung und Zustimmung durch den Treuhänder gilt § 12b Abs. 1 bis 2a in Verbindung mit einer auf Grund des § 12c des Versicherungsaufsichtsgesetzes erlassenen Rechtsverordnung.

(3) Ist bei einer Krankenversicherung im Sinn des Absatzes 1 Satz 1 das ordentliche Kündigungsrecht des Versicherers gesetzlich oder vertraglich ausgeschlossen, ist der Versicherer bei einer nicht nur als vorübergehend anzusehenden Veränderung der Verhältnisse des Gesundheitswesens berechtigt, die Allgemeinen Versicherungsbedingungen und die Tarifbestimmungen den veränderten Verhältnissen anzupassen, wenn die Änderungen zur hinreichenden Wahrung der Belange der Versicherungsnehmer erforderlich erscheinen und ein unabhängiger Treuhänder die Voraussetzungen für die Änderungen überprüft und ihre Angemessenheit bestätigt hat.

(4) Ist eine Bestimmung in Allgemeinen Versicherungsbedingungen des Versicherers durch höchstrichterliche Entscheidung oder durch einen bestandskräftigen Verwaltungsakt für unwirksam erklärt worden, ist § 164 anzuwenden.

(5) Die Neufestsetzung der Prämie und die Änderungen nach den Absätzen 2 und 3 werden zu Beginn des zweiten Monats wirksam, der auf die Mitteilung der Neufestsetzung oder der Änderungen und der hierfür maßgeblichen Gründe an den Versicherungsnehmer folgt.

§ 204 Tarifwechsel

(1) Bei bestehendem Versicherungsverhältnis kann der Versicherungsnehmer vom Versicherer verlangen, dass dieser

1. Anträge auf Wechsel in andere Tarife mit gleichartigem Versicherungsschutz unter Anrechnung der aus dem Vertrag erworbenen Rechte und der Alterungsrückstellung annimmt; soweit die Leistungen in dem Tarif, in den der Versicherungsnehmer wechseln will, höher oder umfassender sind als in dem bisherigen Tarif, kann der Versicherer für die Mehrleistung einen Leistungsausschluss oder einen angemessenen Risikozuschlag und insoweit auch eine Wartezeit verlangen; der Versicherungsnehmer kann die Vereinbarung eines Risikozuschlages und einer Wartezeit dadurch abwenden, dass er hinsichtlich der Mehrleistung einen Leistungsausschluss vereinbart; bei einem Wechsel aus dem Basistarif in einen anderen Tarif kann der Versicherer auch den bei Vertragsschluss ermittelten Risikozuschlag verlangen; der Wechsel in den Basistarif des Versicherers unter Anrechnung der aus dem Vertrag erworbenen Rechte und der Alterungsrückstellung ist nur möglich, wenn
   a. die bestehende Krankheitskostenversicherung nach dem 1. Januar 2009 abgeschlossen wurde oder
   b. der Versicherungsnehmer das 55. Lebensjahr vollendet hat oder das 55. Lebensjahr noch nicht vollendet hat, aber die Voraussetzungen für den Anspruch auf eine Rente der gesetzlichen Rentenversicherung erfüllt und diese Rente beantragt hat oder ein Ruhegehalt nach beamtenrechtlichen oder vergleichbaren Vorschriften bezieht oder hilfebedürftig nach dem Zweiten oder Zwölften Buch Sozialgesetzbuch ist oder
   c. die bestehende Krankheitskostenversicherung vor dem 1. Januar 2009 abgeschlossen wurde und der Wechsel in den Basistarif vor dem 1. Juli 2009 beantragt wurde;

   ein Wechsel aus einem Tarif, bei dem die Prämien geschlechtsunabhängig kalkuliert werden, in einen Tarif, bei dem dies nicht der Fall ist, ist ausgeschlossen;

2. bei einer Kündigung des Vertrags und dem gleichzeitigen Abschluss eines neuen Vertrags, der ganz oder teilweise den im gesetzlichen Sozialversicherungssystem vorgesehenen Krankenversicherungsschutz ersetzen kann, bei einem anderen Krankenversicherer
   a. die kalkulierte Alterungsrückstellung des Teils der Versicherung, dessen Leistungen dem Basistarif entsprechen, an den neuen Versicherer überträgt, sofern die gekündigte Krankheitskostenversicherung nach dem 1. Januar 2009 abgeschlossen wurde;
   b. bei einem Abschluss eines Vertrags im Basistarif die kalkulierte Alterungsrückstellung des Teils der Versicherung, dessen Leistungen dem Basistarif entsprechen, an den neuen Versicherer überträgt, sofern die gekündigte Krankheitskostenversicherung vor dem 1. Januar 2009 abgeschlossen wurde und die Kündigung vor dem 1. Juli 2009 erfolgte.

Soweit die Leistungen in dem Tarif, aus dem der Versicherungsnehmer wechseln will, höher oder umfassender sind als im Basistarif, kann der Versicherungsnehmer vom bisherigen Versicherer die Vereinbarung eines Zusatztarifes verlangen, in dem die über den Basistarif hinausgehende Alterungsrückstellung anzurechnen ist. Auf die Ansprüche nach den Sätzen 1 und 2 kann nicht verzichtet werden.

(2) Im Falle der Kündigung des Vertrags zur privaten Pflege-Pflichtversicherung und dem gleichzeitigen Abschluss eines neuen Vertrags bei einem anderen Versicherer kann der Versicherungsnehmer vom bisherigen Versicherer verlangen, dass dieser die für ihn kalkulierte Alterungsrückstellung an den neuen Versicherer überträgt. Auf diesen Anspruch kann nicht verzichtet werden.

(3) Absatz 1 gilt nicht für befristete Versicherungsverhältnisse. Handelt es sich um eine Befristung nach § 196, besteht das Tarifwechselrecht nach Absatz 1 Nummer 1.

(4) Soweit die Krankenversicherung nach Art der Lebensversicherung betrieben wird, haben die Versicherungsnehmer und die versicherte Person das Recht, einen gekündigten Versicherungsvertrag in Form einer Anwartschaftsversicherung fortzuführen.

§ 205 Kündigung des Versicherungsnehmers

(1) Vorbehaltlich einer vereinbarten Mindestversicherungsdauer bei der Krankheitskosten- und bei der Krankenhaustagegeldversicherung kann der Versicherungsnehmer ein Krankenversicherungsverhältnis, das für die Dauer von mehr als einem Jahr eingegangen ist, zum Ende des ersten Jahres oder jedes darauf folgenden Jahres unter Einhaltung einer Frist von drei Monaten kündigen. Die Kündigung kann auf einzelne versicherte Personen oder Tarife beschränkt werden.

(2) Wird eine versicherte Person kraft Gesetzes kranken- oder pflegeversicherungspflichtig, kann der Versicherungsnehmer binnen drei Monaten nach Eintritt

der Versicherungspflicht eine Krankheitskosten-, eine Krankentagegeld- oder eine Pflegekrankenversicherung sowie eine für diese Versicherungen bestehende Anwartschaftsversicherung rückwirkend zum Eintritt der Versicherungspflicht kündigen. Die Kündigung ist unwirksam, wenn der Versicherungsnehmer dem Versicherer den Eintritt der Versicherungspflicht nicht innerhalb von zwei Monaten nachweist, nachdem der Versicherer ihn hierzu in Textform aufgefordert hat, es sei denn, der Versicherungsnehmer hat die Versäumung dieser Frist nicht zu vertreten. Macht der Versicherungsnehmer von seinem Kündigungsrecht Gebrauch, steht dem Versicherer die Prämie nur bis zu diesem Zeitpunkt zu. Später kann der Versicherungsnehmer das Versicherungsverhältnis zum Ende des Monats kündigen, in dem er den Eintritt der Versicherungspflicht nachweist. Der Versicherungspflicht steht der gesetzliche Anspruch auf Familienversicherung oder der nicht nur vorübergehende Anspruch auf Heilfürsorge aus einem beamtenrechtlichen oder ähnlichen Dienstverhältnis gleich.

(3) Ergibt sich aus dem Versicherungsvertrag, dass bei Erreichen eines bestimmten Lebensalters oder bei Eintreten anderer dort genannter Voraussetzungen die Prämie für ein anderes Lebensalter oder eine andere Altersgruppe gilt oder die Prämie unter Berücksichtigung einer Alterungsrückstellung berechnet wird, kann der Versicherungsnehmer das Versicherungsverhältnis hinsichtlich der betroffenen versicherten Person binnen zwei Monaten nach der Änderung zum Zeitpunkt ihres Wirksamwerdens kündigen, wenn sich die Prämie durch die Änderung erhöht.

(4) Erhöht der Versicherer auf Grund einer Anpassungsklausel die Prämie oder vermindert er die Leistung, kann der Versicherungsnehmer hinsichtlich der betroffenen versicherten Person innerhalb von zwei Monaten nach Zugang der Änderungsmitteilung mit Wirkung für den Zeitpunkt kündigen, zu dem die Prämienerhöhung oder die Leistungsminderung wirksam werden soll.

(5) Hat sich der Versicherer vorbehalten, die Kündigung auf einzelne versicherte Personen oder Tarife zu beschränken, und macht er von dieser Möglichkeit Gebrauch, kann der Versicherungsnehmer innerhalb von zwei Wochen nach Zugang der Kündigung die Aufhebung des übrigen Teils der Versicherung zu dem Zeitpunkt verlangen, zu dem die Kündigung wirksam wird. Satz 1 gilt entsprechend, wenn der Versicherer die Anfechtung oder den Rücktritt nur für einzelne versicherte Personen oder Tarife erklärt. In diesen Fällen kann der Versicherungsnehmer die Aufhebung zum Ende des Monats verlangen, in dem ihm die Erklärung des Versicherers zugegangen ist.

(6) Abweichend von den Absätzen 1 bis 5 kann der Versicherungsnehmer eine Versicherung, die eine Pflicht aus § 193 Abs. 3 Satz 1 erfüllt, nur dann kündigen, wenn er bei einem anderen Versicherer für die versicherte Person einen neuen Vertrag abschließt, der dieser Pflicht genügt. Die Kündigung wird nur wirksam, wenn der Versicherungsnehmer innerhalb von zwei Monaten nach der Kündigungserklärung nachweist, dass die versicherte Person bei einem neuen Versicherer ohne Unterbrechung versichert ist; liegt der Termin, zu dem die Kündigung

ausgesprochen wurde, mehr als zwei Monate nach der Kündigungserklärung, muss der Nachweis bis zu diesem Termin erbracht werden.

§ 206 Kündigung des Versicherers

(1) Jede Kündigung einer Krankheitskostenversicherung, die eine Pflicht nach § 193 Abs. 3 Satz 1 erfüllt, ist durch den Versicherer ausgeschlossen. Darüber hinaus ist die ordentliche Kündigung einer Krankheitskosten-, Krankentagegeld- und einer Pflegekrankenversicherung durch den Versicherer ausgeschlossen, wenn die Versicherung ganz oder teilweise den im gesetzlichen Sozialversicherungssystem vorgesehenen Kranken- oder Pflegeversicherungsschutz ersetzen kann. Sie ist weiterhin ausgeschlossen für eine Krankenhaustagegeld- Versicherung, die neben einer Krankheitskostenvollversicherung besteht. Eine Krankentagegeldversicherung, für die kein gesetzlicher Anspruch auf einen Beitragszuschuss des Arbeitgebers besteht, kann der Versicherer abweichend von Satz 2 in den ersten drei Jahren unter Einhaltung einer Frist von drei Monaten zum Ende eines jeden Versicherungsjahres kündigen.

(2) Liegen bei einer Krankenhaustagegeldversicherung oder einer Krankheitskostenteilversicherung die Voraussetzungen nach Absatz 1 nicht vor, kann der Versicherer das Versicherungsverhältnis nur innerhalb der ersten drei Versicherungsjahre zum Ende eines Versicherungsjahres kündigen. Die Kündigungsfrist beträgt drei Monate.

(3) Wird eine Krankheitskostenversicherung oder eine Pflegekrankenversicherung vom Versicherer wegen Zahlungsverzugs des Versicherungsnehmers wirksam gekündigt, sind die versicherten Personen berechtigt, die Fortsetzung des Versicherungsverhältnisses unter Benennung des künftigen Versicherungsnehmers zu erklären; die Prämie ist ab Fortsetzung des Versicherungsverhältnisses zu leisten. Die versicherten Personen sind vom Versicherer über die Kündigung und das Recht nach Satz 1 in Textform zu informieren. Dieses Recht endet zwei Monate nach dem Zeitpunkt, zu dem die versicherte Person Kenntnis von diesem Recht erlangt hat.

(4) Die ordentliche Kündigung eines Gruppenversicherungsvertrags, der Schutz gegen das Risiko Krankheit enthält, durch den Versicherer ist zulässig, wenn die versicherten Personen die Krankenversicherung unter Anrechnung der aus dem Vertrag erworbenen Rechte und der Alterungsrückstellung, soweit eine solche gebildet wird, zu den Bedingungen der Einzelversicherung fortsetzen können. Absatz 3 Satz 2 und 3 ist entsprechend anzuwenden.

§ 207 Fortsetzung des Versicherungsverhältnisses

(1) Endet das Versicherungsverhältnis durch den Tod des Versicherungsnehmers, sind die versicherten Personen berechtigt, binnen zwei Monaten nach dem Tod des Versicherungsnehmers die Fortsetzung des Versicherungsverhältnisses unter Benennung des künftigen Versicherungsnehmers zu erklären.

(2) Kündigt der Versicherungsnehmer das Versicherungsverhältnis insgesamt oder für einzelne versicherte Personen, gilt Absatz 1 entsprechend. Die Kündigung ist nur wirksam, wenn die versicherte Person von der Kündigungserklärung Kenntnis erlangt hat. Handelt es sich bei dem gekündigten Vertrag um einen Gruppenversicherungsvertrag und wird kein neuer Versicherungsnehmer benannt, sind die versicherten Personen berechtigt, das Versicherungsverhältnis unter Anrechnung der aus dem Vertrag erworbenen Rechte und der Alterungsrückstellung, soweit eine solche gebildet wird, zu den Bedingungen der Einzelversicherung fortzusetzen. Das Recht nach Satz 3 endet zwei Monate nach dem Zeitpunkt, zu dem die versicherte Person von diesem Recht Kenntnis erlangt hat.

(3) Verlegt eine versicherte Person ihren gewöhnlichen Aufenthalt in einen anderen Mitgliedstaat der Europäischen Union oder einen anderen Vertragsstaat des Abkommens über den Europäischen Wirtschaftsraum, setzt sich das Versicherungsverhältnis mit der Maßgabe fort, dass der Versicherer höchstens zu denjenigen Leistungen verpflichtet bleibt, die er bei einem Aufenthalt im Inland zu erbringen hätte.

§ 208 Abweichende Vereinbarungen

Von den §§ 194 bis 199 und 201 bis 207 kann nicht zum Nachteil des Versicherungsnehmers oder der versicherten Person abgewichen werden. Für die Kündigung des Versicherungsnehmers nach § 205 kann die Schrift oder die Textform vereinbart werden.

Teil 3 Schlussvorschriften

§ 209 Rückversicherung, Seeversicherung

Die Vorschriften dieses Gesetzes sind auf die Rückversicherung und die Versicherung gegen die Gefahren der Seeschifffahrt (Seeversicherung) nicht anzuwenden.

§ 210 Großrisiken, laufende Versicherung

(1) Die Beschränkungen der Vertragsfreiheit nach diesem Gesetz sind auf Großrisiken und auf laufende Versicherungen nicht anzuwenden.

(2) Großrisiken im Sinne dieser Vorschrift sind:

1. Risiken der unter den Nummern 4 bis 7, 10 Buchstabe b sowie den Nummern 11 und 12 der Anlage Teil A zum Versicherungsaufsichtsgesetz erfassten Transport- und Haftpflichtversicherungen,
2. Risiken der unter den Nummern 14 und 15 der Anlage Teil A zum Versicherungsaufsichtsgesetz erfassten Kredit- und Kautionsversicherungen bei Versicherungsnehmern, die eine gewerbliche, bergbauliche oder freiberufliche Tätigkeit ausüben, wenn die Risiken damit in Zusammenhang stehen, oder
3. Risiken der unter den Nummern 3, 8, 9, 10, 13 und 16 der Anlage Teil A zum Versicherungsaufsichtsgesetz erfassten Sach-, Haftpflicht- und sonstigen Schadensversicherungen bei Versicherungsnehmern, die mindestens zwei der folgenden drei Merkmale überschreiten:
   a. 6.200.000 Euro Bilanzsumme,
   b. 12.800.000 Euro Nettoumsatzerlöse,
   c. im Durchschnitt 250 Arbeitnehmer pro Wirtschaftsjahr.

Gehört der Versicherungsnehmer zu einem Konzern, der nach § 290 des Handelsgesetzbuchs, nach § 11 des Publizitätsgesetzes vom 15. August 1969 (BGBl. I S. 1189) in der jeweils gültigen Fassung oder nach dem mit den Anforderungen der Siebten Richtlinie 83/349/EWG des Rates vom 13. Juni 1983 aufgrund von Artikel 54 Buchstabe g des Vertrages über den konsolidierten Abschluss (ABl. L 193 vom 18.7.1983, S. 1) in der jeweils geltenden Fassung übereinstimmenden Recht eines anderen Mitgliedstaats der Europäischen Gemeinschaft oder eines anderen Vertragsstaats des Abkommens über den Europäischen Wirtschaftsraum einen Konzernabschluss aufzustellen hat, so sind für die Feststellung der Unternehmensgröße die Zahlen des Konzernabschlusses maßgebend.

§ 211 Pensionskassen, kleinere Versicherungsvereine, Versicherungen mit kleineren Beträgen

(1) Die §§ 37, 38, 165, 166, 168 und 169 sind, soweit mit Genehmigung der Aufsichtsbehörde in den Allgemeinen Versicherungsbedingungen abweichende Bestimmungen getroffen sind, nicht anzuwenden auf

1. Versicherungen bei Pensionskassen im Sinn des § 118b Abs. 3 und 4 des Versicherungsaufsichtsgesetzes,
2. Versicherungen, die bei einem Verein genommen werden, der als kleinerer Verein im Sinn des Versicherungsaufsichtsgesetzes anerkannt ist,
3. Lebensversicherungen mit kleineren Beträgen und
4. Unfallversicherungen mit kleineren Beträgen.

(2) Auf die in Absatz 1 Nr. 1 genannten Pensionskassen sind ferner nicht anzuwenden

1. die §§ 6 bis 9, 11, 150 Abs. 2 bis 4 und § 152 Abs. 1 und 2; für die §§ 7 bis 9 und 152 Abs. 1 und 2 gilt dies nicht für Fernabsatzverträge im Sinn des § 312c des Bürgerlichen Gesetzbuchs;
2. § 153, soweit mit Genehmigung der Aufsichtsbehörde in den Allgemeinen Versicherungsbedingungen abweichende Bestimmungen getroffen sind; § 153 Abs. 3 Satz 1 ist ferner nicht auf Sterbekassen anzuwenden.

(3) Sind für Versicherungen mit kleineren Beträgen im Sinn von Absatz 1 Nr. 3 und 4 abweichende Bestimmungen getroffen, kann deren Wirksamkeit nicht unter Berufung darauf angefochten werden, dass es sich nicht um Versicherungen mit kleineren Beträgen handele.

§ 212 Fortsetzung der Lebensversicherung nach der Elternzeit

Besteht während einer Elternzeit ein Arbeitsverhältnis ohne Entgelt gemäß § 1a Abs. 4 des Betriebsrentengesetzes fort und wird eine vom Arbeitgeber zugunsten der Arbeitnehmerin oder des Arbeitnehmers abgeschlossene Lebensversicherung wegen Nichtzahlung der während der Elternzeit fälligen Prämien in eine prämienfreie Versicherung umgewandelt, kann die Arbeitnehmerin oder der Arbeitnehmer innerhalb von drei Monaten nach der Beendigung der Elternzeit verlangen, dass die Versicherung zu den vor der Umwandlung vereinbarten Bedingungen fortgesetzt wird.

§ 213 Erhebung personenbezogener Gesundheitsdaten bei Dritten

(1) Die Erhebung personenbezogener Gesundheitsdaten durch den Versicherer darf nur bei Ärzten, Krankenhäusern und sonstigen Krankenanstalten, Pflegeheimen und Pflegepersonen, anderen Personenversicherern und gesetzlichen Krankenkassen sowie Berufsgenossenschaften und Behörden erfolgen; sie ist

nur zulässig, soweit die Kenntnis der Daten für die Beurteilung des zu versichernden Risikos oder der Leistungspflicht erforderlich ist und die betroffene Person eine Einwilligung erteilt hat.

(2) Die nach Absatz 1 erforderliche Einwilligung kann vor Abgabe der Vertragserklärung erteilt werden. Die betroffene Person ist vor einer Erhebung nach Absatz 1 zu unterrichten; sie kann der Erhebung widersprechen.

(3) Die betroffene Person kann jederzeit verlangen, dass eine Erhebung von Daten nur erfolgt, wenn jeweils in die einzelne Erhebung eingewilligt worden ist.

(4) Die betroffene Person ist auf diese Rechte hinzuweisen, auf das Widerspruchsrecht nach Absatz 2 bei der Unterrichtung.

§ 214 Schlichtungsstelle

(1) Das Bundesministerium der Justiz kann im Einvernehmen mit dem Bundesministerium der Finanzen, dem Bundesministerium für Wirtschaft und Technologie und dem Bundesministerium für Ernährung, Landwirtschaft und Verbraucherschutz privatrechtlich organisierte Einrichtungen als Schlichtungsstelle zur außergerichtlichen Beilegung von Streitigkeiten

1. bei Versicherungsverträgen mit Verbrauchern im Sinn des § 13 des Bürgerlichen Gesetzbuchs,
2. zwischen Versicherungsvermittlern oder Versicherungsberatern und Versicherungsnehmern im Zusammenhang mit der Vermittlung von Versicherungsverträgen anerkennen.

Die Anerkennung ist im Bundesanzeiger bekannt zu machen. Die Beteiligten können diese Schlichtungsstelle anrufen; das Recht, die Gerichte anzurufen, bleibt unberührt.

(2) Privatrechtlich organisierte Einrichtungen können als Schlichtungsstelle anerkannt werden, wenn sie hinsichtlich ihrer Antworten und Vorschläge oder Entscheidungen unabhängig und keinen Weisungen unterworfen sind und in organisatorischer und fachlicher Hinsicht die Aufgaben erfüllen können.

(3) Die anerkannten Schlichtungsstellen sind verpflichtet, jede Beschwerde über einen Versicherer oder einen Versicherungsvermittler, Vermittler nach § 66 und Versicherungsberater zu beantworten.

(4) Die anerkannten Schlichtungsstellen können von dem Versicherungsvermittler, Vermittler nach § 66 oder Versicherungsberater ein Entgelt erheben. Bei offensichtlich missbräuchlichen Beschwerden kann auch von dem Versicherungsnehmer ein Entgelt verlangt werden. Die Höhe des Entgeltes muss im Verhältnis zum Aufwand der anerkannten Schlichtungsstelle angemessen sein.

(5) Soweit keine privatrechtlich organisierte Einrichtung als Schlichtungsstelle anerkannt wird, kann das Bundesministerium der Justiz im Einvernehmen mit

dem Bundesministerium der Finanzen, dem Bundesministerium für Wirtschaft und Technologie und dem Bundesministerium für Ernährung, Landwirtschaft und Verbraucherschutz die Aufgaben der Schlichtungsstelle durch Rechtsverordnung ohne Zustimmung des Bundesrates einer Bundesoberbehörde oder Bundesanstalt zuweisen und deren Verfahren sowie die Erhebung von Gebühren und Auslagen regeln.

§ 215 Gerichtsstand

(1) Für Klagen aus dem Versicherungsvertrag oder der Versicherungsvermittlung ist auch das Gericht örtlich zuständig, in dessen Bezirk der Versicherungsnehmer zur Zeit der Klageerhebung seinen Wohnsitz, in Ermangelung eines solchen seinen gewöhnlichen Aufenthalt hat. Für Klagen gegen den Versicherungsnehmer ist dieses Gericht ausschließlich zuständig.

(2) § 33 Abs. 2 der Zivilprozessordnung ist auf Widerklagen der anderen Partei nicht anzuwenden.

(3) Eine von Absatz 1 abweichende Vereinbarung ist zulässig für den Fall, dass der Versicherungsnehmer nach Vertragsschluss seinen Wohnsitz oder gewöhnlichen Aufenthalt aus dem Geltungsbereich dieses Gesetzes verlegt oder sein Wohnsitz oder gewöhnlicher Aufenthalt im Zeitpunkt der Klageerhebung nicht bekannt ist.

§ 216 Prozessstandschaft bei Versicherermehrheit

Ist ein Versicherungsvertrag mit den bei Lloyd´s vereinigten Einzelversicherern nicht über eine Niederlassung im Geltungsbereich dieses Gesetzes abgeschlossen worden und ist ein inländischer Gerichtsstand gegeben, so können Ansprüche daraus gegen den bevollmächtigten Unterzeichner des im Versicherungsschein an erster Stelle aufgeführten Syndikats oder einen von diesem benannten Versicherer geltend gemacht werden; ein darüber erzielter Titel wirkt für und gegen alle an dem Versicherungsvertrag beteiligten Versicherer.

Anlage (zu § 8 Abs. 5 Satz 1)

(Fundstelle: BGBl I 2009, 2408; bzgl. einzelner Änderungen vgl. Fußnote)

Widerrufsbelehrung

Widerrufsrecht

Sie können Ihre Vertragserklärung innerhalb von [14] 1 Tagen ohne Angabe von Gründen in Textform (z. B. Brief, Fax, E-Mail) widerrufen. Die Frist beginnt, nachdem Sie den Versicherungsschein, die Vertragsbestimmungen einschließlich der Allgemeinen Versicherungsbedingungen, die weiteren Informationen nach § 7 Abs. 1 und 2 des Versicherungsvertragsgesetzes in Verbindung mit den §§ 1 bis 4 der VVG-Informationspflichtenverordnung und diese Belehrung jeweils in Textform erhalten haben 2. Zur Wahrung der Widerrufsfrist genügt die rechtzeitige Absendung des Widerrufs. Der Widerruf ist zu richten an: 3

Widerrufsfolgen

Im Falle eines wirksamen Widerrufs endet der Versicherungsschutz, und wir erstatten Ihnen den auf die Zeit nach Zugang des Widerrufs entfallenden Teil der Prämien, wenn Sie zugestimmt haben, dass der Versicherungsschutz vor dem Ende der Widerrufsfrist beginnt. Den Teil der Prämie, der auf die Zeit bis zum Zugang des Widerrufs entfällt, dürfen wir in diesem Fall einbehalten; dabei handelt es sich um [einen Betrag in Höhe von ...] 4. 5 Die Erstattung zurückzuzahlender Beträge erfolgt unverzüglich, spätestens 30 Tage nach Zugang des Widerrufs. Beginnt der Versicherungsschutz nicht vor dem Ende der Widerrufsfrist, hat der wirksame Widerruf zur Folge, dass empfangene Leistungen zurückzugewähren und gezogene Nutzungen (z. B. Zinsen) herauszugeben sind.

Besondere Hinweise

Ihr Widerrufsrecht erlischt, wenn der Vertrag auf Ihren ausdrücklichen Wunsch sowohl von Ihnen als auch von uns vollständig erfüllt ist, bevor Sie Ihr Widerrufsrecht ausgeübt haben.

(Ort), (Datum), (Unterschrift des Versicherungsnehmers) 6

Gestaltungshinweise:

1. Für die Lebensversicherung lautet der Klammerzusatz: „30".

2. Bei Verträgen im elektronischen Geschäftsverkehr (§ 312i Absatz 1 Satz 1 des Bürgerlichen Gesetzbuchs) ist vor dem Punkt am Satzende Folgendes einzufügen: „ , jedoch nicht vor Erfüllung unserer Pflichten gemäß § 312i Absatz 1 Satz 1 des Bürgerlichen Gesetzbuchs in Verbindung mit Artikel 246c des Einführungsgesetzes zum Bürgerlichen Gesetzbuche".

3. Hier sind einzusetzen: Name/Firma und ladungsfähige Anschrift des Widerrufsadressaten. Zusätzlich können angegeben werden: Telefaxnummer, E-Mail-Adresse und/oder, wenn der Versicherungsnehmer eine Bestätigung seiner Widerrufserklärung an den Versicherer erhält, auch eine Internet-Adresse.

4. Der Betrag kann auch in anderen Unterlagen, z. B. im Antrag, ausgewiesen sein; dann lautet der Klammerzusatz je nach Ausgestaltung: „den im Antrag/ im ... auf Seite .../unter Ziffer ... ausgewiesenen Betrag".

5. Bei der Lebensversicherung ist ggf. folgender Satz einzufügen: „Den Rückkaufswert einschließlich der Überschussanteile nach § 169 des Versicherungsvertragsgesetzes zahlen wir Ihnen aus."

6. Wird der Versicherungsvertrag mit einem zusammenhängenden Vertrag abgeschlossen, ist am Ende des Absatzes zu „Widerrufsfolgen" folgender Satz anzufügen:

   „Haben Sie Ihr Widerrufsrecht nach § 8 des Versicherungsvertragsgesetzes wirksam ausgeübt, sind Sie auch an einen mit dem Versicherungsvertrag zusammenhängenden Vertrag nicht mehr gebunden. Ei zusammenhängender Vertrag liegt vor, wenn er einen Bezug zu dem widerrufenen Vertrag aufweist und eine Dienstleistung des Versicherers oder eines Dritten auf der Grundlage einer Vereinbarung zwischen dem Dritten und dem Versicherer betrifft. Eine Vertragsstrafe darf weder vereinbart noch verlangt werden."

7. Ort, Datum und Unterschriftsleiste können entfallen. In diesem Falle sind diese Angaben entweder durch die Wörter „Ende der Widerrufsbelehrung" oder durch die Wörter „Ihr(e) [einsetzen: Firma des Versicherers]" zu ersetzen.

Literaturverzeichnis

Behrens, Thomas

Elementarschadenversicherung, Karlsruhe 2014

Bruck, Ernst

Das Privatversicherungsrecht, Mannheim, Berlin, Leipzig 1930

Bruck, Ernst/Möller, Hans

Kommentar zum Versicherungsvertragsgesetz und den allgemeinen Versicherungsbedingungen unter Einschluss des Versicherungsvermittlungsrechts, 8. Auflage, Berlin, in Teilbänden seit 1958

Dreher, Meinrad

Die Versicherung als Rechtsprodukt, Tübingen 1991

Ehrenberg, Victor

Privatversicherungsrecht, Berlin 1923

Grimm, Wolfgang

Unfallversicherung: AUB, 5. Auflage, München 2013

Günther, Dirk-Carsten/Bach, Peter (Hrsg.)

Der Regreß des Sachversicherers, 5. Auflage, Karlsruhe 2013

Hoegen, Dieter

Neue höchstrichterliche Rechtsprechung zum Versicherungsvertragsrecht, 5. Auflage, Köln 1988

Honsell, Heinrich (Hrsg.)

Berliner Kommentar zum Versicherungsvertragsgesetz, Berlin 1999

Kaulbach, Detlef/Bähr, Gunne/Pohlmann, Petra

Versicherungsaufsichtsgesetz, 5. Auflage, München 2012

Krause-Allenstein, Florian (Hrsg.)

Handbuch Bauversicherungsrecht, Köln 2013

Langheid, Theo/Wandt, Manfred (Hrsg.)

Münchener Kommentar Versicherungsvertragsgesetz, in drei Teilbänden, München 2009–2011

Lüer, Dieter/Schwepke, Andreas

Rückversicherungsrecht, München 2013

Prölss, Erich/Martin, Anton/Christian Armbrüster

Versicherungsvertragsgesetz, 28. Auflage, München 2010

Richter, Arndt

Privatversicherungsrecht. Individual- oder Versicherungsvertragsrecht, Stuttgart, Berlin, Köln, Mainz 1980

Römer, Wolfgang/Langheid, Theo/Rixecker, Roland

Versicherungsvertragsgesetz, 4. Auflage, München 2014

Sauer, Markus

Krankentagegeldversicherung, 2. Auflage, Karlsruhe 2014

Schimikowski, Peter

Versicherungsvertragsrecht, 5. Auflage, München 2014

Schwintowski, Hans-Peter

Der private Versicherungsvertrag zwischen Recht und Markt, Baden-Baden 1987

Späte, Bernd/Schimikowski, Peter

Haftpflichtversicherung: Kommentar zu den AHB und weiteren Versicherungsbedingungen, 2. Auflage, München 2014

Staudinger, Ansgar/Wendt, Domenik/Halm, Wolfgang (Hrsg.)

Fachanwaltskommentar Versicherungsrecht, Köln 2013

Straube, Manfred/Gisch, Erwin/Berisha, Arlinda

Österreichisches Versicherungsvertragsrecht, Wien 2014

Terbille, Michael/Höra, Knut (Hrsg.)

Münchener Anwaltshandbuch Versicherungsrecht, 3. Auflage, München 2013

van Bühren, Hubert (Hrsg.)

Handbuch Versicherungsrecht, 6. Auflage, Bonn 2014

van Bühren, Hubert/Nies, Irmtraud

Reiseversicherung, 3. Auflage, München 2010

von Gierke, Julius

Versicherungsrecht unter Ausschluß der Sozialversicherung, Stuttgart 1947

Wandt, Manfred

Versicherungsrecht, 5. Auflage, Köln 2010

Weyers, Hans-Leo/Wandt, Manfred

Versicherungsvertragsrecht, 4. Auflage, Köln 2009

Stichwortverzeichnis

Die angegebenen Fundstellen beziehen sich auf die Randnummern.